ORGANIZAÇÕES AUTOMATIZADAS: DESENVOLVIMENTO E ESTRUTURA DA EMPRESA MODERNA

ORGANIZAÇÕES AUTOMATIZADAS: DESENVOLVIMENTO E ESTRUTURA DA EMPRESA MODERNA

Nelio Oliveira

No interesse de difusão da cultura e do conhecimento, o autor e os editores envidaram o máximo esforço para localizar os detentores dos direitos autorais de qualquer material utilizado, dispondo-se a possíveis acertos posteriores caso, inadvertidamente, a identificação de algum deles tenha sido omitida.

CIP-BRASIL. CATALOGAÇÃO-NA-FONTE
SINDICATO NACIONAL DOS EDITORES DE LIVROS, RJ.

O48o

Oliveira, Nelio
    Organizações automatizadas : desenvolvimento e estrutura da empresa moderna / Nelio Oliveira. - Rio de Janeiro : LTC, 2007

    Inclui bibliografia
    ISBN 85-216-1498-5

    1. Organização. 2. Administração de empresas. 3. Administração de empresas - Automação. 4. Desenvolvimento organizacional - Inovações tecnológicas. I. Título.

06-3137.   CDD 658
                    CDU 65

Editoração Eletrônica: $Gabi\ e\ Lucas$ Serviços de Datilografia E. A. Gráfica Ltda.-ME

Direitos exclusivos para a língua portuguesa
Copyright © 2007 by Nelio Oliveira
LTC — Livros Técnicos e Científicos Editora S.A.
Travessa do Ouvidor, 11
Rio de Janeiro, RJ — CEP 20040-040
Tel.: 21–3970-9480
Fax: 21–2221-3202
ltc@ltceditora.com.br
www.ltceditora.com.br

Reservados todos os direitos. É proibida a duplicação
ou reprodução deste volume, no todo ou em parte,
sob quaisquer formas ou por quaisquer meios
(eletrônico, mecânico, gravação, fotocópia,
distribuição na Web ou outros),
sem permissão expressa da Editora.

À minha mãe
Pelos valores transmitidos,
principalmente o da
importância do trabalho.

À minha esposa
Pelo apoio incondicional e
pela ajuda nesta obra.

Agradecimentos

Gostaria de agradecer a todos que, direta ou indiretamente, colaboraram para a realização deste trabalho:

- Aos professores do curso de Administração da PUC Minas que participaram da revisão dos originais: Andréa Alcione de Souza, Armindo dos Santos de Souza Teodósio, Denise de Castro Pereira, Hélvio de Avellar Teixeira, José Wanderlei N. Silva, Maria de Fátima Pereira Rossi, Rodolfo Antônio Lopes, Ronaldo André Rodrigues da Silva, Sérgio Silveira Martins e Simone Nunes.

- Aos professores da PUC Minas de outras áreas do conhecimento que ajudaram, principalmente, no esclarecimento de conceitos: Marcelo Pereira de Mendonça, Jean Max Tavares (Economia), Maurício Tannus Dias (Psicologia), Ateníster Tarcísio Rego (Automação), Marcelo Franco Porto, Rosilane Ribeiro da Mota (Sistemas de Informação), Maria Ester Saturnino Reis e Antônia Maria da Rocha Montenegro (Sociologia).

- Aos docentes da Universidade Federal de Minas Gerais que, com seus ensinamentos, me alertaram para a complexidade das alterações que tiveram lugar nas organizações, principalmente os professores Allan Claudius Q. Barbosa, Antônio Luiz Marques, Fernando Coutinho Garcia, Jader dos Reis Sampaio, Lúcio Flávio Renault de Moraes, Marco Aurélio Rodrigues, Marlene Catarina de Oliveira Lopes Melo, Mauro Calixta Tavares, Solange Maria Pimenta, Suzana Braga Rodrigues, Talita Ribeiro da Luz e Zélia Miranda Kilimnik.

- Aos profissionais de diversas organizações, os quais ofereceram informações valiosas que subsidiaram este trabalho, como: Alexandre Magno de Abreu, Cleber Silva de Amorim, Herick Pires Marques, Francisco Carlos Barros, Jacqueline Anastácia dos Santos, Márcio José de Souza Chaves, Mauro Pimenta Azevedo, Nilceu José Oliveira, Paulo Roberto Nolli e Rodrigo Pimenta Sizenando.

- A todos que escreveram sobre assuntos relacionados à Administração e às organizações, e que procuraram fazê-lo de maneira séria, com rigor e com intenção de melhorar a sociedade. A realização deste trabalho só foi possível com os estudos que o precederam.

Sumário

Prefácio xiii

Introdução xv

PARTE I   AS ORGANIZAÇÕES E AS ESTRUTURAS TRADICIONAIS 1

1   Estruturas, formatos, desenhos e arquiteturas organizacionais 3
- 1.1   A estrutura e a caracterização das organizações 3
- 1.2   Elementos básicos da estrutura: a diferenciação e a integração 6

2   Tipos de estrutura 10
- 2.1   Primeiras preocupações com estrutura: prescrições para um formato ideal 10
- 2.2   A burocracia: a tentativa de descrição de um formato real 12
- 2.3   A informalidade e o fortalecimento da estrutura clássica 14
- 2.4   O questionamento do padrão: os trabalhos dos estruturalistas 15
- 2.5   Classificações para estruturas: as pesquisas contingenciais 17

3   As cinco configurações básicas de Henry Mintzberg 21
- 3.1   A congruência na formação da estrutura 21
- 3.2   As possibilidades estruturais, as formas de integração e os fatores contingenciais 21
- 3.3   Os principais tipos de estrutura 23
- 3.4   Considerações finais sobre estruturas e sobre o modelo de cinco configurações 29

PARTE II   MODIFICAÇÕES NOS FATORES CONTINGENCIAIS 31

4   A automação e seus reflexos nas organizações: do fordismo à tecnologia da informação 33
- 4.1   O uso de máquinas nas empresas 33
- 4.2   A linha de produção fordista 35
- 4.3   A tecnologia do controle numérico 38
- 4.4   A automação nas empresas de processamento 39
- 4.5   A tecnologia da informação e a automação nas organizações 44
  - 4.5.1   A tecnologia da informação e a automação nas operações de manufatura 46
  - 4.5.2   A tecnologia da informação e os sistemas de informação nas organizações 47
  - 4.5.3   A tecnologia da informação e a automação nas operações de serviços 47

4.5.4 Síntese das conseqüências da automação baseada na tecnologia da informação 50

5 O ambiente das organizações: do continuísmo ao dinamismo 54
5.1 Fatores ambientais 55
5.2 Modificações nos fatores ambientais 56
    5.2.1 Modificações no macroambiente 57
    5.2.2 Modificações no microambiente 63
5.3 Modificações no comportamento das variáveis ambientais: complexidade e dinamismo 64

6 A estratégia das organizações: da integração à especialização 69
6.1 Estratégia organizacional 69
6.2 Estratégias tradicionais 71
6.3 Tendências estratégicas 73
    6.3.1 As estratégias gerais 73
    6.3.2 Novas estratégias funcionais 76
    6.3.3 A responsabilidade e o processo de formulação da estratégia 79
6.4 Considerações finais sobre estratégias 79

PARTE III MODIFICAÇÕES INTERNAS 83

7 Novas possibilidades organizacionais 85
7.1 Antecedentes das novas possibilidades organizacionais 85
7.2 Novas tecnologias administrativas, novas possibilidades estruturais e novas formas de mudança e de gestão 89
7.3 Considerações finais sobre as novas possibilidades organizacionais 98

8 Novas formas de coordenação 103
8.1 A cultura e os valores nas organizações 103
    8.1.1 Discussões iniciais e antecedentes do estudo de cultura nas organizações 103
    8.1.2 A organização informal e a introdução dos valores nos estudos organizacionais 104
    8.1.3 A cultura organizacional e seus estudos recentes 105
    8.1.4 Mudanças culturais e doutrinação 106
    8.1.5 Críticas a aspectos ligados à cultura organizacional 108
    8.1.6 A cultura como forma de coordenação no trabalho: considerações finais 110
8.2 Os contratos 110
    8.2.1 O uso da empresa ou o uso do mercado 111
    8.2.2 Tipos de contratos 113
    8.2.3 O crescimento do uso de contratos como forma de coordenação: considerações finais 114
8.3 Interesses, poder, conflitos e política nas organizações 114
    8.3.1 Ambientes propícios para a coordenação política 115
    8.3.2 Política como forma de coordenação nas organizações: considerações finais 117

PARTE IV A BUROCRACIA AUTOMATIZADA E SUAS VARIAÇÕES 123

9 A Burocracia Automatizada 125
9.1 A descrição da estrutura básica 125

9.1.1 O núcleo operacional 125
9.1.2 O componente administrativo 136
9.1.3 As áreas de assessoria 138
9.1.4 A cúpula estratégica 140
9.2 As condições para a Burocracia Automatizada 141
9.2.1 Fatores técnicos de automação e de produção 141
9.2.2 O ambiente da Burocracia Automatizada 143
9.2.3 A estratégia na Burocracia Automatizada 144
9.2.4 O crescimento do uso da coordenação por contratos 149
9.3 As novas possibilidades organizacionais e a Burocracia Automatizada 150
9.3.1 Mudanças participativas e incrementais na Burocracia Automatizada: DO, GQT e organizações de aprendizagem 150
9.3.2 A preocupação com as pessoas na Burocracia Automatizada: gestão de competências, de saúde e estratégica de pessoas 151
9.3.3 Responsabilidade social na Burocracia Automatizada: a empresa cidadã 151
9.3.4 Mudanças radicais na Burocracia Automatizada: reengenharia e *downsizing* 152
9.3.5 Integração externa, alianças, parcerias, terceirização e organizações em rede 153
9.4 Problemas associados à Burocracia Automatizada 154
9.4.1 Problemas técnicos, financeiros e mercadológicos na Burocracia Automatizada 154
9.4.2 Problemas humanos no núcleo operacional 156
9.4.3 Problemas no componente administrativo 158
9.4.4 Problemas na cúpula estratégica 159
9.5 Outras questões relacionadas à Burocracia Automatizada 161
9.5.1 O desemprego e a precarização do trabalho 161
9.5.2 As relações de trabalho 163
9.5.3 A Burocracia Automatizada e as alterações em outras relações que ocorrem na sociedade 164

10 Variações da Burocracia Automatizada 172
10.1 A Burocracia Automatizada em serviços 172
10.2 A Burocracia Automatizada e as alterações nas Burocracias Profissionais 177
10.3 A Burocracia Automatizada e as pequenas empresas 180
10.4 A Burocracia Automatizada nas empresas de processamento 183
10.5 A Burocracia Automatizada e a Adhocracia 185

PARTE V   PARA FINALIZAR 189

11   Considerações finais 191

BIBLIOGRAFIA 196

ÍNDICE 206

Prefácio

Este é um trabalho descritivo.

Por duas razões deve-se, inicialmente, prestar essa informação. Em primeiro lugar, há de se considerar a imensa quantidade de pessoas que procuram, em livros, técnicas infalíveis, segredos e fórmulas mágicas para o sucesso gerencial e empresarial. Se isso existe, o que não acredito, o leitor não o achará aqui! Em segundo, há de se considerar os administradores, estudantes, pesquisadores e demais interessados que procuram desvendar de forma criteriosa os meandros da vida organizacional. A esses, deve-se alertar para o fato de que o presente trabalho tem a intenção principal de retratar uma realidade, e não a de aconselhar ou prescrever formas mais apropriadas de gestão para situações específicas.

A Administração, área do conhecimento ligada às organizações, já percorreu um longo caminho desde seus estudos iniciais, de modo que existe, atualmente, um conjunto de teorias, princípios e, principalmente, conceitos que a qualificam como uma ciência madura. E como tal, quando surgem mudanças e novas realidades no mundo das organizações, deve-se, primeiro, realizar trabalhos descritivos para o entendimento dessas mudanças e, depois, numa intenção prescritiva, apresentar alternativas válidas para a atuação de administradores. Infelizmente, muitas vezes o que se vê é o contrário: prescrições antes do entendimento da realidade. Sob essa concepção, este livro pretende colaborar para a compreensão das alterações que estão ocorrendo nas empresas, a partir do questionamento de modelos organizacionais que vigoraram até recentemente.

Em determinado momento, alguns estudiosos passaram a observar grandes mudanças nas organizações, assim como em toda a sociedade, e começaram a escrever sobre elas. Nessa empreitada, caracterizaram-se as sociedades pós-industrial, pós-capitalista, do conhecimento, da informação, da terceira onda, pós-burocrática, pós-fordista e assim por diante. Foram trabalhos que tiveram importância pelo seu pioneirismo, apesar de necessitarem de maior comprovação prática. Isso, inclusive, é justificável, pois o processo de mudanças estava em seu início, apresentando muitas possibilidades futuras, muita confusão conceitual e pouca homogeneidade na realidade organizacional e social. Muitas palavras otimistas foram escritas, seguidas de crítica e ceticismo. Todavia, pouco se sabia, realmente, o que estava acontecendo na sociedade e nas empresas.

Desde esse período pioneiro e, de certa maneira, confuso, muitos estudos se seguiram, pesquisas foram realizadas, e teorias, apresentadas. Apareceram trabalhos que pretenderam clarear e dar melhor entendimento do processo que se seguia, porém, apesar da nobre intenção de se captar a realidade organizacional e de se questionar a validade das velhas teorias, em sua maioria esses estudos surgiram sem ligação uns com os outros. Em conseqüência, trabalhos isolados foram produzidos e diversos constructos foram criados. Não se questiona, aqui, a importância desses trabalhos, mas o fato de, para muitos e a partir deles, a realidade permanecer tão confusa quanto no princípio, quando surgiram os estudos pioneiros.

Ante a necessidade de realizar uma ligação entre vários desses trabalhos e teorias, reunindo-os de maneira a caracterizar melhor as organizações na atualidade e apresentar o modelo de um novo tipo de organização que está, cada vez mais, adquirindo espaço no mundo empresarial, e a partir de meus estudos acadêmicos, este livro nasceu. Todavia, posso dizer que minha curiosidade sobre o assunto fora despertada há muito tempo, especificamente na prática organizacional, ao me sentir muitas vezes perdido frente às alterações ocorridas nas empresas em que atuei. Perdido por não entender, realmente, o que estava se passando.

Espero que a descrição ajude!

O autor

Introdução

Desde o início dos estudos das organizações, tem-se a preocupação de apontar-lhes modelos, formas ou tipos mais apropriados. Essa inquietação, inclusive, apresentou objetivos tanto descritivos como prescritivos. No primeiro caso, estudiosos buscaram explicar o fenômeno organizacional que se fortaleceu ao longo da história, principalmente após a chamada Revolução Industrial. No segundo, surgiram aqueles com intenções mais pragmáticas, apresentando regras, caminhos ou fórmulas para o sucesso na formação e na manutenção das organizações.

Seja dentro de objetivos descritivos ou prescritivos, inicialmente a tendência foi de se apresentar uma forma única e universal. Por um lado ela explicaria adequadamente as organizações modernas (caráter descritivo) e, por outro, se mostraria como a chave para o sucesso organizacional (caráter prescritivo). Destacam-se, nesse período, a burocracia caracterizada por Max Weber, a organização racional do trabalho defendida por F. W. Taylor e, mesmo, o fordismo, a partir das práticas de Henry Ford.

Com o passar dos anos, porém, apareceram estudos questionando a idéia de forma única e universal. Tipologias diversas começaram a aparecer e, nessa linha, de maneira geral, os trabalhos foram apresentando cada vez maior complexidade e rigor metodológico.

Seguindo essa complexidade e como conseqüência de vários estudos e pesquisas, no final da década de 1970 Henry Mintzberg apresentou uma classificação para as organizações constando de cinco configurações básicas. Essas configurações explicariam as formas utilizadas nas organizações, conforme um grande número de contingências e possibilidades estruturais. Na referida classificação, além de caracterizar a estrutura simples, ligada às pequenas empresas, e a burocracia com suas (três) variações ligadas às grandes organizações, o autor abriu espaço para descrever uma estrutura orgânica e não burocrática, utilizando o nome empregado por Alvin Toffler: a Adhocracia. Essa seria, conforme Henry Mintzberg, uma estrutura apropriada para a inovação e para ambientes dinâmicos e complexos e, na visão de Alvin Toffler, tenderia a se firmar no futuro e, até mesmo, substituir a burocracia como modelo principal para as grandes organizações.

Com o recente cenário de mudanças, várias modificações foram impostas às organizações que, para sobreviverem, tiveram que adotar estruturas mais flexíveis e mais afastadas do modelo clássico que caracterizou boa parte das grandes empresas. Muito se argumentou, assim, que a forma burocrática de organização se tornara um empecilho para as empresas que teriam, a partir de certo momento, de sobreviver num ambiente dinâmico, além de complexo. As Adhocracias e suas variações tenderiam, então, a se fortalecer como a organização pós-burocrática, pós-taylorista, pós-fordista etc.

Entretanto, várias modificações organizacionais que aparecem não confirmam a maioria das previsões feitas sobre o fim da burocracia. Muitas mudanças, inclusive, caminham no sentido contrário, e estruturas baseadas na Adhocracia não se mostram apropriadas para muitas empresas. Assim, apesar de previsões diversas de um futuro adhocrático, as organizações formais não perdem com tanta facilidade suas principais características burocráticas. Aparentemente, em vez de se extinguir, a burocracia se adapta, numa forma de sobreviver aproveitando as diversas vantagens que seu formato sempre ofereceu, principalmente na produção com certa padronização e com certo ganho em escala.

O que se observa é que, frente a novas contingências, surge uma nova variação da burocracia a exemplo das três apontadas por Henry Mintzberg. Um formato diferente daquele usado pelas grandes empresas tradicionais, mas que não chega a se caracterizar como uma Adhocracia. Um tipo de estrutura organizacional que parece estar cada vez mais se firmando, tanto na indústria como nas empresas voltadas para a prestação de serviços. Uma configuração que, neste trabalho, está sendo nomeada **Burocracia Automatizada**.

A partir disso, a intenção desta obra é caracterizar a Burocracia Automatizada e discriminar as situações que levaram ao seu fortalecimento, a ponto de, muitas vezes, substituir as estruturas burocráticas tradicionais das grandes empresas. Sob a idéia de construção teórica, este livro não tem a intenção de refutar trabalhos anteriores, mas de complementá-los, principalmente o de Henry Mintzberg e o seu modelo de cinco formatos organizacionais.

Para tanto, nos capítulos iniciais (1 e 2) é feita uma reconstituição teórica, resgatando-se estudos clássicos de tipos de organizações até se desembocar nas configurações básicas de Henry Mintzberg (Capítulo 3). Esses três capítulos se apóiam no constructo teórico ligado a estruturas e formatos organizacionais, base para todo o trabalho de caracterização da Burocracia Automatizada. Enfatiza-se a necessidade dessa primeira parte do livro pelo resgate que é feito de importantes trabalhos que possibilitaram o desenvolvimento dos estudos sobre as organizações e sobre estruturas, assim como o esclarecimento de importantes conceitos.

Na segunda parte (Capítulos 4, 5 e 6) são apresentados os principais fatores contingenciais ou situacionais apontados na literatura como influentes nos tipos de estruturas organizacionais: a tecnologia, o ambiente e a estratégia. Há, nessa parte, discussões sobre a maneira como esses fatores ou variáveis se comportaram na história das organizações, assim como as recentes modificações pelas quais passaram. A apresentação é feita de forma separada para cada uma dessas variáveis devido ao aspecto didático e, ainda, pelo fato de que, de modo geral, os autores citados enfatizam apenas um dos fatores em seus estudos. Especificamente para a variável tecnologia, é necessário alertar para o fato de que a apresentação é feita sobre tecnologias de produção ligadas à automação. Isso se deve à importância que esse tema assume para a discussão da Burocracia Automatizada.

Ainda com relação a essas variáveis contingenciais, adianta-se que este trabalho tenta fugir de idéias deterministas que imperam, muitas vezes, em trabalhos sobre as organizações. Nesse aspecto, acata-se a idéia de congruência, ou seja, acredita-se que uma estrutura surge na busca de certo equilíbrio interno e externo. Isso é mais bem discutido ao longo do livro, principalmente no capítulo dedicado à classificação de Henry Mintzberg.

A terceira parte do livro (Capítulos 7 e 8) é dedicada à discussão sobre modificações nas organizações e em suas estruturas frente às mudanças nos fatores contingenciais. Algumas delas apresentam-se como verdadeiras revoluções, se comparadas às formas tradicionais de organização. Outras, apenas pequenas alterações, visando simples adaptações. No Capítulo 7, dedicado a novas possibilidades organizacionais, são examinadas novas tecnologias administrativas, novas possibilidades estruturais, novos modelos de mudança e novos modelos de gestão. Esse capítulo se apóia em trabalhos descritivos e prescritivos de diversos autores, sendo a estrutura em rede, a terceirização, a Gestão pela Qualidade Total e a Reengenharia alguns dos temas discutidos. No Capítulo 8 é apresentado um dos principais aspectos para o surgimento e o desenvolvimento de um sexto formato: a possibilidade de modos alternativos de coordenação do trabalho pouco discutidos na literatura. Assim, considera-se, desde já, a extrema importância do referido capítulo. Nele, faz-se uma discussão sobre cultura organizacional e valores que, apesar de terem merecido estudos por parte de muitos autores organizacionais, suscitam, ainda, certa polêmica na prática, principalmente quando se considera sua importância como forma de coordenação do trabalho. Também é discutida a possibilidade da utilização, por parte das empresas, da coordenação baseada em contratos, uma forma de coordenação muito abordada na literatura econômica, mas pouco considerada nos estudos organizacionais. A coordenação política merece, igualmente, certa atenção no referido capítulo.

Essas novas maneiras de coordenação do trabalho, em conjunto com as novas contingências e as novas possibilidades organizacionais, permitem, assim, a existência e o fortalecimento da Burocracia Automatizada, que é tratada na quarta parte deste livro. No Capítulo 9 é feita uma caracterização mais detalhada dessa configuração, e no Capítulo 10 são discutidas algumas de suas variações. Com relação a essa parte, uma importante observação deve ser feita: na caracterização da Adhocracia Henry Mintzberg enfatiza que, por se tratar de uma estrutura nova e pelo pouco conhecimento disponível, sua apresentação poderia não refletir as características da estrutura que se pretendia descrever. No caso da Burocracia Automatizada o mesmo pode ser afirmado. Ela é um fenômeno recente que, na prática, está ainda em fase de consolidação. Além disso, pela complexidade que apresenta carecerá de estudos posteriores para sua melhor definição. O que se propõe aqui é um modelo inicial dessa forma de organização.

A comunidade acadêmica e o público em geral tratarão de, com o tempo, considerar a validade e a importância deste trabalho. No entanto, é necessário tecer aqui algumas considerações metodológicas. Nesse aspecto, destaca-se que o texto tem por base discussões de teóricos consagrados em Administração e resultados de recentes pesquisas. Como já afirmado, trata-se de uma tentativa de complementar e atualizar trabalhos anteriores, notadamente a classificação das cinco configurações básicas de Henry Mintzberg. Logo, a metodologia usada é praticamente a daquele autor, ou seja, o resultado de pesquisas, além do resgate teórico.

Buscando práticas metodológicas que complementem o trabalho e sobretudo no intuito de tornar este livro uma fonte de aprendizado, ao longo dos Capítulos 9 e 10 são apresentados exemplos coletados de artigos diversos, trabalhos de campo, além da vivência em empresas por parte do autor. Com eles, tenta-se utilizar alguns casos no intuito de tornar este texto mais compreensível e mais didático.

Considerações devem ser feitas, também, sobre as notas explicativas. Como o presente trabalho é de reunião teórica e síntese sobre um tema, discussões mais aprofundadas e antagonismos não aparecem no corpo principal do livro. Isso ocorre para que a leitura não se torne enfadonha, cansativa e cheia de questionamentos que a atrapalhem em demasia. Este trabalho já é bem complexo para se fazer apresentações que o compliquem ainda mais! Entretanto, como em qualquer trabalho com bases científicas, não se pode abandonar o debate e o conflito de idéias, com o risco de se apegar a uma única linha de pensamento e não se ter a visão da realidade, que necessita das mais diversas opiniões. Assim, mais discussões e pontos polêmicos são salientados nas notas no final de cada capítulo. Na prática, as referidas notas trarão, em alguns casos, melhores explicações sobre termos e temas abordados; em outros, posicionamentos contrários àqueles apresentados no corpo do texto e, em outros, ainda, solicitações para que o leitor procure se informar sobre fontes e outras opiniões a respeito de determinado assunto. Essa forma de apresentação não constitui novidade, mas o autor julga conveniente explicitá-la, desde já, para leitores não familiarizados com esse estilo de exposição.

Comentários e Sugestões

Apesar dos melhores esforços do autor, do editor e dos revisores, é inevitável que surjam erros no texto. Assim, são bem-vindas as comunicações de usuários sobre correções ou sugestões referentes ao conteúdo ou ao nível pedagógico que auxiliem o aprimoramento de edições futuras. Encorajamos os comentários dos leitores que podem ser encaminhados à LTC — Livros Técnicos e Científicos Editora S.A. no endereço: Travessa do Ouvidor, 11 — Rio de Janeiro, RJ — CEP 20040-040 ou ao endereço eletrônico ltc@ltceditora.com.br

ORGANIZAÇÕES AUTOMATIZADAS: DESENVOLVIMENTO E ESTRUTURA DA EMPRESA MODERNA

Parte I
AS ORGANIZAÇÕES E AS ESTRUTURAS TRADICIONAIS

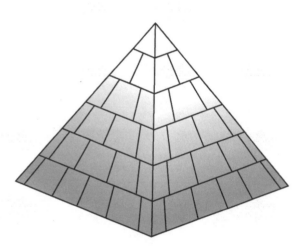

"Uma vez que o ascetismo se encarregou de remodelar o mundo e nele desenvolver seus ideais, os bens materiais adquiriram um poder crescente e, por fim, inexorável sobre a vida do homem, como em nenhum outro período histórico. Hoje, o espírito do ascetismo religioso quem sabe definitivamente fugiu da prisão. Mas o capitalismo vitorioso, uma vez que repousa em fundamentos mecânicos, não mais precisa de seu suporte."

(Max Weber, in *A ética protestante e o espírito capitalista*)

Estruturas, Formatos, Desenhos e Arquiteturas Organizacionais

Para se caracterizar uma organização, este trabalho tomou por base os estudos ligados à estrutura organizacional e suas variações, como formato, desenho, projeto e arquitetura organizacional. Sendo assim, este capítulo apresenta conceitos básicos ligados a esse tema, seus principais elementos e funções. O objetivo principal é introduzir o assunto, mostrando a importância da abordagem de estrutura para descrever formas e tipos de organização.

Vale enfatizar que, apesar de o termo *estrutura organizacional* estar muito associado a estudiosos da chamada escola estruturalista das organizações, seus estudos se renovaram com o aparecimento de outras escolas, o que é demonstrado ao longo deste e de outros capítulos. Um resgate de tradicionais autores estruturalistas é necessário, mas se discutem, também, autores que tiveram influência mais recente. Isso demonstra a condição atual e renovada dos estudos ligados a esse tema.

1.1 A Estrutura e a Caracterização das Organizações

Quando se propõe a caracterização de uma determinada organização, vários aspectos sociais, econômicos, legais e de mercado podem ser usados. Pode-se observar, por exemplo, se é uma empresa pública, privada ou uma organização não-governamental; se pertence ao setor econômico primário, secundário ou terciário; se é uma firma individual ou uma sociedade anônima; se tem atuação nacional, regional ou global, e assim por diante. Internamente, vários aspectos podem, também, ser utilizados para caracterizar uma organização: o seu tamanho, a disposição física de pessoas e equipamentos, a tecnologia utilizada, as particularidades financeiras, como o seu faturamento, as características comportamentais e culturais, dentre outros.

Uma das maneiras de se caracterizarem as organizações que merece destaque nas teorias administrativas é aquela relacionada aos estudos das estruturas organizacionais. Em linhas gerais, com eles, procuram-se demonstrar a disposição de áreas, departamentos, cargos, grupos e pessoas dentro de uma empresa e as relações existentes entre eles.[1]

ESTRUTURA ORGANIZACIONAL
Procura demonstrar a disposição de departamentos, cargos, grupos e pessoas dentro de uma empresa e as relações existentes entre eles.

Dentre as diversas vantagens dessa perspectiva, salienta-se que ela oferece uma apropriada explicação para o fato de as organizações terem conseguido, apesar do tamanho e da complexidade que apresentam na atualidade, manter-se no tempo e alcançar seus diversos objetivos ou funções.[2] Na verdade, dentro da perspectiva estruturalista, o equilíbrio ou a equalização entre a divisão do trabalho e a interação entre as partes responsáveis pelo trabalho dividido pode ser apontado como o principal fator na existência das organizações modernas.[3]

Deve-se salientar que a figura da divisão do trabalho, ou funções, e a manutenção da interação entre as partes responsáveis pelo trabalho dividido não são fenômenos novos na história. Todavia, a magnitude que isso atingiu desde o início da Revolução Industrial foi sem precedentes. E é justamente essa equalização ou equilíbrio entre a divisão do trabalho e a sua integração que aparece com grande importância para os estudos ligados à estrutura organizacional.[4]

Para se reforçar ainda mais a noção de estrutura organizacional e apresentar suas diversas funções, podem-se citar três recentes conceitos para ela, oferecidos por autores que, com certeza, sofreram influência dos primeiros estruturalistas, mas que foram influenciados, também, por outras escolas que enriqueceram o tema, como, por exemplo, a comportamental, a sistêmica e a contingencial.[5] Aparentemente, são conceitos diferentes mas que, em termos práticos, apresentam entre si muito mais uma complementaridade, como pode ser visto.

Para James A. F. Stoner e R. Edward Freeman, a estrutura organizacional "*refere-se ao modo como as atividades de uma organização são divididas, organizadas e coordenadas*".[6] Nesse conceito, podem-se observar a tentativa de se sintetizarem as idéias apresentadas nos primeiros estudos de Administração e a ênfase nas atividades e tarefas que neles aparece.

Com uma definição mais voltada para o aspecto comportamental, Lex Donaldson considera a estrutura um "*conjunto recorrente de relacionamentos entre os membros da organização*".[7] Esses relacionamentos, como aponta o autor, referem-se, principalmente, à autoridade, à subordinação, aos comportamentos requeridos em regulamentos e aos padrões de tomada de decisão. A influência de teóricos das abordagens mais humanistas e comportamentais é notada nesse conceito, devido à ênfase dada aos relacionamentos.

Richard H. Hall, resgatando definições de diversos autores, admite em seus estudos que a estrutura seria a distribuição das pessoas em certas posições sociais que influenciam suas relações com outras pessoas. A estrutura seria responsável, assim, por modelar o que ocorre em uma organização. Todavia, esse mesmo autor afirma que, apesar dessa importância em moldar a organização, o efeito contrário é, também, verdadeiro, ou seja, a estrutura, ao mesmo tempo que influencia uma organização, é influenciada por diversos acontecimentos que nela ocorrem. Essa observação é importante, pois demonstra a condição de mutabilidade da estrutura.[8] Em seu trabalho, Richard H. Hall apresenta, ainda, funções para a estrutura organizacional. Seriam, conforme ele, produção e metas, minimizar ou regulamentar as influências individuais sobre as organizações e ser um contexto em que o poder é exercido e as decisões tomadas.

Assim, aproveitando os três autores citados, principalmente o último, tem-se que a estrutura apresenta as seguintes funções:[9]

- **Função técnica**
  Apresentar formas mais apropriadas para se realizar determinado trabalho, produzir algo ou apresentar certo resultado.
- **Função relacional**
  Regular e estabelecer padrões de comportamentos e de tomada de decisão.
- **Função de poder**
  Regular a autoridade e a subordinação.[10]

Esses conceitos e funções apresentados são resultado do longo caminho percorrido desde os primeiros estudos sobre esse tema. Um tema que, inclusive, continua se alargando, atingindo maior complexidade e uma preocupação ainda mais ampla. Atualmente, aparecem termos mais complexos e dinâmicos, como desenho organizacional, projeto organizacional e arquitetura organizacional. Não são apenas mudanças de nome, mas, também, de abrangência do conceito, aumento de funções e o aparecimento de mais variáveis para se colocar em estudo.[11] O conceito de arquitetura organizacional, por exemplo, sem abandonar as origens nos primeiros estudos de estruturas, passa a englobar características e aspectos não enfatizados anteriormente, como cultura organizacional e organização informal.

O trabalho de David A. Nadler, Marc S. Gerstein e Robert B. Shaw para arquitetura organizacional enfatiza, justamente, esse aspecto.[12] Para esses autores, o estudo de estrutura organizacional não deve limitar-se a aspectos formais da organização, como as relações de trabalho e de autoridade e os padrões de comportamento dos participantes da organização. Ele deve incluir, também, aspectos valorativos, ligados a cultura e organização informal.[13] Usando como base os trabalhos de cultura organizacional, esses autores enfatizam que o conceito de estrutura é restrito, e a arquitetura organizacional apresenta outros aspectos como valores e pressupostos básicos dos participantes.

Essa anexação de variáveis serve para enriquecer ainda mais o tema, podendo-se, assim, a partir da discussão de arquitetura organizacional, incorporar mais uma função para a estrutura. Além das três já mencionadas, a *técnica*, a *relacional* e a *de poder*, junta-se uma função cultural ou valorativa:[14]

- **Função valorativa**
  Apresentar valores, crenças, pressupostos e princípios compartilhados.

Ainda com relação a essa última função, deve-se destacar que, da mesma forma que não se está propondo que a estrutura, em seus aspectos formais, de relacionamentos e de autoridade seja conseqüência da cultura organizacional, não se está afirmando o contrário, ou seja, que a cultura é uma conseqüência dessa estrutura. Nesse aspecto, presume-se aqui a característica da estrutura apontada por Richard H. Hall em que ela modela e é modelada, ou seja, existe uma influência mútua entre os fenômenos ou partes que a compõem. A estrutura organizacional e a cultura interagem em uma mútua construção.[15]

Finalmente, deve-se ressaltar que, a despeito do termo usado – arquitetura, formato ou projeto –, considera-se, aqui, estrutura organizacional a disposição de partes em uma organização e as relações mantidas entre elas. Partes que se materializam em pessoas, cargos, grupos, departamentos, áreas etc., cada uma com certas atividades específicas, mas mantendo interações umas com as outras e podendo ser vistas, assim, como um todo organizacional.

1.2 Elementos Básicos da Estrutura: a Diferenciação e a Integração

A partir da definição de estrutura organizacional voltada para as partes e suas interações, dois elementos básicos podem ser destacados: a diferenciação e a integração.

A *diferenciação* está ligada à divisão do trabalho, ou seja, as organizações, por intermédio da divisão do trabalho, apresentam um certo nível de diferenciação. Em termos práticos, isso é materializado na especialização atingida pelos indivíduos em seus cargos ou na especialização de áreas e departamentos. Várias razões poderiam ser apontadas para justificar essa diferenciação em uma organização.

Paul R. Lawrence e Jay W. Lorsch, referências na discussão do termo, enfatizam que a diferenciação é ocasionada internamente à organização em função de fatores externos a ela. Conforme os autores, quanto mais diferenciado o ambiente em que a empresa atua, mais diferenciadamente ela se estrutura. Essa diferenciação aparece, assim, justamente para que a organização possa se "*relacionar*" melhor com o ambiente, em termos de busca de recursos e de informações, além do oferecimento de produtos diversos.[16]

A diferenciação pode ser justificada, também, em termos de eficiência; esta, considerada como o melhor aproveitamento de recursos, manifesta-se na maior produtividade, na melhor rentabilidade etc. Estudos econômicos e administrativos clássicos sempre consideravam que a maior divisão do trabalho levaria ao aumento da eficiência organizacional por intermédio da especialização de indivíduos e grupos.[17]

Além desses aspectos técnicos, a divisão do trabalho ou a diferenciação é justificada, muitas vezes, em termos de manutenção de relações de poder consideradas *adequadas*. Ou seja, a diferenciação apresenta vantagens, na medida em que regula interesses individuais e os subordina a interesses coletivos. Por meio dela existiria, assim, maior controle da organização sobre o trabalho dos indivíduos participantes. Muito se discute, por exemplo, que, a partir da grande divisão do trabalho que ocorreu nas grandes organizações ao longo do século XX, retiraram-se conhecimento e autonomia dos trabalhadores, privando-os, como conseqüência, de poder diante da organização.[18] A hierarquia, considerada, também, uma forma de divisão do trabalho, pode ser oferecida como exemplo, pois tem influência direta na manutenção de relações de poder consideradas *adequadas*.

Seja na busca de melhor relacionamento com o ambiente, na busca da eficiência ou, mesmo, na manutenção de relações de poder consideradas adequadas, em termos práticos, nas organizações, a diferenciação é um fenômeno que se apresenta como uma variável que pode assumir valores maiores ou menores. Essa gradação se refere, então, à condição em que o trabalho é dividido nas organizações. Quanto mais o trabalho é dividido dentro de uma organização, maior é a diferenciação que ela apresenta. Ao contrário, quanto menor a divisão de tarefas, menor a diferenciação.

Todavia, com a existência da diferenciação nas organizações, poderia ocorrer que as partes (cargos, funções, setores etc.) perdessem a capacidade de relacionamento interno. Correr-se-ia o risco, assim, de as decisões, ações ou comportamentos seguirem rumos diversos, impossibilitando a ocorrência de relações voltadas para o alcance dos diversos objetivos ou das funções estruturais.[19]

Justamente para que não aconteça a perda dessas interações, deve existir um processo inverso, uma força contrária que busque a união dos esforços separados, um mecanismo que evita que a diferenciação se torne inadequada e que faz com que as partes mantenham relações. Essa força ou elemento é chamado de integração.[20]

A *integração* é responsável, então, por unir os esforços ou manter interações entre as partes no atingimento de objetivos organizacionais ou das funções estruturais. Muitas vezes chamada de coordenação, ela ocorre por intermédio de um indivíduo em um cargo, como, por exemplo, um gerente; por intermédio de normas e procedimentos padronizados; pelo treinamento dos participantes; ou, mesmo, por meio de comunicações informais.[21] Com essas formas de coordenação, consegue-se, então, que o trabalho que foi dividido possa ser reunido. Deve-se enfatizar, porém, que a integração não pode anular a diferenciação. Numa organização aparecem os dois elementos, e, em última análise, quanto mais forte for a diferenciação, mais forte deve ser a integração.

Quadro 1.1 Elementos da Estrutura Organizacional

Diferenciação	Integração ou coordenação
• Refere-se à especialização apresentada em cargos, grupos e departamentos. • Ocorre em função da complexidade externa, na busca de eficiência e, mesmo, como forma de controle sobre o trabalho. • Apresenta-se como um contínuo: mais ou menos diferenciado.	• Refere-se aos esforços para unir o que foi dividido na diferenciação. • Ocorre em função da diferenciação: quanto maior a diferenciação, mais forte deve ser a integração. • Apresenta-se como possibilidades ou categorias, p.ex., com o gerente, com procedimentos padronizados, por intermédio de comunicações informais.

Como conseqüência do aqui exposto, a *diferenciação* e suas gradações e a *integração* e suas diversas possibilidades foram os principais aspectos observados nos estudos de estrutura organizacional e utilizados para caracterizar as organizações, apresentar modelos, classificações e tipologias diversas. Desde que isso começou a ser feito, os estudos de estrutura foram os mais diversos, atingindo, atualmente, grande complexidade e alcance.

NOTAS

[1]Os conceitos para estrutura variam conforme o autor, o uso e, principalmente, conforme a ciência em que é utilizada. Isso pode ser verificado, por exemplo, em BASTIDE, Roger e outros. *Usos e sentidos do termo estrutura*. São Paulo: Editora Herder, 1971. Aqui, está-se considerando estrutura como um conjunto ou sistema que pode ser visto como uma totalidade, pois suas partes mantêm certas interações. Essa definição embasa-se, principalmente, em VIET, Jean. *Métodos estruturalistas nas ciências sociais*. Rio de Janeiro: Edições Tempo, 1967, especi-

ficamente na parte que trata de métodos estruturalistas em sociologia e em organizações complexas.

[2]A discussão do(s) objetivo(s) das organizações sempre suscitou grande polêmica teórica. Dentro da perspectiva estruturalista pura, costuma-se discordar da existência de objetivos (externos) para uma estrutura (ver discussões sobre isso em VIET, Jean. *Métodos estruturalistas nas ciências sociais*. Rio de Janeiro: Edições Tempo, 1967 ou em GOULDNER, *Patos*

metafísico e a teoria da burocracia. In: ETZIONI, A. *Organizações complexas*. São Paulo: Atlas, 1973). Dentro de uma visão do funcionalismo estrutural, Talcott Parsons argumenta que a organização deve atingir uma meta específica (ver PARSONS, Talcott. Sugestões para um tratado sociológico da teoria da organização. In: ETZIONI, A. *Organizações complexas*. São Paulo: Atlas, 1973). Amitai Etzioni faz longas ponderações sobre o assunto e considera o(s) objetivo(s) uma das funções da estrutura (ver ETZIONI, Amitai. *Organizações modernas*. São Paulo: Pioneira, 1972). A teoria de equilíbrio de Barnard-Simon considera a importância de estímulos ou *pagamentos* aos diversos participantes da organização (citado em MARCH, James G. e SIMON, Herbert A. *Teoria das organizações*. Rio de Janeiro: FGV, 1972). Trabalhos recentes enfatizam a importância dos *stakeholders*, ou interessados diversos, em uma organização (ver FREEMAN, Edward. *Strategic management*: a stakeholder approach. London: Pitman Publishing, 1984). Dessa forma, consideram-se esses objetivos existentes seja como função da organização, como metas de participantes ou como interesses de *stakeholders*.

[3.]Esse equilíbrio visto como o desafio das organizações pode ser observado desde Amitai Etzioni (ETZIONI, Amitai. *Organizações modernas*. São Paulo: Pioneira, 1972).

[4.]Posições de justificativa, defesa e, mesmo, ataques contra a divisão do trabalho sempre apareceram na teoria sociológica e organizacional. Emile Durkheim, em trabalho sobre a divisão do trabalho na sociedade, a considera um fenômeno originado da convivência em grupo (ver DURKHEIM, Emile. *A divisão do trabalho social*. Brasília: Martins Fontes, 1977). Adam Smith faz ponderações da mesma como fator de aumento da produtividade (ver SMITH, Adam. *A riqueza das nações*. São Paulo: Nova Cultural, 1988), sendo seguido por teóricos clássicos da Administração. Karl Marx alerta para seu uso como fator de controle sobre os trabalhadores (ver MARX, Karl. *O capital*: crítica da economia política. São Paulo: Nova Cultural, 1988). Aqui se está, apenas, constatando a mesma como uma realidade social e organizacional, e já há algum tempo se pondera, inclusive, que a grande divisão do trabalho, defendida por teóricos clássicos da Administração, pode se tornar disfuncional para uma organização.

[5.]Dentre essas, destaque pode ser oferecido à abordagem sistêmica, que, em alguns aspectos, ampliou a abordagem estruturalista para as organizações, oferecendo mais detalhes conceituais como sistemas abertos e fechados, entradas e saídas, subsistemas etc.

[6.]STONER, James A. F. e FREEMAN, R. Edward. *Administração*. Rio de Janeiro: Prentice-Hall, 1995. p. 230.

[7.]DONALDSON, Lex. Teoria da contingência estrutural. In: CLEGG, S. (org.) *Handbook de estudos organizacionais*. São Paulo: Atlas, 1999. p 105.

[8.]No primeiro aspecto, distribuição em posições sociais, Richard H. Hall resgata Peter Blau e, no segundo aspecto, ser mutável, resgata Stewart Ranson, Bob Hinings e Royster Greenwood (ver HALL, Richard H. *Organizações, estruturas e processo*. Rio de Janeiro: Prentice-Hall, 1984. p. 37).

[9.]Não confundir as funções da estrutura com os objetivos da organização discutidos em nota anterior neste capítulo.

[10.]Está-se dispensando aqui o resgate teórico dessas funções, mas observa-se na primeira função a influência de autores clássicos de organização, na segunda, de teóricos de relações humanas e, na terceira, de teóricos que introduziram a questão do poder dentro dos estudos organizacionais, desde os estruturalistas até, mais recentemente, os contingenciais.

[11.]Quanto a esse aspecto, pode-se dizer que é uma das características das ciências a de avançar, assimilando novos trabalhos e descobertas

que não contradizem os anteriores, apenas clareiam, completam e aumentam seu alcance. O termo *desenho organizacional* é associado, muitas vezes, aos trabalhos de J. Galbraith, e *projeto organizacional,* a Henry Mintzberg.

[12.]NADLER, David A. GERSTEIN, Marc S. SHAW, Robert B. *Arquitetura organizacional*. Rio de Janeiro: Campus, 1994.

[13.]Algumas observações podem ser feitas aqui: primeira: os autores praticamente, equivalem os termos organização informal e cultura organizacional (ver NADLER, David A. GERSTEIN, Marc S. SHAW, Robert B. *Arquitetura organizacional*. Rio de Janeiro: Campus, 1994); segunda: apesar das críticas, os estudos sobre cultura organizacional entraram na Administração, e, atualmente, não se fazem trabalhos sem levar esse aspecto em consideração, o que é discutido no Capítulo 8; terceira: apesar do fato de há muito tempo se defender que a informalidade e os valores deveriam ser levados em consideração no estudo das estruturas e nas ações empresariais, em termos práticos esses aspectos só se tornaram, realmente, importantes recentemente, o que é, também, discutido no Capítulo 8.

[14.]A idéia de cultura nas organizações sofreu muita influência de teóricos ligados à Antropologia. Dentre eles, alguns a consideram como possuindo elementos tangíveis como a tecnologia, utensílios, ferramentas etc. e elementos intangíveis. No presente trabalho, ênfase é dada aos aspectos intangíveis da cultura, como os valores (ver LARAIA, Roque de Barros. *Cultura*: um conceito antropológico. Rio de Janeiro: Jorge Zahar, 2002. SOUZA, Edela Lanzer Pereira. *Clima e cultura organizacionais*: como se manifestam e como se manejam. Porto Alegre: Edgar Blucher, 1978. BOWDITCH, J. L., BUONO, A. F. *Elementos de comportamento organizacional*. São Paulo: Pioneira, 1992).

[15.]No Capítulo 8, é feita uma discussão mais aprofundada sobre o relacionamento entre estrutura e a cultura. A ponderação sobre o fato de que a cultura organizacional surge de uma imposição formal e racional ou, mesmo, de objetivos unilaterais de um indivíduo ou grupo é, inclusive, discutida. Entretanto, considera-se desde já que, se os valores foram, inicialmente, impostos por um grupo ou indivíduo para a organização, com o tempo, esses valores foram sendo alterados, conforme a própria permanência da organização.

[16.]Algumas observações devem ser feitas com relação a Lawrence & Lorsch: os autores enfatizam que o conceito de diferenciação não é uma novidade; apóiam-se na abordagem sistêmica; enfatizam a diferenciação em termos de departamentos ou unidades e enfatizam a diferenciação em termos de diferenças de atitude e comportamento e não, apenas, em segmentação e conhecimento especializado. Assim, o conceito usado neste livro não coincide, precisamente, com as ponderações desses autores, pois se está enfatizando a diferenciação, também, no âmbito de cargos, além de se considerarem outros aspectos como a sua importância como fator de eficiência e de controle do trabalho por parte da organização ou pela sua administração (ver LAWRENCE, Paul R. LORSCH, Jay W. *As empresas e o ambiente*. Petrópolis: Editora Vozes, 1973).

[17.]Isso pode ser verificado desde o trabalho de Adam Smith como de Frederick W. Taylor. (SMITH, Adam. *A riqueza das nações*. São Paulo: Nova Cultural, 1988 e TAYLOR, Frederick. W. *Princípios de Administração científica*. São Paulo: Atlas, 1984).

[18.]Essa discussão do controle sobre o trabalho ou, mesmo, sobre o trabalhador tem bases nos trabalhos de Karl Marx. Alvin W. Gouldner aborda, também, esse aspecto, citando trabalhos de Carl Dreyfuss da década de 1930, e, mais recentemente, discussões sobre isso podem ser vistas em André Gorz ou Henry Braverman (ver GOULDNER, Alvin W. *Patos metafísico e a teoria da burocracia*. In: ETZIONI, A. *Organizações complexas*. São Paulo: Atlas, 1973; GORZ, Andre. *Crítica da divisão do tra-*

balho. São Paulo: Martins Fontes, 1980 e BRAVERMAN. Harry. *Trabalho e capital monopolista*. Rio: Editora Guanabara Koogan S/A, 1987).

[19.]O motivo de isso ocorrer pode ser verificado, por exemplo, nas explicações de Herbert Simon para os limites da racionalidade (SIMON, Herbert. *Comportamento administrativo*: estudo dos processos decisórios nas organizações administrativas. Rio de Janeiro: FGV, 1979).

[20.]Esse termo é usado, também, por Paul R. Lawrence & Jay W. Lorsch, porém, conforme esse autores, é usado há muito tempo nas discussões organizacionais (ver LAWRENCE, Paul R. LORSCH, Jay W. *As empresas e o ambiente*. Petrópolis: Editora Vozes, 1973).

[21.]As formas de integração ou coordenação são discutidas por vários autores há muito tempo. Nos capítulos que se seguem, serão feitas várias discussões sobre formas de coordenação, principalmente nos Capítulos 2, 3 e 8.

2 Tipos de Estrutura

Da mesma forma que o anterior, o presente capítulo faz considerações teóricas acerca de estrutura organizacional. Entretanto, neste, são apresentados os principais tipos de estruturas discutidos na teoria administrativa, partindo-se da preocupação com a forma única e ideal até as tipologias contingenciais em que se admitem formatos diversos. A intenção maior é de se mostrar o aspecto situacional das estruturas, ou seja, a possibilidade de diversas formas, conforme diferentes situações externas e diferentes fatores internos. Isso se faz necessário não apenas para se discutirem os principais formatos que as organizações assumiram até a atualidade, mas, também, para que se alerte para a possibilidade de outras estruturas que, por acaso, venham a aparecer de acordo com novas situações que se façam presentes.

2.1 Primeiras Preocupações com Estrutura: Prescrições para um Formato Ideal

As preocupações com estrutura organizacional são associadas, muitas vezes, aos estudiosos organizacionais que tiveram influência do movimento estruturalista nas ciências sociais e nas ciências em geral. É com eles que a discussão de estrutura se tornou um campo sólido de estudos organizacionais e uma abordagem que gerou inestimáveis trabalhos para a teoria administrativa. Entretanto, preocupações com a disposição de órgãos, departamentos, cargos e suas relações aparecem em autores anteriores a eles. Já nos trabalhos clássicos de Administração, por exemplo, observam-se elementos de preocupação com o tema.

O período pioneiro e chamado de clássico na teoria da Administração é um período marcado por uma série de trabalhos prescritivos em que os mais diversos autores, engenheiros, executivos, consultores e outros, procuravam apresentar formas mais adequadas para se *montar* uma organização e administrá-la. Talvez esse caráter prescritivo tenha razão em algumas importantes características daquele período, como, por exemplo, o início da formação das empresas modernas e a falta de estudos que orientassem os administradores até aquele momento.

Frederick W. Taylor,[1] assim como outros pioneiros da Administração, defendia a divisão máxima do trabalho, pois a conseqüente especialização advinda dela traria maior eficiência organizacional. Ele sustentava que o trabalho deveria ser dividido em tarefas as mais simples possíveis e o cargo ideal seria aquele que contivesse o mínimo de tarefas, visando aproveitar ao máximo as vantagens da divisão do trabalho em termos de eficiência. Usando os conceitos do capítulo anterior, a defesa seria a da máxima diferenciação.

Essa especialização, para F. W. Taylor, inclusive, não se deveria restringir, apenas, no nível dos operários, mas, também, no da supervisão. Ele defendia a chamada organização funcional, em que os trabalhadores responsáveis pela execução deveriam se subordinar a vários superiores, cada um especialista na chefia de determinada função ou grupo de funções semelhantes. Ter-se-iam, por exemplo, supervisores responsáveis pela produção, supervisores responsáveis pela qualidade, supervisores responsáveis pelo planejamento e outros, ainda, que se fizessem necessários devido a funções que fossem consideradas importantes e sujeitas à divisão do trabalho naquele nível organizacional.

Um pouco mais requintado sob a ótica de estrutura, Henry Fayol defendia, também, a divisão do trabalho, porém até o ponto em que ela não se tornasse disfuncional. Para ele, a divisão do trabalho teria *"limitações que a experiência e o senso da medida ensinam a não ultrapassar"*.[2] Além disso, era contra a chamada supervisão funcional de F. W. Taylor, pois, para ele, deveria prevalecer o princípio da unidade de comando, ou seja, não deveria haver mais de um superior para cada subordinado. Seu pensamento era que *"a dualidade de comando é fonte perpétua de conflitos, às vezes muito graves"*.[3] Assim, no seu entendimento, a supervisão funcional não seria uma prática administrativa adequada. A divisão horizontal do trabalho no nível de supervisão se deveria restringir a áreas funcionais (departamentos) com supervisores responsáveis pelas respectivas áreas, obedecendo-se ao princípio da unidade de comando.

Como alternativa para o problema de especialização do trabalho no nível de supervisão, Fayol propunha a estrutura formada por linha e *staff*. Nesse tipo de organização, algumas funções seriam de responsabilidade da chefia imediatamente superior ao subordinado (linha) e algumas seriam funções de um cargo ou equipe responsável em assessorar os executores (*staff*). Planejamento ou controle da qualidade, por exemplo, poderiam ser funções de *staff* dentro da empresa. Assim, com essa separação, alguns teriam autoridade sobre os subordinados, e outros seriam encarregados apenas de assessoria, havendo uma divisão do trabalho no nível de supervisão, mas sem a quebra da unidade de comando, considerada por Henry Fayol um dos princípios de administração.[4]

Aparentemente, existia, também, entre esses autores clássicos, uma diferença estrutural no que se refere à forma de integração ou de coordenação do trabalho. Frederick W. Taylor, grande defensor da organização racional do trabalho, dava mais ênfase à coordenação por intermédio de rotinas e procedimentos previamente estipulados. A análise de tempos e movimentos e a conseqüente padronização advinda seriam os mecanismos mais importantes na busca da coordenação do trabalho. Por outro lado, Henry Fayol, considerado, até hoje, um dos pais da gerência, preocupava-se mais com a coordenação por intermédio da figura do superior,[5] uma pessoa encarregada de harmonizar os esforços organizacionais divididos.[6]

Quadro 2.1   Principais Diferenças Estruturais entre Autores Clássicos

Taylorismo	Fayolismo
• Divisão máxima do trabalho.	• Divisão do trabalho até que não se apresente disfuncionalidade.
• Divisão no nível da supervisão (funcional).	
• Ênfase na coordenação/integração pela padronização de tarefas ou procedimentos (rotinas).	• Estrutura linha-*staff*.
	• Ênfase na coordenação/integração pela gerência.

Todavia, apesar dessas diferenças mencionadas, supervisão funcional ou linha-*staff* e integração por rotinas ou pelo gerente, na maioria dos estudos clássicos observa-se a defesa da grande divisão de trabalho para se aproveitar suas vantagens técnicas em relação à eficiência, uma eficiência baseada no melhor aproveitamento dos recursos, na maior produtividade ou, ainda, na realização do trabalho da *melhor forma*, tendo em vista objetivos determinados. Essa adequação de meios para atingir objetivos foi, inclusive, uma das bases para a primeira importante caracterização das organizações em termos de estrutura: a burocracia.[7]

2.2 A Burocracia: A Tentativa de Descrição de um Formato Real

Discutir burocracia, da mesma maneira que estrutura, não é tarefa simples. Apesar de ser um tema bastante abordado a partir dos trabalhos de Max Weber[8] e de outros, e apesar de seus pontos básicos estarem bem assimilados pela teoria sociológica e administrativa, suas implicações práticas nas organizações não se apresentam com tanta simplicidade. Isso pode ser considerado uma verdade tanto para as organizações com estruturas tradicionais como para as organizações com formatos mais atuais.

Com relação às estruturas tradicionais, um dos pontos que merece discussão é o do relacionamento entre a burocracia e os estudos dos teóricos clássicos da Administração, discutidos anteriormente. Devido a vários aspectos em comum, os estudos da burocracia weberiana, muitas vezes, são considerados parte integrante dos clássicos em Administração. As semelhanças aparecem quando se observam as características principais da burocracia apresentadas por Max Weber, como, por exemplo, a divisão do trabalho e a especialização, o uso de normas e procedimentos e uma hierarquia definida. Verifica-se, assim, que a burocracia congrega a diferenciação por parte da divisão do trabalho e, ainda, as formas de integração baseada na padronização de tarefas, tão defendidas por F. W. Taylor, e baseada na gerência, tão enfatizada por H. Fayol.

Entretanto, considerar os trabalhos de Max Weber como parte do movimento clássico de Administração não parece adequado, devido à extensão de seus estudos e sua maneira de abordar um tipo de organização que se fortaleceu no seio da sociedade (moderna). Suas complexas análises apresentam preocupação mais ampla que as prescrições apresentadas por muitos teóricos clássicos. Ele fez um trabalho descritivo e, ao mesmo tempo, apresentou várias explicações para o fortalecimento da burocracia na sociedade.

Com importância para o presente trabalho, tem-se que, conforme Max Weber, as organizações burocráticas se fortaleceram a partir de certo momento na história, legitimadas pelo *mérito* e pela *racionalidade*. Quanto ao *mérito*, a burocracia se sustenta na dominação legítima baseada na capacidade técnica ou no conhecimento, ao contrário de formas anteriores de dominação baseadas na tradição e no nome de família ou, ainda, no carisma ou em características pessoais de certos indivíduos. Quanto à *racionalidade*, a burocracia se apresenta como um tipo de organização em que se enfatiza a adequação dos meios para se atingir os fins determinados, ou seja, aproveitando de maneira mais adequada os recursos.[9]

Na análise de trabalhos de Max Weber, podem-se apontar algumas características para a burocracia como:

- Uso de normas e regulamentos;
- Existência de uma hierarquia de postos ou cargos;
- Administração baseada em documentação ou comunicação formal;
- Necessidade de treinamento especializado;
- Uso de regras para o desempenho do cargo ou procedimentos padronizados; e
- Impessoalidade.[10]

A partir dessas características e fazendo-se uma inversão na análise, pode-se dizer que, em termos estruturais, as prescrições feitas pelos autores clássicos em Administração, como F. W. Taylor e H. Fayol, voltavam-se para a aplicação dos vários princípios burocráticos nas empresas, ou seja, eles defendiam o fortalecimento da organização burocrática nas empresas: uma organização com seus princípios ligados ao poder legítimo baseado no mérito e na racionalidade. Ressalta-se, porém, o fato de que os autores clássicos avançaram ou se concentraram em termos administrativos, pois tinham um foco mais específico na gestão das organizações.

Cada autor clássico, inclusive, deu destaque a alguns aspectos característicos da burocracia, e, assim, poder-se-ia até considerar a existência da *burocracia-taylorista* e a *burocracia-fayolista*. No primeiro caso, por exemplo, visando à integração, enfatizou-se o uso de rotinas ou procedimentos padronizados para o desempenho do cargo. No segundo caso, enfatizou-se a figura da gerência ou da hierarquia. Em ambos, a necessidade de divisão do trabalho e especialização.[11]

Se considerarmos as funções propostas no capítulo anterior, verifica-se a grande força da burocracia weberiana como um modelo de estrutura organizacional. Relembrando, uma estrutura organizacional deve ser entendida com a disposição de partes e a interação entre elas e que deve, ainda, atender as seguintes funções.

- *Função técnica*
  Apresentar formas mais apropriadas para se realizar determinado trabalho, produzir algo ou apresentar certo resultado.
- *Função relacional*
  Regular e estabelecer padrões de comportamentos e de tomada de decisão.
- *Função de poder*
  Regular a autoridade e a subordinação.
- *Função valorativa*
  Apresentar valores, crenças, pressupostos e princípios compartilhados.

Com relação à *função técnica*, podem-se enfatizar as características da burocracia apontadas anteriormente, como a *existência da hierarquia de cargos*, o *treinamento especializado* e as *regras e procedimentos padronizados*. Ou seja, a partir da especialização, dos procedimentos e da hierarquia, a burocracia apresenta sua solução para que se realize determinado trabalho, produza algo ou apresente certo resultado.

Com relação à *função relacional*, a burocracia responde com suas características de *uso de normas e regulamentos*, *documentação ou comunicação formal* e *impessoalidade*. Dessa maneira, dentro de uma estrutura burocrática, temos que os relacionamentos devem aparecer de modo impessoal, ou seja, baseados no cargo ou posto que um indivíduo ocupa dentro da organização; as comunicações devem ser formais, ou seja, devem se dar de forma explícita; e, ainda, os relacionamentos devem ocorrer com base em normas e regulamentos.

Para a *função de poder*, fica-se tentado a apontar a característica de hierarquia de cargos ou, mesmo, a do uso de normas e regulamentos. Entretanto, não se deve esquecer que, na análise do poder, o mais importante é entender a sua base, sua origem, ou seja, em que ele se fundamenta ou se legitima. Nesse aspecto, em uma burocracia, o poder advém do *mérito* (meritocracia), do conhecimento e da capacidade técnica, em contraposição às formas de poder baseadas na herança ou no carisma.

A *função valorativa* é, talvez, a que mais apresenta dificuldades a partir da análise da burocracia weberiana. Não há, explicitamente, nas características extraídas desse autor, um princípio que trate do assunto ou que apresente essa função para a estrutura burocrática. Nesse aspecto, a obra de Max Weber poderia avançar um pouco mais, principalmente quando esse autor admitiu que a *ação social racional* apresenta duas possibilidades: *racional referente aos fins* e *racional referente a valores*. E que essas possibilidades poderiam, inclusive, ocorrer de forma conjunta.[12]

Em verdade, o autor fez estudos relacionados à importância dos valores no aparecimento das relações na sociedade, inclusive no fortalecimento da burocracia.[13] Nesse aspecto, com destaque, aparece o seu livro *A ética protestante e o espírito capitalista*.[14] Nele, é apresentada a discussão sobre o fortalecimento do capitalismo em regiões em que apareceram valores protestantes ligados ao ascetismo, ao trabalho e aos seus frutos como sinal da salvação e da graça. O fortalecimento da burocracia com suas diversas vantagens poderia, assim, ter, também, razões no aparecimento desses valores.

Entretanto, de forma geral, seja nos estudos de Max Weber, seja nos trabalhos de autores clássicos das organizações, as ponderações valorativas se apresentam de forma mais externa que interna.[15] Ou seja, os valores assumidos internamente a uma organização seriam aqueles advindos da sociedade em que ela se instalara e, assim, poder-se-ia questionar funções valorativas para a organização e sua estrutura. A resposta para se entender a função valorativa nas grandes organizações burocráticas começou a aparecer mais tarde, a partir dos estudos dos teóricos de relações humanas e dos estruturalistas em suas discussões sobre as relações informais.

2.3 A Informalidade e o Fortalecimento da Estrutura Clássica

Apesar de algumas divergências sobre a melhor forma de se estruturar uma empresa, os autores clássicos, incluídos na visão burocrática, nunca tiveram muitas discrepâncias com relação à base do modelo ideal para as organizações. Ele estaria assentado nos princípios da divisão do trabalho e sua conseqüente especialização e, ao mesmo tempo, na padronização das tarefas e na centralização da decisão (pelo gerente, por exemplo), visando à integração. Exceções por acaso descobertas eram vistas como idiossincrasias ou, mesmo, anomalias que deveriam ser corrigidas.

Com os trabalhos de estudiosos da chamada escola de relações humanas, alguns elementos não apontados até aquele momento foram colocados na teoria administrativa. Notadamente, há de se destacar o alerta feito sobre a organização informal. Esse conjunto de relações não foi levado em consideração pela abordagem clássica que enxergava a organização como uma máquina perfeita em que as prescrições e conseqüente formalidade explicavam e controlavam tudo o que acontecia ou o que pudesse acontecer nela.[16] Com os teóricos de relações humanas, passou-se, assim, a considerar aspectos diversos na organização além da formalidade.

Entretanto, as ponderações humanistas pouco serviram para mudar a base da administração assentada nos princípios clássicos e burocráticos. Na prática das empresas, as referidas relações informais, mesmo que fossem consideradas um aspecto natural no relacionamento humano, acabaram por merecer tratamentos específicos para que não atrapalhassem a máquina perfeita da organização formal.[17]

O que balizou as ações foi mais ou menos o seguinte pensamento: *se, pelas pesquisas dos estudiosos de relações humanas, os trabalhadores precisam se relacionar mais intensamente, pois esse aspecto é da natureza humana, que se dediquem momentos e espaços para que essa informalidade aconteça, como encontros sociais, festas, instituições de clubes etc. Todavia, que essas relações ocorram de maneira extrínseca ao trabalho, ou seja, que não se discuta sobre o trabalho, pois o mesmo já foi formalizado dentro de princípios de racionalidade e eficiência, não podendo sofrer alterações.*

Assim, os trabalhos humanísticos não trouxeram significativas mudanças na forma de se explicar ou, mesmo, de se procurar estruturar as organizações. Permaneceu a defesa do ideal burocrático e de suas variações, principalmente, o taylorismo e a racionalização do trabalho e o fayolismo e o uso da gerência. Solicitou-se, apenas, o uso de alguns tratamentos para que se assimilassem algumas incongruências ligadas, nitidamente, aos fatores humanos apontados pelos estudiosos da abordagem de relações humanas. Nesse aspecto, ações de cunho muito mais extrínseco ao trabalho e, algumas vezes, considerado manipulador, foram utilizadas.

Pode-se dizer que alguns trabalhos sobre as organizações trazendo novas perspectivas apareceram com Chester I. Barnard e Mary P. Follett. Entretanto, seus efeitos tanto na teoria administrativa como nas práticas empresariais foram bastante reduzidos, principalmente em termos de explicações e prescrições estruturais.[18] Atualmente, dentro de novas realidades organizacionais, observa-se um resgate desses trabalhos. Da mesma forma, aparece certo resgate de importantes teóricos ligados a estudos sociológicos das organizações que tiveram, também, pouca influência nas práticas organizacionais em sua época: os estruturalistas.

2.4 O Questionamento do Padrão: Os Trabalhos dos Estruturalistas

Apesar das preocupações iniciais com a estrutura por parte dos clássicos e, principalmente, em Max Weber, foi com teóricos que tiveram influência da abordagem estruturalista nas ciências sociais que apareceu um número considerável de trabalhos sobre o tema. Esses estudiosos enfatizaram a possibilidade de um fenômeno complexo ser visto como uma estrutura ou partes que mantêm uma interação. Com eles, procuraram-se aprofundar os estudos sociológicos na organização, vendo-a como um fenômeno social e não apenas como um instrumento (econômico) para se alcançar objetivos externos a ela.[19] Foi com eles, também, que apareceu uma série de questionamentos sobre a estrutura baseada na burocracia e as práticas *harmoniosas* realizadas a partir da escola de relações humanas. Nesse aspecto, podem-se enfatizar em seus trabalhos a contestação da burocracia weberiana, a valorização da informa-

16 CAPÍTULO DOIS

lidade na formação da estrutura e a discussão do conflito como elemento importante para as organizações.

Quanto ao primeiro aspecto, de contestação da burocracia weberiana como modelo descritivo, aproveitando as idéias dos teóricos de relações humanas, os estudiosos estruturalistas descreveram a organização como um conjunto de relações sociais cuja estrutura é produto de relações formais, informais internas e, até mesmo, de relações externas a ela. Assim, o aspecto estático e, muitas vezes, considerado funcionalista da burocracia seria irreal na prática organizacional.[20] Especificamente para a informalidade, os estudiosos de influência estruturalista enfatizaram seu papel na formação da estrutura da organização. Como já discutido, os trabalhos da abordagem de relações humanas acabaram por levar a práticas de tratamento das relações informais de maneira que elas não atrapalhassem a organização formal. Discordando dessas práticas, até certo ponto *manipuladoras*, os estruturalistas não consideraram as relações informais uma anomalia, mas parte essencial na formação da estrutura organizacional.[21] No que se refere ao conflito, para os estruturalistas, ele deveria ser considerado não apenas uma realidade dentro das organizações, mas, também, um elemento importante para a adaptação e a sobrevivência da empresa.[22]

Em resumo, os autores de influência estruturalista contestavam a burocracia weberiana como descrição da organização real e, não explicitamente, mas por conseqüência, desaprovavam as prescrições clássicas como no taylorismo. Da mesma forma, censuravam as práticas consideradas *manipuladoras* baseadas nas conclusões dos trabalhos de estudiosos da abordagem de relações humanas. A partir de suas ponderações, pode-se inferir que não existiria uma forma única de estrutura que representasse as organizações e que pudesse ser usada como receita para a formação das empresas. Algumas classificações para organizações foram propostas por alguns deles,[23] porém não chegaram a apresentar tipos ou uma classificação de estruturas organizacionais, mesmo porque, em sua base estruturalista, consideravam a estrutura um produto das diversas relações existentes na organização, formais, informais, internas e externas.

Quadro 2.2 As Contestações dos Estudiosos Estruturalistas

Principais ponderações estruturalistas

- Negavam a existência de um formato ideal (burocracia).
- Alertavam para a importância das relações informais na formação das estruturas.
- Avisavam sobre a importância do conflito para a adaptação e sobrevivência das organizações.
- Alertavam sobre manipulação a partir dos estudos de relações humanas.

Em alguns aspectos, pode-se afirmar que, com esses teóricos, começaram a aparecer, mesmo que de forma não tão incisiva, as primeiras discussões sobre funções valorativas para a estrutura. Seria a partir da convivência entre os membros e de suas relações informais que poderiam surgir uma cultura ou valores que seriam considerados válidos pelos participantes da organização. Talvez por isso que, atualmente, quando se discutem aspectos valorativos na organização, apareça grande resgate desses autores.[24]

Todavia, apesar da importância teórica, pode-se dizer que esses estudiosos não tiveram influência considerável nas práticas empresariais de sua época. Os teóricos que defendiam os formatos clássicos foram muito mais influentes nos meios empresariais.[25] Isso se deve, talvez, ao caráter descritivo dos trabalhos estruturalistas, à complexidade de seus estudos, mas, principalmente, por se contestar a visão clássica da organização que imperava e por se enfatizarem a informalidade, os interesses e os conflitos, aspectos considerados, até hoje, não-mencionáveis em muitos círculos empresariais.[26]

Dessa forma, a estrutura clássica baseada na burocracia e suas ramificações no taylorismo e no fayolismo continuou sendo considerada o formato organizacional mais defendido. Isso até o surgimento de pesquisadores que, não se apegando aos aspectos considerados polêmicos, como no caso dos estruturalistas, e se apoiando em importantes trabalhos empíricos, apresentaram formas alternativas de se estruturar uma organização e classificações aceitáveis nos meios empresariais. Foram os autores da abordagem contingencial.

2.5 Classificações para Estruturas: As Pesquisas Contingenciais

A partir dos estudos anteriores das organizações, da abordagem sistêmica e, ainda, apoiada em vários trabalhos empíricos, apareceu a teoria da contingência estrutural.[27] Com ela, as prescrições clássicas de organização sofreram grande abalo, devido à constatação de que estruturas diversas seriam apropriadas para determinadas situações. Como afirma Lex Donaldson, "*o estudo da estrutura organizacional testemunhou uma mudança de paradigma quando a escola clássica de administração foi suplantada pelo novo paradigma da teoria da contingência*".[28]

Os principais aspectos enfatizados pelos estudiosos contingenciais com relação à estrutura foram: a inexistência de um formato único e ideal para descrever e se prescrever a uma organização e a existência de contingências diversas que levariam ao aparecimento dos diversos formatos. Para o primeiro caso, os pesquisadores contingenciais demonstraram a existência de estruturas variadas que não seriam, apenas, *anomalias*, mas formatos considerados adequados para as organizações que as utilizavam. Isso se apresentava contra as idéias clássicas de formato único e ideal. Para o segundo caso, os pesquisadores contingenciais enfatizaram a existência de variáveis externas à estrutura que levariam ao seu formato. O ambiente em que a organização atuasse, a tecnologia usada e a estratégia escolhida foram as principais variáveis salientadas. Com relação a esse último aspecto, os trabalhos contingenciais podem ser considerados, inclusive, bem diferentes dos estruturalistas, pois enfatizam aspectos externos à estrutura como produtores das mesmas, enquanto aqueles enfatizavam, muito mais, as relações internas.[29]

Com relação ao *ambiente*, os trabalhos de Tom Burns, George M. Stalker, Paul R. Lawrence e Jay W. Lorsch são os mais citados na literatura. T. Burns e G. M. Stalker,[30] a partir de suas pesquisas, verificaram a existência de dois tipos básicos de estruturas: a mecanística e a orgânica. A primeira, com características clássicas e burocráticas, apareceria em condições externas estáveis e previsíveis. A segunda, com estrutura mais flexível, apareceria em condições ambientais instáveis e mutáveis. P. R. Lawrence e J. W. Lorsch,[31] trabalhando com os conceitos de diferenciação e integração, enfatizaram a necessidade da adequação desses dois elementos da estrutura em relação ao ambiente em que a organização estivesse inserida.

No que se refere à *tecnologia*, com destaque, aparece o trabalho de pesquisa organizado por Joan Woodward.[32] A partir da definição de três tipos básicos de tecnologia de produção: produção por unidades, grandes lotes ou massa e processamento, essa pesquisadora chegou à conclusão de que, em cada um desses grupos, existiriam aspectos estruturais característicos que, se seguidos pelas respectivas empresas, ocorreriam adequação e sucesso empresarial.

Para a *estratégia*, as maiores referências são os trabalhos de Alfred D. Chandler.[33] Esse historiador econômico, em estudo que enfatizou as modificações processadas internamente por grandes empresas, apontou a importância da estratégia na definição da estrutura organizacional. Ou seja, determinados formatos organizacionais apareceriam para que se viabilizasse certa estratégia organizacional. A estratégia seria, assim, um elemento intermediador na influência do ambiente sobre a estrutura, havendo, dessa forma, uma escolha por parte da organização e não, apenas, uma passividade da mesma perante o ambiente.[34]

Outros trabalhos importantes se seguiram, como os de Charles Perrow e James Thompson,[35] que fortaleceram a idéia de contingência tanto nos meios teóricos como nas práticas empresariais.

Quadro 2.3 Principais Variáveis que Apareceram em Estudos Contingenciais

Variáveis contingenciais na formação da estrutura

Ambiente	Estudos de diferenciação e integração de Paul R. Lawrence e Jay W. Lorsch; estudos de estruturas mecanísticas e orgânicas de Tom Burns e George M. Stalker.
Tecnologia	Estudos a partir de três tipos de tecnologia realizados por Joan Woodward.
Estratégia	Estudos realizados em grandes empresas por Alfred D. Chandler.

Não deixaram de aparecer, também, críticas à teoria da contingência. O determinismo demonstrado, muitas vezes, na relação entre as variáveis contingenciais e a estrutura, a metodologia usada nas pesquisas e a não-confirmação dos resultados em pesquisas posteriores são algumas que podem ser apontadas. Entretanto, de forma geral, considera-se inquestionável a importância desses trabalhos para os estudos organizacionais.[36] Além de outros aspectos, fica como grande legado da teoria contingencial a apresentação de fatores diversos que influenciam a estrutura de uma organização além do imperativo da eficiência e, mesmo, das relações informais que nela possam surgir.

Seguindo essa linha cada vez mais complexa, apareceram outros trabalhos sobre estruturas, incluindo os de Henry Mintzberg, que é descrito a seguir, pois se apresenta como a base para se discutir um sexto formato, objetivo maior deste livro.

NOTAS

[1] TAYLOR, Frederick. W. *Princípios de Administração científica.* São Paulo: Atlas, 1984 (primeira edição em 1911).

[2] FAYOL, Henry. *Administração industrial e geral.* São Paulo: Atlas, 1984. p.45 (primeira edição em 1916).

[3] FAYOL, Henry. *Administração industrial e geral.* São Paulo: Atlas, 1984. p.49.

[4] Essa proposta de linha-*staff* de Henry Fayol foi abraçada por muitos teóricos posteriores, como Lyndall Urwick (ver DALE, Ernest e URWICK,

Lyndall. *Organização e assessoria*. São Paulo: Atlas, 1971 ou URWICK, Lyndall. *Elements of administration*. London: Pitman Pub, 1974) e, aparentemente, teve maior aplicação nas organizações que a supervisão funcional de Frederick W. Taylor.

[5] Um dos elementos da função gerencial para Henry Fayol seria o da coordenação do trabalho (ver FAYOL, Henry. *Administração industrial e geral*. São Paulo: Atlas, 1984).

[6] Essa diferença com relação à forma de coordenação talvez se deva ao fato de os dois terem experiências profissionais em ambientes organizacionais diferentes, F. W. Taylor em indústria e H. Fayol em minas (ponderações feitas pelo Professor Rodolfo Lopes em recente palestra na PUC Minas).

[7] Amitai Etzione, numa análise sobre a burocracia, considera Max Weber o mais influente dos fundadores do estruturalismo (ver ETZIONI, Amitai. *Organizações modernas*. São Paulo: Pioneira, 1972).

[8] As discussões sobre a burocracia em Max Weber podem ser vistas, principalmente, em *Economia e sociedade* e em *Ensaios de Sociologia* (WEBER, Max. *Ensaios de Sociologia*. Rio de Janeiro: LTC, 1982 e WEBER, Max. *Economia e sociedade*. Brasília: Editora da Universidade de Brasília, 1999. volumes 1 e 2).

[9] Duas observações devem ser feitas. Primeira: Max Weber, muitas vezes, enfatiza essa dominação como dominação racional e legal. Entretanto, há de se evidenciar que o aspecto legal tem a função de instrumentalizar a racionalidade e o conhecimento ou capacidade (WEBER, Max. *Economia e sociedade*. Brasília: Editora da Universidade de Brasília, 1999. vol 1 p. 147). Segunda: o mérito, como se pode extrair do trabalho de Max Weber, advém de constatação superior, ou seja, uma autoridade superior é que define esse mérito, e não os subordinados, como pode acontecer em formas carismáticas de dominação.

[10] Essas características foram retiradas de *Economia e sociedade* e *Ensaios de Sociologia*. Outras poderiam ser extraídas, porém a escolha dessas foi pela importância para o presente estudo.

[11] Há de se constatar que Max Weber afirmava que, com a burocratização, aparecia ótima possibilidade de se colocar em prática o princípio da especialização (ver WEBER, Max. *Ensaios de Sociologia*. Rio de Janeiro: LTC, 1982 p. 151).

[12] Essas duas possibilidades aparecem em *Economia e sociedade*.

[13] Algumas ponderações sobre isso aparecem em *Ensaios de Sociologia*.

[14] WEBER, Max. *A ética protestante e o espírito capitalista*. São Paulo: Editora Martin Claret, 2002.

[15] No que se refere aos aspectos valorativos para os estudiosos clássicos de administração, impossível não se mencionar as discussões de vários autores sobre a influência protestante em Frederick W. Taylor, além de suas preocupações com o desperdício na sociedade de sua época (ver TAYLOR, Frederick. W. *Princípios de Administração científica*. São Paulo: Atlas, 1984.) Podem-se citar, também, as ponderações de Huw Beynon sobre os aspectos valorativos que tiveram influência na maneira de administrar de Henry Ford (ver BEYNON, Huw. *Trabalhando para Ford*: trabalhadores e sindicalistas na indústria automobilística. São Paulo: Paz e Terra, 1995).

[16] Podem-se observar interessantes ponderações sobre isso em MORGAN, Gareth. *Imagens da organização*. São Paulo: Atlas, 1996.

[17] Discussões sobre a ausência ou, mesmo, a manipulação nas práticas empresariais geradas a partir da abordagem de relações humanas podem ser observadas em ETZIONI, Amitai. *Organizações modernas*. São Paulo: Pioneira, 1972; MOUZELIS, Nicos P. *Organización y burocracia*: un análisis de las teorías modernas sobre organizaciones sociales. Barcelona: Península, 1975; PERROW, C. *Análise organizacional*. São

Paulo: Atlas, 1972; BRAVERMAN. H. *Trabalho e capital monopolista*. Rio: Editora Guanabara Koogan S/A, 1987, e, mais recentemente, em CRAINER, Stuart. *Grandes pensadores da Administração*: as idéias que revolucionaram o mundo dos negócios. São Paulo: Futura, 2000.

[18] Na introdução de recente livro de resgate das idéias de Mary Parker Follett, Peter Drucker faz considerações sobre o desconhecimento de muitos sobre os trabalhos dessa autora por longo tempo, inclusive ele mesmo (ver GRAHAM, Pauline. *Mary Parker Follett, profeta do gerenciamento*: uma celebração dos escritos dos anos 20. Rio de Janeiro: Qualitymark, 1997). Apesar disso, menções sobre seus trabalhos podem ser conseguidas em estudos clássicos como em URWICK, Lyndall. *Elements of administration*. London: Pitman Pub, 1974. Para o caso de Chester I. Barnard, pode-se dizer que a influência foi maior, principalmente na teoria administrativa. Todavia, sua influência nas práticas organizacional, principalmente em termos estruturais, foi muito reduzida.

[19] Sobre isso, aconselha-se a leitura de ETZIONI, Amitai. *Organizações complexas*. São Paulo: Pioneira, 1972, em que aparecem vários textos discutindo esse assunto, especialmente os de Talcott Parsons, Alvin W. Gouldner, Philip Selznick e Peter Blau.

[20] Questionamentos sobre a burocracia como modelo descritivo ideal das organizações aparecem com Robert Merton, baseando-se nas chamadas disfunções burocráticas; Alvin W. Gouldner, que apresenta possibilidades de organizações com graus diferentes de burocratização; Philip Selznick, que alerta para a necessidade de adaptação, enfatizando a importância de aspectos não apenas formais e informais como, também, externos na formação das organizações e suas estruturas; além de Peter M. Blau e as discussões sobre a dinâmica da burocracia (ver GOULDNER, Alvin W. *Patterns of industrial bureaucracy*. New York: Free, 1964; SELZNICK, Philip. *TVA and the grass roots*: a study in the sociology of formal organization. New York: Harper & Row Pub, 1966; MERTON, Robert K. *Sociologia*: teoria e estrutura. São Paulo: Mestre Jou, 1970; BLAU, Peter M. e SCOTT, W. Richard. *Organizações formais*. São Paulo: Atlas, 1970. Ver, também, textos desses autores em ETZIONI, A. *Organizações complexas*. São Paulo: Atlas, 1973).

[21] Além de Robert Merton, Alvin W. Gouldner e Philip Selznick, citados em nota anterior, ponderações sobre isso podem ser vistas em ETZIONI, Amitai. *Organizações modernas*. São Paulo: Pioneira, 1972; MOUZELIS, Nicos P. *Organización y burocracia*: un análisis de las teorías modernas sobre organizaciones sociales. Barcelona: Península, 1975 e PERROW, C. *Análise organizacional*. São Paulo: Atlas, 1972.

[22] Ver sobre isso em ETZIONI, Amitai. *Organizações modernas*. São Paulo: Pioneira, 1972; MOUZELIS, Nicos P. *Organización y burocracia*: un análisis de las teorías modernas sobre organizaciones sociales. Barcelona: Península, 1975 e PERROW, C. *Análise organizacional*. São Paulo: Atlas, 1972.

[23] Dentre as classificações mais citadas na literatura, aparece a de Amitai Etzioni (ver ETZIONI, Amitai. *Análise comparativa de organizações modernas*: sobre o poder, o engajamento e seus correlatos. Rio de Janeiro: Zahar, 1974).

[24] Pode-se citar, por exemplo, PETERS, Thomas J. e WATERMAN Jr., Robert H. *Vencendo a crise*: como o bom senso empresarial pode superá-la. São Paulo: Editora Harper & Row, 1983.

[25] O aparecimento da abordagem neoclássica é uma prova da grande importância da abordagem clássica na administração das empresas (ver isso em CHIAVENATO, I. *Teoria geral da administração*. São Paulo: Makron Books, 1998).

[26] Isso será discutido no Capítulo 8, sobre novas formas de coordenação, porém pode-se indicar, desde já, a leitura de MORGAN, Gareth. *Imagens da organização*. São Paulo: Atlas, 1996.

[27] Vale enfatizar que, além dos trabalhos anteriormente citados, as pesquisas contingenciais tiveram grande apoio na abordagem sociotécnica cuja

referência foram as descobertas feitas por pesquisadores como Eric L. Trist e Kenneth W. Bamforth, do Tavistock Institute of Human Relations (ver sobre a abordagem sócio-técnica em BIAZZI Jr., Fabio. O trabalho e as organizações na perspectiva sócio-técnica: a conveniência e a viabilidade da implementação do enfoque sócio-técnico nas empresas. *Revista de Administração de Empresas*. São Paulo, v. 34, n.1. p. 30-37, jan./fev. 1994).

[28.]DONALDSON, Lex. Teoria da contingência estrutural. In CLEGG, S. (org.) *Handbook de estudos organizacionais*. São Paulo: Atlas, 1999. p. 106.

[29.]Pode-se dizer que alguns autores estruturalistas procuraram discutir a influência externa na formação da estrutura, como Philip Selznick e Peter M. Blau (ver SELZNICK, Philip. *TVA and the grass roots*: a study in the sociology of formal organization. New York: Harper & Row Pub, 1966 e BLAU, Peter M. e SCOTT, W. Richard. *Organizações formais*. São Paulo: Atlas, 1970, assim como textos desses autores em ETZIONI, A. *Organizações complexas*: estudo das organizações em face dos problemas sociais. São Paulo: Atlas, 1973). Os trabalhos de Talcott Parsons são também referências.

[30.]BURNS, Tom e STALKER, George Macpherson. *The management of innovation*. London: Tavistock Pub., 1966.

[31.]LAWRENCE, Paul R. e LORSCH, Jay W. *As empresas e o ambiente*. Petrópolis: Editora Vozes, 1973.

[32.]WOODWARD, Joan. *Organização industrial*: teoria e prática. São Paulo: Editora Atlas, 1977. Seu trabalho merece maiores considerações no capítulo sobre tecnologia de automação.

[33.]A referência básica é CHANDLER Jr., Alfred D. *Strategy and structure*: chapters in the history of the industrial enterprise. Cambridge: MIT Press, 1962. Todavia, *Scale and Scope* e *The Visible Hand* também oferecem discussões sobre o assunto, inclusive aprofundando ponderações anteriores (ver CHANDLER Jr., Alfred D. *The Visible Hand*: The Managerial Revolution in American Business. Cambridge: Belknap, Harvard University, 1977 e CHANDLER Jr., Alfred D. *Scale and Scope*: the dynamics of industrial capititalism. Cambridge: Belknap, Harvard University, 1994).

[34.]Nesse aspecto, é interessante a ponderação de Thomas K. McCraw de que, apesar de Alfred D. Chandler ter influenciado a formação da abordagem contingencial em Paul Lawrence e Jay Lorsch, ele é contra a idéia de passividade da organização perante o seu ambiente (ver McCRAW, Thomas K. *Alfred Chandler*: ensaios para uma teoria histórica da grande empresa. Rio de Janeiro: Editora FGV, 1998). Em seus trabalhos, o contingencialismo se refere à estrutura em relação à estratégia, e não à estratégia em relação ao ambiente.

[35.]Destacados em DONALDSON, Lex. Teoria da contingência estrutural. In: CLEGG, S. (org.) *Handbook de estudos organizacionais*. São Paulo: Atlas, 1999.

[36.]Interessantes considerações sobre isso podem ser verificadas em DONALDSON, Lex. Teoria da contingência estrutural. In CLEGG, S. (org.) *Handbook de estudos organizacionais*. São Paulo: Atlas, 1999.

As Cinco Configurações Básicas de Henry Mintzberg

Dentro da abordagem ligada à estrutura organizacional, o presente trabalho se apóia, principalmente, na tipologia de organizações oferecida por Henry Mintzberg.[1] Apresenta-se como uma proposta de complemento à referida classificação, devido a novas contingências que se apresentam, atualmente, para as organizações, juntamente com as novas possibilidades estruturais e as novas formas de coordenação do trabalho. Este capítulo tem, assim, como objetivo principal fazer considerações sobre os estudos daquele autor, discutindo a sua classificação para as estruturas organizacionais.

Vale enfatizar que, apesar de se apresentarem, aqui, várias idéias de estrutura de Henry Mintzberg, foram extraídas apenas aquelas que mais interessavam ao presente trabalho.

3.1 A Congruência na Formação da Estrutura

A característica mais marcante dos trabalhos de Henry Mintzberg para estrutura, e que coloca sua tipologia como uma das mais adequadas classificações para os formatos organizacionais, é seu aspecto multivariado. Em sua análise, o autor não se prendeu a um fator apenas como causa para o aparecimento das estruturas, como muitos autores anteriores. Seu método para definir formatos organizacionais levou em consideração as diversas variáveis apontadas na literatura, e, assim, seus trabalhos identificam as principais estruturas a partir da análise das mesmas em conjunto.

Nesse aspecto, para Henry Mintzberg, na formação de uma estrutura, verifica-se a interferência dos fatores contingenciais e das diversas possibilidades estruturais, incluindo as várias formas de coordenação do trabalho. Os formatos apareceriam, assim, na busca de uma congruência entre as possibilidades estruturais internas e os fatores contingenciais, ou seja, procurando-se uma "harmonia" estrutural.[2] Dessa maneira, em seus trabalhos sobre estruturas, são apresentadas as diversas possibilidades estruturais, incluindo as diversas formas de coordenação, os fatores contingenciais e, ao final, a partir da idéia de congruência interna e externa, são apresentadas as cinco principais possibilidades de estrutura ou as cinco configurações que representariam os formatos adotados pelas organizações até recentemente.[3]

3.2 As Possibilidades Estruturais, as Formas de Integração e os Fatores Contingenciais

Diversas possibilidades estruturais apontadas na literatura organizacional são discutidas nos trabalhos de Henry Mintzberg, como, por exemplo, as principais partes da organização, a especialização, a formalização, as maneiras de se agrupar (departamentos), os sistemas de planejamento e controle, os instrumentos de interligação, a centralização e a descentralização. Dentre essas possibilidades estruturais, com destaque, aparecem as diversas formas de coordenação do trabalho, ou seja, as possíveis maneiras de integração. Essas formas de coordenação, necessárias para se unir os trabalhos que foram divididos com o fenômeno da diferenciação, seriam, para o autor, em número de cinco: a padronização dos processos de trabalho, a padronização de resultados, a padronização de habilidades, a supervisão direta e o ajustamento mútuo.

A partir da *padronização dos processos de trabalho*, utilizam-se instruções ou a prévia descrição de procedimentos, como no uso de manuais, fluxos, normas etc. A idéia central é se usar uma série de rotinas e, por intermédio de comportamentos que as seguissem, ter-se-iam a união dos esforços divididos, a garantia de um resultado final e esperado ou, ainda, o alcance dos objetivos organizacionais. Essa forma de coordenação coincide com a formalização da organização burocrática e, também, com as prescrições defendidas na *organização racional do trabalho* de F. W. Taylor.

A *padronização de resultados* é utilizada em certas situações organizacionais em que se torna difícil padronizar a maneira como se deve executar o trabalho, devido a aspectos relacionados à incerteza e à grande quantidade de possibilidades de decisões. Em situações assim, a padronização dos processos de trabalho fica comprometida, e a melhor forma de o trabalho ser realizado deve ser escolhida pelo executante no momento em que ele acontece. A alternativa para se garantir a integração, então, é de se determinarem certas metas ou objetivos específicos e apresentá-los aos indivíduos ou ao grupo, passando a eles a responsabilidade pelo alcance dos mesmos.[4]

A *padronização de habilidades* é um tipo de coordenação baseada no conhecimento e nas habilidades dos indivíduos. Essas habilidades, adquiridas ao longo do tempo, oferecem aos executantes uma grande qualificação ou competência que garantiria a execução apropriada das atividades de acordo com os objetivos organizacionais.[5] É uma coordenação adequada para trabalhos complexos mas que não podem ser tão divididos. A partir desse tipo de coordenação, observam-se certos indivíduos com grande qualificação e que têm condições de executar o trabalho proposto. É um tipo de trabalho semelhante ao "artesanal", anterior à Revolução Industrial e à grande divisão do trabalho que ocorreu desde então. Acontece, por exemplo, no trabalho de médicos, professores, advogados, consultores etc. Nesses casos, pode aparecer certa divisão de trabalho, pois existem especialistas encarregados em áreas específicas como, por exemplo, professores de Marketing ou de Finanças; médicos geriatras, pediatras ou cirurgiões; advogados da área tributária ou da penal; etc. Todavia, não chega a ocorrer uma grande divisão do trabalho, como a realizada nas formas taylorizadas de trabalho.

A *supervisão direta* baseia-se na concentração de decisões em um indivíduo com certo conhecimento dos trabalhos de maneira que ele possa coordenar as ações dos trabalhadores. A partir da observação do trabalho realizado e da situação que se apresente, esse indivíduo, grande conhecedor do processo, teria a responsabilidade de dirigir as ações de seus subordinados. Ele seria, então, muito mais que o gerente controlador, como no caso de coordenação por padronização dos processos de trabalho. Por intermédio dele, estar-se-iam garantindo a união dos esforços e o alcance dos objetivos organizacionais. Vale enfatizar que esse tipo de coordenação tem grande apoio nos trabalhos de gerência de Henry Fayol, e dividiu com a padronização dos processos de trabalho a posição de principal forma de coordenação da estrutura clássica, utilizada pela maioria das grandes empresas ao longo do século XX.

O *ajustamento mútuo* é uma forma mais livre de coordenação, sem formalização e sem centralização. Aparece em situações de grande complexidade e dinamismo em que é necessário que os executantes tenham grande contato uns com os outros e que, assim, possam discutir como o trabalho deve ser realizado, a partir da situação que se apresente. Materializa-se, assim, na troca de grande quantidade de informações e em decisões descentralizadas a partir dessas informações. Aparece em trabalhos em equipe e por projetos e tem bases teóricas nos estudos sobre as empresas orgânicas.[6] A decisão pode ser considerada conjunta, pois ocorre por intermédio dos vários participantes executantes e da grande comunicação mantida entre os mesmos.

Quadro 3.1 Principais Formas de Integração/Coordenação Conforme Mintzberg

Formas principais de coordenação	Exemplos
Padronização dos processos de trabalho	Uso de procedimentos padronizados e instruções
Padronização de resultados	Definição de metas e objetivos específicos
Padronização de habilidades	A partir da qualificação dos indivíduos
Supervisão direta	Uso de um gerente coordenador
Ajustamento mútuo	Comunicações informais e grande troca de informações entre os envolvidos

Cada forma de coordenação, da mesma maneira que os outros fatores estruturais, tem suas aplicações e suas vantagens e desvantagens em determinadas situações ou organizações. As padronizações, por exemplo, são apropriadas para trabalhos estáticos, trazendo, nessas situações, maior eficiência no processo. A supervisão direta e o ajustamento mútuo são apropriados para trabalhos e situações mais dinâmicos, em que a formalização pelas padronizações fica impossível de ser realizada. A complexidade do trabalho pode influenciar, também, a definição da coordenação. Apesar de a supervisão direta oferecer certo dinamismo ao processo, quando a situação se torna muito complexa, o ajustamento mútuo pode ser a solução para a melhor decisão, pois aparecem diversidade de informações e de opiniões, devido à participação de vários indivíduos no processo de decisão. A padronização dos processos de trabalho, apesar de adequada para situações estáticas, não é adequada para trabalhos complexos, sendo mais apropriada, nesse caso, a padronização de habilidades. E, assim, várias considerações podem ser feitas, não havendo uma melhor forma de coordenação do trabalho diferenciado.

Além das diversas possibilidades estruturais, nos trabalhos de Henry Mintzberg aparecem, também, análises sobre os fatores contingenciais. Ênfase foi dada pelo autor aos fatores idade e dimensões da organização, sistema técnico utilizado pela empresa, ambiente em que está inserida, e até mesmo o fator poder foi considerado em sua análise.[7]

3.3 Os Principais Tipos de Estrutura

A partir das possibilidades estruturais, incluindo as formas de coordenação, e dos fatores contingenciais, H. Mintzberg apresentou as cinco configurações básicas que explicariam como as organizações se estruturam diante das realidades que se fizeram presentes: a Estrutura Simples, a Burocracia Mecanizada, a Burocracia Profissional, a Burocracia Divisional e a Adhocracia.

A Estrutura Simples

A Estrutura Simples é um formato que aparece em pequenas empresas, tendo como característica mais destacada a grande centralização na cúpula. A supervisão direta, sua principal forma de coordenação, é feita diretamente por essa cúpula, que toma as decisões de forma não-padronizada. Devido à juventude, à falta de vontade dos proprietários ou, mesmo, por hostilidade do ambiente, as pequenas empresas que utilizam essa estrutura não chegaram a atingir grande grau de burocratização, apresentando, assim, pequena diferenciação e pouca formalização. Apesar de centralizado, esse formato é orgânico no núcleo operacional, aparecendo, nesse nível, várias pessoas sem funções específicas, esperando as decisões da cúpula, que, centralizadora, toma decisões a partir da experiência pessoal do proprietário, muitas vezes de forma intuitiva. Esse proprietário, um líder carismático, dono-fundador ou empreendedor, possui grande conhecimento da empresa e de seu negócio, e dirige de forma direta os subordinados, confundindo, muitas vezes, a vida da própria organização com a sua vida pessoal. Mesmo que exista um nível hierárquico intermediário na empresa, a centralização é grande na cúpula.

É uma estrutura que aparece em empresas *aventureiras*, apresentando flexibilidade, versatilidade e inovação dentro de seu ambiente de trabalho ou do seu negócio. Pode-se dizer, inclusive, que essa versatilidade se confunde com a capacidade de processamento de informações do proprietário empreendedor. Como ele conhece sua empresa e seu negócio o suficiente, é capaz de pensar estrategicamente sobre eles. Vale enfatizar, porém, que isso ocorre, muitas vezes, de maneira mais intuitiva que analítica. O tamanho e a diferenciação da empresa dependerão, assim, da capacidade desse administrador de receber informações internas e externas e decidir sobre elas.

Apesar dessa versatilidade, devido à sua baixa diferenciação, as empresas que usam essa estrutura não podem enfrentar ambientes complexos. Para fazê-lo, elas teriam que se dividir, departamentalizar e criar cargos especializados, formais e padronizados. Conforme H. Mintzberg, inclusive, essas organizações podem ser vistas, muitas vezes, como não tendo estrutura, pois as características clássicas como a especialização, a padronização e o formalismo não são usadas nessas empresas, ao contrário daquelas que se burocratizaram.

A Burocracia Mecanizada

A Burocracia Mecanizada de Henry Mintzberg é a estrutura que mais se aproxima do modelo burocrático descrito por Max Weber. Coincide, assim, com a organização defendida como ideal pelos teóricos clássicos de administração, principalmente no taylorismo. Utilizada pelas grandes indústrias e as grandes empresas de serviços, apresenta alta formalização, grande especialização e centralização, e a padronização dos processos de trabalho é seu principal mecanismo de coordenação. As empresas que utilizam essa estrutura oferecem uma produção padronizada com grande volume, apesar da pequena variedade. Além de ter suas bases teóricas na burocracia weberiana, suas principais características podem ser vistas, também, nas descrições das empresas de produção em massa de Joan Woodward e nas mecanísticas de Tom Burns e George M. Stalker.[8]

No núcleo operacional, essa estrutura apresenta uma grande divisão do trabalho, tendo a padronização, a rotina e a formalização do comportamento como suas principais características. A gerência intermediária aparece com três funções básicas: coordenação de maneira subsidiária para resolver problemas não-solucionados pela padronização dos processos de trabalho, servir de ligação entre o trabalho dos executantes e os analistas que cuidam da padronização e, ainda, fazer uma ligação entre o nível estratégico e o operacional, elaborando planos setoriais (para baixo) e passando informações relevantes (para cima). A cúpula estratégica da Burocracia Mecanizada é uma parte da estrutura que possui grande poder e assume um papel centralizador nas decisões. É a única parte da organização constituída por administradores generalistas, apresentando porém, para os mesmos, funções pouco empreendedoras. Na verdade, esses administradores têm uma função maior de "*afinamento preciso de suas máquinas burocráticas*" e manutenção da "*estrutura unida em face de seus conflitos*".[9] A responsabilidade pelas decisões estratégicas aparece, também, nessa cúpula, enquanto a implantação da mesma aparece nos níveis intermediário (ou tático) e operacional.

Essa estrutura apresenta, também, características peculiares ligadas à sua assessoria. Chamada por Henry Mintzberg de tecnoestrutura, essa parte da organização é formada por analistas responsáveis, entre outras funções, pela padronização das tarefas. Apesar de não exercerem um poder formal sobre os outros indivíduos (na hierarquia), na prática, eles apresentam um grande poder (informal). Devido a isso, inclusive, Henry Mintzberg considerou essa como a parte chave dentro dessa estrutura.

Na análise dos fatores contingenciais, verifica-se que esse formato aparece em organizações maduras que atuam em ambientes simples e estáveis. Quanto a esse aspecto, cabe aqui uma observação: na verdade, através da diferenciação interna (divisão do trabalho), a organização transforma certa complexidade externa em tarefas internas simples e, assim, ela tem condições de operar em ambientes mais complexos do que, por exemplo, as pequenas empresas.[10] Entretanto, se o trabalho se torna mais complexo e com a impossibilidade de ser dividido ou, mesmo, o ambiente mais dinâmico, surge a necessidade de outros tipos de coordenação e de estrutura.

Ainda com relação aos fatores contingenciais, conforme Henry Mintzberg, existe a possibilidade de um sistema técnico regulador, que rotiniza o trabalho e permite, assim, a formalização. Entretanto, o uso dessa tecnologia não pode levar a uma automação tal que "*dispense uma força de trabalho dominada por operários sem habilidades*".[11]

Henry Mintzberg fez, também, outras considerações interessantes sobre esse formato organizacional. Uma delas trata de ligar esse tipo de estrutura ao desenvolvimento do capitalismo e de uma sociedade de consumo de produtos e serviços baratos e produzidos em massa.[12] Os diversos problemas ligados a esse tipo de estrutura, como a insatisfação no trabalho, as dificuldades de coordenação no nível intermediário, o acúmulo de decisões na cúpula e os desajustes entre a formulação de estratégias e sua implementação, são, também, tratados por ele.

A Burocracia Profissional

A Burocracia Profissional é uma estrutura típica de organizações compostas por profissionais com grande qualificação e grande controle sobre o seu trabalho. Tem, dessa forma, como principal mecanismo de coordenação a padronização de habilidades advinda dessa qualificação. Ocorre em instituições como universidades, hospitais, empresas de consultoria, escritórios de advocacia, dentre outros, em que as decisões sobre as atividades recaem, primordialmente, sobre seus profissionais responsáveis pelo trabalho propriamente dito, ou seja, no nível operacional. Isso faz com que haja, nessas organizações, grande descentralização por intermédio da autonomia dos profissionais como médicos, professores, advogados, consultores etc.

Um aspecto enfatizado nos trabalhos de Henry Mintzberg é que esses profissionais, além do grande treinamento por que passam, também apresentam grande doutrinação e comprometimento com suas áreas de atuação, seja a medicina, a educação ou o direito, por exemplo. Isso gera um comprometimento maior com suas áreas do conhecimento do que com a própria organização em que trabalham.

Pela importância desses profissionais, seu poder é enorme nesse tipo de empresa. Autonomia e descentralização são características dessas organizações, de maneira que os profissionais possam decidir em situações complexas o que seria impossível numa padronização dos processos de trabalho, por exemplo. Assim, o núcleo operacional é a parte mais forte e que tem maior importância nesse tipo de organização.

Nesse contexto, as funções intermediárias são pouco marcantes, sendo preenchidas, muitas vezes, pelos próprios profissionais do núcleo operacional em comissões diversas. As decisões estratégicas, da mesma forma, são tomadas, muitas vezes, sob a influência desses profissionais e, indiretamente, pelas decisões comuns de suas respectivas classes relativas a áreas do conhecimento (medicina, direito, educação etc.). A alta cúpula aparece, assim, para possibilitar decisões colegiadas e para representar a organização perante o ambiente. O trabalho de Henry Mintzberg enfatiza, também, a importância de profissionais empreendedores no processo de elaboração de estratégias na Burocracia Profissional, o que acarreta as mudanças mais significativas nesse tipo de organização.

Um aspecto interessante nesse tipo de estrutura aparece com a assessoria de apoio. Essa parte da organização, que tem funções de auxiliar e permitir o trabalho dos profissionais, mantém um papel marcante, apesar de seu poder restrito. Como exemplos disso, observam-se os serviços administrativos em hospitais, as secretarias em universidades, dentre outros. Na verdade, essa assessoria se apresenta como uma espécie de organização paralela à organização dos profissionais, exibindo uma estrutura baseada na Burocracia Mecanizada. Assim, podem-se observar duas estruturas na Burocracia Profissional: uma bem descentralizada, em que as decisões são tomadas pelo poder dos profissionais do núcleo operacional, e outra com características de centralização e padronização, constituindo a assessoria de apoio. Vale lembrar que essa segunda, apesar de seu papel característico e marcante, é fraca, considerada menos importante e com menor poder, tendo o papel de servir aos profissionais no núcleo operacional.

Em termos de fatores contingenciais, a Burocracia Profissional aparece em situações de estabilidade, porém com uma complexidade que torna impossível dividir o trabalho como na Burocracia Mecanizada. Assim, é necessário deixar as atividades, incluindo as decisões sobre as mesmas, para um indivíduo que detém todo o conhecimento relativo a elas. Ainda com relação aos fatores contingenciais, é importante salientar que, conforme Henry Mintzberg, a tecnologia (automação) aparece com papel secundário nesse tipo de organização, principalmente no trabalho dos profissionais que a utilizam apenas como simples instrumento. Até certo ponto, inclusive, os profissionais podem ser arredios à tecnologia, pois ela pode trazer racionalização de suas habilidades e divisão do trabalho, retirando-lhes a autonomia e atrapalhando seu relacionamento com os clientes. Essa aversão ao uso da tecnologia, obviamente, não pode ser verdadeira para os serviços ligados ao apoio, que têm trabalho semelhante à Burocracia Mecanizada.

Além das características levantadas, outras importantes ponderações foram feitas por Henry Mintzberg sobre esse tipo de estrutura, principalmente no que se refere aos seus problemas. Um mecanismo fraco de coordenação baseado nas habilidades do profissional, a falta de um controle institucional e, mesmo, de um controle externo sobre os profissionais e, ainda, a dificuldade da organização para tratar com inovação são alguns dos problemas apontados. No último aspecto, inclusive, há de se salientar que, com essa estrutura, pode-se lidar bem com problemas complexos, porém desde que sejam em situações não-dinâmicas.

A Burocracia Divisional

Utilizada por empresas que atuam em mercados diversificados, com a Burocracia Divisional observa-se a existência de um escritório central e, subordinadas a ele, divisões que atuam nos referidos mercados. Essas divisões não são apenas áreas funcionais como as que aparecem muito comumente nas Burocracias Mecanizadas. Estão ligadas a produtos, clientes ou, mesmo, regiões geográficas, e cada uma delas possui suas próprias áreas funcionais, como produção, compras, vendas, área de pessoal etc., independentes umas das outras. Em certos casos, observam-se áreas funcionais consideradas estratégicas subordinadas, diretamente, ao escritório central, oferecendo assessoria às divisões, como os departamentos jurídicos e de planejamento.[13]

Assim, podem-se verificar nessas organizações dois níveis de estrutura: um que liga o escritório central às divisões (divisional) e o outro composto pelas estruturas de cada divisão. Essas divisões podem apresentar formatos como a Burocracia Mecanizada, a Burocracia Profissional ou mesmo a Estrutura Simples. Entretanto, conforme H. Mintzberg, a Burocracia Divisional se adapta melhor a estruturas baseadas na Burocracia Mecanizada, pelas facilidades que esse relacionamento apresenta no controle dos resultados. Essa é, inclusive, a forma principal de coordenação nesse tipo de estrutura: a padronização de resultados.

Com essa estrutura, o escritório central descentraliza muitas decisões para as divisões, controlando o resultado que elas lhe devem apresentar. Certa autonomia, então, é dada aos administradores das divisões, sendo-lhes permitida grande liberdade para atuar em seus próprios mercados. Todavia, esse poder é relativo e condicionado a decisões estratégicas da cúpula (escritório central), como aquelas relacionadas à alocação de recursos, à indicação dos administradores das divisões, assim como à definição dos resultados esperados.

Como fatores contingenciais para a formação da Burocracia Divisional, observam-se aspectos diversos como o tamanho e a idade. Entretanto, uma das razões principais para o desenvolvimento dessa estrutura está na diversidade de mercados em que atua. Essa diversificação pode ser por cliente, por região geográfica, mas, principalmente, por tipo de produto. Assim, visando a uma expansão e atuação em mercados distintos, mas sem condições de padronização das atuações, devido a uma complexidade maior que aquela que aparece no caso da Burocracia Mecanizada, a organização se estrutura em divisões coordenadas e controladas pelos resultados.

Várias vantagens desse tipo de organização aparecem nos trabalhos de Henry Mintzberg. Vale citar aqui os aspectos ligados à maior autonomia das divisões para atuar em seus mercados, à dispersão de riscos e ao incentivo a melhorias contínuas de desempenho. Por outro lado, além de outras desvantagens, essa estrutura não oferece os benefícios de inovação dos negócios independentes (empreendedores), pode proteger negócios não-compensadores e apresentar, ainda, problemas de relacionamentos entre o escritório central e os administradores divisionais.

A Adhocracia

A quinta estrutura organizacional proposta por Henry Mintzberg tem bases nas empresas orgânicas discutidas pelos pesquisadores contingenciais. Para distingui-la, o autor utilizou um termo popularizado por Alvin Toffler na década de 1970, a Adhocracia, pois é uma estrutura própria para trabalhos *ad hoc*, ou seja, feitos para casos específicos, não-previstos, não previamente estabelecidos ou determinados. Dessa forma, pode-se inferir que é uma estrutura contrária à burocrática, pois, nela, não existe padronização, seja nas tarefas, nas habilidades ou, mesmo, nos resultados. A coordenação principal é o ajustamento mútuo, de forma que profissionais se reúnem em equipes ou trabalhos baseados em projetos. Difere da Burocracia Profissional pelo fato de a coordenação não ocorrer por intermédio, apenas, da habilidade de profissionais qualificados, mas sim por intermédio do trabalho conjunto e em equipes, muitas vezes, multifuncionais, o que possibilita grande criatividade e inovação.

Nessa estrutura, não aparecem divisão de trabalho, diferenciação, formalização, nem ênfase no planejamento e no controle. A flexibilidade é o resultado mais importante nesse tipo de estrutura, que apresenta modificações constantes. É uma estrutura típica de empresas que trabalham por projetos e produtos específicos para situações específicas (*ad hoc*) e que, assim, demandam criatividade e inovação em sua confecção. Para isso, utiliza, muitas vezes, também, estruturas matriciais com duplo comando.[14]

Nessa estrutura, os gerentes se ocupam mais da ligação entre as equipes do que da coordenação (como ocorre na supervisão direta) ou do controle (como ocorre na padronização dos processos de trabalho e de resultados). Tornam-se membros da equipe com atuação "*mais como iguais do que superiores, e sua influência deriva da perícia e habilidade interpessoais mais do que de sua posição formal*".[15] Com relação à assessoria, o trabalho de apoio ao operacional assume certa importância, porém a tecnoestrutura, fundamental na Burocracia Mecanizada, perde sua relevância na Adhocracia, pois não há tarefas a padronizar. A cúpula estratégica assume importância no relacionamento externo para garantir o fluxo de projetos para o trabalho da Adhocracia, possuindo pouca importância na formulação das estratégias.

Como fatores contingenciais para a formação da Adhocracia, conforme Henry Mintzberg, podem-se citar a existência de ambientes dinâmicos e complexos, ou seja, ambientes com muitas variáveis envolvidas e em constante mudança, alterações freqüentes do produto e juventude da empresa.[16]

3.4 Considerações Finais sobre Estruturas e sobre o Modelo de Cinco Configurações

Como discutido desde o Capítulo 1, os estudos sobre estrutura ofereceram inestimáveis contribuições para se explicar o fenômeno organizacional, além de apresentar tipos ou formas mais apropriados para situações determinadas. Desde que as preocupações com o tema apareceram, esses trabalhos foram se avolumando, anexando mais variáveis e relações, e permitiram a elaboração de classificações como a de Henry Mintzberg. Uma classificação refinada que, mesmo com certa compactação, levou em consideração, na sua elaboração, diversas variáveis relacionadas ao tema apontadas na literatura.

De forma geral, essas cinco configurações propostas pelo autor podem explicar bem as tradicionais estruturas existentes, dentro de uma preocupação situacional e, ao mesmo tempo, sem o determinismo de alguns trabalhos contingenciais que se apegam a uma variável apenas como definidora da estrutura. A idéia de congruência é utilizada, e é enfatizada a busca de uma harmonia interna e externa diante dos diversos fatores que influenciam uma organização. Formas intermediárias, inclusive, foram propostas no modelo, além das cinco estruturas básicas.

Entretanto, apesar da importância de sua tipologia, como todos os trabalhos em Administração, o estudo de Henry Mintzberg merece ser revisitado, e, se necessário, atualizações ou complementações devem ser feitas, devido a alterações que ocorram internamente e externamente às organizações. Nesse aspecto, há de se constatar que, desde a elaboração de sua classificação, modificações apareceram, muitas vezes de forma radical, apresentando, inclusive, a possibilidade de questionamento dos modelos de estruturas organizacionais existentes. Isso é verdadeiro, principalmente, se levarmos em consideração a Burocracia Mecanizada, outrora considerada referência para as grandes organizações. Dessa forma, vislumbra-se a possibilidade de outras estruturas diante das alterações que se fazem presentes, principalmente aquelas relacionadas às Burocracias Mecanizadas.

Quadro 3.2 As Configurações e as Formas de Coordenação

Configuração	Forma principal de coordenação
Estrutura Simples	Supervisão direta
Burocracia Mecanizada	Padronização dos processos de trabalho
Burocracia Divisional	Padronização de resultados
Burocracia Profissional	Padronização de habilidades
Adhocracia	Ajustamento mútuo

NOTAS

[1] Essa classificação pode ser vista em seus dois livros sobre o assunto: MINTZBERG, Henry. *The structuring of organizations*: a synthesis of the research. Englewood Cliffs, N.J.: Prentice-Hall, 1979 e MINTZBERG, Henry. *Criando organizações eficazes*: estruturas em cinco configurações. São Paulo: Atlas, 1995. O segundo, na verdade, é de uma redução do primeiro livro, apropriado, conforme o próprio autor, a administradores.

[2] Em diversos aspectos, pode-se dizer que Henry Mintzberg associa posições estruturalistas e contingenciais.

[3] Melhores esclarecimentos sobre configurações podem ser conseguidas em trabalho posterior de Henry Mintzberg, em que são definidas várias escolas do pensamento administrativo, incluindo a escola das configura-

ções (ver MINTZBERG, Henry, AHLSTRAND, Bruce e LAMPEL, Joseph. *Safári de estratégia*: um roteiro pela selva do planejamento estratégico. Porto Alegre: Bookman, 2000).

[4.]Interessante observar que esse tipo de coordenação tem grande defesa nos trabalhos de Peter F. Drucker a partir da Administração por Objetivos. DRUCKER, Peter. F. *Prática da administração de empresas*. São Paulo: Pioneira, 1981.

[5.]Para esse tipo de coordenação, Henry Mintzberg utiliza muito o termo "treinamento". Como esse termo, em diversas situações, lembra uma formação bem específica e voltada para a grande especialização do trabalho, achou-se apropriado utilizar o termo qualificação.

[6.]Discutido no capítulo anterior nos trabalhos contingenciais, principalmente em Tom Burns e George Stalker. As empresas de produção unitária de Joan Woodward e os grupos semi-autônomos apresentados pela escola sociotécnica são, também, importantes referências (ver BURNS, Tom e STALKER, George Macpherson. *The management of innovation*. London: Tavistock Pub, 1966; WOODWARD, Joan. *Organização industrial*: teoria e prática. São Paulo: Editora Atlas, 1977 e BIAZZI Jr., Fabio. O trabalho e as organizações na perspectiva sóciotécnica: a conveniência e a viabilidade da implementação do enfoque sócio-técnico nas empresas. *Revista de Administração de Empresas*. São Paulo, v. 34, n.1. p. 30-37, jan./fev. 1994).

[7.]O *até mesmo* pode ser justificado na análise feita no Capítulo 8, em que se observa que o aspecto poder é, muitas vezes, ocultado em estudos organizacionais.

[8.]Discutido no capítulo anterior na parte dedicada aos estudos contingenciais (ver WOODWARD, Joan. *Organização industrial*: teoria e prática. São Paulo: Editora Atlas, 1977. BURNS, Tom e STALKER, George Macpherson. *The management of innovation*. London: Tavistock Pub, 1966).

[9.]MINTZBERG, Henry. *Criando organizações eficazes*: estruturas em cinco configurações. São Paulo: Atlas, 1995. p. 169.

[10.]Essa não é uma conclusão de Henry Mintzberg. Todavia, pode ser extraída das discussões sobre diferenciação interna como fruto da diferenciação externa, mencionada em capítulos anteriores, a partir do trabalho de Paul Lawrence e Jay Lorsch (LAWRENCE, Paul R. LORSCH, Jay W. *As empresas e o ambiente*. Petrópolis: Editora Vozes, 1973).

[11.]MINTZBERG, Henry. *Criando organizações eficazes*: estruturas em cinco configurações. São Paulo: Atlas, 1995. p. 172.

[12.]Sobre esse aspecto, existe melhor discussão no capítulo dedicado à análise de ambiente (Capítulo 5).

[13.]Essa estrutura tem muita de suas bases teóricas ligadas aos trabalhos de Alfred Chandler citados no capítulo anterior.

[14.]A discussão sobre matrizes é feita no capítulo sobre novas possibilidades organizacionais.

[15.]MINTZBERG, Henry. *Criando organizações eficazes*: estruturas em cinco configurações. São Paulo: Atlas, 1995. p. 256.

[16.]Nos trabalhos de H. Mintzberg, aparecem, também, possíveis variações para a Adhocracia. Vale enfatizar que, entre elas, ele coloca as empresas de processamento de J. Woodward. Esse aspecto é discutido, também, no Capítulo 4 sobre Tecnologia de Automação. Entretanto, desde já, deve-se mencionar que essa posição de Henry Mintzberg deve ter sido influenciada pelo que Joan Woodward chamou de semelhança dos extremos. Ou seja, as empresas por projetos e aquelas muito automatizadas apresentavam características semelhantes ligadas à organicidade (ver WOODWARD, Joan. *Organização industrial*: teoria e prática. São Paulo: Editora Atlas, 1977).

Parte II
MODIFICAÇÕES NOS FATORES CONTINGENCIAIS

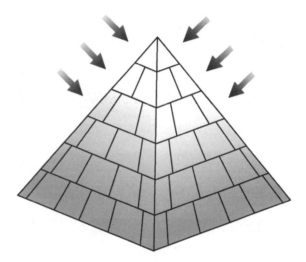

"Considere quantas coisas, no mesmo instante infinitesimal, se produzem simultaneamente em cada um de nós, tanto no domínio do corpo como no da alma. Por isso te não surpreenderá que muitos mais acontecimentos se produzam, ou antes, que eles se produzam todos a um tempo, no ser simultaneamente único e universal a que chamamos mundo."

Marco Aurélio (Imperador Romano), in *Pensamentos*.

"Os instantes de grande dor ou de grande agitação, mesmo na história universal, têm uma necessidade que convence; desencadeiam um sentido da atualidade e um sentimento de tensão que nos oprimem. Essa agitação pode provocar seguidamente a vinda da beleza e da luz, assim como da loucura e das trevas; o que se produz reveste, em todo o caso, as aparências da grandeza, da necessidade, da importância; distingue-se e destaca-se dos acontecimentos cotidianos."

Hermann Hesse, in *O jogo das contas de vidro*.

A Automação e Seus Reflexos nas Organizações: Do Fordismo à Tecnologia da Informação

Ao lado da estratégia e do ambiente, a tecnologia de produção pode ser apontada como uma das variáveis mais importantes, quando se analisa a formação da estrutura das organizações. De fato, foi considerada por teóricos contingenciais um dos determinantes na formação da estrutura e, na classificação de Henry Mintzberg, um dos aspectos a ser observado na busca de uma congruência estrutural. E a automação, uma das principais variáveis ligadas à tecnologia de produção, tem merecido crescente destaque na análise estrutural.

O presente capítulo, assim, tem como objetivo básico apresentar as principais tecnologias de automação que foram e que ainda estão sendo utilizadas nas organizações. Procura analisar, também, alguns de seus reflexos nos processos produtivos e nas estruturas. Nesse sentido, optou-se por abordar os tipos de tecnologia de automação ligados ao fordismo, à produção com uso do controle numérico, às empresas de processamento e aos processos que utilizam a moderna tecnologia da informação. A opção por essas tecnologias se deve ao impacto que elas causaram no mundo das organizações, além de serem as mais citadas na literatura sobre o tema. Especificamente para a última tecnologia abordada, a da informação, são discutidos, principalmente, os processos produtivos ligados à manufatura, aos sistemas de informação e às operações de serviços, e os maiores reflexos da utilização desses processos na estrutura são mais bem detalhados no Capítulo 9, dedicado à caracterização da Burocracia Automatizada.

Três importantes observações devem, ainda, ser apresentadas antes de se continuar este capítulo. Primeira: poderiam ser feitas discussões sobre tecnologia de produção não ligadas à automação.[1] Todavia, optou-se por abordar apenas as tecnologias de automação, pelas grandes modificações que essa variável sofreu nos últimos anos e pelos reflexos disso nas alterações estruturais que ocorreram nas grandes Burocracias Mecanizadas. Segundo: estão se considerando processos automatizados aqueles em que um determinado sistema tem certo controle sobre a própria atividade, com pequena interferência do homem, o que será verificado ao longo deste capítulo. Terceiro: embora sejam feitas algumas considerações técnicas, esse não é o objetivo deste capítulo, pois se tem uma preocupação maior na discussão dos reflexos das tecnologias de automação nos processo produtivos, no relacionamento entre o homem e o seu trabalho, assim como em outros aspectos importantes para a análise da estrutura organizacional.

4.1 O Uso de Máquinas nas Empresas

Foi a partir do período denominado Revolução Industrial que apareceram as diversas condições que propiciaram a grande utilização de máquinas nas organizações.

Desde aquele momento, o uso da maquinaria foi se avolumando e se apresentando, cada vez mais, de forma variada e complexa, seja em termos técnicos, seja nas suas conseqüências para o mundo do trabalho. Essa complexidade e variedade, inclusive, mereceram tipologias diversas.

Para alcance dos objetivos deste capítulo, enfatizam-se duas maneiras de se classificar o uso das máquinas nas organizações: a primeira apoiada em possíveis alterações para a produção e para o produto final,[2] e a segunda apoiada na análise da maior ou menor substituição do homem nas operações, inclusive no controle da produção.[3]

Com a primeira classificação, obtêm-se os sistemas fixos e os sistemas flexíveis. Consideram-se *sistemas fixos* aqueles em que a maquinaria é feita, especificamente, para uma determinada tarefa ou, mesmo, para elaboração de um determinado produto, sendo muito difícil, complicada, inviável ou de custo muito elevado a sua modificação para atender outras funções que não aquelas inicialmente previstas. São sistemas, assim, elaborados para a confecção ou o processamento com pequena possibilidade de alteração em suas tarefas ou no resultado final. Como *sistemas flexíveis*, consideram-se aqueles em que máquinas, com maior condição de movimento, permitem a confecção de produtos diversos ou a realização de funções variadas. Essas máquinas podem realizar, a partir do controle de um operador com certa qualificação, diversas tarefas, com variados resultados.

Com a segunda classificação, observa-se um contínuo de possibilidade em que aparecem, em um extremo, máquinas sendo usadas, apenas, como uma ferramenta para auxiliar o trabalhador e, em outro, máquinas com grande possibilidade de controle interno, com o operador aparecendo de forma subsidiária para atuar nas poucas situações em que seria impossível o controle próprio por parte do sistema. Essa classificação, assim, apresenta dois extremos relacionados a possibilidades de trabalhos automatizados. Em sistemas em que as máquinas são usadas como ferramentas para as tarefas humanas aparecem os trabalhos não sujeitos a automação, e nos sistemas em que as máquinas são usadas para substituir o homem na execução e no controle aparece o trabalho automatizado.[4]

Apesar de as duas classificações serem diferentes e apoiadas em variáveis diversas, possibilidade de alterações de produção e produtos para a primeira e substituição do operador, inclusive no controle, para a segunda, na prática organizacional, até recentemente, sempre se verificou uma coincidência muito grande para as duas classificações. Nos sistemas flexíveis, apareceram as operações e o seu controle sendo feitos por parte do trabalhador, e nos sistemas fixos apareceu o controle inserido no próprio sistema.[5]

Para o primeiro caso, os sistemas flexíveis, tomam-se, como exemplo, as chamadas máquinas-ferramentas, como tornos, fresas, dentre outras. Trata-se de máquinas com certa diversificação de movimentos e que realizam uma grande variedade de trabalhos sob o controle de um profissional qualificado. Nos processos em que elas são utilizadas, observa-se uma possibilidade de produção bastante ampla, e, devido a isso, são chamadas, inclusive, de máquinas universais. Um torno pode fazer eixos, buchas e parafusos de diversos tipos e tamanhos, dentre suas várias possibilidades produtivas, que ficam, basicamente, a cargo de um operador com grande conhecimento da máquina e das técnicas de produção ligadas a ela. Um profissional, inclusive, com anos de formação.

Para o caso de sistemas ou máquinas fixas, tem-se a produção baseada em equipamentos que possibilitam a produção de um bem, praticamente de forma única e imutável, típica das tradicionais formas de produção em massa ou, mesmo, por processamento.[6] A alteração do produto necessita, nesse caso, de grandes modificações no sistema, inclusive com a possibilidade de inteira substituição nos maquinários. Nesse tipo de produção, a ação do homem nas operações se faz de maneira a ser um apêndice da máquina. O controle, em grande parte, fica no sistema mecânico, elétrico ou qualquer que seja, e o trabalhador, principalmente no caso da produção em massa, tem pouco conhecimento do processo e de seus objetivos.[7] As linhas de montagem, assim como as plantas petroquímicas, são exemplos que podem ser apontados.

Assim, pode-se considerar que as máquinas apresentaram, até recentemente, duas grandes possibilidades com situações intermediárias entre elas: sistemas flexíveis com grande controle por parte dos operadores e sistemas ou máquinas fixas com menor controle por parte do operador, ou seja, maior automação.

Quadro 4.1 Tradicionais Possibilidades de Produção com o Uso de Máquinas

	Primeira possibilidade	Segunda possibilidade
Condição de alteração na produção e no produto final.	Sistemas fixos: baixa alteração na produção, assim como no produto final.	Sistemas flexíveis: grande alteração na produção, assim como no produto final.
Controle por parte do trabalhador/operador e automação.	Pequeno controle por parte do trabalhador ou grande automação.	Grande controle por parte do operador ou baixa automação.
Exemplos.	Equipamentos para refino de petróleo, linhas de montagem de produto único etc.	Máquinas-ferramentas ou máquinas universais, como tornos, fresas etc.

A escolha entre os dois sistemas e, mesmo, de suas possibilidades intermediárias, na prática organizacional, dependeu de diversos aspectos. Tomando-se, por exemplo, as duas principais variáveis utilizadas na análise de operações de manufatura: *volume* de produção e *variedade* de produtos ou padrões,[8] pode-se fazer uma pequena discussão sobre isso. Nos sistemas flexíveis, sempre se permitiu a confecção de produtos com grande variedade ou com padrões diferentes. Todavia, esses sistemas não permitiam, até recentemente, a economia em escala de produção, que foi por longo tempo a estratégia utilizada pelas grandes empresas.[9] Por outro lado, os sistemas mais fixos, apesar de sua baixa flexibilidade produtiva e de requererem, geralmente, um alto investimento, sempre apresentaram compensações para o caso de uma grande demanda por um ou poucos padrões específicos de produtos. Ou seja, a economia em escala compensaria os investimentos e a pequena variedade produtiva.

Esse último aspecto, inclusive, levou as organizações que operaram em negócios com grande demanda a implantarem o primeiro grande tipo de sistema fixo e automatizado: a linha de produção fordista.[10]

4.2 A Linha de Produção Fordista

Apesar da importância que a máquina assumiu desde o início da Revolução Industrial, foi com a linha de produção ou de montagem fordista que a maquinaria alterou as práticas voltadas para a produção em massa em várias organizações, trazendo-lhes a produção com grandes ganhos em escala. Além disso, trouxe modificações na organização do trabalho, assim como em diversas relações que apareceram na sociedade.[11]

Numa análise simples, pode-se dizer que o sistema de automação que apareceu com a linha de montagem desenvolvida por Henry Ford diferencia-se do processo de trabalho taylorista pela introdução de mecanismos que fazem com que os materiais a serem trabalhados ou que irão sofrer alguma ação produtiva (uma montagem, por exemplo) não sejam deslocados pelos indivíduos envolvidos no processo. Nesse sistema, as peças ou materiais são apresentados para que eles realizem sua tarefa em um tempo previamente estipulado pelo sistema, retirando do trabalhador a responsabilidade pelo transporte e a possibilidade de intervir no tempo de deslocamento da peça. Para aqueles que não estejam familiarizados com o processo, basta imaginar uma esteira que conduz uma peça para ser trabalhada por operários dispostos em linha. Cada indivíduo realiza certa tarefa previamente determinada em uma peça que lhe é apresentada em um tempo específico. Obviamente, a tarefa que lhe é confiada deve ser feita, também, em um tempo específico, sob pena de se paralisar toda uma linha em que os outros operários estejam dispostos.[12]

Diversas variações dentro desse conceito são possíveis, principalmente com relação aos transportadores: esteiras, ganchos, trilhos etc. Entretanto, a base do sistema é a mesma: peças sendo transportadas em um movimento previamente definido e processadas ou trabalhadas por vários operários que realizariam tarefas específicas, dentro do princípio taylorista de que o cargo ideal seria aquele em que o ocupante exerce o menor número de tarefas.

A explicação aqui apresentada parece simples em termos de engenharia, porém, nesse aspecto, o desenvolvimento da linha de montagem por Henry Ford não foi, realmente, um grande progresso tecnológico, seja na mecânica, hidráulica ou eletricidade. Como aponta Huw Beynon,[13] a tecnologia utilizada no fordismo, em seus princípios básicos, já era conhecida há bastante tempo e a linha não pôde ser considerada uma grande invenção em termos de engenharia. Entretanto, em termos administrativos e de organização do processo de trabalho, foi considerada uma grande alteração e um grande diferencial tecnológico organizacional, seguido, mais tarde, pelas empresas de forma geral, e não apenas pelas outras indústrias automobilísticas. As conseqüências produtivas foram assustadoras, e, onde foi implantada, a produtividade foi conduzida a níveis elevadíssimos. No início, como aponta Huw Beynon, Henry Ford foi elevado às alturas como um verdadeiro santo a ter trazido o milagre da abundância.[14]

Outros elementos podem ser ressaltados na forma de produção fordista, como a preocupação com a padronização e o uso de máquinas dedicadas ou especializadas.[15] No primeiro caso, para que o trabalho dos indivíduos possa ser realizado ao longo da linha de produção ou de montagem, as peças ou os materiais a serem trabalhados devem ser feitos de forma padronizada, seguindo-se, por exemplo, certas medidas específicas. Assim, no sistema fordista de produção é necessária a estandardização prévia dos materiais, para que, num determinado momento, elas possam ser *encaixadas* na linha de montagem. Isso, além, é claro, da própria padronização do trabalho ao longo da linha.[16]

Com relação à utilização de máquinas especialistas, evidencia-se que o sistema fordista utiliza, largamente, máquinas que, ao contrário das chamadas universais, realizam operações predeterminadas ou com uma função bem específica. São prensas e furadeiras, dentre outros equipamentos, que podem ser controladas por um indivíduo ou sofrer controle pelo próprio sistema. Esses elementos, inclusive, demonstram como o sistema pode apresentar automação não apenas em relação ao deslocamento das peças, mas, também, em algumas tarefas simples ao longo da linha de produção.

Entretanto, apesar de suas diferenças em relação aos processos de produção com grande volume mas não automatizados e das conseqüências produtivas que se seguiram ao desenvolvimento desse sistema, em termos de estrutura organizacional, as empresas que utilizam a automação fordista se apóiam no formato clássico baseado no modelo burocrático e nas suas variações, principalmente no taylorismo. É, na realidade, um incremento nesse modelo, trazendo-lhe maiores vantagens. Isso é verdadeiro e verificável se considerarmos as diversas análises feitas no capítulo sobre estruturas.

A coordenação das atividades, por exemplo, se assenta nas mesmas bases da padronização dos processos de trabalho, seja na confecção de peças, seja na montagem das peças na linha de produção. Há de se observar, porém, que, nessa linha de produção ou de montagem, não há necessidade de tantas instruções formais relacionadas ao tempo de trabalho ou, mesmo, à forma de confecção. A linha ou o maquinário se encarrega, em muito, dessa padronização. Nesse sistema, retira-se a possibilidade de variações na produção por parte da interpretação do operador, pois ele fica obrigado a realizar a tarefa conforme as especificações do sistema e no tempo em que o maquinário desloca a peça, sob pena de a produção *emperrar*.

Na análise das funções da estrutura, tem-se que, em termos técnicos, aparece a grande divisão do trabalho, ficando os trabalhadores encarregados de tarefas simples e o resultado final estipulado pela linha de produção, responsável, em grande parte, pela padronização dos processos. A diferença aparece, muito mais, na facilidade de coordenação e, principalmente, de controle que o sistema oferece à administração. Um gerente pode, com esse sistema, controlar a atuação de mais trabalhadores, ou seja, aumenta-se a chamada amplitude administrativa.[17]

No que se refere aos aspectos relacionais, a tentativa, da mesma forma que no taylorismo, é de se afastar os relacionamentos que não sejam relativos à produção e que não ocorram por intermédio de comunicações verticais entre a supervisão e o trabalhador. Comunicações informais entre trabalhadores são vistas negativamente, pois poderiam atrapalhar a produção. Conforme Huw Beynon, a vida dentro da fábrica de Henry Ford era caracterizada por homens trabalhando em silêncio e isolados, mesmo nos momentos de descanso.[18]

Em termos de manutenção de relações de poder consideradas *adequadas*, dentro dos princípios clássicos, as empresas que utilizam o sistema fordista de automação se apóiam no poder baseado no mérito, tão característico da burocracia. Pressupõe-se que, na organização, os dirigentes tenham maior capacidade e maior mérito, e, por isso, é legítimo que o poder possa ser usado por eles. Isso já foi longamente discutido no capítulo dedicado à estrutura, e, em termos práticos, o gerente ou, mesmo, um grupo de especialistas de assessoria, a tecnoestrutura, fica responsável pelas decisões dentro dessa estrutura.

Em termos culturais e valorativos, da mesma forma que na discussão sobre a burocracia, aspectos externos, muito mais que internos, são usados para justificar esse tipo de organização do trabalho.[19] O progresso da sociedade, a inovação tecnológica, a abundância de produtos são alguns deles.[20]

Assim, dentro de uma análise estrutural, pode-se afirmar que as organizações que usam sistemas fordistas de automação utilizam, basicamente, o modelo burocrático mecanizado. Devido a isso, inclusive, Henry Mintzberg não dedicou a elas uma configuração específica. Afinal, as características de padronização dos processos, uso subsidiário da supervisão direta, chefes controladores, centralização decisória e poucas comunicações laterais permanecem nessas empresas.

Finalmente, vale enfatizar que, apesar da utilização desse modelo de produção por muitas empresas e setores produtivos, o sistema de automação utilizado no fordismo só se mostrou possível em sistemas fixos (linha de montagem e máquinas especialistas), ou seja, na produção com baixa variedade. Na produção flexível ou com grande variedade, tradicionalmente, o que mais se usavam foi máquinas-ferramentas, com sua grande possibilidade produtiva e maior controle por parte do operador, pelo menos até o surgimento de um importante desenvolvimento tecnológico ligado à automação, que trouxe certa alteração dessa situação: o controle numérico.

4.3 A Tecnologia do Controle Numérico

Da mesma forma que a automação fordista, o aparecimento da tecnologia do controle numérico trouxe um aprofundamento na divisão do trabalho, maior formalização e padronização, maior possibilidade de controle da produção, além de maior centralização nas decisões. Entretanto, de maneira diferente da anterior, essa tecnologia apareceu em empresas que utilizavam sistemas flexíveis de produção e com estruturas mais orgânicas.

Como discutido no início deste capítulo, tradicionalmente, em sistemas flexíveis, utilizam-se máquinas universais ou máquinas-ferramentas, em que aparecem operadores que detêm grande controle sobre essas máquinas dentro de um certo número de possibilidades de movimento.[21] Apesar de esses movimentos controláveis não serem muitos, de existirem certos limites de tempo para a produção, de haver um desenho da peça a ser produzida e, ainda, de se verificarem algumas instruções básicas de manuseio, o trabalhador, nesse tipo de operação, detém grande liberdade de decisão sobre a forma mais adequada de produção e, mesmo, sobre o tempo para sua execução. A padronização do processo produtivo poderia até ser realizada, porém, para a produção em baixa escala ou pouco volume, ela se tornaria inviável, pois não se compensaria o custo de sua implantação e manutenção. Imagine utilizar todo um sistema de padronização, incluindo uma tecnoestrutura, para a produção de apenas uma peça mediante o pedido de um cliente. Dessa forma, a padronização sempre foi baixa nesse tipo de produção, e muitas decisões sobre a melhor forma de confecção ficariam a cargo do operador, um trabalhador com grande qualificação no processo de produção referente àquele maquinário específico, além de certo conhecimento sobre os objetivos da produção.

O surgimento de máquinas com *controle numérico* – CN – trouxe modificações em alguns desses sistemas flexíveis de produção, alterando, em diversos aspectos, o processo de trabalho. Conforme Nigel Slack e outros,[22] na sua utilização original na década de 1950, desenvolveu-se um sistema de controle de máquinas-ferramentas a partir da utilização de uma fita de papel perfurada. Essas fitas continham instruções que, por um sistema adaptado a uma máquina universal, faziam com que a máquina produzisse de acordo com instruções prévias, instruções sobre velocidade e direção do movimento dentre outras. Como alertam esses autores, hoje, as máquinas que utilizam esse sistema não usam mais uma fita de papel perfurada, mas instruções por meio de computador – CNC. Entretanto, a base é a mesma. Tem-se uma máquina universal, flexível em termos de possibilidades de produção, com um sistema externo, leitora de fita ou computador, que possibilita um controle prévio sobre suas operações. Por intermédio desse sistema externo, a máquina e, em última análise, a produção não ficam mais sob o controle do operador, mas de um mecanismo paralelo, acoplado à máquina, que pode ser previamente programado por especialistas, utilizando instruções em fita perfurada ou instruções em computador. Por esse método, pode-se, inclusive, manter um arquivo de fitas perfuradas ou instruções a serem utilizadas quando forem necessárias, podendo-se, ainda, efetuar trocas, substituições, mesclas etc.

Com a utilização desse mecanismo, conseguiram-se, em alguns sistemas flexíveis, maior padronização, maior produtividade, além, é claro, de maior possibilidade de controle sobre o trabalho do operador, retirando-lhe grande parte do poder de decisão sobre as várias etapas do processo produtivo.[23] A necessidade de operadores com anos de preparação, inclusive, diminuiu, desde que os sistemas automatizados baseados em controle numérico tomaram seu lugar em grande parte de suas decisões e no seu controle manual sobre a máquina durante o processo produtivo.[24]

Assim, apesar da diferença do uso dessa forma de automação em relação ao fordismo, pois o CN é apropriado para sistemas flexíveis, procuram-se utilizar princípios organizacionais clássicos, como a maior divisão do trabalho, a maior formalização e a maior padronização. Evitam-se comunicações e relacionamentos considerados indesejáveis e possibilita-se uma centralização decisória, que pode aparecer na gerência ou no grupo de especialistas de assessoria responsáveis pela elaboração das instruções em fitas ou computador. Como conseqüência, com essa forma de automação, verifica-se o surgimento de várias características da estrutura Burocrática Mecanizada em organizações que, anteriormente, utilizavam estruturas com características apenas orgânicas.

Entretanto, desde há muito, uma forma de automação na produção apareceu trazendo características estruturais bem diferentes para as organizações que as utilizam. Em verdade, um tipo de automação peculiar e apropriado a tipos especiais de produtos e realizado nas chamadas empresas de processamento.

4.4 A Automação nas Empresas de Processamento

As empresas de processamento surgiram devido a certas condições especiais ligadas, principalmente, às características dos produtos que são por elas elaborados.[25] Refinarias de petróleo e outras plantas petroquímicas, empresas de produção e transmissão de eletricidade, além de algumas fábricas de papel, são exemplos que podem ser citados para esses tipos de empresa. Apresentam diferenças operacionais em relação às formas tradicionais de produção, pois, durante o processamento, os produtos não aparecem com unidades definidas. A gasolina, o querosene e outros produtos químicos, por exemplo, não são processados em uma quantidade específica. Não se produz um litro de gasolina para, depois, se produzir outro. Sua produção, em uma refinaria, é realizada de forma contínua, definindo-se a quantidade de produto ao final do processamento, muitas vezes na entrega do produto ao cliente. A energia elétrica é vendida por quilowatt-hora, porém não se produz um quilowatt-hora de energia elétrica de cada vez. Sua produção é realizada de forma ininterrupta em uma hidroelétrica ou uma termoelétrica. Devido a essa característica produtiva, inclusive, as empresas de processamento são chamadas, muitas vezes, de empresas de produção contínua.

Nigel Slack e outros afirmam que esse tipo de produção está associado "*a tecnologias inflexíveis*" com "*fluxo altamente previsível*" em que os "*produtos são inseparáveis, sendo produzidos em um fluxo ininterrupto*".[26] Para a primeira característica apontada, há de se considerar que essa produção ocorre em grandes plantas produtivas com tecnologias fixas ou em sistemas fixos com praticamente nenhuma flexibilidade. Pode ser considerada, inclusive, a mais fixa das tecnologias produtivas se comparada com o fordismo ou com as máquinas-ferramentas. Utilizam-se, para isso, grandes maquinários que requerem, igualmente, grandes investimentos, e nessas plantas produtivas observa-se uma produção automatizada com pouquíssima ação humana durante o processo. Obviamente, a tecnologia utilizada, até recentemente, esteve ligada, apenas, à mecânica e à eletricidade. Para a segunda e terceira características apontadas pelos autores, como discutido em parágrafo anterior, essa produção não aparece em operações ligadas a produtos definidos. Nunca se produziram, por exemplo, automóveis, roupas ou brinquedos de forma contínua. Assim, essa produção acontece, apenas, para produtos específicos que possam ser processados de forma contínua, a exemplo da gasolina ou da energia elétrica.

As bases principais para se discutirem a organização do processo de trabalho e a estrutura nessas organizações são encontradas no trabalho de Joan Woodward, em que são comparadas empresas que utilizam três tipos de operação de manufatura: 1) por unidades, ou seja, produção flexível com baixo volume e que usam, muitas vezes, as máquinas universais; 2) em massa, ou seja, com grande volume e que utilizam sistemas tayloristas e fordistas e 3) por processamento.[27]

Para Joan Woodward, as empresas com operações por processamento apresentam um tipo de produção apropriado para produtos dimensionados ou a granel, como os produtos líquidos e gasosos, e, mesmo usando tecnologias tradicionais ligadas à mecânica e à eletricidade, utilizam sistemas automatizados com grande predição e controle da produção.

No que se refere aos reflexos desse tipo de automação no processo produtivo e nas características estruturais, a autora enfatiza vários aspectos ligados, principalmente, ao que ela chamou de *semelhança de extremos*. Nos resultados de suas pesquisas, ela observou que, apesar de existir um contínuo de automação que partia de empresas de produção unitária, passando por produção em massa, até chegar nas empresas de processamento, as características estruturais não acompanhavam esse contínuo. Na verdade, havia uma grande semelhança entre as organizações de produção por unidades e as empresas de processamento em vários aspectos estruturais. Daí o termo *semelhança dos extremos*. Para a autora, quanto mais as empresas se aproximassem das características de produção em massa, mais se verificavam aspectos estruturais ligados à padronização, à centralização, dentre outros, ou seja, características de Burocracias Mecanizadas. Ao contrário, quanto mais as empresas se afastassem da produção de massa, se deslocando para a produção por unidade ou, pelo outro lado, para a produção por processamento, mais se verificavam características de organicidade como menor padronização, menor centralização etc.

Figura 4.1 Comparação entre o contínuo de automação e características estruturais a partir do trabalho de Joan Woodward

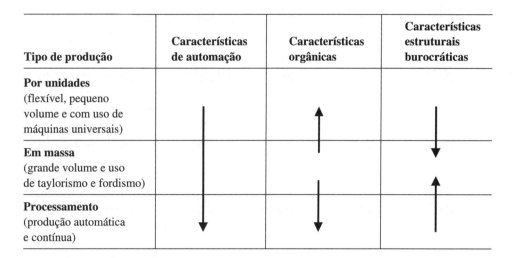

Em termos mais específicos, a autora encontrou mais delegação e descentralização nas indústrias de processamento que nas de produção em massa, menor amplitude de controle nas empresas de produção por unidades e de processamento e, ainda, nas empresas de processamento, mais relações informais entre os trabalhadores e entre eles e o supervisor imediato. Outro aspecto interessante se refere à qualificação. Foram encontrados supervisores e administradores com maior qualificação nas empresas de processamento se comparadas com as empresas de produção em massa e, da mesma maneira, trabalhadores mais qualificados. Essa qualificação era exigida pela forma de atuação dos trabalhadores nesse tipo de organização.

Fazendo uma comparação entre os processos produtivos, a autora afirma que, nas empresas de produção em massa, os trabalhadores ficam encarregados de tarefas especializadas, padronizadas e sem exigências de decisão sobre o processo produtivo. Os poucos trabalhadores qualificados existentes têm pequena influência no processo produtivo propriamente dito, com atuação mais voltada para a manutenção de equipamentos. Nas empresas de produção por unidades, por outro lado, os trabalhadores têm uma atuação mais significativa, aparecendo pequena divisão de tarefas, menor especialização e maior poder de decisão sobre o trabalho propriamente dito. Para as empresas sujeitas à automação por processamento, apesar de os trabalhadores não atuarem, efetivamente, na produção, como no caso da produção por unidades, eles ficam responsáveis pela manutenção do fluxo automatizado de produção, tendo certa influência sobre ele.

Devido a isso, Joan Woodward afirma que os extremos tecnológicos – produção por unidades e operações por processamento – tendem a apresentar sistemas ou estruturas mais orgânicos em contraposição às estruturas mecanizadas do centro tecnológico, ou seja, na produção em massa.

Vários outros elementos foram observados nas empresas por processamento por parte dessa autora com relação à estrutura organizacional. Dentro do objetivo deste livro, enfatizam-se a diferença entre funções executivas e consultivas, o rodízio de cargos, as diferentes exigências de qualificação, as funções sociais dos administradores e a existência de grupos e conselhos na tomada de decisões.

No que se refere à diferença entre funções executivas e consultivas, conforme Woodward, nas empresas com produção em massa, fica bem caracterizada a estrutura baseada em linha-*staff*,[28] ou seja, de comando e de assessoria. Dessa maneira, as funções executivas e consultivas são bem definidas e especializadas, mantendo-se órgãos e cargos distintos. Nas empresas de processamento, a autora teve dificuldades para encontrar distinção entre responsabilidades executiva e de consultoria ou assessoria. Na verdade, a estrutura linha-*staff* foi pouco encontrada nessas empresas e, quando aparecia, as funções não eram facilmente definidas. Para esse caso, a autora exemplifica com atividades de planejamento e execução realizadas pelas mesmas pessoas e as atividades de testes da qualidade feitas pelos próprios operadores.

Quanto ao rodízio de cargos, a autora observou grande possibilidade de alteração de administradores nas diversas funções. Essas alterações não se restringiam, apenas, a cargos de produção. Administradores podiam ser trocados entre áreas de produção e de laboratórios de desenvolvimento e, mesmo, para cargos como a Administração de Pessoal. Eles exerciam essas novas funções sabendo que, no futuro, podiam mudar, novamente, para a área de produção. Esse rodízio era um fato raro nas empresas de produção em massa. Nas palavras da autora, nas empresas de processamento, seriam observadas mais *"especializações do que especialistas"*.[29]

No que se refere às qualificações, apesar de se observarem maiores exigências nas empresas de processamento em comparação com as empresas de produção em massa, de acordo com a autora, elas são diferentes se comparadas às qualificações exigidas nas empresas de produção por unidades. Pelo fato de não atuar, diretamente, como agente da produção, mas de ser responsável pela manutenção do fluxo produtivo, a qualificação nos trabalhadores de empresas de processamento apresenta características distintas. O trabalhador necessita de uma habilidade *"perceptiva e conceitual no sentido de que, dentro de um determinado período de tempo, ele tem de aprender a absorver uma grande quantidade de informações e agir sobre elas continuamente"*. Na visão da autora, habilidades diferentes das *"motoras e manuais"*[30] requeridas por profissionais das empresas de produção por unidades.

No que tange à manutenção das relações sociais, conforme Joan Woodward, nas empresas de processamento, a administração possui uma função social muito maior do que técnica se comparada com a empresa de produção em massa. Como as operações apresentam certo *controle* feito pelo próprio sistema automatizado, as responsabilidades da administração se direcionam, principalmente, para a garantia do envolvimento, da participação e de demais relações sociais que tenham como objetivo a manutenção da produção. Nesse tipo de organização, são mais comuns os conflitos, porém a administração se encarrega de fazer com que os mesmos sejam utilizados pelos trabalhadores para a manutenção e o desenvolvimento da organização. A situação é diferente nas empresas de produção em massa, em que as funções técnicas e especializadas dos administradores tendem a sufocar o conflito e a controlar a atuação individual e especializada do trabalhador.

Essas funções sociais da administração nas empresas de processamento podem, inclusive, chegar no âmbito dos valores ou, mesmo, do simbólico, principalmente nos níveis mais altos da hierarquia organizacional. Da observação das funções exercidas por um executivo chefe de uma empresa de processamento, a autora menciona:

> "ele aparecia mais claramente como o chefe do ritual da empresa: ele era a figura-chave da organização social, gastando quase metade do seu tempo em funções sociais formais, tão importantes para a vida de sua empresa. Tecnicamente, ele parecia estar num vácuo de toma-

da de decisões, envolvendo-se apenas em tomadas de decisões do tipo subjetivo não-programadas, associadas principalmente a relações humanas. A organização, as relações industriais e as relações públicas eram suas principais preocupações, e qualquer problema relacionado a esses aspectos da administração eram rapidamente comunicados ao topo da hierarquia".[31]

Além do aspecto citado sobre a maior possibilidade de comunicações informais entre trabalhadores e gerentes, outro aspecto a se destacar é a existência de tomadas de decisões coletivas nesse tipo de organização. Joan Woodward afirma que, nas empresas de processamento, as decisões coletivas e por comissões acontecem com maior freqüência. No caso do executivo chefe, ele poderia ser visto mais como um superior de um grupo de tomadores de decisão e não como um tomador isolado.

Devido a essas características estruturais, na classificação de Henry Mintzberg as empresas de processamento aparecem como um tipo especial de Adhocracia.[32] A razão principal para isso parece ser o fenômeno da *similaridade dos extremos*, ou seja, as empresas de processamento, assim como as de produção por unidades, apresentam maior organicidade. Dessa forma, para Henry Mintzberg, a estrutura adotada nas empresas de processamento apresenta maiores características de uma adhocracia do que de uma burocracia.

Discussões de Henry Braverman[33] sobre as empresas de processamento apresentam críticas relacionadas à possibilidade de descentralização, maior autonomia e maior qualificação. Para esse autor, as funções dos profissionais nesse tipo de empresa, de forma geral, não trazem um aumento nas exigências de qualificação. O trabalhador, da mesma forma que nos outros tipos de empresas modernas, desconhecem o processo produtivo, restringindo suas atividades a tarefas periféricas ou de *trabalho morto*.[34] Para ele, apesar de a divisão de trabalho ser menor nesses tipos de empresa, a modernização dos equipamentos diminui o tempo necessário para se preparar o trabalhador, que sofre um controle do sistema automatizado e, em última análise, um controle da própria organização e sua administração.

Enfatizando outros aspectos desse tipo de organização e citando o próprio trabalho de Joan Woodward, Harry Braverman alerta para a falta de *status* dos trabalhadores das empresas de processamento diante da sociedade e para os baixos salários a que eles estariam sujeitos. Devido a tudo isso, ele questiona possíveis conclusões de que os trabalhadores, nesse tipo de organização, seriam mais valorizados. Questiona, também, as ponderações de alguns ao afirmarem que, no futuro, com a adoção de formas mais automatizadas na produção, haveria maior autonomia do trabalhador e maiores salários.

Assim, fazer uma síntese estrutural para as empresas que utilizam a tecnologia de automação baseada em processamento apresenta-se como uma grande dificuldade. Não se pode considerá-la uma Burocracia Mecanizada, devido à menor padronização e a existência de grande informalidade e de certa descentralização. Da mesma forma, há que se reconhecer a diferença que aparece entre esse tipo de organização com relação às empresas orgânicas de produção flexível e por unidades. Essa dificuldade é ainda maior se considerarmos os poucos estudos relacionados a esse tipo de organização comparados aos trabalhos em empresas de produção mecanizada e empresas orgânicas. Entretanto, apesar dessa dificuldade, algumas conclusões com relação à estrutura podem ser apontadas.

Em termos técnicos, surge um sistema de produção baseado em sistemas automatizados com profissionais encarregados de manutenção do fluxo, sem uma grande divisão de tarefas. A padronização aparece, assim, na produção automatizada, porém ela é bem menor nas tarefas dos profissionais responsáveis por manter o fluxo de produção. No que se refere a relacionamentos, eles afloram com mais facilidade, existindo inclusive muitas relações informais. Para questões ligadas a poder, nesse tipo de organização aparece muita descentralização decisória, inclusive por intermédio de comissões, porém as decisões são periféricas e ligadas à manutenção do fluxo de produção. Existe, assim, pouca autonomia para se alterar as formas de produção ou, mesmo, o tempo das tarefas. Em termos valorativos, comparando-se com as formas produtivas tradicionais e as formas de automação discutidas até o momento, esse tipo de estrutura é o que mais enfatiza os aspectos culturais e simbólicos. Na verdade, muito do trabalho administrativo é dedicado à manutenção de valores e princípios que incentivem a participação, o envolvimento, a adesão e o comprometimento dos trabalhadores. Isso talvez se deva ao fato de que nessas estruturas não se possa contar, em diversos aspectos, com coordenações baseadas em padronizações ou, mesmo, na supervisão direta.

Em interessantes considerações sobre o futuro desse tipo de produção automatizada, Joan Woodward enfatiza que as operações por processamento tendiam a aumentar e a não se restringir, apenas, a produtos a granel ou sem unidades definidas de produção. Havia uma propensão a que elas substituíssem, em muitos setores, as tradicionais formas de produção em massa. Na verdade, conforme a autora, isso já estava acontecendo em setores ligados à produção de aço e de peças de engenharia. Da mesma forma, isso estava ocorrendo em certas fases produtivas de empresas tradicionais de produção em massa, como na embalagem. Obviamente, essa perspectiva de aumento do uso de operações por processamento teria limites com as tecnologias de automação ligadas, apenas, à mecânica e à eletricidade, limites esses intrínsecos à própria tecnologia e, também, relacionados à inviabilidade econômica, devido aos grandes investimentos necessários.

Todavia, essa perspectiva começou a se tornar realidade com o aparecimento de novas formas de produção automatizadas ligadas à tecnologia da informação.

4.5 A Tecnologia da Informação e a Automação nas Organizações

Recentemente, verifica-se no mundo das organizações o uso de novas formas de automação apoiadas nos desenvolvimentos ligados à tecnologia da informação – TI.[35] A partir daí, da mesma maneira que nas modalidades anteriores, fica-se na expectativa de que essas novas formas de automação possam trazer alterações nos processos produtivos, na organização do trabalho e, mesmo, nas estruturas das organizações. Com relação a isso, inicialmente, é apropriado apresentar três usos imediatos da tecnologia da informação na automação de operações: o controle numérico baseado em computador nos sistemas flexíveis, a automação com certa flexibilidade em sistemas que utilizavam tecnologias fixas e a integração de sistemas diversos.

No que se refere aos sistemas flexíveis, vale lembrar que, desde o aparecimento da tecnologia do controle numérico, ocorreu, em máquinas-ferramentas ou universais, um deslocamento do controle para um sistema externo à máquina, por intermédio de leitoras de fitas perfuradas contendo informações de operação. Com a tecnologia da informação, essa transferência de controle tem maior alcance, pois aparecem as máquinas com controle numérico baseado em computador – CNC –, com maiores possibilidades de movimentos e sujeitas a alterações programáveis, incluindo a troca de ferramentas de usinagem. Assim, apesar de apresentar o mesmo princípio que as máquinas com o controle numérico baseado em fitas perfuradas, conseguem-se maior produtividade e maior flexibilidade produtiva.[36]

Os reflexos do uso da tecnologia da informação na automação de sistemas fixos são muito mais visíveis e com alterações mais profundas. Esses sistemas fixos, com a utilização dessa tecnologia, passam a ter, da mesma forma que nos sistemas baseados em controle numérico, um controle externo. Na linguagem de profissionais de automação, costuma-se dizer que ocorre um deslocamento do controle do *hardware* para o *software*.[37] Para melhor explicar essa alteração, é preciso, antes, apresentar um conceito importante em automação: os *atuadores*.

Na engenharia de automação, consideram-se atuadores os "*dispositivos que convertem sinais provenientes de controladores em ações requeridas pelo sistema*".[38] São os dispositivos pneumáticos, hidráulicos e elétricos (pistões pneumáticos e hidráulicos e motores, por exemplo) que executam o trabalho, a partir de um certo controle. Pode-se dizer que esses dispositivos são, em verdade, substitutos da mão-de-obra (ou dos membros do homem), no que se refere ao trabalho de execução de tarefas. Eles deslocam peças e materiais diversos, levantando, empurrando, girando etc.

Acontece que, nas formas anteriormente citadas de automação de sistemas fixos, o controle aparece embutido nos próprios atuadores, pois eles apresentam uma programação prévia por terem sido fabricados para fins bem específicos. Os equipamentos ligados ao fordismo e às tradicionais empresas de processamento, assim, mantêm atuadores com controles prévios, não sendo possível alterações por intermédio de controles externos. Para que se consigam algumas mudanças produtivas (para se alterar o produto, por exemplo), seriam necessárias modificações dos próprios atuadores ou de parte de seus componentes.[39]

Com a tecnologia da informação, o controle se desloca, efetivamente, para sistemas externos aos atuadores. Em verdade, os atuadores continuam os mesmos: pistões pneumáticos e hidráulicos, motores elétricos etc., porém, agora, mediante ligações dos mesmos com sistemas que usam as novas tecnologias da informação, conseguem-se rápidas alterações no processo produtivo, sem a necessidade de modificações nesses atuadores. Obtém-se, dessa forma, nos tradicionais sistemas fixos, um controle externo semelhante ao dos sistemas flexíveis baseados em controle numérico, e, como conseqüência, surgem linhas de montagem com certa flexibilidade produtiva, robôs industriais,[40] sistemas flexíveis de produção, dentre outras possibilidades.

No que se refere ao uso da tecnologia da informação na integração observam-se, também, grandes modificações nos processos de trabalho. Por intermédio da TI, verifica-se, hoje, a interligação de vários sistemas produtivos por intermédio de mecanismos externos aos equipamentos.[41] Essa interligação pode ocorrer, também, entre os equipamentos responsáveis pela produção e outras áreas da organização como suprimento de materiais, controle de custos, contabilidade, planejamento etc.

E assim, com esses três usos imediatos da tecnologia da informação na automação, diversas possibilidades produtivas surgem, possibilidades que antes não poderiam ocorrer, quando existiam apenas tecnologias ligadas à eletricidade e à mecâni-

Quadro 4.2 Usos Imediatos da Tecnologia da Informação na Automação de Operações

Usos da tecnologia da informação na automação

- Controle numérico baseado em computador nos sistemas flexíveis.
- Automação com certa flexibilidade na produção que utilizava tecnologias fixas.
- Integração de sistemas diversos.

ca, vistas hoje como bastante limitadas. Podem-se apresentar as principais delas nas operações ligadas à manufatura, no processamento de informações e nas operações de serviços.

4.5.1 A tecnologia da informação e a automação nas operações de manufatura

Para as operações manufatureiras ou de processamento de materiais, com a automação baseada na TI, como principais desenvolvimentos podem-se apontar o projeto auxiliado por computador – CAD (*computer-aided design*), o processo de manufatura auxiliada por computador – CAM (*computer-aided manufacturing*), os sistemas flexíveis de manufatura – SFM – e um conceito mais amplo e integrador, o processo de manufatura integrada por computador – CIM (*computer-integrated manufacturing*).

A tecnologia do CAD, como o próprio nome diz, auxilia a realização de tarefas de desenho e projeto, permitindo que os profissionais ligados a essas atividades agilizem seu trabalho. Visualização tridimensional, imagens em diversas perspectivas, rotação nos desenhos e, ainda, a possibilidade de realização de simulações virtuais que substituem alguns testes e modificações em protótipos são alguns dos vários recursos que o CAD permite aos projetistas.[42]

A partir do discutido anteriormente sobre deslocamento do controle interno (nos atuadores) para um controle externo ao sistema principal de produção, a tecnologia de CAM utiliza diversas possibilidades, como máquinas de Controle Numérico baseado em Computador, robôs e sistemas de transportes automáticos. Talvez o auge desse conceito esteja ligado ao SFM, em que se observa a reunião das diversas tecnologias ligadas ao CAM interligadas em um sistema único. Conforme Nigel Slack e outros,[43] o SFM utiliza estações de trabalho por controle numérico, instalações de carga/descarga, instalações de transporte e manuseio de materiais e, ainda, um sistema central de controle por computador. A vantagem desse sistema flexível é, justamente, a grande variedade de produtos que ele consegue realizar. Além dessa variedade, como afirma William Stevenson,[44] com o SFM obtém-se o nível de produtividade dos sistemas repetitivos. Obviamente, a flexibilidade obtida é relativa, pois alcança produtos similares, em que a variedade não é tão abrangente.

Um conceito mais amplo aparece com o CIM. Para Nigel Slack e outros,[45] enquanto o CAD e o SFM estão ligados apenas ao processo de transformação, o CIM integra, também, outras áreas, como o CAD, o planejamento da produção e o planejamento de manutenção, dentre outras. August Scheer[46] apresenta como integrantes do CIM o planejamento e controle da produção, o projeto assistido por computador, o planejamento assistido por computador, a produção assistida por computador, a qualidade assegurada por computador e a manutenção. Esses sistemas estariam integrados em um sistema único de automação. William Stevenson[47] afirma que sistemas mais abrangentes, inclusive, podem conectar as áreas de programação, compra, controle de estoque, controle de fabricação e distribuição. Ou seja, o CIM pode, ainda, integrar os processos de produção manufatureira a outras áreas de uma organização e, até mesmo, a sistemas externos a ela, interligando-a a fornecedores e clientes. Entretanto, com relação a essa integração, é preciso passar para uma outra noção de aplicação da TI, não apenas a ligada à manufatura, mas a que trata do processamento de informações.

4.5.2 A tecnologia da informação e os sistemas de informação nas organizações

O uso da tecnologia da informação na automação pode ser visto de forma bem mais ampla se considerarmos outras áreas da organização além da produção propriamente dita. Podem-se incluir, por exemplo, estoques de materiais requeridos pela produção e, até mesmo, áreas não ligadas diretamente à produção, como finanças, contabilidade, vendas e recursos humanos. Nesse aspecto, é necessário discutir modelos mais completos e abrangentes ligados a processamento de informações ou aos sistemas de informação.

Kenneth e Jane Laudon[48] enfatizam quatro níveis de utilização de sistemas de informação nas organizações: nível operacional, nível do conhecimento, nível gerencial e nível estratégico. Para o nível operacional, que é o mais importante para a nossa análise, além da integração das diversas tarefas ligadas à produção enfatizadas anteriormente, aparece a integração de tarefas ligadas a outras áreas da organização.

Dentre os sistemas de informação que procuram interligar a produção a outras áreas podem-se citar os conceitos de *materials requirements planning* – MRP, *manufacturing resources planning* – MRPII – e *enterprise resources planning* – ERP –, que seguem, praticamente, uma seqüência histórica de aplicação. O primeiro conceito, o MRP, trata de aspectos ligados ao planejamento e controle de materiais necessários à produção, e o último conceito, o ERP, mais abrangente, trata de interligar a produção a outras áreas como finanças, suprimentos, vendas e, mesmo, recursos humanos.[49]

Com relação à interligação da organização com os clientes e os fornecedores, várias possibilidades aparecem. Podem-se, hoje, utilizar sistemas que permitem aos fornecedores o acesso ao estoque da empresa compradora. Da mesma forma, pode-se ter uma ligação com o cliente que permita que ele faça pedidos com a possibilidade de interferir, diretamente, na produção da organização. A *internet* é poderosa ferramenta usada para agilizar esses procedimentos. Conceitos como o de *computer integrated enterprise* – CIE, o comércio eletrônico, o *e-business*, as parcerias eletrônicas, o *extraprise resources planning* – ERPII, o *enterprise comerce management* – ECM – e, ainda, o *extended enterprise resources planning* – eERP são alguns dos nomes utilizados para definir essas possibilidades de integração que estão sendo usadas pelas empresas (ver Figura 4.2).[50]

4.5.3 A tecnologia da informação e a automação nas operações de serviços

A automação nas empresas de manufatura, utilizando tecnologias anteriores à tecnologia da informação como no fordismo, nas empresas de processamento e, mesmo, com

Figura 4.2 Automação em manufatura com a tecnologia da informação.

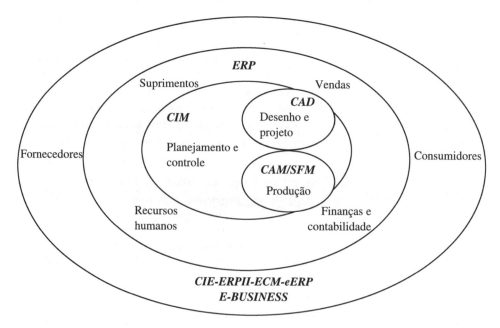

as máquinas de controle numérico não foi acompanhada pela automação nas empresas com operações de serviços. Nesses ambientes, de forma tradicional, o que mais se viu foi uma organização do trabalho voltada para trabalhos variados e específicos, realizados por trabalhadores que utilizavam suas habilidades, ou, quando havia grande demanda por certo serviço e a possibilidade de sua padronização, aparecia o trabalho burocrático mecanizado baseado, principalmente, no taylorismo.[51] A automação propriamente dita não foi utilizada, e as poucas máquinas usadas se restringiam a certos equipamentos elétricos e eletrônicos que agilizavam o processo de trabalho, como, por exemplo, calculadoras e máquinas de escrever. Com a tecnologia da informação, a automação nas organizações voltadas para serviços passou a ser uma realidade. E essa automação aparece, basicamente, em três grandes frentes: no desenvolvimento de novos equipamentos, na automação do serviço propriamente dito e na interligação com áreas de apoio.

No primeiro caso, observa-se uma gama enorme de equipamentos que foram desenvolvidos a partir da TI e que estão sendo utilizados nas operações de serviços, auxiliando e melhorando o serviço prestado em áreas como comércio, saúde, transporte etc. Os equipamentos de diagnóstico e tratamento em hospitais e os computadores pessoais – PC – e seus vários aplicativos são exemplos que podem ser citados. Nesse caso, observa-se que o uso da TI permite a melhoria no trabalho humano nas empresas, e esses equipamentos se apresentam como instrumentos ou ferramentas para melhorar o desempenho do trabalhador, a exemplo dos antigos maquinários baseados em tecnologia eletroeletrônica.

Para o segundo caso, observa-se a automação do trabalho propriamente dito, substituindo-se grande parte da mão-de-obra na realização das tarefas. Máquinas automáticas de controle de estacionamento, máquinas automáticas de vendas, equipamentos responsáveis por processamento de papéis em serviços bancários são alguns dos exemplos que podem ser oferecidos.[52] Diferentemente do primeiro caso, em que se verifica o uso da automação apenas em termos instrumentais, nesse o uso da TI se apresenta de maneira a modificar radicalmente o processo de trabalho, substituindo o ser humano na execução das tarefas e no seu controle sobre elas. As pessoas que permanecem ligadas às operações, inclusive, são deslocadas para trabalhos de monitoramento do sistema e tarefas múltiplas.

No terceiro caso, verifica-se, por intermédio da TI, a interligação da operação principal da empresa com as outras áreas internas da organização, como finanças, recursos humanos, vendas, contabilidade etc., a exemplo do uso da ERP nas indústrias. Da mesma forma, verifica-se a possibilidade de interligação com sistemas externos, como fornecedores e clientes, a exemplo dos CIE e do *e-business*.[53]

Quadro 4.3 Automação em Operações de Serviços – Tipos

Novos equipamentos	Automação do serviço	Interligação
– Máquinas ou sistemas que auxiliam e melhoram o serviço prestado em áreas como comércio, saúde, transporte etc. – P.ex., equipamentos de diagnóstico e tratamento em hospitais e computadores pessoais e seus vários aplicativos. – Apresentam-se como instrumentos ou ferramentas para melhorar o desempenho do trabalhador.	– Automação do trabalho propriamente dito, substituindo grande parte da mão-de-obra na realização das tarefas. – P.ex., máquinas automáticas de controle de estacionamento, máquinas automáticas de vendas, equipamentos responsáveis por processamento de papéis em serviços bancários. – Apresentam-se de maneira a modificar radicalmente o processo de trabalho, substituindo o ser humano na execução das tarefas e no seu controle sobre elas. As que permanecem ligadas às operações são deslocadas para trabalhos de monitoramento do sistema e tarefas múltiplas.	– Interligação da operação principal da empresa com as outras áreas internas da organização, como finanças, recursos humanos, vendas, contabilidade etc., a exemplo do uso da ERP nas indústrias. Da mesma forma, verifica-se a possibilidade de interligação com sistemas externos, como fornecedores e clientes, a exemplo dos CIE e do *e-business*.

Além dessa análise de possibilidades do uso da TI, deve ser verificado outro aspecto com relação à automação de operações de serviço: os setores mais sujeitos a automação. Tradicionalmente, uma das formas de classificar as operações de serviços é aquela baseada na interação com o cliente, obtendo-se dois setores distintos: aquele ligado às atividades com maior contato com o cliente, chamado de atendimento, linha de frente, atividade-fim etc.; e aquele ligado às atividades que têm pouco contato com o cliente, também chamado de retaguarda, atividade-meio, suporte e até apoio. Acontece que as atividades de atendimento, devido ao maior contato com o cliente, sempre estiveram sujeitas a maior diversidade de tarefas, enquanto as atividades de retaguarda estiveram ligadas a atividades mais rotineiras e padronizadas. Assim, as atividades de retaguarda, em princípio, apresentam maior facilidade de serem automatizáveis se comparadas com as atividades de atendimento.[54]

Entretanto, mesmo as atividades de atendimento podem, hoje, sofrer mudanças voltadas para a automação. Com relação a isso, conforme Nigel Slack e outros, três possibilidades aparecem: atividades sem nenhuma interação da tecnologia com o cliente, existindo uma interação passiva e uma interação ativa.[55] No primeiro caso, no serviço de atendimento, utiliza-se a tecnologia de automação, porém o cliente não percebe seu uso (tecnologia escondida), como no *check-in* de aeroportos e de hotéis. No segundo, o cliente percebe a tecnologia, mas não interfere nela, como nos equipamentos de diagnóstico e tratamento de saúde (radiologia, por exemplo). No

Quadro 4.4 Automação em Operações de Serviços – Setores

Retaguarda	Atendimento
• Setor em que aparece mais facilmente a automação, pois apresenta atividades sem contato com o cliente e, muitas vezes, com características de rotina e padronização.	• Setor em que aparece menor possibilidade de automação devido ao contato com o cliente e à maior diversidade de tarefas. Quando ocorre, aparece em três situações, conforme Nigel Slack: • Atividades sem nenhuma interação da tecnologia com o cliente (tecnologia escondida), como no caso de *check-in* de aeroportos e de hotéis. • Atividades em que existe uma interação passiva, como no caso de equipamentos de diagnóstico e tratamento de saúde (radiologia, por exemplo). • Atividades em que existe uma interação ativa, como no caso de caixas automáticos de bancos e máquinas de vendas diversas.

terceiro caso, verifica-se uma interferência do cliente na tecnologia, como nos caixas automáticos de bancos e máquinas de vendas diversas.

4.5.4 Síntese das conseqüências da automação baseada na tecnologia da informação

Por ser um fenômeno até certo ponto recente e pela diversidade de possibilidades que pode apresentar, não estão tão claras, ainda, as conseqüências da automação baseada em TI em termos de mudanças produtivas. Entretanto, algumas considerações podem ser feitas, a partir das análises realizadas anteriormente, principalmente numa comparação com as formas discutidas de automação fordista, na produção contínua, e nos sistemas baseados em controle numérico.

Com relação à substituição do trabalhador, deve-se considerar que, com a utilização da automação fordista, se utiliza muita mão-de-obra nas tarefas ligadas à produção propriamente dita, e a automação, em muitos casos, se restringe, praticamente, ao movimento da peça ou material que vai sofrer uma alteração produtiva ou, mesmo, ser montado.[56] Nas empresas de processamento com as tecnologias tradicionais ligadas à mecânica e à eletricidade, aparece automação com grande substituição da mão-de-obra no processo produtivo propriamente dito. Todavia, isso ocorre, apenas, para alguns tipos de produtos processados a granel ou sem unidade definida de produto, como no refino de petróleo.

Com a automação baseada em TI, aparece a possibilidade de grande substituição da mão-de-obra no processamento de produtos com unidades definidas. Ou seja, consegue-se, hoje, por intermédio de mecanismos automatizados, grande substituição do trabalhador nas tarefas ligadas à confecção e montagem de peças em processos que, anteriormente, só podiam utilizar automação fordista com baixa substituição da mão-de-obra. Obtém-se, assim, uma produção similar à usada nas empresas de processamento em organizações ligadas à elaboração de produtos não sujeitos a produção contínua, como na confecção de autopeças, peças mecânicas diversas, roupas, dentre outros.

Outro aspecto interessante de se observar é que a automação, baseada seja no fordismo, seja nas empresas de processamento, oferece grande volume de produção, porém pouca flexibilidade produtiva. Com a automação baseada em TI, consegue-se uma produção com um grande volume e, também, com uma certa flexibilidade. Nesse aspecto, a automação baseada em TI faz uma junção da produtividade da produção contínua com a flexibilidade permitida pela automação do controle numérico.

Juntando as duas observações feitas, relacionadas à substituição de mão-de-obra e à flexibilidade, pode-se dizer que, com a TI, consegue-se uma produção automatizada com substituição do trabalhador na produção (típica da automação de empresas de processamento), com certa flexibilidade (típica de automação do controle numérico) em produtos que, anteriormente, tinham que ser feitos nos processos em massa (típica de automação fordista).

Especificamente para as operações de serviço com TI, consegue-se, em vários casos, o desenvolvimento de ferramentas que melhoram a atuação de diversos profissionais. Todavia, como alteração mais radical, há que se considerar que se obtém, atualmente, com as novas formas de automação, uma substituição de mão-de-obra em diversas operações de serviços. Isso não foi possível, até recentemente, utilizando-se apenas as tecnologias ligadas à mecânica e à eletroeletrônica.

Finalmente, há que se destacar que nos dois tipos de operações, manufatura e serviços, consegue-se, por intermédio do processamento de informações, uma integração de sistemas que nunca foi possível, interligação interna relacionada às diversas áreas, como produção e áreas de apoio, e, ainda, integração externa com clientes e fornecedores.

Quadro 4.5   Síntese da Automação e seus Reflexos Produtivos

Tipo de automação	Tipos de produtos	Volume de produção	Variedade produtiva	Integração interna e externa	Substituição de mão-de-obra na produção
Fordismo	Com unidade definida	Alto	Baixo	Baixa	Baixa e média (transporte e alguns equipamentos fixos)
CN	Com unidade definida	Baixo	Alta	Baixa	Média
Processamento	Sem unidade definida (granel)	Alto	Baixa	Baixa	Alta
TI	Com ou sem unidade definida	Alto	Média	Alta	Alta

Essas são algumas conclusões que podem ser extraídas das possibilidades produtivas com o uso da automação baseada em TI. Para o presente trabalho, porém, faz-se necessária uma análise não apenas das possibilidades produtivas, mas, também, das conseqüências na organização do trabalho e, principalmente, para a estrutura organizacional. Esse é, exatamente, o objetivo deste livro. Todavia, para se fazer uma análise estrutural, devem-se levar em consideração as muitas variáveis envolvidas, e não apenas a tecnologia. Dessa forma, nos próximos capítulos serão feitas considerações sobre ambiente e estratégia para que, juntamente com a análise de novas formas de organização e novas possibilidades de coordenação, se possa caracterizar a estrutura que aparece com o uso dessas novas tecnologias de automação baseadas na TI.

Notas

[1] Duas referências clássicas nessa análise são THOMPSON, James D. *Dinâmica organizacional.* São Paulo: McGraw-Hill, 1976 e PERROW, C. *Análise organizacional.* São Paulo: Atlas, 1972, além dos trabalhos de Joan Woodward que são discutidos neste capítulo.

[2] Essa classificação é usada em vários manuais de Administração de Produção ou Operações. Tem origem em James D. Thompson & Frederick L. Bates, conforme CHIAVENATO, I. *Teoria geral da administração.* São Paulo: Makron Books, 1998.

[3] Essa classificação é apresentada por Henry Braverman, a partir do trabalho de James R. Bright. Na referida classificação, aparecem 17 possibilidades, desde o uso mais instrumental da máquina até os sistemas com controles mais automatizados (ver BRAVERMAN. H. *Trabalho e capital monopolista.* Rio: Editora Guanabara Koogan S/A, 1987).

[4] Conforme Harry Braverman, James Bright não usa o termo automação, mas, apenas, mecanização. Todavia, o próprio Harry Braverman vê essa classificação ligada à automação quando afirma que "... *Bright tem sido aparentemente o único no mundo acadêmico neste estudo pormenorizado do que as máquinas realmente fazem na medida em que se tornam mais automáticas, ...*" (ver BRAVERMAN. H. *Trabalho e capital monopolista.* Rio: Editora Guanabara Koogan S/A, 1987. p. 163).

[5] Apesar de os sistemas que utilizam o controle numérico, que são discutidos adiante, poderem ser vistos como uma exceção a essa análise, enfatiza-se que os sistemas realmente flexíveis e que utilizavam tecnologias anteriores à tecnologia da informação não puderam ter suas operações automatizadas.

[6] Termos utilizados por Joan Woodward na classificação de estruturas a partir da tecnologia utilizada (ver WOODWARD, Joan. *Organização industrial*: teoria e prática. São Paulo: Editora Atlas, 1977).

[7] Vale enfatizar que esses controles que saem da "mão" do operador e passam para o sistema ou máquinas, em verdade, foram decididos e elaborados pela organização por intermédio da administração, do gerente ou de um grupo de especialistas encarregados dessa função.

[8] Ver, por ex., SLACK, Nigel e outros. *Administração de produção.* São Paulo: Atlas, 1997.

[9] Esse aspecto é discutido no capítulo sobre a estratégia (Capítulo 6).

[10] Concebe-se, aqui, a linha fordista como um tipo de automação, não no âmbito em que se verificam os sistemas automatizados modernos, mas na existência de sistemas que, mesmo utilizando tecnologia mecânica ou elétrica, operam com menor controle humano, o que é discutido à frente. William Stevenson considera o fordismo um sistema de automação fixa. Ver STEVENSON, William J. *Administração das operações de produção.* Rio de Janeiro: LTC, 2001. p. 150.

[11] Aqui, duas observações devem ser feitas. Primeira: Nem todo o sistema fordista pode ser considerado um sistema de automação. Quando o transporte é feito manualmente, com cada trabalhador passando a peça a ser montada para o trabalhador seguinte, não há que se falar em automação. O fordismo como automação só aparece quando alguns mecanismos substituem o homem, pelo menos na tarefa do transporte. Segundo: Além de sistema de produção ou de automação, o fordismo é considerado, também, um modelo de desenvolvimento econômico e social conforme a teoria econômica da regulação. Esse sistema de desenvolvimento teria correspondências no sistema de produção fordista, porém enfatizaria aspectos externos a organização no que foi chamado de círculo virtuoso do fordismo, com aumento salarial, aumento de demanda, aumento de produção e, novamente, aumento salarial. Para melhores discussões sobre a teoria da regulação, ver, por ex.: BOYER, Robert. *A teoria da regulação*: uma análise crítica. São Paulo: Nobel, 1990.

[12] Benjamin Coriat oferece explicação adequada do sistema de produção fordista (ver CORIAT, Benjamin. *El taller y el cronómetro*: ensayo sobre el taylorismo, el fordismo y producción en masa. Madrid: Siglo Veintiuno Ed., 1993. 9ª. ed.).

[13] BEYNON, Huw. *Trabalhando para Ford*: trabalhadores e sindicalistas na indústria automobilística. São Paulo: Paz e Terra, 1995.

[14] Obviamente, apareceram muitas vozes repudiando essa forma de produção. Assim como o taylorismo, o fordismo não passou ileso a críticas severas.

[15] Esses dois aspectos podem ser verificados em CORIAT, Benjamin. *El taller y el cronómetro*: ensayo sobre el taylorismo, el fordismo y producción en massa. Madrid: Siglo Veintiuno Ed., 1993. 9ª. Ed.

[16] Essa preocupação com a padronização é discutida, também, no capítulo sobre estratégia (Capítulo 6).

[17] A amplitude administrativa pode ser considerada a quantidade de subordinados que estaria ligada a um gerente. Como controle, está-se considerando a função de verificação do trabalho realizado. Esses dois conceitos aparecem em FAYOL, Henry. *Administração industrial e geral.* São Paulo: Atlas, 1984.

[18] Obviamente, os operários sempre achavam maneiras de burlar essa situação, conforme aponta Huw Beynon (ver: BEYNON, Huw. *Trabalhando para Ford*: trabalhadores e sindicalistas na indústria automobilística. São Paulo: Paz e Terra, 1995), assim como as explicações da abordagem de relações humanas para as interações informais, conforme discutido em capítulos anteriores.

[19] Huw Beynon cita alguns valores defendidos por Henry Ford e que deveriam ser seguidos pelos trabalhadores como a *justeza na moral*, as preocupações com a saúde e com a condução de uma vida regrada e honesta. Entretanto, pode-se questionar o fato de esses valores, apesar de defendidos por Henry Ford, terem sido aqueles que, realmente, levaram ao desenvolvimento do fordismo (ver BEYNON, Huw. *Trabalhando para Ford*: trabalhadores e sindicalistas na indústria automobilística. São Paulo: Paz e Terra, 1995).

[20] Como citado em outra nota deste capítulo, a partir da teoria da regulação, haveria, também, um modelo de desenvolvimento socioeconômico fordista. Esses dois sistemas, o produtivo e o socioeconômico, manteriam um apoio mútuo (ver BOYER, Robert. *A teoria da regulação*: uma análise crítica. São Paulo: Nobel, 1990).

[21] Nigel Slack utiliza o termo graus de liberdade de movimento. Uma perfuratriz tradicional, por exemplo, tem um grau de liberdade de movimento, para cima ou para baixo. Já um torno tem dois: para dentro e para fora, e ao longo da peça (ver SLACK, Nigel e outros. *Administração de produção.* São Paulo: Atlas, 1997).

[22] SLACK, Nigel e outros. *Administração de produção.* São Paulo: Atlas, 1997.

[23] Enfatiza-se, novamente, que, apesar da aparente contradição com o exposto no início do capítulo, os sistemas mais flexíveis continuaram com suas operações menos automatizadas. Ver sobre isso no capítulo 3 e no 10 sobre a Adhocracia.

[24] Harry Braverman faz longas considerações sobre esse sistema como trazendo a repetição no trabalho, o maior controle sobre a mão-de-obra, a substituição por operadores menos qualificados e com meno-

res salários, dentre outros (ver BRAVERMAN. Harry. *Trabalho e capital monopolista*. Rio: Editora Guanabara Koogan S/A, 1987).

[25]Outras contingências podem ser apontadas e são discutidas adiante, como um mercado de alta e demanda regular.

[26]SLACK, Nigel e outros. *Administração de produção*. São Paulo: Atlas, 1997. p. 136.

[27]Já citado em capítulos anteriores. Ver: WOODWARD, Joan. *Organização industrial*: teoria e prática. São Paulo: Editora Atlas, 1977.

[28]Assunto discutido no Capítulo 2 sobre Tipos de Estrutura, a partir de Henry Fayol.

[29]WOODWARD, Joan. *Organização industrial*: teoria e prática. São Paulo: Editora Atlas, 1977. p. 74.

[30]WOODWARD, Joan. *Organização industrial*: teoria e prática. São Paulo: Editora Atlas, 1977. p. 72 e 73.

[31]WOODWARD, Joan. *Organização industrial*: teoria e prática. São Paulo: Editora Atlas, 1977. p. 195.

[32]Como anunciado no capítulo 3, Henry Mintzberg apresentou uma classificação de cinco estruturas básicas como, também, tipos intermediários. No caso específico das empresas de processamento, ele as classificou com um tipo de Adhocracia Administrativa.

[33]BRAVERMAN. Harry. *Trabalho e capital monopolista*. Rio de Janeiro: Editora Guanabara Koogan S/A, 1987.

[34]O autor utiliza conceito de Karl Marx para trabalho morto.

[35]Para distinguir tecnologia da informação, utilizando Manuel Castells, podem-se apontar três principais tecnologias associadas a esse conceito que estão impulsionando as novas formas de automação nas organizações: a microeletrônica, a computação (*hardware e software*) e as telecomunicações (ver CASTELLS. Manuel. *A sociedade em rede*. São Paulo: Paz e Terra, 2001).

[36]Nigel Slack afirma que as "máquinas-ferramentas de CN mais recentes não fazem muito mais do que as convencionais que elas substituíram. Fazem, sim, melhor e mais barato, ou ambos" (ver SLACK, Nigel e outros. *Administração de produção*. São Paulo: Atlas, 1997 p. 255).

[37]A partir de entrevistas com profissionais da área.

[38]SIMA, Arnaldo Ferreira. Tecnologias CIM: equipamentos utilizados no controle de sistemas produtivos. In: COSTA, Luis Sergio S. e CAULLIRAUX, Heitor M. (org.). *Manufatura integrada por computador*: sistemas integrados de produção, estratégia, organização, tecnologia e recursos humanos. Rio de Janeiro: Campus, 1995. p. 180.

[39]Pode-se argumentar que, na automação tradicional, existem alguns controles externos com o uso de sistemas elétricos. Todavia, não se comparam com as possibilidades de controle oferecidas, atualmente, pelos sistemas baseados em TI.

[40]Conforme Mark Davis e outros, os "*robôs industriais são substitutos para a manipulação humana e outras funções altamente repetitivas*" (ver DAVIS, Mark M. AQUILANO, Nicholas J. CHASE, Richard B. *Fundamentos da Administração da Produção*. Porto Alegre: Bookman, 2001. p. 81).

[41]Novamente, poder-se-ia argumentar a possibilidade de interligações baseadas em acionadores eletromecânicos. Entretanto, enfatizam-se as limitações desses dispositivos perto dos atuais sistemas baseados em TI.

[42]Para a análise de CAD, utilizaram-se: SLACK, Nigel e outros. *Administração de produção*. São Paulo: Atlas, 1997; COSTA, Luis Sergio S. e CAULLIRAUX, Heitor M. (org.). *Manufatura integrada por computador*: sistemas integrados de produção: estratégia, organização, tecnologia e recursos humanos. Rio de Janeiro: Campus, 1995; DAVIS, Mark

M. AQUILANO, Nicholas J. CHASE, Richard B. *Fundamentos da Administração da Produção*. Porto Alegre: Bookman, 2001.

[43]SLACK, Nigel e outros. *Administração de produção*. São Paulo: Atlas, 1997.

[44]STEVENSON, William J. *Administração das operações de produção*. Rio de Janeiro: LTC, 2001.

[45]SLACK, Nigel e outros. *Administração de produção*. São Paulo: Atlas, 1997.

[46]SCHEER, AUGUST-WILHELM. *CIM*: evoluindo para a fábrica do futuro. Qualitymark Ed., 1993.

[47]STEVENSON, William J. *Administração das operações de produção*. Rio de Janeiro: LTC, 2001.

[48]LAUDON, Kenneth C. e LAUDON, Jane P. *Sistemas de informação*. Rio de Janeiro: LTC, 1998.

[49]Utilizaram-se aqui como referência: COLANGELO FILHO, Lucio. *Implantação de sistemas ERP*: um enfoque de longo prazo. São Paulo: Atlas, 2001 e NORRIS, Grant. *E-businesss e ERP*: transformando as organizações. Rio de Janeiro: Qualitymark, 2001. Na verdade, a passagem de um conceito para o outro não é tão simples como a apresentada. Ela solicita alterações mais profundas, incluindo a configuração de redes, processamentos centralizados, descentralizados e rede cliente/servidor. Melhores discussões sobre isso podem ser vistas em O'BRIEN, James A. *Sistemas de informação e as decisões gerenciais na era da internet*. São Paulo: Saraiva, 2001.

[50]O termo CIE é usado em SLACK, Nigel e outros. *Administração de produção*. São Paulo: Atlas, 1997. p. 263; comércio eletrônico, *e-business* e parcerias eletrônicas são apontadas por Grant Norris como estágios de interligação fornecedor/cliente (ver NORRIS, Grant. *E-businesss e ERP*. transformando as organizações. Rio de Janeiro: Qualitymark, 2001). ERP II, ECM e eERP são citados em COLANGELO FILHO, Lucio. *Implantação de sistemas ERP*: um enfoque de longo prazo. São Paulo: Atlas, 2001.

[51]Harry Braverman é um dos que discutem a aplicação de métodos tayloristas em escritórios (ver BRAVERMAN. Harry. *Trabalho e capital monopolista*. Rio de Janeiro: Editora Guanabara Koogan S/A, 1987).

[52]James e Mona Fitzsimmons apresentam vários exemplos de automação de serviços no comércio, serviços de utilidade pública e governamental, de saúde, restaurantes, serviços financeiros, de transporte, de comunicação, de educação, de hotel e lazer (ver FITZSIMMONS, James A. FITZSIMMONS, Mona J. *Administração de serviços*. Porto Alegre: Bookman, 2000).

[53]ERP em áreas de serviço e comércio em geral são discutidos em COLANGELO FILHO, Lucio. *Implantação de sistemas ERP*: um enfoque de longo prazo. São Paulo: Atlas, 2001. p. 24. MRP em sérvios são discutidos em DAVIS, Mark M. AQUILANO, Nicholas J. CHASE, Richard B. *Fundamentos da Administração da Produção*. Porto Alegre: Bookman, 2001. p. 517.

[54]A separação de atividades de serviços em atividades-meio e atividades-fim pode ser vista em: SLACK, Nigel e outros. *Administração de produção*. São Paulo: Atlas, 1997; BATEMAN, Thomas S., SNELL, Scott A. *Administração*: construindo vantagem competitiva. São Paulo: Atlas, 1998; e FITZSIMMONS, James A. FITZSIMMONS, Mona J. *Administração de serviços*. Porto Alegre: Bookman, 2000. O último discute a maior possibilidade de automação em atividades-meio.

[55]Essas três possibilidades são discutidas por Nigel Slack como "tecnologia de processamento de consumidor" (ver SLACK, Nigel e outros. *Administração de produção*. São Paulo: Atlas, 1997 p. 272).

[56]Não se estão enfatizando aqui discussões feitas anteriormente sobre a automação fordista como forma de padronização e, mesmo, para controle do tempo de trabalho do operário.

O Ambiente das Organizações: Do Continuísmo ao Dinamismo

O ambiente em que a organização está inserida sempre foi considerado um dos fatores mais importantes de influência na formação de sua estrutura organizacional, seja por intermédio de uma estratégia elaborada pela administração, seja por influências não-previstas pela mesma.[1] E da mesma forma que aconteceram modificações para as empresas no que se refere à tecnologia de automação por elas utilizada, apareceram, também, substanciais alterações no ambiente de influência sobre as organizações. Este capítulo faz considerações sobre isso.

Para tanto, são usados trabalhos de diversos escritores, desde a década de 1960 até a atualidade. Alguns deles são respeitados pela coragem de apresentar tendências futuristas, e outros, por caracterizar e sintetizar tão bem a situação passada e presente do mundo das organizações e da sociedade como um todo. Não se pode deixar de salientar que os trabalhos de Manuel Castells exercem grande importância e influência neste capítulo, não apenas por apresentarem ponderações inovadoras, mas, principalmente, pela síntese, embasamento e atualização nas discussões.

Antes de se iniciar a apresentação, porém, três importantes observações devem ser feitas. Primeira: muito do aqui exposto já mereceu diversas discussões teóricas, como o mundo descontínuo, a maior concorrência e exigência por parte dos clientes, a globalização econômica e financeira, a tecnologia de informação etc. Apesar do risco de se tornar um pouco repetitivo, não se poderia deixar de fazer algumas considerações sobre as principais forças e variáveis do ambiente que influenciam as organizações, assim como suas recentes mudanças. Segundo: na apresentação das mudanças no ambiente não são realizadas maiores discussões sobre suas causas. Acontece que discutir modificações na sociedade não é o objetivo deste livro, e assim, para que este não se torne um capítulo demasiado longo e polêmico e, ainda, para não afastar o leitor dos objetivos deste trabalho, ponderações aprofundadas sobre causas das alterações ambientais não são realizadas. Espera-se que isso não leve alguns a considerar esse fato simples *naturalismo* no discurso. Afinal, sabe-se que as alterações na sociedade não podem ser vistas como fatos naturais, mas sim como produtos de diversos fatores, incluindo ações de importantes agentes econômicos e políticos. Terceiro: embora na análise ambiental se deva levar em consideração uma organização específica, neste capítulo são feitas generalizações, pois a intenção é de se apresentarem aspectos comuns e discutidos por diversos autores sobre o assunto, e não aspectos específicos para empresas determinadas. Como o objetivo do livro é a apresentação da Burocracia Automatizada, estão-se perseguindo tendências que levem à possibilidade de tipos alternativos de organização, principalmente para aquelas com formato burocrático mecanizado. São elas que sofrem as maiores modificações, sendo conduzidas para um formato baseado na Burocracia Automatizada.

5.1 Fatores Ambientais

A preocupação com o ambiente foi adquirindo espaço na teoria administrativa ao longo do tempo. Os primeiros teóricos das organizações e seus estudos davam pouca ou menor ênfase a esse aspecto. Deve-se imaginar que a preocupação interna era grande com os processos de produção e a organização do trabalho e, por isso, quando o conhecimento interno tomou certo vulto, começou a haver preocupação com as influências externas. Da mesma forma, pode-se imaginar que o volume de trabalhos sobre o assunto foi crescendo à medida que se percebeu que não se conseguiria entender a organização, assim como resolver muitos de seus problemas, sem se levar em consideração os fatores externos a ela. Alguns pioneiros do estudo ambiental e de sua influência sobre as organizações podem ser citados, como aqueles ligados à abordagem estruturalista.[2] Todavia, de forma geral, essa preocupação adquiriu grande impulso com a abordagem sistêmica das organizações, com os estudos de teóricos da abordagem contingencial e com os trabalhos de autores do planejamento e de estratégia.[3]

Assim, entende-se, hoje, que é impossível um estudo das organizações e suas estruturas sem se levar em consideração o ambiente em que elas estão inseridas. Entretanto, discutir essa influência não é simples, devido à quantidade de fatores externos que influenciam ou podem influenciar uma organização.

Figura 5.1 A organização e o ambiente.

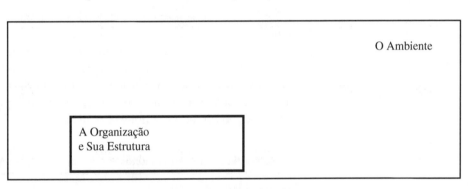

Um modelo bastante usado por estudiosos e consultores ligados ao planejamento e estratégia é o que divide o ambiente em dois: o microambiente e o macroambiente.[4] Como *macroambiente*, têm-se as variáveis de influência mais geral às organizações e que não têm impacto apenas em uma organização específica. Englobam, por exemplo, as variáveis econômicas, políticas, sociais e culturais a que as organizações estão sujeitas. Como *microambiente*, têm-se aqueles elementos mais próximos a uma organização considerada e com influência mais direta sobre ela. Seus consumidores, fornecedores e concorrentes, assim como agentes reguladores, são exemplos típicos desse ambiente. Enquanto os elementos de microambiente interferem diretamente na organização em sua capacidade de captação de insumos e na transferência de produtos, as variáveis de macroambiente têm influência indireta, pois interferem no microambiente de uma organização considerada.

A análise ambiental, a partir desse modelo, trataria, então, de enumerar os fatores, elementos ou variáveis de macroambiente e de microambiente que teriam influência sobre as organizações e discutir essa influência.

Figura 5.2 O microambiente e o macroambiente.

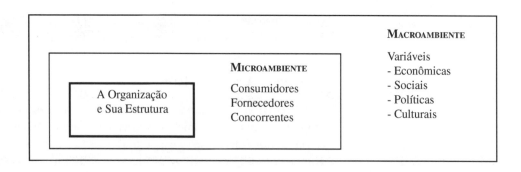

Dentro dos objetivos deste capítulo, além dessa enumeração e discussão de fatores que influenciam ou que podem influenciar determinada organização e sua estrutura, é importante fazer uma análise ambiental, também, em termos de complexidade e instabilidade.[5]

Como *complexidade*, costuma-se considerar a quantidade de fatores ambientais que influenciam uma organização. Ou seja, quanto mais fatores influenciam ou podem influenciar uma organização, mais complexo é o seu ambiente. Por exemplo, se a organização tem grande diversidade de clientes, diferentes tipos de fornecedores, se está sujeita a muita concorrência, a uma variada gama de aspectos legais, se trata com muitos aspectos tecnológicos etc., mais complexo é o ambiente a ela apresentado. Do contrário, mais simples é o ambiente.

Com relação à *instabilidade*, observa-se o comportamento das variáveis que têm influência sobre a organização em termos de alteração e, principalmente, de previsibilidade. Nesse aspecto, apropriando-se, novamente, de conceitos de Henry Mintzberg, considera-se instável ou dinâmico aquele "*imprevisível, e não o variável, pois a variabilidade pode ser previsível, como um constante aumento na procura*".[6] Assim, tem-se que quanto mais alterações e quanto menos previsíveis são as variáveis, mais instável é considerado o ambiente relacionado à determinada organização.

Quadro 5.1 A Complexidade e a Instabilidade do Ambiente

Complexidade do ambiente	Instabilidade do ambiente
Considera-se complexo o ambiente que oferece muitos fatores ou variáveis que interferem em uma organização.	Considera-se instável o ambiente que sofre muitas alterações e que apresenta, principalmente, imprevisibilidade.

Finalmente, vale alertar para o fato de que, embora a influência do ambiente numa organização e em sua estrutura ocorra, na maioria das vezes, com a intermediação de uma estratégia escolhida, a influência acontece, também, independentemente da decisão estratégica. Assim, nos trabalhos descritivos de organização e estrutura deve-se levar em consideração essa influência não-intencional ou, mesmo, informal, e não apenas a análise prescritiva típica de muitos estudiosos de planejamento e de estratégia.[7]

5.2 Modificações nos Fatores Ambientais

Para fazer uma análise das mudanças que se processaram no ambiente de influência sobre as organizações modernas, deve-se, primeiramente, definir momentos de comparação. Afinal, mudanças tratam de uma passagem de um estado inicial para um estado final. No que se refere ao momento inicial, poder-se-ia considerar o período anterior à chamada Revolução Industrial, à ascensão do capitalismo ou, mesmo, ao que se costuma chamar, hoje, de modernidade. Entretanto, dentro do objetivo deste trabalho, para o estado inicial está-se fazendo análise do ambiente que ajudou a produzir e desenvolver a grande empresa industrial com estrutura burocrática mecanizada.

Essa grande empresa industrial tem, neste trabalho, muitas de suas características apontadas. Foi a que utilizou uma estrutura burocrática, uma organização do trabalho ligada ao taylorismo, tecnologias de automação ligadas principalmente ao fordismo e estratégias de ganho em escala e escopo.[8] O ambiente que propiciou o desenvolvimento desse tipo de empresa recebeu várias denominações, como Sociedade Industrial, Novo Estado Industrial, Capitalismo Industrial, Segunda Onda, dentre outros.[9]

Para o momento final da análise de mudanças, está-se considerando a sociedade atual com uma série de características apontadas por muitos autores a partir de diferentes enfoques e conceitos, como Sociedade do Conhecimento, Pós-industrial, Pós-capitalista, Informacional etc.[10] Apesar da diferença conceitual que não é discutida neste trabalho, de forma geral, podem-se extrair desses autores características semelhantes em relação aos diversos fatores influentes nas organizações.[11]

Para facilitar a análise, a discussão é feita a partir dos conceitos de macroambiente e microambiente, apresentados anteriormente, nos seus elementos principais ou fatores que têm grande influência na formação de uma estratégia ou de tipos de estruturas organizacionais.

5.2.1 Modificações no macroambiente

A tecnologia da informação

No que se refere às mudanças relacionadas à tecnologia da informação, podem-se fazer análises distintas para a *tecnologia de processo* e *tecnologia de produto*. No primeiro caso, tem-se o exame da tecnologia utilizada em um processo produtivo, para se fazer ou para se realizar um trabalho específico, ou seja, aquela utilizada para produzir bens e serviços. No segundo caso, tem-se o exame da tecnologia que é oferecida aos clientes e à sociedade para seu uso ou consumo por intermédio dos produtos.[12]

Para a *tecnologia de processo*, muito já foi discutido no capítulo anterior sobre automação e suas diversas formas. Basicamente, no passado, houve uma dependência de tecnologias de processo ligadas à eletricidade e à mecânica, e hoje observa-se, cada vez mais, para as empresas a importância da utilização da tecnologia da informação nos seus processos produtivos. Obviamente, a utilização da TI não elimina, simplesmente, o uso das tecnologias anteriores, mas potencializa-as. Como características principais para aquelas tecnologias ligadas apenas à mecânica e à eletricidade, podem-se apontar a baixa flexibilidade, os altos custos, a limitação de seu uso a certos setores produtivos, além da pouca integração que possibilitam. Atualmente, com a utilização da TI, muitas dessas características se modificam: verifica-se um aumento da flexibilidade produtiva; alcançam-se setores que apresentavam baixa utilização da tecnologia, como as áreas de serviços e comércio; observa-se uma diminuição de custos, e aparece, ainda, uma integração entre os vários sistemas produtivos e outros sistemas internos, como áreas de apoio e assessoria, e externos, como fornecedores e clientes.

Na análise de *tecnologia de produto*, constatam-se, também, alterações substanciais quanto ao uso ou consumo. Como destacado por Peter Drucker, as tecnologias que impulsionaram a economia ao longo do século XX foram ligadas ao aço, à eletricidade, aos produtos químico-orgânicos e ao motor a combustão interna, além de suas diversas aplicações com o automóvel, tratores, eletrodomésticos, materiais para construção etc.[13] Atualmente, verificam-se economias impulsionadas pela tecnologia da informação, como aquelas relacionadas à computação, à telefonia móvel e, claro, a produtos com tecnologia mista ligada a mecânica e eletricidade, além da TI.[14] Os novos aparelhos eletrônicos e as modificações computadorizadas em automóveis e outras máquinas são exemplos disso. A tecnologia de informação possibilita, assim, o nascimento de novos produtos para novos usos e consumo.

Nesse aspecto, vale, ainda, enfatizar que os produtos advindos ou propiciados pela tecnologia da informação não atendem, apenas, necessidades específicas de uso e consumo, mas necessidades variadas, criando, inclusive, novas possibilidades. Manuel Castells enfatiza esse fato, afirmando que as tecnologias anteriores poderiam ser vistas como "*ferramentas a serem utilizadas e que as novas oferecem mais do que isso, oferecem processos a serem desenvolvidos*",[15] ou seja, a partir da utilização de produtos oriundos da TI, podem-se criar e fazer coisas que não se imaginaria no momento de elaboração do referido produto. A flexibilidade de usos e consumo é enorme, e, na prática, "*usuários e criadores podem tornar-se a mesma coisa*".[16] Esses aspectos levam a TI e os produtos dela advindos a se tornarem um novo impulsionador para a economia. Manuel Castells trata essa nova economia impulsionada pela tecnologia da informação como economia informacional.[17]

Modificações econômicas: a economia global, de serviços e do terceiro setor

Com relação às alterações econômicas com significativo impacto nas organizações, além das considerações anteriores sobre a tecnologia da informação e o informacionalismo, aparecem fenômenos como a globalização econômica, a maior importância do setor de serviços e o fortalecimento do chamado terceiro setor.

Como globalização econômica, considera-se a passagem de uma economia baseada em relações nacionais para uma economia mundial.[18] De forma geral, as relações econômicas, até recentemente, se pautavam por se priorizarem as relações nacionais, e as relações internacionais apareciam de forma subsidiária e residual. O próprio comércio internacional se caracterizava mais pelo comércio entre países do que entre os agentes econômicos, fossem empresas ou indivíduos. Entretanto, atualmente, observam-se significativas mudanças nessa configuração econômica, aparecendo, cada vez mais, relações entre agentes de diferentes regiões do planeta.[19] Essas relações podem se materializar em transferência de mercadorias e serviços, transferência de mão-de-obra ou deslocamento de capital financeiro (fluxo de capital).[20]

Obviamente, a globalização econômica não ocorre da mesma forma em todas as sociedades ou no mundo inteiro. Manuel Castells faz considerações sobre isso em termos de limites da globalização, diferenças regionais e, mesmo, setores que não estão sujeitos a esse fenômeno.[21] No primeiro aspecto, há que se considerar a falta de integração total de mercados, aparecendo, por exemplo, diversas limitações ao fluxo livre de capital e de mão-de-obra. No segundo aspecto, o autor aponta diferenças regionais devido, principalmente, a políticas desempenhadas pelos governos nacionais. No terceiro, observa-se que, embora afete, direta ou indiretamente, a vida de todos, a globalização não alcança todos os processos econômicos ou todas as atividades das pessoas.

Outro fenômeno que vem adquirindo espaço, principalmente nos países de economia desenvolvida, é a mudança no perfil econômico, em que o setor terciário ou de serviços passa a apresentar maior importância que o setor secundário em vários aspectos. Isso acontece a exemplo do que ocorreu no passado, quando o setor secundário passou a ter maior importância que o setor primário. O próprio termo sociedade pós-industrial, largamente utilizado, vem, justamente, se apoiar nesse aspecto.[22] A economia informacional ou do conhecimento é um dos integrantes do setor terciário da economia que aparece com grande prestígio nesse movimento.

Finalmente, outro fenômeno econômico que, cada vez mais, pode ser visualizado nas sociedades é o do desenvolvimento das atividades sociais ou do chamado terceiro setor (nem público e nem privado). Devido a vários fatores, observa-se, hoje, o crescimento econômico dessas atividades que tratam de aspectos ligados, principalmente, a questões sociais. Organizações não-governamentais (ONGs) aparecem com as mais diversas atuações, como defesa do meio ambiente, ações culturais, ações na área de saúde e educação, dentre outras. Entre as causas mais importantes para o desenvolvimento dessas atividades estão a maior conscientização com relação aos aspectos sociais e a dificuldade dos governos em ações no trato dessas questões.[23]

Modificações nos governos: a menor atuação econômica e social

Apesar das peculiaridades de cada país, outro aspecto ambiental de impacto significativo para as organizações trata do que é comumente discutido, hoje, como a menor atuação por parte dos governos nacionais junto às atividades sociais e econômicas.[24] De forma geral, observa-se que, até recentemente, os estados nacionais ou governos nacionais atuavam não apenas nas suas funções típicas relacionadas à política, manutenção da paz e da ordem, garantia dos direitos individuais, definição de políticas macroeconômicas, além de outras, mas, também, como fortes agentes econômicos e sociais.[25] Esses governos nacionais preocupavam-se com incisivas atuações de forma a manter situações econômicas *saudáveis*, desde que se questionou o mercado como único regulador da economia e se considerou importante a manutenção de um robusto estado de bem-estar social, para que se pudessem evitar conseqüências sociais indesejáveis, além de se oferecerem oportunidades para que todos pudessem participar da economia e do mercado. Além das atuações macroeconômicas efetivas (fiscal e monetária), a presença no setor produtivo, as ações re-distributivas e a prestação de serviços públicos são algumas das práticas que sempre se procurou utilizar.[26]

Atualmente, verificam-se complicações nos governos para manter essa atuação. Em primeiro lugar, observa-se a dificuldade dos mesmos de regular a economia diante de uma realidade global, desde que seu poder de atuação se restringe à esfera nacional. Segundo, verificam-se complicações na manutenção de ações sociais devido a aspectos ligados à globalização, em seu amplo sentido, e a um crescente déficit público. O próprio questionamento da capacidade dos governos de manter eficazes ações sociais e de redistribuição apropriadas não é fato novo e avoluma-se diante das novas realidades globais e do crescimento do déficit público ou das dificuldades financeiras para se mantê-lo.[27]

Perante essas modificações na atuação dos governos, apresentam-se para outros atores sociais novas oportunidades de negócios na esfera social, além de uma maior responsabilidade das empresas para com a sociedade. No primeiro caso, como discutido anteriormente, cresce a atuação de organizações em áreas de serviços outrora ocupadas pelos governos. Isso pode acontecer por intermédio de empresas lucrativas ou, mesmo, de organizações voluntárias do terceiro setor. O importante é que outros atores passam a ocupar lacunas deixadas pelos governos nacionais. No segundo caso, verifica-se, hoje, a obrigação das empresas, mesmo as não ligadas diretamente ao terceiro setor, de colaborar com ações sociais, visando à manutenção de relações sociais saudáveis que evitariam conseqüências trágicas do processo de globalização econômica e da menor atuação por parte dos governos.[28] Nesse aspecto ainda, há que se constatar que a responsabilidade das empresas, anteriormente, ocorria por intermédio do estado, que, cobrando tributos, exercia esse papel. Agora, diante da menor atuação estatal, fica-se na perspectiva de atuações empresariais voltadas para minimizar conseqüências indesejáveis das modificações sociais e econômicas. Há que se enfatizar que isso ocorre na proporção em que a própria sociedade passa a cobrar essa nova postura empresarial. Além disso, não se trata de uma simples substituição de ações governamentais por ações privadas. O que se verifica é que as diversas práticas aparecem, agora, convivendo juntas de uma maneira que não ocorria anteriormente.

Alteração no perfil dos trabalhadores

Verificam-se, também, alterações substanciais com relação às características da população e, em última análise, da mão-de-obra utilizada e disponível para atuação nas organizações em termos, principalmente, de qualificação. Até recentemente, a grande parcela de trabalhadores utilizada pelas empresas tinha como características principais a baixa qualificação e a busca do atendimento de suas necessidades básicas.[29] Muito disso se deve ao fato de esses trabalhadores, muitas vezes de origens rurais, não terem tido a oportunidade de educação que os qualificasse. Além disso, a baixa qualificação não pode ser considerada um empecilho na busca de emprego, devido às baixas exigências de qualificação por parte das tradicionais formas de produção baseadas no taylorismo e ao fordismo.

Atualmente, vê-se uma situação peculiar em que aparecem um aumento na qualificação dos trabalhadores e maiores exigências da parte desses mesmos trabalhadores com relação ao trabalho quanto ao uso apropriado de suas potencialidades. Em verdade, a discussão sobre o aumento na qualificação dos trabalhadores e o aumento em suas exigências aparece desde a década de 1960 em países desenvolvidos.[30] Todavia, atualmente, além de esse processo de qualificação ter avançado muito, ao contrário do passado, ele passou a ser apropriado para as novas formas de trabalho baseadas na economia informacional, na economia globalizada, nos empregos ligados ao setor de serviços e nos trabalhos do terceiro setor. Em última análise, essa qualificação passa a ser incluída como uma das exigências das organizações para os trabalhadores.[31] Aparece, inclusive, intensa discussão sobre o tipo de qualificação exigida atualmente, uma qualificação diferente daquela solicitada do trabalhador em processos tayloristas, mas, também, diferente da qualificação anterior, referente ao trabalhador de *métier* ou do artesão que detinha o conhecimento de todo o processo de trabalho.[32]

Regionalismo, tribalismo, individualismo, busca de identidade e diversidade global

A globalização econômica pode ser considerada uma parte ou, até mesmo, apenas uma dimensão de um movimento mais amplo, em que, segundo Antony Giddens, surge uma "*intensificação das relações sociais em escala mundial, que ligam localidades distantes de tal maneira que acontecimentos locais são modelados por eventos ocorrendo a muitas milhas de distância e vice-versa*".[33] Como conseqüência desse movimento, merecem destaque o crescimento da importância de pequenos grupos, como aparece nos fenômenos do regionalismo e do tribalismo, assim como a maior importância dos indivíduos em seus comportamentos diferenciados. De duas maneiras podem ser discutidas as razões para o surgimento desses fenômenos.

A primeira, como uma conseqüência imediata do processo de globalização, no que, conforme John Naisbitt, pode ser chamado de *paradoxo global*, em que "*quanto maior a economia mundial, mais poderosos são os seus protagonistas menores*".[34] Dentro dessa perspectiva, como as relações internacionais passam a ser realizadas, além dos governos, por agentes menores, aparece, atualmente, a grande participação de organizações, unidades dessas organizações, pequenas empresas e, mesmo, de indivíduos ou empreendedores. Como afirma John Naisbitt, "*à medida que o mundo se integra economicamente, as suas partes componentes estão se tornando mais numerosas, menores e mais importantes. De uma só vez, a economia global está crescendo, enquanto o tamanho das partes está encolhendo*".[35]

Para a segunda maneira de se discutirem as razões dos referidos fenômenos, observa-se que eles aparecem como uma oposição, uma força contrária, uma reação ou resistência à globalização. Nessa perspectiva, à medida que relações sociais se tornam mais globais, surge a necessidade dos indivíduos de se identificarem com algo menor e mais acessível, seja um projeto ou um conjunto de valores. Os movimentos de libertação religiosos e fundamentalistas, de identificação e voltados para modificações sociais, como o feminismo e movimentos sexuais, podem ser apontados dentro desse enfoque.[36]

Em muitas regiões, inclusive, esses movimentos sociais e atuações individuais podem preencher certo espaço que poderia ser ocupado pelos governos ou estados nacionais, desde que sua atuação foi diminuída. E, apesar de as razões desse fenômeno poderem ser as mais diversas, as conseqüências são as mesmas: o renascimento de culturas nativas, hábitos e costumes mais regionais e localizados e o surgimento de hábitos mais pessoais etc.[37]

Vale ainda uma observação sobre esse fenômeno: a própria noção de *tribos* ou grupos com culturas, hábitos e comportamentos semelhantes extrapola o espaço e, mesmo, o próprio tempo. Aparecem semelhanças entre indivíduos de várias partes do globo, interligados, agora, não apenas pela globalização, mas pelo avanço das comunicações e informações possibilitadas pela economia informacional, utilizando ferramentas como a internet.[38]

Preocupações ecológicas e de utilização racional de recursos naturais

Outro fenômeno que parece se fortalecer na sociedade e que tem impacto direto sobre as organizações trata da preocupação com a utilização racional dos recursos naturais e sua preservação. Isso significa uma mudança de postura diante da utilização e tratamento dos referidos recursos.

O período em que ocorreu a formação das grandes organizações caracterizou-se pelo uso abundante e, muitas vezes, como visto hoje, irresponsável dos recursos do planeta. Muito se argumenta que o desenvolvimento dos países centrais ocorreu à custa de uma exploração indiscriminada dos recursos naturais. E hoje, parece que uma consciência maior com relação a questões ecológicas alcança grande parte da sociedade.[39] Essa consciência, inclusive, se associa ao fenômeno analisado anteriormente de ações individuais e coletivas de reação ao fenômeno de globalização ou como conseqüência dele.[40]

Juntamente com as pressões sociais advindas da consciência ecológica e, mesmo, da perspectiva de escassez de certos recursos, aparece, também, o desenvolvimento de novas tecnologias de aproveitamento de recursos e preservação da natureza, além do desenvolvimento de novos produtos de substituição e aproveitamento de materiais. Tudo isso leva as organizações a novas possibilidades. Aparecem, por um lado, oportunidades de negócios e, por outro, maiores exigências de responsabilidade na utilização de recursos considerados, agora, escassos.

Preocupações com ética, direitos humanos e responsabilidade social

Além das outras modificações macroambientais, aparecem, cada vez mais, ações e perspectivas de práticas que demonstram maior preocupação da sociedade com aspectos como ética, direitos humanos e responsabilidade social.[41] Várias razões podem ser apontadas para essas ações e perspectivas, principalmente aquelas ligadas à grande comunicação no âmbito global e aos movimentos de contraposição, reação e, mesmo, de conseqüência do aparecimento da sociedade global.

No primeiro caso, verifica-se que as ações que violam direitos individuais e coletivos em qualquer parte do mundo tornam-se, hoje, de conhecimento geral em pouco tempo. Práticas consideradas ilegais ou não-éticas podem não ser uma novidade na história, porém, atualmente, existe maior possibilidade de que elas sejam conhecidas em qualquer parte do planeta, devido à facilidade nas comunicações. O alastramento dessas informações causa movimentos, protestos e outras práticas voltadas para a sua eliminação.

No segundo caso, acompanhando o chamado *paradoxo global* e a maior importância de ações grupais e individuais em detrimento de ações nacionais, verifica-se a ação de grupos e indivíduos na busca e manutenção de comportamentos considerados éticos e responsáveis. Muitas dessas práticas aparecem dentro da perspectiva de serem as únicas ações salvadoras de uma sociedade que tem, a partir dos fenômenos da globalização e do informacionismo, conseqüências negativas ligadas à exclusão social, polarização das riquezas, desigualdade, pobreza, exploração, criminalidade em nível global, convulsão social, terrorismo etc.[42] Essas ações podem ser vistas, inclusive, como práticas que preenchem a lacuna deixada pelos movimentos anteriores ligados aos conceitos políticos de *esquerda* e *direita*.[43]

Independentemente das razões, observam-se a atuação ou perspectivas de ações da sociedade, individuais e de grupos, formais ou não, nesse sentido. As empresas e seus representantes são chamados, também, para colaborar, existindo assim a pers-

5.2.2 Modificações no microambiente

Aumento da concorrência

Até recentemente, uma das principais características das grandes economias nacionais foi a existência de poucas e grandes empresas que dominavam mercados com uma situação bem segura em suas áreas de atuação.[44] A dificuldade de outras empresas em entrar nos referidos mercados ocorria por diversas razões, sejam mercadológicas, financeiras ou tecnológicas e, assim, o mercado se caracterizou por uma situação de comodidade de grandes empresas, conseguida por meio de certos diferenciais e de um planejamento adequado.[45]

Essa situação cômoda de empresas que dominavam mercados em muitos setores econômicos aparece, atualmente, alterada, seja nas áreas tradicionais da economia, assim como nas novas áreas que estão impulsionando as economias ligadas a serviços ou da economia informacional ou do conhecimento. As principais razões para isso estão ligadas, principalmente, a fenômenos discutidos anteriormente, como a globalização e a tecnologia da informação.

No primeiro caso, com a globalização, observa-se a entrada de novos competidores (globais) em áreas de atuação antes dominadas por determinadas empresas. Além disso, surge, também, um grande fluxo de capitais financeiros livres (globalização financeira) à procura de investimentos compensadores que levam a um aumento nas possibilidades de formação de empresas e, por conseqüência, a aumento da concorrência. No segundo caso, verifica-se que, com a tecnologia da informação, aparece um alastramento no uso de novas tecnologias de produção pelas empresas, principalmente pelo seu menor custo e maior acessibilidade as elas, se comparadas a tecnologias de produção anteriores, ligadas apenas à mecânica e à eletricidade.

Como conseqüência, observa-se que cresce o número de empresas que operam ou que podem operar em uma determinada área geográfica, alterando situações de monopólio, oligopólio ou, mesmo, aumentando-se a situação de *contestabilidade*.[46] Para as empresas dos novos setores, ligadas a serviços e, principalmente, ao informacionismo, os aspectos apontados são ainda mais fáceis de serem verificados a partir de um mercado global, tecnologia acessível e um número incontável de empreendedores nesses novos negócios.

Como resultado dessas alterações, a economia apresenta características mais concorrenciais que num passado dominado por grandes empresas. A sociedade globalizada em seus vários aspectos e a difusão em larga escala das tecnologias ligadas a informação trazem, assim, um aumento da concorrência ou de sua perspectiva (*contestabilidade*) a grande parte das organizações.

Maiores possibilidades de fornecimentos e integração com fornecedores

Se as modificações elencadas neste capítulo, principalmente as de macroambiente, trazem a possibilidade de aumento da concorrência, por outro lado trazem também as organizações a maiores possibilidades de fornecimento.

Até recentemente, as grandes organizações mantinham estratégias voltadas para a integração produtiva por diversos aspectos, um dos quais era a grande dificuldade na obtenção e manutenção de um abastecimento seguro. Não existiam muitas empresas que pudessem fornecer insumos e serviços, e, assim, mantinham-se funções internas, devido à dificuldade de provimento externo. Atualmente, verifica-se que existe uma inversão nessa indisponibilidade, e por isso as organizações podem, cada vez mais, contar com fornecedores para seus insumos e serviços outrora realizados internamente.

Modificações de consumo

A grande ênfase nos mercados nacionais, as grandes empresas dominando os referidos mercados, a baixa concorrência, o uso de tecnologias tradicionais e a padronização produtiva conduziram a sociedade ao chamado consumo de massa. Embora existissem certas diferenças culturais ou de necessidades e de desejos individuais, o que prevaleceu, até recentemente, foi a grande padronização nos comportamentos de consumo.

As alterações referentes, principalmente, ao aumento da concorrência levam a modificações nos hábitos de consumo em que se observam clientes mais exigentes e com solicitações mais *personalizadas*. A partir daí, para as organizações assumem maior importância os aspectos mercadológicos. Como aponta Peter Druker,[47] a situação presente é de deslocamento do diferencial tecnológico para o conhecimento do mercado, ou seja, o conhecimento das reais necessidades e desejos do consumidor. Obedecendo a uma seqüência de filosofias de administração de marketing apresentada por Philip Kotler e Gary Armstrong,[48] verifica-se o deslocamento da atenção com a produção e com o produto para preocupações em observar e atender necessidades e desejos. Como conseqüência, tem-se que aos consumidores é apresentada maior possibilidade de escolha na compra, e surgem maiores exigências de qualidade e preço, além de produtos que possam atender suas necessidades de forma mais específica. Devido a isso, a *personalização produtiva* é, hoje, uma prática que merece atenção dentro das estratégias empresariais.

5.3 Modificações no Comportamento das Variáveis Ambientais: Complexidade e Dinamismo

Como alertado no início deste capítulo, no exame das modificações do ambiente, além da enumeração das variáveis e da análise da maneira com que cada uma delas se apresenta para as organizações, torna-se importante, também, o exame das alterações ambientais em termos de complexidade e instabilidade.

Quanto à complexidade, há que se destacar que o ambiente nunca se apresentou de forma simples para as organizações, principalmente no que se refere às grandes organizações burocráticas e mecanizadas. Na verdade, as organizações sempre trataram a complexidade do ambiente de duas maneiras: escolhendo ambientes mais simples para atuar ou simplificando-o por intermédio da diferenciação interna. Na primeira maneira, bem característica da atuação das pequenas empresas, verifica-se que as organizações escolhem ambientes mais simples para atuar com condições de melhor entender o comportamento das variáveis envolvidas.[49] Na segunda forma, há que se considerar que, pelo princípio da diferenciação, na grande empresa, ocorre muita divisão de funções para que a organização tenha condições de se relacionar com o ambiente complexo em que ela atue.[50]

Independentemente dessas duas possibilidades, escolha de ambientes mais simples ou diferenciação interna, para o presente trabalho considera-se que não se verificam alterações significativas no que se refere à complexidade. O ambiente sempre foi complexo, e assim continua se apresentando. Cabe às organizações a escolha de uma das maneiras possíveis de atuar diante dessa complexidade: escolhendo ambientes mais simples para maior controle de variáveis ou se diferenciando para melhor se relacionar com a complexidade externa.

No que se refere à instabilidade, a situação é outra. Embora possa se dizer que as mudanças no ambiente sempre foram uma constante, elas se apresentaram de forma contínua ou incremental, o que caracterizou um ambiente de estabilidade, certeza ou previsibilidade.[51] Como marcas características desse período incremental, verificam-se as pequenas alterações econômicas, tecnológicas e, mesmo, políticas; padronização social, cultural e de consumo, além de uma demanda em constante ascensão. Esse ambiente complexo mas estável pode ser apontado, inclusive, como o ambiente que possibilitou o desenvolvimento de estruturas burocráticas mecanizadas típicas das grandes organizações.[52]

Acontece que há algum tempo observam-se alterações nesse comportamento incremental e previsível das variáveis ambientais. A incerteza é, agora, companheira constante das organizações como nunca foi antes.[53] Esse ambiente dinâmico aparece por diversas razões, muitas delas apontadas neste capítulo, como: o aparecimento de novas tecnologias, muitas delas, inclusive, não atendendo às necessidades específicas, mas às necessidades variadas e criando novas possibilidades (tecnologia da informação); diversidade social, cultural e, principalmente, nos comportamentos de consumo (fim do consumo de massa); concorrência acirrada, sendo constantes a entrada e saída de novas empresas em um determinado setor; legislações diversas e em constantes modificações relacionadas aos diversos países e regiões em que se atua (globalização), além de outras.

Em resumo, o ambiente que apresentava, até recentemente, comportamento complexo, mas com certa estabilidade passou a apresentar um comportamento dinâmico ou instável em que as mudanças aparecem de maneira descontínua, imprevisível e incerta. E diante desse ambiente complexo e dinâmico, das diversas alterações nas variáveis e elementos de macro e microambiente discutidas ao longo deste capítulo e, ainda, das alterações na tecnologia de automação abordadas no capítulo anterior, aparecem pressões para que surjam alterações nas estruturas organizacionais.

Entretanto, essas alterações, muitas vezes, necessitam de um elemento intermediário para que façam efeito nas organizações e suas estruturas. Esse elemento seria uma escolha ou uma estratégia, assunto abordado no próximo capítulo.

NOTAS

[1.]Considerações sobre isso são feitas no capítulo seguinte sobre estratégia. Todavia, pode-se dizer que a estratégia se apresenta como um elemento intermediador entre o ambiente e a organização e sua estrutura.

[2.]Com relação a isso, Philip Selznick e Talcott Parsons são referências que podem ser citadas.

[3.]A abordagem sistêmica apresenta a organização como um sistema aberto, pois mantém grande interação com o ambiente em que está inserida.

Assim, alterações ambientais levariam a alterações internas, muitas vezes estruturais (ver KATZ, Daniel, KAHN, Robert L. *Psicologia social das organizações*. São Paulo: Atlas, 1976). A abordagem contingencial apresenta grandes contribuições com pesquisas que demonstram a influência do ambiente na estrutura (ver BURNS, Tom e STALKER, George Macpherson. *The management of innovation*. London: Tavistock Pub, 1966 e LAWRENCE, Paul R. LORCH, Jay W. *As empresas e o ambiente*. Petrópolis: Editora Vozes, 1973). Os estudiosos de planejamento e estratégia oferecem muitos modelos prescritivos para se observar o ambiente e se tomar decisões a partir dele.

[4] Essa divisão pode ser vista em vários trabalhos de planejamento, assim como em vários livros básicos e gerais de administração (ver TAVARES, M. C. *Planejamento estratégico*: a opção entre sucesso e fracasso empresarial. São Paulo: Harbra Business, 1991 e BATEMAN, Thomas S., SNELL, Scott A. *Administração*: construindo vantagem competitiva. São Paulo: Atlas, 1998).

[5] Outros comportamentos podem ser observados na análise ambiental. Henry Mintzberg, por exemplo, analisa, além da complexidade e do dinamismo, a diversidade de mercado e a hostilidade; Richard Hall analisa a homogeneidade/heterogeneidade, a estabilidade/instabilidade, a concentração/dispersão ambiental, o consenso/dissenso sobre o domínio e a turbulência ambiental (ver MINTZBERG, Henry. *Criando organizações eficazes*: estruturas em cinco configurações. São Paulo: Atlas, 1995; HALL, Richard H. *Organizações, estruturas e processo*. Rio: Prentice-Hall, 1984).

[6] MINTZBERG, Henry. *Criando organizações eficazes*: estruturas em cinco configurações. São Paulo: Atlas, 1995, p.139.

[7] Esse aspecto já era alertado desde os estudos pioneiros de Philip Selznick (ver SELZNICK, Philip. *TVA and the grass roots*: a study in the sociology of formal organization. New York: Harper & Row Pub, 1966).

[8] Estratégias mais bem discutidas no capítulo seguinte.

[9] Nomes utilizados pelos autores que são discutidos ao longo deste capítulo.

[10] Da mesma maneira, enfatiza-se que esses nomes foram utilizados pelos autores que são discutidos ao longo deste capítulo.

[11] Com relação a esses dois momentos considerados, devem-se, ainda, fazer duas importantes considerações. Primeiro: não se podem determinar eventos separadores específicos entre os mesmos, ou seja, delimitar precisamente no tempo quando um período termina e outro começa. Assim, em uma mesma região, podem-se observar características dos dois períodos convivendo ao mesmo tempo. A discussão que é feita adiante apresenta uma homogeneidade apenas para facilitar a apresentação dos temas. Segundo: apesar de as características apresentadas serem tratadas como propiciadoras ou contingenciais para o nascimento e desenvolvimento de tipos de estruturas organizacionais, não se pode deixar de lembrar que, seja no passado ou no presente, esses fatores também foram afetados pelas organizações presentes no período discutido. Afinal, as organizações são parte constituinte da sociedade, sendo não apenas influenciadas por ela, mas, também, influenciando-a.

[12] Essa diferenciação entre tecnologia de produto e de processo pode ser verificada em vários livros sobre operações como: SLACK, Nigel e outros. *Administração de produção*. São Paulo: Atlas, 1997.

[13] DRUCKER, Peter F. *Uma era de descontinuidade*. Zahar Editores. Rio 1974.

[14] Discutido por Manuel Castells no chamado informacionalismo. Ver CASTELLS, Manuel. *A sociedade em rede*. São Paulo: Paz e Terra, 2001.

[15] CASTELLS, Manuel. *A sociedade em rede*. São Paulo: Paz e Terra, 2001, p. 51.

[16] Essa ponderação de Manuel Castells faz lembrar previsões de Alvin Toffler, como o advento do "*prossumidor*", ou seja, coincidem as figuras do produtor e do consumidor. Ver TOFFLER, Alvin. *A terceira onda*. Rio de Janeiro: Record, 1980.

[17] Para a economia informacional, ele afirma que "*a produtividade e a competitividade de unidades ou agentes nessa economia dependem basicamente de sua capacidade de gerar, processar e aplicar de forma eficiente a informação baseada em conhecimentos*". Ver CASTELLS, Manuel. *A sociedade em rede*. São Paulo: Paz e Terra, 2001, p.87.

[18] A globalização pode ser vista em diversos aspectos e não apenas o econômico, como pode ser visto em Anthony Giddens e Alain Touraine (GIDDENS, Anthony. *As conseqüências da modernidade*. São Paulo: Editora Unesp, 1991 e TOURAINE, Alain. *Poderemos viver juntos?* Petrópolis: Editora Vozes, 2003). Entretanto, está-se dando ênfase, aqui, ao aspecto econômico. Por isso, inclusive, o uso do termo globalização econômica. Outros aspectos ligados à globalização são apresentados ao longo deste capítulo.

[19] Como alertado no início deste capítulo, não se está dedicando espaço para as possíveis causas das alterações ambientais. Entretanto, para o caso específico da globalização, deve-se destacar o papel preponderante de agentes econômicos e políticos ligados ao chamado Consenso de Washington, por exemplo, que são importantes referências para os interessados no assunto.

[20] Discussões feitas aqui sobre a globalização econômica foram extraídas, principalmente, de Manuel Castells e de Celso Furtado (ver CASTELLS, Manuel. *A sociedade em rede*. São Paulo: Paz e Terra, 2001e FURTADO, Celso. *Capitalismo global*. São Paulo: Paz e Terra, 1999).

[21] CASTELLS, Manuel. *A sociedade em rede*. São Paulo: Paz e Terra, 2001.

[22] O anúncio do crescimento da importância do setor terciário aparece desde Daniel Bell e Alvin Toffler (ver BELL, Daniel. *O advento da sociedade pós-industrial*: uma tentativa de previsão social. São Paulo: Cultrix, 1977; TOFFLER, Alvin. *A terceira onda*. Rio de Janeiro: Record, 1980). Jeremy Rifkin apresenta questionamento sobre a importância do setor de serviços, principalmente na capacidade de gerar empregos (ver RIFKIN, Jeremy. *O fim dos empregos*: o declínio inevitável dos níveis dos empregos e a redução da força global de trabalho. São Paulo: Makron Books, 1995). Manuel Castells faz uma análise crítica da simplificação da passagem de uma economia industrial para de serviços. Ele alerta para a diversidade do setor de serviços e das conseqüências diversas dependendo de cada área de atuação (ver CASTELLS, Manuel. *A sociedade em rede*. São Paulo: Paz e Terra, 2001).

[23] Em termos organizacionais, discussões sobre o crescimento da importância do terceiro setor podem ser vistas em Peter Drucker, assim como em Jeremy Rifkin (ver DRUCKER, Peter F. *Sociedade pós-capitalista*. São Paulo: Pioneira, 1994; RIFKIN, Jeremy. *O fim dos empregos*: o declínio inevitável dos níveis dos empregos e a redução da força global de trabalho. São Paulo: Makron Books, 1995).

[24] Novamente, deve-se lembrar que não se estão discutindo neste capítulo causas para as alterações ambientais. Todavia, no que se refere ao questionamento da eficácia da atuação dos governos, enfatiza-se a importância dos diversos agentes políticos e econômicos como defensores dessa idéia. O Consenso de Washington, por exemplo, é importante referência para os interessados no assunto, assim como as várias discussões sobre o neoliberalismo.

[25] O estado que mantinha essa atuação foi chamado, muitas vezes, de estado keynesiano, estado de bem-estar social ou, mesmo, estado positivo. Ponderações sobre ele podem ser vistas em: CASTELLS, Antoni. Los limites del estado del bienestar tradicional. In: *Crisis económica y estado del bienestar*. Madri: Instituto de Estudios Fiscales, 1989; MAJONE, Giandomenico. Do estado positivo ao estado regulador: causas e conseqüências de mudanças no modo de governança. *Journal of Public*

Policy, v. 17, part 2 May-August 1997, p. 139-167 e TOURAINE, Alain. *Poderemos viver juntos?* Petrópolis: Editora Vozes, 2003.

[26.]Essas práticas são discutidas por CASTELLS, Antoni. Los limites del estado del bienestar tradicional. In: *Crisis económica y estado del bienestar*. Madri: Instituto de Estudios Fiscales, 1989.

[27.]Essas considerações podem ser extraídas nas leituras de: CASTELLS, Antoni. Los limites del estado del bienestar tradicional. In: *Crisis económica y estado del bienestar*. Madri: Instituto de Estudios Fiscales, 1989; MAJONE, Giandomenico. Do estado positivo ao estado regulador: causas e conseqüências de mudanças no modo de governança. *Journal of Public Policy*, v. 17, part 2 May-August 1997, p. 139-167; TOURAINE, Alain. *Poderemos viver juntos?* Petrópolis: Editora Vozes, 2003; FURTADO, Celso. *Capitalismo global*. São Paulo: Paz e Terra, 1999; CASTELLS, Manuel. *A sociedade em rede*. São Paulo: Paz e Terra, 2001 e OSBORNE, D. e GAEBLER, T. *Reinventando o governo*: como o espírito empreendedor está transformando o setor público. Brasília: M. H. Comunicação, 1977.

[28.]Essas conseqüências indesejáveis são alertadas em CASTELLS, Manuel. *Fim de milênio*. São Paulo: Paz e Terra, 2000; GIDDENS, Anthony. *As conseqüências da modernidade*. São Paulo: Editora Unesp, 1991 e TOURAINE, Alain. *Poderemos viver juntos?* Petrópolis: Editora Vozes, 2003, além de outros.

[29.]Para essa baixa qualificação está-se fazendo comparação com a atualidade. Todavia, essa comparação pode se feita, também, em relação aos trabalhadores de *métier,* caracterizados por Benjamin Coriat, ou seja, aqueles que detinham o conhecimento de todo o processo produtivo em períodos anteriores ao processo de grande divisão do trabalho que ocorreu nas organizações modernas (ver: CORIAT, Benjamin. *El taller y el cronómetro*: ensayo sobre el taylorismo, el fordismo y producción en massa. Madrid: Siglo Veintiuno Ed., 1993. 9ª ed). Como necessidades básicas, consideram-se aquelas voltadas, apenas, para a sobrevivência do indivíduo como as fisiológicas e de segurança.

[30.]Esse fenômeno, que surgiu em países desenvolvidos nas décadas de 1960 e 1970, chamado de "fuga do trabalho" (esse termo é usado em HELOANI, Roberto. *Organização do trabalho e administração*: uma visão multidisciplinar. São Paulo: Editora Cortez, 1994), teve causas na insatisfação de trabalhadores qualificados perante formas de trabalho taylorizado.

[31.]Peter Drucker e Jeremy Rifkin são autores que alertam para esse fato (ver DRUCKER, Peter F. *Sociedade pós-capitalista*. São Paulo: Pioneira, 1994 e RIFKIN, Jeremy. *O fim dos empregos*: o declínio inevitável dos níveis dos empregos e a redução da força global de trabalho. São Paulo: Makron Books, 1995). Entretanto, novamente, é preciso citar Manuel Castells e suas ponderações sobre o setor de serviços, em que se verifica uma polaridade nas exigências de qualificação. Ou seja, alguns serviços ainda exigem trabalhadores com baixa qualificação e outros, com maior qualificação (ver CASTELLS, Manuel. *A sociedade em rede*. São Paulo: Paz e Terra, 2001).

[32.]A discussão atual ligada ao conceito de competência caminha nessa direção. Referência nesse assunto é Philippe Zarifian (ver, por ex. ZARIFIAN, Philippe. *Objetivo competência*. São Paulo: Atlas, 2001).

[33.]GIDDENS, Anthony. *As conseqüências da modernidade*. São Paulo: Editora Unesp, 1991, p. 69.

[34.]NAISBITT, John. *O paradoxo global*. Rio de Janeiro: Campus, 1994, p. 4.

[35.]NAISBITT, John. *O paradoxo global*. Rio de Janeiro: Campus, 1994, p. 9.

[36.]Ver CASTELLS, Manuel. *O poder da identidade*. São Paulo: Paz e Terra, 2002 e TOURAINE, Alain. *Poderemos viver juntos?* Petrópolis: Editora Vozes, 2003.

[37.]Movimentos dentro dessa linha surgem desde há muito tempo, como aqueles que apareceram na Europa e EUA nas décadas de 1960 e 1970. Obviamente, a realidade foi outra e suas causas foram diferentes das que aparecem para os atuais tribalismo e regionalismo. Todavia, várias semelhanças podem, também, ser verificadas, como aquelas ligadas à maior consciência global e ecológica, maior qualificação dos envolvidos etc.

[38.]Ver NAISBITT, John. *O paradoxo global*. Rio de Janeiro: Campus, 1994.

[39.]Os encontros no Rio de Janeiro em 1992 (Rio-92) e em Quioto em 1997 (Protocolo de Quioto) são marcos representativos dessa alteração, seja em seus aspectos mais simbólicos (principalmente no primeiro encontro), seja nas consequências jurídicas e reflexos econômicos para os signatários dos acordos firmados (principalmente no último).

[40.]Manuel Castells considera esses dois movimentos associados, porém faz delas uma análise em separado pelas características distintas e importância dos fenômenos. (Ver CASTELLS, Manuel. *O poder da identidade*. São Paulo: Paz e Terra, 2002.)

[41.]As discussões sobre esse assunto podem ser verificadas em John Naisbitt, que vê esse aspecto, claramente, como uma realidade e apresenta vários exemplos; Alain Touraine, que apresenta esse fato como inevitável; e Manuel Castells, mais contido, que discute o assunto em termos de perspectiva e, mesmo, de esperança (ver NAISBITT, John. *O paradoxo global*. Rio de Janeiro: Campus, 1994; TOURAINE, Alain. *Poderemos viver juntos?* Petrópolis: Editora Vozes, 2003; CASTELLS, Manuel. *Fim de milênio*. São Paulo: Paz e Terra, 2000).

[42.]Esses aspectos negativos são discutidos exaustivamente por Manuel Castells (ver CASTELLS, Manuel. *Fim de Milênio*. São Paulo: Paz e Terra, 2000).

[43.]Alain Touraine e Antony Giddens discutem esse aspecto (ver GIDDENS, Anthony. *As conseqüências da modernidade*. São Paulo: Editora Unesp, 1991, e TOURAINE, Alain. *Poderemos viver juntos?* Petrópolis: Editora Vozes, 2003).

[44.]Discussões sobre isso podem ser observadas nos trabalhos de Alfred Chandler, Harry Braverman e John Kenneth Galbraith. Esses autores observam a substituição de mecanismos de coordenação econômica e controle do mercado para mecanismos administrativos realizados pelas grandes empresas (ver GALBRAITH, John Kenneth. *O novo estado industrial*. São Paulo: Nova Cultural, 1988; BRAVERMAN. Harry. *Trabalho e capital monopolista*. Rio: Editora Guanabara Koogan S/A, 1987; CHANDLER Jr., Alfred D. *The Visible Hand*: The Managerial Revolution in America Business. Cambridge: 1977).

[45.]Discussão apropriada sobre isso aparece em GALBRAITH, John Kenneth. *O novo estado industrial*. São Paulo: Nova Cultural, 1988.

[46.]A contestabilidade avança no conceito clássico de concorrência efetiva, considerando a concorrência potencial. Mais referência ao assunto aparece em: BAUMOL, W. J.; PANZER, J. e WILLIG, R. *Contestable markets*. New York: Harcourt Brace Jovanovich, 1982.

[47.]DRUCKER, Peter F. *Sociedade pós-capitalista*. São Paulo: Pioneira, 1994.

[48.]KOTLER, Philip e ARMSTRONG, Gary. *Princípios de marketing*. Rio de Janeiro: LTC, 1999.

[49.]Esse aspecto é destacado no capítulo dedicado à classificação de Henry Mintzberg, especificamente na análise da Estrutura Simples.

[50.]Isso foi discutido no capítulo dedicado a estrutura, a partir dos estudos de LAWRENCE, Paul R. LORCH, Jay W. *As empresas e o ambiente*. Petrópolis: Editora Vozes, 1973.

[51.]Peter Drucker afirma que o desenvolvimento alcançado no século XX ocorreu dentro de uma continuidade econômica e tecnológica, e

68 Capítulo Cinco

as modificações que apareceram, apesar de muitas, relacionavam-se a incrementalismo ou a pequenas modificações no ambiente (DRUCKER, Peter F. *Uma era de descontinuidade*. Zahar Editores. Rio 1974). Charles Handy trabalha, também, o conceito de continuidade e descontinuidade no ambiente em linha semelhante à de Peter Drucker. Para uma análise diferente de descontinuidade, principalmente em termos de modernidade e pós-modernidade, observar Alain Touraine e Antony Giddens (ver GIDDENS, Anthony. *As conseqüências da modernidade*. São Paulo: Editora Unesp, 1991; TOURAINE, Alain. *Poderemos viver juntos?* Petrópolis: Editora Vozes, 2003 e HANDY, Charles. *Tempo de mudanças*. São Paulo: Saraiva, 1996).

[52.]Charles Handy é um dos que aborda o assunto (ver HANDY, Charles. *Tempo de mudanças*. São Paulo: Saraiva, 1996)

[53.]Desde a década de 1960, Peter Drucker discute a descontinuidade do momento atual. Charles Handy é outra referência que pode ser apresentada (ver DRUCKER, Peter F. *Uma era de descontinuidade*. Zahar Editores. Rio 1974 e HANDY, Charles. *Tempo de mudanças*. São Paulo: Saraiva, 1996).

A Estratégia das Organizações: Da Integração à Especialização

Como alertado nos capítulos iniciais, ao lado do ambiente e da tecnologia, a estratégia sempre foi uma das variáveis mais mencionadas na literatura como tendo grande impacto na definição de formatos organizacionais. Este capítulo é dedicado à sua discussão. Inicialmente, são feitas ponderações sobre os principais elementos do conceito de estratégia; em seguida, são apresentadas as estratégias tradicionais utilizadas pelas grandes empresas até recentemente e, ao final, são feitas discussões acerca de novas estratégias apontadas na literatura e em pesquisas e que já estão sendo utilizadas pelas organizações diante das alterações ambientais e tecnológicas apontadas nos capítulos anteriores.

Duas observações devem ainda ser feitas antes de se iniciar o capítulo. Em primeiro lugar, não se considera aqui a estratégia, apenas, como reação empresarial passiva perante um determinado ambiente e, mesmo, determinada tecnologia. Ela é, antes de tudo, uma escolha, seja de um individuo ou de um grupo.[1] Assim, considera-se que o ambiente e a tecnologia influenciam, mas não determinam estratégia. Em segundo lugar, as generalizações que são feitas adiante são necessárias, mas devem ser vistas com reservas. Casos específicos merecem tratamento à parte. E isso não será possível no presente estudo. Afinal, este não é um livro sobre estratégias organizacionais.

6.1 Estratégia Organizacional

Da mesma forma que para outros temas relacionados às organizações, para estratégia podem-se apresentar vários conceitos similares. Na maioria deles, inclusive, observa-se a influência da idéia da racionalidade que imperou nos estudos clássicos da Administração, ressaltando-se elementos como: um processo racional e consciente sobre a responsabilidade de uma ou mais pessoas diante de situações apresentadas e que culmina em uma decisão que balizará outras que se seguirem.[2]

Nesse *processo racional e consciente* que, tradicionalmente, esteve ligado à literatura de estratégia, devem-se levar em consideração a função administrativa ligada ao planejamento e uma de suas formas mais defendidas: o planejamento estratégico.[3] A partir dele, apregoa-se um processo requintadamente elaborado, seguindo-se certos passos como a definição de missão, análise de oportunidades e de ameaças, definição de objetivos, dentre outros,[4] e, assim, ter-se-ia, na elaboração da estratégia, o uso do processo racional e consciente tão defendido pelos autores clássicos (ou neoclássicos).

70 Capítulo Seis

Com relação à *responsabilidade* pela estratégia, tradicionalmente, ela sempre recaiu sobre os escalões superiores da organização, principalmente na figura do executivo-chefe. Variações poderiam ocorrer, como aquela defendida na Administração Estratégica, em que aparecem, para colaborar no processo, os administradores do nível tático e, mesmo, do operacional.[5] Da mesma forma, a importância de assessores e de analistas pôde ser, também, verificada, devido à influência desse grupo nas tomadas de decisão da cúpula.[6]

A característica apontada de que a estratégia é concebida a partir de *situações apresentadas* faz referência à análise ambiental no processo. Tal análise é feita interna e externamente à organização, e, assim, tem-se que a estratégia deve levar em consideração variáveis externas como as já discutidas no capítulo anterior e a situação interna da organização.[7]

E, finalmente, a estratégia é considerada uma decisão ou uma escolha que *balizará decisões posteriores*, ou seja, as decisões que se seguirem dentro da organização devem levar em consideração a estratégia, colaborando para a consecução da mesma, e conseguindo-se, dessa forma, uma consistência na administração. Nesse aspecto, ainda, a estratégia pode ser considerada como uma *lei maior* a ser seguida pelas outras.[8]

Além desses elementos discutidos como parte do conceito de estratégia, um outro, muitas vezes, é apontado como tal: a sua importância. Entretanto, muito mais do que um elemento constituinte do conceito de estratégia, deve-se considerá-la uma qualidade derivada das características anteriores, principalmente aquela que a considera uma decisão que *balizará decisões posteriores*, ou seja, de ser uma *lei maior* a ser seguida pelas outras. A estratégia é, nesse ponto de vista, a decisão mais significativa dentro de uma organização ou em um processo administrativo.[9] Ela é formada a partir de um processo rigoroso, ou é assim que se espera, mais difícil de ser alterada, influenciando as decisões posteriores em todos os níveis, cargos e departamentos ao longo do tempo. Daí essa qualidade relacionada à importância.

Outro aspecto necessário de se observar com relação à estratégia trata de sua validade ou sua razão de ser. Isso é importante, principalmente, em um momento em que as alterações ambientais são tantas que se poderia, até mesmo, questionar a validade de se ter uma estratégia. Nesse caso, duas ponderações devem ser feitas. Em primeiro lugar, a importância da formulação da estratégia se confunde com a própria importância de se fazer o planejamento. Além da justificativa dada desde Henry Fayol[10] para o planejamento como a primeira função na administração, deve-se levar em consideração a importância que essa função assumiu para as grandes empresas industriais. Como afirma John K. Galbraith, ao longo da história, essas empresas se viram na obrigação de fazer o planejamento, pelo tempo e capital investido e pela necessidade de grande organização interna.[11] Em segundo lugar, diante das situações ambientais atuais, sem estratégia, a administração fica sem referência, e a organização, sem rumo. Com o passar do tempo, o maior dinamismo do ambiente, o aumento da concorrência, além de outras situações, fizeram com que a estratégia assumisse uma importância e validade ainda maiores. Como afirmam Cynthia Montgomery e Michael Porter, "*os avanços do planejamento estratégico não poderiam ter surgido em época mais adequada ... a definição de estratégias bem-fundamentadas deixou de ser um luxo, passando a ser uma necessidade*".[12]

E assim, buscando-se a melhoria do processo racional de formulação de estratégia, várias metodologias foram apresentadas, algumas enfatizando aspectos gerais, outras, a concorrência e a competição, outras, o cliente e outras, ainda, o pioneirismo.[13] Não se pretende discutir essas abordagens ou metodologias aqui. Importa muito mais a análise das principais estratégias que foram utilizadas pelas grandes organizações, suas modificações ao longo do tempo, assim como as perspectivas de alterações estruturais perante elas.

6.2 Estratégias Tradicionais

Na literatura e na prática organizacional, de forma geral, as preocupações com a estratégia ou o planejamento estratégico sempre estiveram ligadas à grande empresa burocrática mecanizada.[14] Talvez isso se deva à importância que esse tipo de empresa assumiu no mundo das organizações até recentemente. E, nesse aspecto, a estratégia se balizou, principalmente, pela padronização, pelos ganhos em escala e escopo, além da redução dos custos de transações.

Com relação à padronização, a referência vem do fordismo.[15] Em alguns momentos deste livro, foram feitas referências ao fordismo como um tipo de automação de sistemas fixos e, em outros, como variação estrutural dentro de princípios tayloristas e burocráticos.[16] Entretanto, pode-se fazer uma análise do fordismo, também, em termos de estratégia organizacional. Nesse aspecto, Henry Ford utilizou, basicamente, uma estratégia geral voltada para a grande produção, em que se colocaria, nos diversos mercados, um produto barato e que seria consumido em larga escala.[17] Para viabilizá-la, além do desenvolvimento da linha de montagem, esse empresário adotou uma estratégia produtiva ou funcional voltada para a padronização produtiva. Essa estratégia não pôde ser considerada uma novidade, pois remontava às idéias originais do taylorismo, porém, o âmbito que ela alcançou com o fordismo foi impressionante, pois para o uso da linha de montagem as peças deveriam ter grande padronização. Essa *estandardização* no processo produtivo fazia com que as diversas peças, elaboradas em tempo e locais diferentes, pudessem ser perfeitamente encaixadas ao longo da linha de montagem. Como conseqüência, alcançaram-se um inimaginável aumento na produtividade, diminuição de custos e o barateamento do produto, que possibilitaram um maior acesso dos clientes, viabilizando a estratégia geral de grande produção com produtos baratos e consumidos em larga escala.

Há que se considerar, ainda, que, dentro da estratégia de Henry Ford, a padronização não se restringiu, apenas, à produção, mas alcançou, também, o produto oferecido ao cliente. De forma geral, a produção fordista se concentrou somente em um modelo para que se oferecesse ao cliente um produto barato. Essa estratégia voltada para a padronização, tanto na produção como no produto, mostrou-se adequada e, com variações posteriores, teve influência nas empresas ao longo do tempo. Suas limitações apareciam quando se deparava com maior complexidade no fornecimento e dos mercados em que se atuasse. Aí, aspectos como a diversidade assumiam importância.[18]

Assim, para se explicar o fenômeno do crescimento das grandes empresas ao longo do século XX, devem-se discutir outras estratégias além dessa padronização. A referência para isso pode ser conseguida nos trabalhos sobre escala e escopo de Alfred D. Chandler.[19] Segundo esse autor, as grandes empresas industriais, de forma geral, procuraram, no seu caminho de desenvolvimento, obter economias de escala, economias de escopo e redução nos custos de transação. Três conceitos que guardam estreita relação entre si, mas que permitem definições distintas.

A *economia de escala* é obtida quando se reduz o custo unitário do produto por intermédio de um maior volume de produção e distribuição. A *economia de escopo* é obtida quando se utiliza um mesmo complexo de instalações para a produção ou distribuição de mais produtos ou serviços.[20] Os *custos de transação* são aqueles que aparecem quando se transferem bens e serviços de uma unidade para outra. Essa transferência pode ocorrer dentro da mesma empresa ou, mesmo, entre empresas ou entre indivíduos. Dessa forma, a redução nesses custos de transação é obtida quando se consegue a maior eficiência nessa transferência.[21]

Para viabilizar as economias de escala e de escopo e, ainda, a redução nos custos de transação, as organizações utilizaram, basicamente, estratégias funcionais ou produtivas ligadas à implantação de grandes instalações de produção, integração vertical e integração horizontal.

A *implantação de grandes instalações de produção* permitia que, em um grande complexo industrial, houvesse maior volume de produção e, também, se pudesse obter, com os mesmos recursos, diversos produtos e serviços. Dessa forma, se conseguiriam economias de escala e de escopo.

A *integração vertical* consistia em ações voltadas para o controle de toda a cadeia produtiva, por meio da implantação ou aquisição de empresas responsáveis pela disponibilização de insumos, produção, comercialização, distribuição e, mesmo, pesquisa e desenvolvimento. Essas ações trariam uma redução nos custos de transação, pois haveria segurança e maior eficiência no fornecimento de insumos e na distribuição para os consumidores. De forma subsidiária, a integração vertical atrapalharia a entrada e o crescimento de concorrentes, ao mesmo tempo que se manteria uma importante ligação com o cliente para o fornecimento de informações diversas sobre o produto.

A *integração horizontal* consistia em ações ligadas à expansão geográfica e à diversificação de produtos. No primeiro caso, pela aquisição ou implantação de empresas, avançar-se-ia para novos mercados. No segundo, por intermédio de novos produtos, aumentar-se-ia a base de consumidores em uma determinada região. Assim, novamente, ter-se-iam economias de escala e, principalmente, de escopo, pela utilização de instalações para vários produtos e serviços. A estrutura divisionada materializava essa integração horizontal.[22]

Em síntese, a empresa industrial com grandes instalações e integrada vertical e horizontalmente ofereceria condições adequadas para viabilizar as economias de escala e de escopo e traria, ainda, a diminuição dos custos de transação.[23] Obviamente, como alerta Alfred D. Chandler, a utilização das mesmas por parte da empresa dependeria do efeito da tecnologia e dos mercados sobre ela.

Além dessas estratégias tradicionais usadas pelas grandes empresas, não se pode deixar de mencionar uma outra que apareceu de forma subsidiária nas empresas: a estratégia empreendedora. Essa, ao contrário das estratégias de padronização e de alterações incrementais, estaria ligada ao comportamento inovador e criativo. Seria uma estratégia de grande risco, absorvedora de lucros, em que se estariam buscando grandes retornos futuros.[24]

Com relação a essa estratégia empreendedora para as grandes empresas, Alfred Chandler enfatiza que, em determinadas situações referentes a modificações de mercado e progresso tecnológico, ela pôde ser utilizada com sucesso para o caso de *pioneiros*, porém, no ambiente tomado pelas grandes empresas ligadas aos ganhos de escala e escopo, a existência de *pioneiros* assim como a possibilidade de novos entrantes eram insipientes.[25] Ainda nesse aspecto, H. Ansoff afirma que mesmo empresas que se preocupavam com a inovação tecnológica tinham como característica principal de estratégia o incrementalismo, e o comportamento empreendedor apareceria de forma subsidiária nas mesmas.[26]

6.3 Tendências Estratégicas

Diante das recentes alterações ambientais e das novas possibilidades tecnológicas a que estão sujeitas as grandes empresas, há que se supor que as estratégias utilizadas por elas deveriam estar, também, se modificando. Afinal, se o ambiente e a tecnologia não determinam a estratégia, eles têm, pelo menos, grande influência sobre ela. Seguindo essa linha, novas tendências são propostas e defendidas. Alguns autores, por exemplo, sustentam um rompimento radical com as estratégias tradicionais. Outros defendem um avanço em que se levem em consideração, também, concorrência mais acirrada, clientes mais exigentes, globalização, tecnologias de informação etc.

De forma geral, observa-se, na formulação das novas estratégias, um deslocamento da preocupação interna para a externa. Michael Hammer justifica esse fato enfatizando que, hoje, ao contrário do passado, talvez a oferta esteja maior que a demanda.[27] Numa situação anterior, em que sempre houve mais pessoas propensas a comprar do que bens e serviços disponíveis, a preocupação era mais interna e com a produção. Atualmente, para esse autor, a preocupação começa a se deslocar da produção e dos produtos para o cliente e o mercado.[28]

Diante disso, podem-se apontar novas tendências estratégicas, seja em termos gerais, seja em termos funcionais ou produtivos. No primeiro caso, com as gerais, têm-se verdadeiras macroestratégias ou decisões com maior preocupação com o ambiente. No segundo caso, com as funcionais, têm-se as estratégias mais voltadas para o interior da empresa, no sentido de implementação das macroestratégias.

Essa separação entre estratégias gerais e funcionais é usada por Cynthia A. Montgomery e Michael Porter e foi utilizada anteriormente, quando se discutiram as estratégias tradicionais; ela é útil principalmente porque oferece pistas para se chegar a conclusões sobre novas estruturas organizacionais.[29]

6.3.1 As estratégias gerais

Basicamente, o que mais se vê na literatura, em termos de estratégias gerais, são aquelas em que se enfatizam a maior preocupação com o cliente, o atendimento personalizado e flexível, a constante inovação, a busca de vantagens competitivas e as preocupações sociais e com mercados internacionais.

A maior preocupação com o cliente

Apesar de o cliente ter sido, muitas vezes, apontado como a *razão* da existência das empresas,[30] como já alertado, a preocupação estratégica sempre esteve mais ligada a aspectos internos e à produção.[31] Mesmo quando se enfatizavam aspectos externos, a atenção com o cliente era relegada a um segundo plano, pois se priorizava muito mais o aspecto da concorrência.[32]

Entretanto, podem-se verificar, hoje, trabalhos que defendem estratégias com maior preocupação com o cliente e o mercado. Argumenta-se que a empresa deve, em primeiro lugar, focar suas necessidades e desejos e, assim, atendê-los, oferecendo-lhes maior valor.[33] Nesse aspecto, inclusive, sustenta-se a manutenção de um relacionamento mais intenso com o cliente.[34] Alguns fatores já discutidos em nosso capítulo sobre ambiente podem ser responsáveis por isso, como, por exemplo, a maior exigência por parte dos clientes, o acirramento da concorrência e, mesmo, a inversão de poder devido à maior oferta em relação à demanda.[35] Além desses, junta-se, também, o fato de se ter, hoje, uma tecnologia administrativa mais avançada e que permite maior compreensão das necessidades dos clientes, por intermédio de pesquisas sobre o comportamento de compra e de consumo.

O atendimento personalizado

No capítulo sobre modificações ambientais, alertou-se para o fato de que, apesar de o fenômeno da globalização trazer a perspectiva de uma padronização mundial de hábitos e costumes, aparece, também, um *paradoxo global*, e a sociedade se divide em grupos que apresentam diferenças em muitos de seus hábitos e costumes. Essas diferenças, inclusive, chegam ao âmbito do indivíduo, e não apenas de grupo. Como conseqüência, verifica-se que a padronização, principalmente em termos de comportamento de consumo, está diminuindo, ou apresentando certas particularidades. Esse fato, juntamente com as maiores exigências por parte dos consumidores, discutidas no item anterior, torna a atenção aos clientes de forma estandardizada um empecilho para se satisfazer suas reais necessidades. Assim, a preocupação com os clientes, atualmente, deve chegar no âmbito de grupos e, mesmo, de indivíduos.

Operando nacional ou mundialmente, as empresas devem, agora, pensar em atendimento mais individualizado. Usando-se conceitos apresentados por Philip Kotler e Gary Armstrong,[36] de ações voltadas para *marketing de massa*, passa-se para ações de segmentação e de atendimento personalizado. A importância se desloca para a atenção a grupos e indivíduos, e, dessa maneira, não se adota mais a política de que o cliente deve se adequar à produção, mas sim o inverso.

Deve-se salientar que, em seu conceito restrito, a personalização faria com que todo o processo produtivo se voltasse para o atendimento das necessidades de apenas um determinado cliente. Isso, na maioria das vezes, inviabilizaria a produção em termos de custos. Entretanto, hoje, verifica-se a possibilidade da *personalização padronizada*, em que, realizando-se alterações em modelos básicos, pode-se atender o cliente de forma mais individualizada sem se inviabilizar a produção.[37]

A ênfase na competição e na competência

Estratégias específicas voltadas para a competição aparecem, também, como tendências entre as novas posturas empresariais, e a busca de vantagens competitivas avançou muito em seu conceito original, voltado, apenas, para a "guerra" contra os concorrentes. Hoje, levam-se em consideração forças ligadas aos clientes, fornecedores, novos entrantes etc.[38] A *contestabilidade* e a *sustentabilidade* são, também, aspectos observados nas estratégias ligadas à competição.[39] Com essas novas abordagens, modelos mais complexos e bem elaborados surgem, permitindo uma análise mais ampla e um melhor entendimento da realidade em que a organização está inserida.[40]

Uma outra forma de se explicar a capacidade de competição de uma empresa trata da análise das competências essenciais.[41] A partir desse enfoque, as organizações deveriam descobrir suas características distintivas. Essas seriam alguns fatores internos relacionados ao conhecimento, ao aprendizado e ao envolvimento e que funcionariam como uma liga ou força interna. Além de distinguir uma determinada empresa de outras, essas competências contribuiriam para a satisfação dos clientes quando do uso do produto ou serviço e, ainda, permitiriam que a empresa operasse em uma ampla variedade de mercados. A partir da descoberta dessas competências essenciais, as empresas deveriam reforçá-las e desenvolvê-las.

A inovação constante

Outra tendência estratégia apontada é a da inovação. As razões para o seu uso são as mais diversas, e muitas delas, inclusive, foram discutidas no Capítulo 5 O ambiente das Organizações: Do Continuísmo ao Dinamismo, como as diferenças apresentadas entre os clientes e as constantes mudanças em seus hábitos, os modernos avanços em tecnologia da informação e outras tecnologias, os novos materiais e produtos que surgem, além de outras modificações que se processam na atualidade, dado um ambiente cada vez mais dinâmico. Há que se considerar, também, que a inovação tem fundamental importância competitiva, desde que possibilita atender as necessidades do cliente, oferecendo-lhe maior valor e superando os concorrentes.

A inovação apresenta várias direções: a apresentação de novos produtos ou mesmo modificações nos atuais produtos; modificações e melhorias nos processos produtivos; avanço em outros mercados ou segmentos; dentre outras.

É interessante notar que essa abordagem voltada para a inovação resgata uma estratégia que não é nova, porém era usada de forma subsidiária pelas grandes empresas no passado: o empreendedorismo.[42] Na atualidade, todavia, pode-se observar que a inovação requer mais que destinar recursos ao novo empreendimento;[43] ela solicita o engajamento e a participação dos trabalhadores na sua consecução.

Responsabilidade social e ambiental, ética e civismo

Outras preocupações observadas como necessárias, hoje, às estratégias das empresas são aquelas ligadas a responsabilidades sociais e ambientais, à ética e, mesmo, ao civismo. Talvez isso aconteça pelo fato de aparecerem inquietações por parte da sociedade com as questões ambientais e de exclusão social, dentre outras, e, assim, se passa a cobrar das organizações uma colaboração na solução de problemas associados a esses temas.

Para Philip Kotler,[44] muitas razões podem justificar ações sociais por parte da empresas, como, por exemplo, a busca de motivação interna, evitar ações judiciais, conseguir uma publicidade favorável e atrair os clientes que demonstram preocupações sociais. Além disso, o autor alerta que, devido à similaridade de muitos produtos, a imagem cívica pode se tornar um diferencial importante nos casos de pequena diferença entre eles, influenciando, assim, o consumo.

As ações de responsabilidade social podem ser as mais diversas,[45] porém entende-se que as argumentações atuais voltadas para esse tema enfatizam que elas façam parte da estratégia da empresa e não sejam, apenas, práticas esporádicas que surgem em determinados momentos críticos.[46]

A preocupação internacional

Finalmente, a última mas não menos importante tendência estratégica geral que pode ser apontada trata da maior preocupação internacional. Como já alertado, um dos fenômenos de maior influência nas organizações se refere à globalização, seja ela de mercados, econômica ou financeira. Diante dela, as empresas devem agir, hoje, tendo em vista uma atuação global, seja de forma ativa ou, mesmo, na defesa de suas posições nacionais perante a concorrência global.[47]

Vale enfatizar que as estratégias internacionais atuais assumem maneiras mais diversas que as anteriores, ligadas, apenas, à expansão geográfica. Uma empresa pode exportar, permitir que empresas em outros países tenham direito de fabricação de seus produtos, fazer uso de franquias internacionais ou estabelecer *joint ventures.*[48]

6.3.2 Novas estratégias funcionais

Como novas estratégias funcionais, estão-se considerando aquelas que aparecem para viabilizar a aplicação das estratégias gerais ou as macroestratégias discutidas anteriormente. Muitas delas podem ser confundidas, inclusive, com novas possibilidades estruturais, mas não chegam a sê-lo: fazem uma espécie de ligação entre as macroestratégias e a estrutura de uma organização. Especificamente, podem ser feitas discussões sobre escolha do tamanho, foco no negócio, flexibilidade produtiva, uso de automação baseada em tecnologia da informação, maior relacionamento com fornecedores e clientes e investimentos na qualificação e saúde dos recursos humanos.

A preocupação em ser pequeno

Ao contrário da tradicional estratégia voltada para o *ser grande*, muito se discute que, hoje, o interessante é *ser pequeno*. A grande empresa consegue economias de escala e escopo, porém, no seu crescimento, pode se tornar demasiadamente enrijecida, apresentar problemas ligados a adaptação e flexibilidade e, assim, não ter condições de ser rápida o bastante em um ambiente dinâmico. Práticas ligadas ao enxugamento e diminuição de níveis hierárquicos,[49] dentre outras, operacionalizam essa estratégia. Uma observação importante a ser feita é que, mais importante que ser pequeno fisicamente, a idéia é de se criarem mecanismos para "pensar e agir" como pequeno.[50]

Essa estratégia vai ao encontro da maior preocupação com o cliente e da busca de inovação. Os ambientes empreendedores, por exemplo, solicitam empresas ágeis, sem muita formalidade e complexidade interna. A situação ideal para as pequenas empresas.[51]

Não-integração, terceirização e dedicação ao negócio principal

Similarmente à estratégia anterior, e, muitas vezes, uma decorrendo da outra, aparecem estratégias voltadas para a concentração de atividades. Isso não quer dizer que se deva dedicar, apenas, a um produto, serviço ou, mesmo, mercado. A idéia é mais ampla e complexa e passa, na maioria das vezes, pelo conceito de negócio principal da empresa. Entretanto, o próprio conceito de negócio, na prática, pode não ser tão claro.[52] Uma das propostas seria a empresa se concentrar nos elemento em que ela obtém vantagens competitivas, para atingir, conforme James Quinn e Frederick G. Hilmer, uma "*superioridade definível e proporcionar valor singular para os clientes*".[53]

A macroestratégia apontada anteriormente, ligada a competências essenciais, pode, também, ser referência adequada nesse aspecto.

Como importante conseqüência dessa concentração, aparece a tendência de menor integração vertical, aumentando-se, inclusive, as ações voltadas para a terceirização de atividades realizadas anteriormente na empresa. As vantagens disso são claras, pois se maximizam ganhos ao se investir no que a empresa é realmente competente, adquire-se força contra a concorrência, aproveitam-se as competências dos fornecedores e, ainda, se ganha em agilidade diante das mudanças (estratégia do *ser pequeno*).[54]

Obviamente, as estratégias voltadas para a terceirização retiram vantagens que fizeram as empresas, no passado, se tornar integradas verticalmente, ou seja, os ganhos em escopo e a segurança no fornecimento.

A vantagem de ser grande e a importância de fusões, incorporações, parcerias e alianças

Apesar da apologia dos enxugamentos e do *ser pequeno*, a estratégia tradicional de tornar-se grande e aproveitar as diversas vantagens dessa situação ainda encontra defensores.[55] Essa defesa apresenta respaldo na realidade organizacional, em que se verificam, recorrentemente, movimentos de fusões e incorporações.[56] Entretanto, evidenciam-se diferenças significativas nessa situação em relação às estratégias do passado. Conforme Manuel Castells, apesar de se poder comprovar a importância das grandes empresas, verifica-se uma *"crise no modelo corporativo tradicional baseado na integração vertical e no gerenciamento funcional hierárquico"*.[57] Ou seja, não se evidenciam movimentos de aquisição ou de implantação de unidades por parte das grandes empresas na busca de segurança de fornecimento ou na diminuição nos custos de transação. Podem-se verificar crescimentos, porém dentro do próprio negócio ou dentro de atividades ligadas às competências essenciais.[58]

Especificamente para a diminuição nos custos de transação, observam-se movimentos de formação de parcerias e alianças, ou seja, uma empresa garante certa segurança na cadeia produtiva por intermédio de acordos e contratos, sem se fazerem, necessariamente, ações de integração vertical.[59]

Ainda com relação à estratégia em que se valoriza o crescimento da empresa, evidenciam-se outros ganhos além daqueles enfatizados nos estudos tradicionais de estratégia, ou seja, ganhos de escala e de escopo. Notadamente, os movimentos de crescimento voltam-se, também, para ganhos com relação ao aumento do poder de barganha perante fornecedores e perante outros atores do ambiente.[60]

A flexibilidade produtiva

Estratégia contrária àquela utilizada no fordismo, a flexibilidade produtiva traz duas grandes vantagens para a empresa: possibilita o atendimento ao cliente de forma personalizada e permite alterações em produtos para atender modificações nos padrões de consumo.[61] Assim, seguindo-se essa estratégia, é implantada uma série de mecanismos que permitem certa flexibilização nas operações, mesmo em organizações com produção com ganhos em escala. Esses mecanismos são, muitas vezes, ligados a aspectos técnicos, mas necessitam, também, de um desenvolvimento do corpo social da empresa.

Essa estratégia voltada para a flexibilidade é aplicada, hoje, inclusive, em conjunto com a estratégia funcional seguinte.

O uso intensivo da tecnologia da informação

A tecnologia da informação tem possibilitado condições de produção inimagináveis para as empresas até certo tempo atrás. Isso é, inclusive, discutido no Capítulo 4 sobre Tecnologias de Automação. Dessa forma, as estratégias empresariais, hoje, não podem deixar de considerar as grandes vantagens advindas disso. Além dos tradicionais benefícios ligados a diminuição de custos, maior produtividade e qualidade, junta-se, agora, a possibilidade de flexibilidade produtiva. As maiores defesas do uso intensivo de TI aparecem com os trabalhos de Reengenharia como os de Michael Hammer e James Champy.[62]

Além desse aspecto ligado à produção propriamente dita, o uso de TI, através de sua característica de maior integração de sistemas, possibilita uma outra estratégia funcional importante para as organizações: a integração com clientes e fornecedores.

A integração com fornecedores, distribuidores e clientes

Uma das formas que a empresa utiliza para manter a segurança e diminuir os custos na cadeia produtiva, mas não mantendo grandes corporações pela integração vertical, aparece por intermédio de relacionamentos mais intensos com fornecedores, distribuidores e, mesmo, clientes. Essa ligação é potencializada, inclusive, com o largo uso de sistemas baseados em TI que conectam uma empresa aos elementos externos a ela.[63]

Na prática, em relação aos fornecedores, isso possibilita um incremento nas ações de *just-in-time*, e o fornecedor pode, até mesmo, auxiliar no gerenciamento do estoque da empresa compradora. Em relação ao cliente, essa ligação pode trazer fidelização, impedir a entrada de concorrentes, auxiliar na geração de novos produtos, oferecer informações sobre alteração no comportamento de consumo, potencializar ações de distribuição e promoção, dentre outras ações. O cliente pode, inclusive, em certos casos, interferir no processo produtivo.

Investimentos em recursos humanos e preocupação com o capital humano

Apesar do longo tempo em que estudiosos alertam para a importância de se considerarem fatores humanos na administração, as prioridades sempre se voltaram para os aspectos técnicos relacionados a tarefas e resultados. Todavia, atualmente, aparecem estratégias mais efetivas e voltadas para o fator humano e suas relações dentro das empresas. A idéia central é a de que não se pode investir, apenas, no sistema técnico para se alcançarem os objetivos organizacionais. Assim, surge certo deslocamento da preocupação com as tarefas e resultados para preocupações com as pessoas e suas relações.

Capital humano, aprendizagem organizacional, excelência organizacional, geração de competências, além de gestão estratégica de recursos humanos, são alguns termos que instrumentalizam essa estratégia.[64] Da mesma forma, aparecem, também, preocupações relacionadas à saúde dos trabalhadores. Enfatizam-se, hoje, cada vez mais, aspectos ligados ao monitoramento de estresse e de outras doenças ocupacionais, anteriormente não consideradas.[65]

Quadro 6.1 Síntese das Estratégias Utilizadas pelas Empresas

	Gerais	Funcionais
Tradicionais (a partir do fordismo e dos trabalhos de Alfred D. Chandler)	• Economia de escala • Economia de escopo • Redução nos custos de transação	• Padronização produtiva • Grandes instalações • Integração vertical • Integração horizontal
Tendências (a partir de autores citados neste capítulo)	• Preocupação com o cliente • Atendimento personalizado • Competição • Inovação • Responsabilidade social • Internacionalização	• Concentração no negócio principal (*ser pequeno*) • Realização de fusões e incorporações dentro do negócio, realização de parcerias e alianças (*ser grande*) • Flexibilidade produtiva • Uso intensivo de TI • Integração interna e externa • Investimentos em capital humano

6.3.3 A responsabilidade e o processo de formulação da estratégia

Além de tratar de tendências, não se pode deixar de fazer, também, considerações sobre possíveis alterações relacionadas à responsabilidade pela estratégia e ao seu processo de formulação.

No que se refere à responsabilidade, na apresentação dos elementos do conceito de estratégia, no início deste capítulo, enfatiza-se que ela sempre recaiu sobre os cargos do nível hierárquico superior da empresa, principalmente na figura do executivo-chefe. O que se discute, hoje, é a transferência dessa responsabilidade, cada vez mais, para os outros níveis hierárquicos. Fica-se na expectativa de que as reivindicações de estudiosos ligados ao conceito de Administração Estratégica estejam, efetivamente, se materializando na prática das empresas. Além dessa transferência de responsabilidade para níveis inferiores, verifica-se, também, uma maior repartição de responsabilidade entre os vários cargos na cúpula. Conselhos de diretores ou de executivos estão, cada vez mais, sendo solicitados a participar no processo de formulação da estratégia.[66]

Com relação ao processo de formulação, nos elementos apresentados para o conceito de estratégia, enfatizam-se as características de processo racional e consciente. Todavia, recentemente, apareceram estudos descritivos que demonstram que, na prática, a estratégia não surge, apenas, como um processo consciente e racional, como preconizado por estudiosos influenciados por abordagens clássicas ou neoclássicas. Isso é ainda mais verdadeiro para os novos cenários marcados pela descontinuidade, pelo dinamismo e pela incerteza. Tais estudos demonstram a importância de aspectos como a aprendizagem, a política, a cultura organizacional e, mesmo, a intuição como fatores de grande influência no processo.[67]

6.4 Considerações Finais sobre Estratégias

A partir do exposto neste capítulo, percebe-se que novas tendências em estratégia surgem, e aquelas voltadas, apenas, para a padronização, a instalação de grandes complexos industriais e as integrações vertical e horizontal aparecem questionadas por vários autores ou, pelo menos, acrescidas de novos desafios.

Trabalhos futuros, a exemplo daqueles realizados por Alfred D. Chandler, mostrarão quais dessas tendências prevalecerão. Se é que, para a análise da época atual, se poderá conseguir a mesma homogeneidade como nos estudos do passado. Para este trabalho, porém, vale apenas a citação das tendências estratégicas para que, a seguir, se possam discutir modificações internas que as viabilizam.

NOTAS

[1] Mesmo em Alfred D. Chandler, o contingencialismo pode ser verificado na estrutura em relação à estratégia, e não na estratégia em relação ao ambiente (ver McCRAW, Thomas K. *Alfred Chandler*: ensaios para uma teoria histórica da grande empresa. Rio de Janeiro: Editora FGV, 1998).

[2] Dentre as grandes referências para conceitos tradicionais de estratégia, podem ser mencionados H. Igor Ansoff e Russell Ackoff, que são citados ao longo deste capítulo.

[3] Para ver distinção apropriada entre planejamento, estratégia e planejamento estratégico, ver BATEMAN, Thomas S., SNELL, Scott A. *Administração*: construindo vantagem competitiva. São Paulo: Atlas, 1998. p. 124. Em ANSOFF, H. Igor. *Administração estratégica*. São Paulo: Atlas, 1990 e TAVARES, Mauro Calixta. *Gestão estratégica*. São Paulo: Atlas, 2000, aparece uma distinção entre planejamento, planejamento financeiro, planejamento de longo prazo, planejamento estratégico e administração estratégica, em interessante seqüência histórica.

[4] Os passos sofrem certa alteração dependendo do autor, mas, de forma geral, existe grande semelhança entre eles. Isso pode ser visto nos trabalhos de diversos autores sobre estratégia.

[5] A Administração Estratégica é mais bem discutida no capítulo sobre novas possibilidades organizacionais (Capítulo 7).

[6] Isso é enfatizado no capítulo sobre a classificação de estruturas de Henry Mintzberg (Capítulo 3), quando se discute a Burocracia Mecanizada.

[7] H. Igor Ansoff e Edward McDonnell diferenciam o termo estratégico não pela importância da decisão, mas pela ligação que ela faz entre a empresa e seu ambiente (ver, p. ex., ANSOFF, H. Igor. McDONNELL, Edward J. *Implantando a administração estratégica*, São Paulo: Atlas 1993).

[8] Thomas Bateman e Scott Snell enfatizam que a estratégia se apresenta como um "*padrão de ações*" (BATEMAN, Thomas S., SNELL, Scott A. *Administração*: construindo vantagem competitiva. São Paulo: Atlas, 1998. p. 124).

[9] Russell Ackoff discute a importância do planejamento estratégico, quando o diferencia do planejamento tático (ACKOFF, Russell L. *Planejamento empresarial*: Rio de Janeiro: LTC, 1976).

[10] FAYOL, Henry. *Administração industrial e geral*. São Paulo: Atlas, 1984.

[11] Ver GALBRAITH, John Kenneth. *O novo estado industrial*. São Paulo: Nova Cultural, 1988.

[12] MONTGOMERY, Cynthia A. e PORTER, Michael E. (org.) *Estratégia*: a busca da vantagem competitiva. Rio de Janeiro: Campus, 1998 p. XI (introd.).

[13] Discussão sobre isso pode ser vista em: MINTZBERG, Henry, AHLSTRAND, Bruce e LAMPEL, Joseph. *Safári de estratégia*: um roteiro pela selva do planejamento estratégico. Porto Alegre: Bookman, 2000.

[14] Isso é alertado, por ex., por GOLDE, Roger A. Planejamento prático para pequenas empresas. *Coleção Harvard de Administração*. São Paulo: Nova Cultural, 1986.

[15] Ver CORIAT, Benjamin. *El taller y el cronómetro*: ensayo sobre el taylorismo, el fordismo y producción en masa. Madrid: Siglo Veintiuno Ed., 1993. 9ª ed.; BEYNON, Huw. *Trabalhando para Ford*: trabalhadores e sindicalistas na indústria automobilística. São Paulo: Paz e Terra, 1995 e CHANDLER Jr., Alfred D. Desenvolvimento, diversidade e descentralização. In: McCRAW, Thomas K. *Alfred Chandler*: ensaios para uma teoria histórica da grande empresa. Rio de Janeiro: Editora FGV, 1998.

[16] O fordismo pode ser visto, também, como um modelo de desenvolvimento econômico e social, conforme a teoria da regulação (francesa). Isso não mereceu discussão neste livro. Para os interessados no assunto, aconselha-se a leitura de BOYER, Robert. *A teoria da regulação*: uma análise crítica. São Paulo: Nobel, 1990.

[17] Aqui, está-se usando a distinção entre estratégia geral e funcional que será explicada à frente e que é usada em MONTGOMERY, Cynthia A. e PORTER, Michael E. *Estratégia*: a busca da vantagem competitiva. Rio de Janeiro: Campus, 1998. Conforme Philip Kotler e Gary Armstrong, poder-se-ia usar a expressão filosofia de Administração de Marketing voltada para a produção (KOTLER, Philip e ARMSTRONG, Gary. *Princípios de marketing*. Rio de Janeiro: LTC, 1999). H. Igor Ansoff e Edward McDonnell usam o termo "*mentalidade de produção*" (ANSOFF, H. Igor e McDONNELL, Edward J. *Implantando a administração estratégica*. São Paulo: Atlas 1993. p. 26).

[18] CHANDLER Jr., Alfred D. Desenvolvimento, diversidade e descentralização. In: McCRAW, Thomas K. *Alfred Chandler*: ensaios para uma teoria histórica da grande empresa. Rio de Janeiro: Editora FGV, 1998.

[19] Já citado anteriormente, podendo-se apontar seus trabalhos principais: CHANDLER Jr., Alfred D. *Strategy and structure*: chapters in the history of the industrial enterprise. Cambridge: MIT Press, 1962; CHANDLER Jr., Alfred D. *The Visible Hand*: The Managerial Revolution in American Business. Cambridge: American Business, 1977 e CHANDLER Jr., Alfred D. *Scale and scope*: the dynamics of industrial capitalism. Cambridge: Belknap, Harvard University, 1994.

[20] CHANDLER Jr., Alfred D. *Scale and scope*: the dynamics of industrial capitalism. Cambridge: Belknap, Harvard University, 1994.

[21] Uma discussão mais pormenorizada sobre custos de transação é feita no capítulo dedicado às novas formas de coordenação (Capítulo 8), especificamente na coordenação por contratos.

[22.]Discutido no capítulo dedicado à classificação de estruturas de Henry Mintzberg (Capítulo 3).

[23.]Isso é discutido desde *Strategy and structure* e em *Scale and scope* (ver CHANDLER Jr., Alfred D. *Strategy and structure*: chapters in the history of the industrial enterprise. Cambridge: MIT Press, 1962 e CHANDLER Jr., Alfred D. *Scale and scope:* the dynamics of industrial capitalism. Cambridge: Belknap, Harvard University, 1994).

[24.]Uma das maiores influências nas discussões de empreendedorismo vem de Joseph Schumpeter (ver SCHUMPETER, Joseph A. *A teoria do desenvolvimento econômico*. Coleção Os Economistas. São Paulo: Nova Cultural, 1988). Discussões sobre o empreendedorismo como estratégia subsidiária pode ser vista em: ANSOFF, H. Igor, DECLERCK, Roger P., HAYES, Robert L. *Do planejamento estratégico à administração estratégica*. São Paulo: Atlas, 1981. p. 48 e ANSOFF, H. Igor e McDONNELL, Edward J. *Implantando a administração estratégica*. São Paulo: Atlas 1993. p. 285.

[25.]Discutido em CHANDLER Jr., Alfred D. *Scale and scope:* the dynamics of industrial capitalism. Cambridge: Bleiknap, Harvard University, 1994.

[26.]ANSOFF, H. Igor, DECLERCK, Roger P. e HAYES, Robert L. *Do planejamento estratégico à administração estratégica*. São Paulo: Atlas, 1981. p. 48.

[27.]HAMMER, Michael. A essência da nova organização. In: THE PETER DRUCKER FOUNDATION. *A organização do futuro*: como preparar hoje as empresas de amanhã. São Paulo: Futura, 1997.

[28.]Isso foi discutido no capítulo sobre ambiente, a partir da tipologia apresentada por Philip Kotler e Gary Armstrong, em que parece haver, cada vez mais, uma passagem de filosofias de Administração de Marketing focadas na produção e no produto para o aspecto mercadológico (KOTLER, Philip e ARMSTRONG, Gary. *Princípios de marketing*. Rio de Janeiro: LTC, 1999).

[29.]MONTGOMERY, Cynthia A. e PORTER, Michael E. *Estratégia*: a busca da vantagem competitiva. Rio de Janeiro: Campus, 1998.

[30.]Peter Drucker enfatiza que, em qualquer empreendimento, os resultados não estão dentro da empresa, mas se referem a um consumidor ou cliente (ver DRUCKER, Peter F. Management and the world's work. *Harvard Business Review*, v. 66, n. 5, Sep-Oct, 1988, p. 65-76).

[31.]Além do discutido por Michael Hammer (HAMMER, Michael. A essência da nova organização. In: THE PETER DRUCKER FOUNDATION. *A organização do futuro*: como preparar hoje as empresas de amanhã. São Paulo: Futura, 1997), vale lembrar as clássicas ponderações de John K. Galbraith, que alerta para o fato de que as "planilhas" seriam mais importantes que o mercado na sociedade industrial (GALBRAITH, John Kenneth. *O novo estado industrial*. São Paulo: Nova Cultural, 1988).

[32.]Esse aspecto pode ser verificado em RIES, Al e TROUT, Jack. *Marketing de guerra*. São Paulo: McGraw-Hill, 1986.

[33.]Adequada discussão sobre isso pode ser verificada em CREINER, Stuart. *Grandes pensadores da Administração*: as idéias que revolucionaram o mundo dos negócios. São Paulo: Futura, 2000; OHMAE, Kenichi. Voltando à estratégia. In: MONTGOMERY, Cynthia A. e PORTER, Michael E. *Estratégia*: a busca da vantagem competitiva. Rio de Janeiro: Campus, 1998, assim como HAMMER, Michael. A essência da nova organização. In: THE PETER DRUCKER FOUNDATION. *A organização do futuro*: como preparar hoje as empresas de amanhã. São Paulo: Futura, 1997.

[34.]Discussões sobre isso podem ser verificadas em CREINER, Stuart. *Grandes pensadores da Administração*: as idéias que revolucionaram o mundo dos negócios. São Paulo: Futura, 2000. Interessante referência aparece com Regis McKenna, em que se defende uma relação mais próxima entre empresa e cliente. Esse autor é contra estratégias tradicionais baseadas, apenas, em promoções (publicidade e vendas, principalmente) A idéia de McKenna não é apenas de se pesquisar necessidades e atendê-las, mas dialogar com o cliente, trazendo-o para colaborar com a empresa para que ela possa melhor servi-lo (MCKENNA, Regis. *Marketing de relacionamento:*. estratégias bem-sucedidas para a era do cliente. Rio de Janeiro: Campus, 1992).

[35.]Aspectos discutidos no capítulo sobre ambiente, assim como em nota anterior, a partir de considerações de Michael Hammer.

[36.]KOTLER, Philip e ARMSTRONG, Gary. *Princípios de marketing*. Rio de Janeiro: LTC, 1999.

[37.]MINTZBERG, Henry e QUINN, James Brian. *O processo da estratégia*. Porto Alegre: Bookman, 2001. p. 96.

[38.]PORTER, Michael E. *Estratégia competitiva*: técnicas para análise de indústrias e da concorrência. Rio: Campus 1986.

[39.]Esses conceitos com origens econômicas são utilizados nos novos modelos de análise estratégica, como pode ser verificado em GHEMAWAT, Pankaj. Vantagem sustentável. In: MONTGOMERY, Cynthia A. e PORTER, Michael E. *Estratégia*: a busca da vantagem competitiva. Rio de Janeiro: Campus, 1998, e MINTZBERG, Henry e QUINN, James Brian. *O processo da estratégia*. Porto Alegre: Bookman, 2001.

[40.]Henry Mintzberg, apesar da posição questionadora, fala sobre modelos cada vez mais avançados em relação aos modelos simples ligados à elaboração do Planejamento Estratégico.

[41.]Referência para a discussão de competências essenciais vem de C. K. Prahalad e Gary Hamel. (ver, p. ex., PRAHALAD, C. K. e HAMEL, Gary. A competência essencial da corporação. In: MONTGOMERY, Cynthia A. e PORTER, Michael E. *Estratégia*: a busca da vantagem competitiva. Rio de Janeiro: Campus, 1998).

[42.]Ric Duques e Paul Gaske falam em "revitalizar o espírito empreendedor" (ver DUQUES, Ric e GASKE, Paul. A grande organização do futuro. In: THE PETER DRUCKER FOUNDATION. *A organização do futuro*: como preparar hoje as empresas de amanhã. São Paulo: Futura, 1997. p. 55).

[43.]Dentro da idéia de que estratégias empreendedoras absorvem lucros para que se avance em novos mercados ou lance novos produtos (ver ANSOFF, H. Igor, DECLERCK, Roger P., HAYES, Robert L. *Do planejamento estratégico à administração estratégica*. São Paulo: Atlas, 1981).

[44.]KOTLER, Philip. Competitividade e caráter cívico. In: THE PETER DRUCKER FOUNDATION. *A organização do futuro*: como preparar hoje as empresas de amanhã. São Paulo: Futura, 1997.

[45.]Philip Kotler oferece vários exemplos que permitem observar uma escala relacionada a preocupações sociais da empresa (ver KOTLER, Philip. Competitividade e caráter cívico. In: THE PETER DRUCKER FOUNDATION. *A organização do futuro*: como preparar hoje as empresas de amanhã. São Paulo: Futura, 1997).

[46.]Esse é um alerta de PARSTON, Greg. Produzindo resultados sociais. In: THE PETER DRUCKER FOUNDATION. *A organização do futuro*: como preparar hoje as empresas de amanhã. São Paulo: Futura, 1997.

[47.]Duas boas referências sobre esse assunto são: LEVITT, Theodore. A globalização dos mercados. In: MONTGOMERY, Cynthia A. e PORTER, Michael E. *Estratégia*: a busca da vantagem competitiva. Rio de Janeiro: Campus, 1998 e OHMAE, Kenichi. Gerenciando em um mundo sem fronteiras. In: MONTGOMERY, Cynthia A. e PORTER, Michael E. *Estratégia*: a busca da vantagem competitiva. Rio de Janeiro: Campus, 1998.

[48.]Essas formas podem ser vistas em BATEMAN, Thomas S., SNELL, Scott A. *Administração*: construindo vantagem competitiva. São Paulo: Atlas,

1998, a partir de HILL, C. W. L., HWANG, P. e KIM, W. C. An eclectic theory of the choice of international entry mode. *Strategic Management Journal* 11, p. 117-128, 1990.

[49.]Ver TOMASKO, Robert M. *Downsizing*: reformulando e redimensionando sua empresa para o futuro. São Paulo: Makron Books, 1992.

[50.]Conforme John Naisbitt, Jack Welch seria um dos defensores dessa estratégia (NAISBITT, John. *O paradoxo global*. Rio de Janeiro: Campus, 1994). Alguns mecanismos para se viabilizar essa estratégia podem ser vistos em: DUQUES, Ric e GASKE, Paul. A grande organização do futuro. In: THE PETER DRUCKER FOUNDATION. *A organização do futuro*: como preparar hoje as empresas de amanhã. São Paulo: Futura, 1997.

[51.]Discutido no capítulo dedicado à classificação de estruturas de Henry Mintzberg (Capítulo 3), principalmente na Estrutura Simples.

[52.]A discussão de negócio passa, geralmente, pela determinação da necessidade do cliente que a empresa satisfaz. Uma referência para isso é LEVITT, Theodore. Miopia em marketing. *Coleção Harvard de Administração*, vol. 1. São Paulo: Nova Cultural, 1986. Henry Mintzberg apresenta críticas ao conceito de negócio em Theodore Levitt (ver MINTZBERG, Henry, AHLSTRAND, Bruce e LAMPEL, Joseph. *Safári de estratégia*: um roteiro pela selva do planejamento estratégico. Porto Alegre: Bookman, 2000).

[53.]QUINN, James Brian e HILMER, Frederick G. Essência competitiva e terceirização estratégica. In: MINTZBERG, Henry e QUINN, James Brian. *O processo da estratégia*. Porto Alegre: Bookman, 2001. p. 72.

[54.]QUINN, James Brian e HILMER, Frederick G. Essência competitiva e terceirização estratégica. In: MINTZBERG, Henry e QUINN, James Brian. *O processo da estratégia*. Porto Alegre: Bookman, 2001.

[55.]Artigo de Alfred Chandler enfatiza esse aspecto (ver CHANDLER Jr., Alfred D. A lógica duradoura do sucesso industrial. In: MONTGOMERY, Cynthia A. e PORTER, Michael E. *Estratégia*: a busca da vantagem competitiva. Rio de Janeiro: Campus, 1998).

[56.]Interessante discussão sobre isso pode ser vista em CASTELLS, Manuel. *A sociedade em rede*. São Paulo: Paz e Terra, 2001.

[57.]CASTELLS, Manuel. *A sociedade em rede*. São Paulo: Paz e Terra, 2001. p. 178.

[58.]Interessante reportagem tratando do assunto em empresas de papel e celulose, ver PADUAN, Roberta. Grande é bonito. *Revista Exame*, 29/06/2003.

[59.]Artigos sobre alianças logísticas: BOWERSOX, Donald J. Os benefícios estratégicos das alianças logísticas. In: MONTGOMERY, Cynthia A. e PORTER, Michael E. *Estratégia*: a busca da vantagem competitiva. Rio de Janeiro: Campus, 1998; sobre parceria com fornecedores: HAKANA, Martin E. e HAWKINS, Bill. Organizando para a vitória contínua. In: THE PETER DRUCKER FOUNDATION. *A organização do futuro*: como preparar hoje as empresas de amanhã. São Paulo: Futura, 1997, e ASHKENAS, Ron. A roupa nova da organização. In: THE PETER DRUCKER FOUNDATION. *A organização do futuro*: como preparar hoje as empresas de amanhã. São Paulo: Futura, 1997; Artigos sobre alianças e parcerias entre concorrentes: BLEEKE, Joel e ERNEST, David. Colaborando para competir. In: MINTZBERG, Henry e QUINN, James Brian. *O processo da estratégia*. Porto Alegre: Bookman, 2001.

[60.]Esse aspecto é mais bem discutido no capítulo sobre novas formas de coordenação (Capítulo 8), especificamente na discussão sobre coordenação por contratos. Deve-se enfatizar que, apesar de esse aspecto estar sendo realçado atualmente, sua discussão não é nova nos estudos organizacionais, como pode ser visto, por exemplo, em PERROW, Charles. *Sociología de las organizaciones*. España: McGraw-Hill, 1991.

[61.]Artigo interessante sobre esse assunto: STALK Jr, George. Tempo: a próxima fonte de vantagem competitiva. In: MONTGOMERY, Cynthia A. e PORTER, Michael E. *Estratégia*: a busca da vantagem competitiva. Rio de Janeiro: Campus, 1998.

[62.]HAMMER, Michael e CHAMPY, James. *Reengenharia*: revolucionando a empresa. Rio de Janeiro: Campos, 1993.

[63.]Interessantes artigos sobre esse assunto: McFARLAN, F. Warren. A tecnologia da informação muda a sua maneira de competir. In: MONTGOMERY, Cynthia A. e PORTER, Michael E. *Estratégia*: a busca da vantagem competitiva. Rio de Janeiro: Campus, 1998 e HANAKA, Martin E. e HAWKINS, Bill. Organizando para a vitória contínua. In: THE PETER DRUCKER FOUNDATION. *A organização do futuro*: como preparar hoje as empresas de amanhã. São Paulo: Futura, 1997.

[64.]Vários teóricos discutem o assunto, como por exemplo: ULRICH, Dave. *Os campeões de recursos humanos*. São Paulo: Futura, 1998.

[65.]Wanderley Codo apresenta três movimentos recentes que substituem modelos anteriores de gestão: qualidade, participação e saúde mental (ver CODO, Wanderley. Qualidade, participação e saúde mental: muitos impasses e algumas saídas para o trabalho no final do século. In: DAVEL, Eduardo e VASCONCELOS, João (org.) *Recursos Humanos e subjetividade*. Petrópolis: Vozes, 1995).

[66.]Além da discussão referente à Administração ou Gestão Estratégica, podem-se apresentar dois interessantes artigos que discutem esse assunto: GOOLD, Michael e CAMPBELL, Andrew. As melhores maneiras de formular estratégias. In: MONTGOMERY, Cynthia A. e PORTER, Michael E. *Estratégia*: a busca da vantagem competitiva. Rio de Janeiro: Campus, 1998 e ANDREWS, Kenneth R. A responsabilidade dos diretores pela estratégia corporativa. In: MONTGOMERY, Cynthia A. e PORTER, Michael E. *Estratégia*: a busca da vantagem competitiva. Rio de Janeiro: Campus, 1998. Outro texto interessante sobre os novos papéis da cúpula das empresas pode ser visto em DRUCKER, Peter. F. A corporação sobreviverá? *Revista Exame*, 18/05/2003. O crescente interesse em assuntos relacionados à Governança Corporativa pode, também, ser usado para enfatizar a busca da divisão de responsabilidades sobre as grandes decisões nas organizações. Nesse caso, enfatiza-se a responsabilidade da empresa junto a acionistas e demais interessados da sociedade (responsabilidade social) (ver LODI, João Bosco. *Governança Corporativa*: o governo da empresa e o conselho de administração. Rio de Janeiro: Elsevier, 2000, e STEINBERG, Herbert e HLLQVIST, Bengt. *A dimensão humana da Governança Corporativa*: pessoas criam as melhores e piores práticas. São Paulo: Editora Gente, 2003).

[67.]Discussão sobre isso pode ser vista em: MINTZBERG, Henry, AHLSTRAND, Bruce e LAMPEL, Joseph. *Safári de estratégia*: um roteiro pela selva do planejamento estratégico. Porto Alegre: Bookman, 2000, e MOTTA, P. R. *A ciência e a arte de ser dirigente*. Rio de Janeiro: Record, 1991.

Parte III
MODIFICAÇÕES INTERNAS

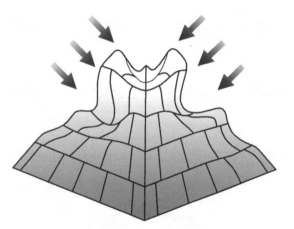

"Para descrever a organização do futuro, precisamos primeiro considerar o camaleão, que não é um animal bonito, exceto para os naturalistas e as crianças em idade escolar. Com sua crista, seus chifres e olhos salientes que se movem independentemente um do outro, o réptil parece uma cruel travessura da natureza. Todavia, trata-se de um truque para presas e predadores, pois é dotado de todo o 'equipamento' necessário para assegurar sua sobrevivência. O camaleão tem corpo achatado e sua pele muda de cor em resposta a estímulos como a luz, a temperatura e a emoção. Em outras palavras, o camaleão constantemente se adapta ao ambiente."

Doug Miller, in *A organização do futuro*.

Novas Possibilidades Organizacionais

Diante das situações ambientais que vigoraram no passado, das estratégias tradicionais e das formas anteriores de automação, apareceram as estruturas organizacionais tão bem sistematizadas no modelo de configurações básicas de Henry Mintzberg. Dentre elas, destaque pode ser oferecido à Burocracia Mecanizada e à sua variação na Divisionada como formas que tiveram extrema importância na sociedade, o que caracterizou, inclusive, a chamada Sociedade Industrial. Entretanto, a partir das alterações na tecnologia de automação, no ambiente e na estratégia organizacional apontadas nos capítulos anteriores, surgiram modificações organizacionais discutidas por vários autores, como novas tecnologias administrativas, novas possibilidades estruturais, novos modelos de mudança e novos modelos de gestão.[1]

O presente capítulo, também de forma resumida, apresenta essas *novas possibilidades organizacionais*, pois algumas delas fazem parte ou estão sendo usadas nas empresas que utilizam uma estrutura baseada na Burocracia Automatizada e outras, ainda, têm um relacionamento direto com esse novo formato organizacional.

Inicialmente, porém, são apresentadas algumas propostas organizacionais que causaram certas modificações nas grandes empresas, mas não a ponto de se alterarem, substancialmente, seus formatos baseados na estrutura burocrática mecanizada. Devido a isso, inclusive, elas estão sendo consideradas antecedentes das novas possibilidades organizacionais.

7.1 Antecedentes das Novas Possibilidades Organizacionais

Apesar de defendida por muitos como o modelo ideal de organização para as grandes empresas de produção em massa, a estrutura burocrática mecanizada nunca passou ilesa a questionamentos. Diversos estudiosos o fizeram, seja por sua extrema preocupação com os meios, pela prejudicial centralização decisória, pelos problemas ligados aos aspectos humanos, pela sua falta de flexibilidade, além de outros aspectos. Para responder a esses questionamentos, então, diversas propostas apareceram. Salientam-se, dentre elas, aquelas ligadas à maior preocupação com os objetivos e à defesa da descentralização decisória, da Qualidade de Vida no Trabalho, dos trabalhos em equipes, do uso de estruturas matriciais e das intervenções de Desenvolvimento Organizacional.

A Administração por Objetivos

A Administração por Objetivos – APO – tem como grande expoente Peter F. Drucker,[2] que, na década de 1950, apresentou uma crítica ao modelo de administração baseado no padrão burocrático mecanizado apenas. Para esse autor, um dos maiores problemas dentro das empresas estava ligado ao fato de que os administradores sofriam de demasiada preocupação com os meios e não com os fins organizacionais. Três "forças", afirmava ele, colaboravam para isso: o trabalho especializado, a estrutura hierárquica e as diferenças de perspectivas entre os administradores. Como solução, ele apregoava que os administradores, em qualquer nível, deveriam conhecer os objetivos organizacionais e sua parcela no alcance desses objetivos. Assim, poderiam voltar sua administração para obter tais resultados.

Figura 7.1 Administração por Objetivos

Problemas da administração tradicional	Soluções a partir da Administração por Objetivos
Demasiada preocupação com os meios devido a: – o trabalho especializado; – a estrutura hierárquica; – as diferenças de perspectivas entre os administradores.	Os administradores, em qualquer nível, deveriam conhecer: – os objetivos organizacionais; – a sua parcela no atingimento dos mesmos.

Apesar de sofrer muito questionamento no que se refere ao controle baseado, apenas, em resultados, não levando em consideração outros aspectos organizacionais,[3] indubitavelmente a APO teve, e apresenta, ainda, grande influência nas práticas empresariais. Pode ser considerada, por exemplo, uma das precursoras das formas de gestão baseadas em resultados e, mesmo, de trabalhos futuros ligados ao Planejamento Estratégico e de Administração Estratégica. Além disso, a APO é utilizada, também, como referência na elaboração de instrumentos de avaliação de desempenho baseados em resultados.[4]

As Unidades Estratégicas de Negócios

Uma nova possibilidade estrutural desenvolvida, principalmente, a partir da década de 1960 como alternativa às tradicionais departamentalizações por funções e, mesmo, por divisões[5] foi aquela baseada nas Unidades Estratégicas de Negócios – UEN.

H. Igor Ansoff[6] afirma que a complexidade que atingiram muitas empresas, apresentando uma enorme variedade de produtos e mercados, levou-as a atuar em diferentes negócios. Como conseqüência, muitas organizações apresentavam dificuldades em enxergá-los com clareza, gerenciá-los estrategicamente e, ainda, apurar aqueles com melhores ou piores retornos. A partir do conceito de UEN, coloca-se nas diversas unidades dentro da estrutura de uma empresa a responsabilidade não apenas por decisões táticas ou operacionais, mas, também, por decisões estratégicas. Essas unidades, assim, ficariam responsáveis pela leitura ambiental e por traçar muitas estratégias em seu âmbito de atuação, as chamadas Áreas Estratégicas de Negócio.

A exemplo de outros, esse conceito foi muito popularizado e utilizado por várias empresas.[7] Isso apesar do fato de se poderem questionar muitos de seus princípios básicos, principalmente no que se refere aos perigos da descentralização demasiada.[8]

Trabalhos em Equipe e as Organizações Paralelas

Devido à pouca flexibilidade apresentada pelas estruturas burocráticas, uma das práticas organizacionais que adquiriu grande importância foi a do uso de trabalhos em equipes, sejam elas temporárias (grupos-tarefa), sejam elas permanentes (organizações paralelas). Basicamente, nas referidas equipes, observa-se um conjunto de pessoas, muitas vezes oriundas de áreas diferentes dentro de uma mesma empresa, e que se voltam para a solução de problemas e a apresentação de propostas de modificações.[9] As funções de interligação entre setores e de inovação são as causas principais para a utilização dessa nova possibilidade estrutural.[10]

Atualmente, a utilização dessas equipes é considerada corriqueira em muitas empresas, e seus princípios são assimilados em outras tecnologias ou técnicas administrativas mais recentes.

A Qualidade de Vida no Trabalho

Por Qualidade de Vida no Trabalho – QVT – pode-se considerar um grande movimento que tomou espaço na Europa e nos Estados Unidos, principalmente a partir da década de 1970, em que se buscaram a diminuição de índices de rotatividade e de absenteísmo e um aumento de produtividade a partir de melhorias no ambiente de trabalho. Como origens desse movimento, apontam-se, geralmente, o desenvolvimento das teorias de motivação e de satisfação no trabalho e as pressões sociais diversas que surgiram naquele período.[11]

Em termos práticos, com a QVT, são utilizadas técnicas diversas, como o alargamento e o enriquecimento de cargos e a formação de grupos semi-autônomos. Além disso, buscam-se melhorias de caráter extrínseco às atividades do trabalhador, como melhor remuneração e melhorias na segurança e no ambiente social.[12]

Apesar do uso reduzido se comparado a outras tecnologias organizacionais,[13] o movimento de QVT gerou poderosos modelos de monitoramento e intervenção organizacional, incluindo a construção de plantas produtivas a partir de vários de seus pressupostos.[14] Até hoje, tem gerado interessantes pesquisas e oferecido suporte para intervenções.[15]

Desenvolvimento Organizacional

Da mesma forma que a QVT, o Desenvolvimento Organizacional – DO – pode ser considerado um grande movimento que teve influência dentro das organizações burocráticas, com o objetivo de se alcançar maior flexibilidade e melhor aproveitamento dos fatores humanos.[16] Sofreu grande influencia teórica e, assim, engloba, em seus conceitos, os mais diversos elementos. Todavia, de forma geral, pode-se salientar que o DO enfatiza mais os trabalhos em grupo e o desenvolvimento dos indivíduos no trabalho, apoiando-se em valores humanísticos.[17]

Stephen Robbins salienta que o DO se baseia em paradigmas de crescimento humano e organizacional, processos colaborativos e participativos e um espírito de questionamento, utilizando técnicas como o treinamento de sensibilidade, o *feedback* de pesquisa, a consulta de processo, a formação de equipes e o desenvolvimento intergrupos.[18]

Pode-se dizer que, hoje, assim como as práticas ligadas aos trabalhos em equipe e de QVT, seus conceitos e suas ações estão diluídos nas modernas práticas empresariais e em diversas das novas tecnologias organizacionais.

Estruturas Matriciais

Tradicionalmente, as organizações burocráticas sempre mantiveram em suas estruturas formas de agrupamento (departamentalização) relativamente simples, baseadas em funções (Finanças, Produção, Pesquisa, Marketing etc.) ou em divisões (por produtos ou área geográfica, por exemplo). Essas formas de departamentalização, inclusive, procuraram se guiar pelo princípio clássico da unidade de comando defendida por Henry Fayol.[19] Todavia, de maneira alternativa, uma forma de agrupar de maneira mista foi desenvolvida por algumas organizações em resposta a situações peculiares. Denominada *matriz*, essa forma mista de agrupamento rompe com o princípio da unidade de comando e coloca os trabalhadores em condições de dupla supervisão (um gerente funcional e um gerente de projeto, por exemplo).[20]

Em determinado momento, inclusive, muita atenção foi dada a essa forma de agrupar, aparecendo alguns que a defenderam como uma maneira mais avançada de se estruturarem áreas, principalmente as operacionais. Deve-se destacar, porém, que a matriz é uma forma de agrupar típica de Adhocracias,[21] e a sua utilização em empresas de produção em massa pode ser muito contestada ou, pelo menos, ter o uso bastante restrito.

A Administração Estratégica ou Gestão Estratégica

Com base, principalmente, nos trabalhos de Planejamento Estratégico, surgiu a chamada Gestão ou Administração Estratégica. Duas razões principais podem ser apontadas para o desenvolvimento e a aplicação desse conceito: a primeira, pelas limitações da cúpula estratégica, responsável pela elaboração do Planejamento Estratégico, em conhecer todas as modificações, dinamismo e complexidades da organização e do ambiente em que ela está inserida; a segunda, pela dificuldade de implementação do Planejamento Estratégico, devido a causas diversas, principalmente aquelas ligadas à resistência dos indivíduos na organização.[22]

A partir da Administração Estratégica, procura-se reunir o planejamento e a gestão em um único processo, buscando-se envolver os vários níveis organizacionais na confecção do planejamento e na responsabilidade de sua implementação.[23] Em termos práticos, a participação dos níveis inferiores é solicitada na confecção do Planejamento Estratégico, e, num segundo momento, esses níveis devem fazer seus planejamentos em consonância com ele.

Figura 7.2 O Planejamento Estratégico e a Administração Estratégica

Problemas do Planejamento Estratégico Tradicional	Soluções a Partir da Gestão ou Administração Estratégica
– Limitações da cúpula estratégica em conhecer todas as modificações, complexidades e dinamismo da organização e do ambiente em que está inserida. – Dificuldade de implementação do Planejamento Estratégico devido a causas diversas, principalmente aquelas ligadas à resistência dos indivíduos na organização.	– Reúne o planejamento e a gestão em um único processo. – Os diversos níveis da organização participam da formulação do planejamento estratégico. – Os vários administradores fazem seu planejamento de acordo com o Planejamento Estratégico.

Da mesma forma que outros conceitos administrativos, a Gestão Estratégica é, atualmente, bem assimilada nos meios organizacionais, e seus princípios são bastante utilizados.

7.2 Novas Tecnologias Administrativas, Novas Possibilidades Estruturais e Novas Formas de Mudança e de Gestão

Com as mudanças ambientais, tecnológicas e estratégicas batendo, cada vez mais, à porta das empresas, o questionamento do uso de estruturas baseadas na forma burocrática mecanizada nas organizações se avolumou, e as novidades anteriores descritas não estavam sendo suficientes para responder aos novos desafios. Apareceram, assim, novas possibilidades organizacionais, conhecidas, muitas vezes, como novas tecnologias administrativas, novas possibilidades estruturais, novas formas de mudança e novos modelos de gestão. Dentre elas, aparecem com destaque a Gestão pela Qualidade Total, a produção enxuta, os movimentos de Reengenharia e de terceirização, as organizações em rede, as organizações de aprendizagem, o movimento de defesa do empreendedorismo, a Gestão Estratégica de Pessoas, a gestão das competências, o *empowerment* e o *downsizing*.

Gestão pela Qualidade Total

Como Gestão pela Qualidade Total – GQT – considera-se um modelo de gestão baseado em métodos japoneses de administração que se alastrou pelo Ocidente nas últimas décadas e que apresenta significativas diferenças com relação às formas de gestão ligadas ao padrão burocrático mecanizado.

Em termos estratégicos, dentre outras, verifica-se uma forte orientação para o cliente e sua satisfação. Em termos operacionais, observa-se o envolvimento de todos os trabalhadores e setores na viabilização das estratégias. E, balizando as orientações estratégicas e participações dos trabalhadores, se junta o *kaizen*, um princípio que faz parte dos valores e da cultura japonesa e que preconiza a busca constante de melhorias nos processos, nos produtos e na sua qualidade.[24]

Vale enfatizar que em uma GQT as mudanças advindas têm base no incrementalismo e na participação. No primeiro aspecto, verifica-se a busca de inovação de forma continuada (*kaizen*) a partir de pequenas modificações ao longo do tempo. No segundo, observa-se o envolvimento dos diversos níveis na busca desse incrementalismo, incluindo a formação de diversos grupos de qualidade total.[25]

Ainda com relação ao aspecto participativo e ao uso de trabalhos grupais, é interessante observar as semelhanças entre a GQT e algumas tecnologias administrativas ocidentais, que procuraram fugir de formas de gestão clássicas e burocráticas, como o DO.[26] Nos dois modelos, enfatiza-se, por exemplo, a busca de inovação juntamente com a menor resistência dos participantes.

Todavia, apesar da origem oriental, da influência das peculiaridades da cultura japonesa e das diferenças em termos estratégicos e operacionais apresentados anteriormente, na GQT aparecem, ainda, alguns princípios clássicos e burocráticos de gerenciamento ocidental. A preocupação com a qualidade em produtos e processos e o largo uso de procedimentos padronizados são exemplos disso.[27]

Algumas críticas podem ser apresentadas a esse modelo de gestão, principalmente ligadas à dificuldade ou, mesmo, inviabilidade de sua transferência para ambientes ocidentais, que apresentam valores e cultura muito diferentes dos orientais. Além disso, pode-se criticar também o *modismo* que se seguiu ao seu surgimento, pois muitos defenderam a GQT incondicionalmente, independentemente da realidade da organização considerada.[28]

Quadro 7.1 Aspectos Básicos da Gestão pela Qualidade Total

Semelhanças com formas clássicas e burocráticas de gerenciamento	Diferenças com formas clássicas e burocráticas de gerenciamento
Estratégicas • Preocupação com a qualidade nos produtos e nos processos	**Estratégicas** • Forte orientação para o cliente e sua satisfação
Operacionais • Grande uso de procedimentos padronizados	**Operacionais** • Envolvimento de todos os trabalhadores e setores na viabilização das referidas estratégias
	Geral • O *kaizen* – busca constante de melhorias nos processos, nos produtos e na sua qualidade

A Produção Enxuta

Também de origem japonesa, surgiu, recentemente, uma forma de organização do trabalho e seu gerenciamento que rompe, em vários aspectos, com os princípios administrativos ligados àqueles característicos da Burocracia Mecanizada. Muitas vezes chamada de *toyotismo*, a produção enxuta busca atender as necessidades de empresas de produção em massa que procuram aumentar sua produtividade e flexibilidade, a partir da melhor adequação entre produção e qualidade e da eliminação de *folgas* oriundas das estruturas burocráticas.

Com relação a isso, há que se observar que nas formas burocráticas de produção, principalmente na mecanizada, sempre existiram folgas nos intervalos de operações para um melhor ajuste entre as etapas de produção. Essas folgas poderiam aparecer como estoques intermediários, mão-de-obra de reserva, dentre outras. Procurando eliminar essas folgas, a produção enxuta aparece com um processo produtivo e uma estrutura que exige melhor desempenho por parte do trabalhador em termos de produtividade e de qualidade, baseando-se, principalmente, na variedade de funções ou multifuncionalidade (por exemplo: produzir, verificar a qualidade e cuidar da manutenção dos equipamentos). As novas tecnologias como o *just-in-time*, o *kanban,* dentre outras, são técnicas usadas nesse novo modelo de organização do trabalho. Além disso, geralmente as empresas que utilizam a produção enxuta fazem uso de algumas práticas utilizadas na Gestão pela Qualidade Total, como o princípio do *kaizen* e o uso de grupos de melhoria. Muitas vezes, também, essa forma de produção aparece acompanhada de uma grande automação e de um processo de diminuição de níveis hierárquicos (*downsizing*).

James Womack, Daniel Jones e Daniel Roos,[29] importantes expoentes na descrição desse tipo de organização do trabalho, apontam como suas principais características as decisões tomadas em níveis mais baixos da organização; o uso de equipes multifuncionais responsáveis por várias tarefas dentro da empresa, inclusive a qualidade; a produção em pequenos lotes em função de pedidos efetuados (*just-in-time*); e um sistema de alimentação externa em que os fornecedores são tratados como parceiros a partir de comprometimento e lealdade.[30]

Dessa forma, alguns princípios defendidos na Burocracia Mecanizada, como a especialização e a centralização, aparecem questionados nesses modelos japoneses, seja na produção enxuta, seja na Gestão pela Qualidade Total. Conseqüências diversas, inclusive, podem ser apontadas. James Womack, Daniel Jones e Daniel Roos, além de enfatizarem o aumento da produtividade, da qualidade e flexibilidade, afirmam que a produção enxuta possibilita maior comprometimento e satisfação ao trabalhador. De acordo com suas afirmações, ela seria uma forma mais adequada à natureza humana, que busca a responsabilidade, a competição e o desafio.

Por outro lado, podem-se apontar várias críticas a essa forma de organização do trabalho, principalmente no que se refere à intensificação do trabalho humano, sob o argumento de melhor aproveitamento da mão-de-obra.[31]

Reengenharia

Buscando os mesmos objetivos das práticas anteriores, como o aumento da qualidade, da produtividade e da flexibilidade, mas por intermédio de caminhos bem diferentes, apareceu a Reengenharia.

Os modelos com influência japonesa, assim como o DO, têm como base alterações lentas ou mudanças incrementais preocupadas com a melhor assimilação por parte da organização e a busca de comprometimento entre os trabalhadores. Entretanto, devido a vários imperativos contingenciais, principalmente os econômicos, às novas possibilidades tecnológicas e, ainda, às características culturais ocidentais, em algumas empresas se optou por mudanças caracterizadas pela rapidez, pelo radicalismo e pela imposição, na busca de alterações substanciais na organização do trabalho.

As bases para se discutir a Reengenharia podem ser vistas na obra de Michael Hammer e James Champy,[32] defensores desse modelo de mudança. De forma geral, esses autores se apóiam na invalidade de modelos organizacionais baseados na especialização e defendem alterações rápidas e totais nos processos de produção e, ainda, o uso intensivo da tecnologia de informação. Especificamente para a tecnologia da informação, eles defendem o seu uso não apenas para se automatizarem os procedimentos anteriores, mas como apoio na modificação dos processos produtivos.

Em termos práticos, em uma Reengenharia, alguns elementos deveriam ser observados, como: organização por resultados, reunião de tarefas em uma pessoa ou uma equipe; autonomia e responsabilidade para os executantes e uso de controles automáticos.[33]

Conforme Michael Hammer e James Champy,[34] após a Reengenharia, as alterações visíveis seriam, dentre outras: de departamentos funcionais para equipes de processos, de tarefas simples para multidimensionais, de pessoas controladas para autorizadas, do treinamento para a educação, de gerentes supervisores para instrutores, de estruturas hierárquicas para estruturas niveladas, de executivos controladores para líderes.

Em trabalho posterior, Michael Hammer[35] aborda questões ligadas aos reflexos da Reengenharia para os trabalhadores. Conforme esse autor: haveria a passagem do trabalhador para o profissional; surgiria uma nova forma de organização do trabalho baseada não em tarefa, mas em resultado ou processo, com ganhos significativos para os indivíduos; o trabalhador passaria a realizar tarefas amplas e complexas, exigindo-se que ele entendesse o quadro geral, como as metas do negócio, as necessidades dos clientes e a estrutura dos processos; os trabalhos ficariam mais desafiadores, aparecendo maior autonomia, responsabilidade pelos resultados e autoridade para se tomar decisões; seriam exigidas do novo trabalhador maior qualificação e uma mudança de atitude no trabalho; e a compensação seria a maior satisfação e uma forma de remuneração em grande parte baseada em resultados.

Como em várias práticas em administração, a Reengenharia não passou imune a críticas, principalmente pelo seu radicalismo, pelo aspecto autoritário, por gerar intensificação no trabalho, pela despreocupação com os aspectos sociais da empresa, pelo desprezo por trabalhos e pesquisas anteriores sobre organização, pelo determinismo tecnológico e, mesmo, pelo alto custo de sua implantação.[36]

Terceirização

Reflexo direto da estratégia de dedicação ao negócio principal (*core business)*, com a terceirização, uma empresa trata de transferir para outras algumas atividades que estariam sendo ou que poderiam ser realizadas por ela. Essa transferência de atividades traria vantagens relacionadas aos ganhos em especialização, como a maior produtividade e qualidade e, ainda, a possibilidade de flexibilidade dentro do seu negócio.[37]

Uma das grandes dificuldades da aplicação da terceirização seria a definição de atividades que poderiam ser terceirizadas. O que mais se verifica na prática é a terceirização de atividades não-centrais ou não ligadas ao processo produtivo principal da empresa, a terceirização de atividades de apoio e, mesmo, de atividades-meio, ou seja, não relacionadas diretamente aos clientes. Serviços de transporte, segurança, alimentação, limpeza, telefonia, assim como treinamento, manutenção e desenvolvimento de *softwares* são alguns exemplos que podem ser citados.

Entretanto, a terceirização de algumas atividades que poderiam ser vistas como típicas e ligadas ao processo produtivo pode aparecer. Isso ocorre quando a empresa não apresenta diferenciais competitivos nessas atividades ou produtos. A terceirização de várias etapas no processo produtivo que é realizado com freqüência pelas montadoras de automóveis é um exemplo que pode ser oferecido.[38]

Vale observar ainda que, além da busca de vantagens competitivas, outros fenômenos colaboram para que se utilize a terceirização: a possibilidade de se encontrarem fornecedores, as maiores facilidades de controle no fornecimento por intermédio da tecnologia da informação e, mesmo, um ambiente de confiança e lealdade entre as empresas envolvidas.

Organizações em Rede

De forma simples, pode-se conceituar a organização ou empresa em rede[39] como um sistema formado por empresas independentes que desempenham funções específicas e que mantêm entre si uma interdependência ou complementaridade. Entretanto, a discussão de organização em rede necessita de maiores esclarecimentos, principalmente com relação à sua origem e ao nível de análise de estrutura.

Quanto à sua origem, basicamente, verifica-se o nascimento das organizações em rede devido ao movimento de terceirização e à formação de alianças diversas entre empresas.[40] No primeiro caso, a partir da terceirização, uma empresa pode manter uma grande quantidade de fornecedores e ser, ela mesma, uma fornecedora de outras empresas, caracterizando-se assim a formação de uma organização constituída de várias empresas independentes. A existência de uma empresa-mãe centralizando as grandes decisões pode ser, também, verificada nesse tipo de organização. No segundo caso, a organização em rede aparece a partir da existência das alianças estratégicas em que empresas criam relações na busca de objetivos comuns. Vistas, muitas vezes, como parcerias, podem ocorrer entre empresas com negócios diferentes ou, mesmo, concorrentes que, numa situação específica, podem juntar esforços para atingir objetivos comuns, como o desenvolvimento de novas tecnologias, a entrada em novos mercados ou a redução de custos de fabricação.[41]

Quanto ao nível de análise de estrutura, verifica-se que a organização em rede pode ser vista com um sistema maior que engloba sistemas independentes menores (subsistemas). Assim, pode ser feita uma análise em separado do sistema menor, ou da unidade, e do sistema maior, ou da rede.[42] No da unidade, empresas com estruturas diferentes entre si podem fazer parte de uma mesma rede. Por exemplo, burocracias, adhocracias ou pequenas empresas com estruturas simples. No da rede, as discussões parecem enfatizar dois aspectos: relações contratuais e relações de confiança. Thomas Bateman, por exemplo, sem esquecer da confiança que deve existir nas relações entre empresas, afirma que *os membros da rede são reunidos por contratos e pagamentos por resultados (mecanismos de mercado), e não pela hierarquia e autoridade.*[43] Marc S. Gerstein, dentro do conceito de arquitetura organizacional e dando ênfase a aspectos informais, faz observações mais relacionadas à importância de relações interpessoais, de colaboração, confiança e valorização do conhecimento na formação de uma rede. Para esse autor, ela é uma estrutura difícil de ser construída e mantida, levando muito tempo no seu desenvolvimento, pois *"seu sucesso depende muito do pessoal e de um conjunto complexo de relações interpessoais criadas com o tempo".*[44]

Organizações de aprendizagem

Diante das exigências de uma organização flexível e inovadora e baseando-se nas estratégias voltadas para o desenvolvimento dos recursos humanos, ou no melhor aproveitamento do chamado *capital humano*, reforçam-se as idéias ligadas ao conceito de organizações de aprendizagem.

De forma bem simples, a noção de organizações de aprendizagem passa pela concepção da organização que é capaz de obter conhecimentos e se alterar, visando aproveitá-los, inclusive, na aquisição de novos conhecimentos.[45] Essa idéia de organizações de aprendizagem pode ser vista, também, como conseqüência de uma grande construção teórica, em que aparecem os estudiosos de mudanças organizacionais e da importância de se valorizarem os aspectos humanos além dos aspectos técnicos na empresa. Assim, apesar de sua complexidade e de certa abstração, o conceito conseguiu grande aceitação, tendo em vista o longo caminho teórico que percorreu.[46] Em termos práticos, o que se procura é conseguir na organização o engajamento do pessoal na aquisição de conhecimentos, internos ou externos, de sucessos e de fracassos, na busca do desenvolvimento pessoal e organizacional. Conforme Stuart Crainer, nas organizações de aprendizagem, o *ato de aprendizagem é contínuo, afetando e envolvendo todos os membros da organização*.[47]

Entretanto, apesar dessa grande aceitação, aparecem muitos questionamentos sobre a sua aplicação e suas limitações. No primeiro aspecto, há que se destacar que a operacionalização do conceito não é simples.[48] A própria definição de organização de aprendizagem caminha em sentido contrário à elaboração de modelos gerais de aplicação.[49] No segundo aspecto, além de questões ligadas a tempo e custos, pode-se destacar que, a partir das decisões incrementais que surgem com o uso de princípios de organização de aprendizagem, corre-se o risco de se privar a empresa de uma estratégia unificadora, de se perder uma adequada estratégia já existente ou, mesmo, de se levar a empresa a utilizar uma estratégia errada.[50]

O renascimento do empreendedorismo

Apesar de muitos considerarem a capacidade empreendedora um dos maiores responsáveis pelo desenvolvimento do capitalismo,[51] ao empreendedorismo foi relegado um lugar secundário nos estudos e, mesmo, nas práticas organizacionais no período de fortalecimento das grandes empresas burocráticas.[52] Atualmente, devido às diversas mudanças ambientais, exigem-se formas de gestão em que o comportamento empreendedor volta a ser importante.[53] Devido a isso, inclusive, avolumam-se estudos e trabalhos sobre esse assunto, e nas discussões atuais de empreendedorismo aparecem temas relacionados às áreas de atuação, formas possíveis e, ainda, as competências exigidas de um empreendedor.

Com relação às áreas de atuação, verifica-se que o empreendedorismo adquire espaço, principalmente, com os processos sujeitos a terceirização, com os novos negócios que surgem e, ainda, com o crescimento dos serviços personalizados. Para o primeiro caso, observa-se que, com os processos de terceirização, surgem oportunidades não apenas para grandes organizações, mas, também, para indivíduos ou grupos que queiram fornecer serviços às empresas que estão terceirizando parte de suas atividades. No segundo, constata-se o surgimento de novos negócios, principalmente aqueles ligados às novas tecnologias. O desenvolvimento de sistemas e *softwares* é exemplo desses novos negócios que fortalecem o empreendedorismo. Para o terceiro caso, há que se constatar que, com as mudanças culturais e sociais discutidas no Capítulo 5, surgem clientes afeitos a um consumo mais personalizado. No atendimento dessa demanda, aparecem, hoje, oportunidades para os novos empreendedores.

Para as formas possíveis, além do formato tradicional ligado aos empreendedores independentes, aparecem, também, novidades, como os empreendedores apoiados pelas empresas e, ainda, o conceito de empreendedores internos.[54] O formato tradicional engloba pessoas que, por diversas razões, como a insatisfação com o trabalho em empresas, a exclusão social, a necessidade de independência e de desafio, *aventuram-se* por conta própria em seu empreendimento. No segundo, aparecem aquelas que, por intermédio de um apoio da empresa em que trabalhavam, conseguem montar um negócio independente. O apoio da empresa principal pode ocorrer, por exemplo, em um setor ou negócio em que ela quer atuar, mas no qual não quer investir certos recursos. A experiência e os contatos profissionais podem ser oferecidos pela empresa principal como forma de apoio.[55] No terceiro caso, do empreendedor interno, verifica-se que, mais do que uma possibilidade, o comportamento empreendedor está se tornando quase um pré-requisito para o trabalho dentro das empresas. Esse conceito caminha no sentido de buscar empregados proativos, comprometidos e em condições de propor alterações e inovações, visando à sobrevivência e ao desenvolvimento da organização.[56]

No que se refere às competências empreendedoras, atualmente os trabalhos caminham em três direções:[57] aspectos comportamentais, tecnologia de criação do negócio e de manutenção do negócio. No primeiro aspecto, procuram-se, hoje, alterações comportamentais e atitudinais, tentando-se desenvolver capacidades ligadas a mudanças e inovações. No segundo, discutem-se ferramentas de apoio ao nascimento do negócio, com destaque para o chamado *plano de negócios*. No terceiro, enfatizam-se aspectos tradicionais em administração, haja vista que, após a montagem do empreendimento, é necessário gerenciá-lo, e, muitas vezes, o empreendedor não apresenta essa capacidade.

Quadro 7.2 Fortalecimento do Empreendedorismo na Atualidade

Áreas de atuação	Formas possíveis	Competências empreendedoras enfatizadas
• Terceirização • Novos negócios • Serviços personalizados	• Empreendimento individual • Empreendimento com apoio de uma empresa • Empreendedorismo interno em uma organização	• Comportamentos e atitudes empreendedoras • Tecnologia de criação de novos negócios (plano de negócios) • Manutenção do negócio (gestão)

Ainda com relação ao empreendedorismo, é necessário enfatizar que, muitas vezes, se aponta o seu crescimento devido a aspectos ligados ao desemprego. Em regiões em que as oportunidades de emprego diminuem devido, principalmente, à automação, ele pode se apresentar como uma possível alternativa. Todavia, nesse aspecto, não se devem esquecer as limitações do empreendedorismo na criação de trabalho e de demanda na sociedade.

Administração Estratégica de Recursos Humanos

Com relação às atividades ligadas à administração de recursos humanos nas Burocracias Mecanizadas, o que mais se verificou nas grandes empresas foi a existência de departamentos ou setores especializados nessa função e com tarefas de apoio aos demais administradores da organização. Esses departamentos seriam encarregados dessas atividades que eram mantidas internamente na empresa, e não adquiridas do mercado, por diversas razões,[58] como recrutamento e seleção, administração de cargos e salários, treinamento, além de outras. Aos gerentes de linha, no que se refere à administração de recursos humanos, apareceriam funções ligadas, principalmente, ao comando e controle do trabalho.

Não é necessário dizer que, nesse ambiente organizacional, a gestão de recursos humanos sempre foi considerada de importância secundária, apresentando pouca interferência nas decisões estratégicas.

Como conseqüência das alterações ambientais, tecnológicas e estratégicas descritas neste livro e, mesmo, das novas possibilidades organizacionais discutidas neste capítulo, exigem-se alterações nas funções ou papéis exercidos pelos diversos profissionais da empresa no que se refere à administração dos recursos humanos.

Para os administradores de linha, verifica-se a necessidade de uma participação mais incisiva na gestão das pessoas. Em termos práticos, além das tradicionais responsabilidades de comando e controle, exige-se a participação ativa nos processos de seleção, treinamento, monitoramento de satisfação, busca de envolvimento e comprometimento funcional etc. Para os tradicionais departamentos de recursos humanos, as principais alterações que podem ser vistas tratam de automação de atividades rotineiras, terceirização de atividades não-essenciais e aparecimento de funções de assessoria ou consultoria interna aos gerentes de linha nas suas novas funções ligadas à administração das pessoas.[59]

Quadro 7.3 Administração de Recursos Humanos e Administração Estratégica de Recursos Humanos

Administração de Recursos Humanos	Administração Estratégica de Recursos Humanos
Gerentes de linha	**Gerentes de linha**
• Atividades de comando e controle dentro das atividades básicas de seus setores.	• Atuação na gestão de pessoas com responsabilidade em várias atividades que cabiam anteriormente aos órgãos de apoio.
Departamentos de Recursos Humanos	**Departamentos de Recursos Humanos**
• Apoio aos gerentes de linha, com responsabilidade em atividades como recrutamento, seleção, descrição de cargos, treinamento, controle de presença e pagamentos, monitoramento de satisfação e motivação etc.	• Terceirização de atividades • Automação de tarefas • Consultoria interna e assessoria, e assessoria aos gerentes de linha em suas novas atividades.

Além disso, deve-se enfatizar que, dentro dessa noção, a gestão dos recursos humanos, exercida agora pelos gerentes de linha com a assessoria de um departamento específico, passa a ter influência maior na empresa, principalmente nas decisões estratégicas.

Gestão das competências[60]

A partir das possíveis alterações que surgem na atuação dos trabalhadores, apareceram diversos questionamentos a respeito das tradicionais formas de educação para o trabalho. De maneira geral, elas sempre se pautaram por uma pedagogia ligada à assimilação de conceitos e pelas práticas de treinamento. No primeiro caso, em que apareciam as escolas ou centros de formação especializados, passou-se a verificar uma grande distância entre o que se aprendia nesses centros e o que realmente se utilizava dentro de uma nova realidade do trabalho. No segundo, observou-se que muitas das tradicionais formas de treinamento oferecidas pelas empresas para atuações específicas não correspondiam mais à realidade dos cargos, cada vez mais multifuncionais e com exigências de reflexibilidade. Assim, essas duas maneiras de formação para o trabalho não estariam correspondendo mais às atuais necessidades organizacionais, dos trabalhadores e da sociedade como um todo.[61] Como aponta Philippe Zarifian, na nova realidade organizacional que se apresenta, o trabalhador necessita assumir novas responsabilidades e uma maior reflexibilidade no trabalho, ou seja, questionamento e visão crítica, numa forma de constante aprendizagem.[62] Assim, o que se procura é uma formação que atenda as novas realidades do mundo das organizações de forma efetiva, mesclando a educação ou o aprendizado formal e o aprendizado no trabalho.

Dentro dessa linha, a discussão de competências adquiriu espaço no mundo organizacional nos últimos anos, e as empresas têm demonstrado constante preocupação com práticas voltadas para a preparação das pessoas dentro de novas formas de trabalho. Essa preocupação, inclusive, não se limita às organizações. Governos, sindicatos, além de outras entidades, demonstram interesse e oferecem contribuições na geração de competências, desde que, hoje, se considera esse um elemento-chave não só para as organizações como também para a geração de empregos e para o desenvolvimento econômico e social.[63]

Entretanto, da mesma forma que alguns conceitos discutidos anteriormente, existe certa dificuldade de se operacionalizar a gestão das competências. A própria base do conceito, ligada à necessidade de se verificar sua validade na prática do trabalhador, dificulta a construção de modelos, a exemplo das organizações de aprendizagem. Assim, apesar da grande aceitação teórica, verificam-se problemas na sua aplicação nos meios organizacionais.

Empowerment

Com o aparecimento das novas formas de organização do trabalho discutidas neste capítulo e, principalmente, com a necessidade de que os trabalhadores tenham certa autonomia em sua forma de atuar, apareceram conceitos como o *empowerment*. Por seu intermédio, solicita-se que os gerentes transfiram parte de sua autoridade e responsabilidade para os subordinados, fazendo com que suas administrações rompam com as formas tradicionais de gestão, baseadas apenas no comando e no controle.

A partir do trabalho de defensores do *empowerment*, podem-se apresentar duas observações dentro desse conceito.[64] Primeira: que não se procura, simplesmente, a aplicação de práticas clássicas ligadas à delegação de tarefas. Segunda: que, como enfatizado por Peter Barth, não se trata de *dar poder às pessoas, mas, antes, de liberar as pessoas para que possam fazer uso do poder, dos conhecimentos, das habilidades e da motivação que já têm.*[65] Assim, percebe-se que, conforme Stuart Crainer, dentro de novas formas de trabalho, com o *empowerment*, procura-se a *eliminação de limitações que impedem que uma pessoa faça seu trabalho da forma mais eficiente.*[66]

Apesar da existência de certos modelos para a implantação desse conceito, verifica-se, na prática, que sua importância está ligada muito mais a uma política de gestão em que se pretende que os gerentes, acostumados às formas tradicionais de gerenciamento baseado no comando e no controle, modifiquem sua liderança, oferecendo mais condições de atuação aos trabalhadores dentro das novas realidades organizacionais.

Downsizing e a horizontalização de empresas

Como conseqüência de processos como a Reengenharia, a terceirização, a automação baseada em TI e a produção enxuta, observam-se alterações estruturais voltadas para a diminuição do número de cargos, departamentos e, mesmo, de níveis hierárquicos. Esse fenômeno organizacional, muitas vezes conhecido como *downsizing*, apareceu recentemente em muitas empresas, tendo-se como resultado imediato o grande número de demissões.

Em verdade, grandes demissões podem aparecer nas empresas em qualquer momento e como resultado de diversos fatores, como, por exemplo, uma diminuição nas vendas. Todavia, como essas grandes demissões se tornaram freqüentes devido à adequação da maioria das empresas às novas realidades organizacionais, diversos estudos foram feitos voltados para se entender suas causas, descrever problemas advindos, assim como administrar o processo como um todo. Nesse último aspecto, inclusive, os problemas ligados a grandes demissões não estariam relacionados, apenas, aos trabalhadores demitidos, mas, também, àqueles que permanecem nas empresas.

Dentro desse escopo, o "*downsizing* administrado",[67] que leva em consideração aspectos relacionados à demissão, adquiriu certo interesse e atenção das organizações. Práticas como recolocação externa, apoio em novos negócios e demissão e aposentadoria incentivadas são algumas que podem ser citadas nessa nova realidade organizacional. Além disso, surgem diversas ações voltadas para os trabalhadores que permanecem na empresa. Podem-se citar, como exemplos, as práticas de recolocação interna, requalificação e aquelas ligadas ao apoio pessoal e aconselhamento. Esses últimos são importantes, tendo-se em vista que o processo de demissão pode trazer a percepção de injustiça e insegurança para aqueles que continuam na empresa.[68]

Quadro 7.4 Práticas do *Downsizing*

Para os que permanecem na empresa	Para os que saem da empresa
• Recolocação interna	• Recolocação externa
• Requalificação	• Demissão incentivada
• Apoio pessoal e aconselhamento	• Aposentadoria incentivada
	• Apoio em novos negócios

7.3 Considerações Finais sobre as Novas Possibilidades Organizacionais

A apresentação das novas possibilidades organizacionais, seja com os novos modelos de gestão, com os modelos de mudança ou, ainda, com as novas formas de estrutura e de organização do trabalho feitas neste capítulo, pode trazer a muitos certa confusão em termos de conceitos e, principalmente, de aplicação prática. Acontece que, a partir das alterações que apareceram na sociedade e no mundo das organizações, os estudos, as pesquisas e as propostas apresentaram direções diversas. Assim, na verdade, eles são modelos descritivos e prescritivos que procuram entender as novas realidades organizacionais e apresentar caminhos para novas formas de administração.

Alguns dos conceitos discutidos apresentam diversos aspectos em comum na prática, como, por exemplo, a Gestão pela Qualidade Total e a produção enxuta. Outros apresentam certa complementaridade, como a gestão por competências e o *empowerment*. E outros, ainda, apresentam certo antagonismo, como a Gestão pela

Qualidade Total e a Reengenharia. Da mesma forma, aparecem, para cada uma das possibilidades discutidas, defensores e críticos. Independentemente disso, a maioria delas apresenta grande importância e validade empírica, e, assim, não podem ser desprezadas. Muito pelo contrário, elas são a base para o entendimento de novas formas de organização.

No Capítulo 9, em que é feita a caracterização da Burocracia Automatizada, far-se-á grande uso das novas possibilidades discutidas neste capítulo, procurando-se conseguir, inclusive, certo encaixe entre as mesmas e explicações sobre a maneira como elas estão sendo usadas nesse novo formato organizacional. Entretanto, antes disso, resta ainda a análise de um dos aspectos fundamentais para se entender a Burocracia Automatizada: as novas formas de coordenação que surgem nos meios organizacionais.

NOTAS

[1] Alguns podem considerar um erro reunir fenômenos tão diferentes sob um só nome (novas possibilidades organizacionais) e, mesmo, usar o termo *novas* para práticas que estão sendo usadas há vários anos. Todavia, enfatiza-se que como novas possibilidades estão-se considerando as diversas alterações internas apontadas na literatura administrativa e que apareceram com o resultado das alterações estratégicas, tecnológicas e ambientais apontadas nos capítulos anteriores. A discussão sobre um período inicial e final discutido no capítulo sobre alterações ambientais (Capítulo 5) é, aqui, apropriada para se explicar o que é considerado o *novo*.

[2] DRUCKER, Peter F. *Prática da administração de empresas*. São Paulo: Pioneira, 1981.

[3] Para críticas à APO, ver LEVINSON, H. Administração pelos objetivos de quem? *Coleção Harvard de Administração*. São Paulo: Nova Cultural, 1986.

[4] Para avaliação de desempenho baseada em resultados, ver, por exemplo: WETHER Jr, William B., DAVIS, Keith. *Administração de recursos humanos*. São Paulo McGraw-Hill, 1983.

[5] A departamentalização por funções é usada, tipicamente, nas Burocracias Mecanizadas. A departamentalização por divisões é usada, como o próprio nome diz, nas Burocracias Divisionais. Ver sobre isso no Capítulo 3.

[6] ANSOFF, H. Igor e McDONNELL, Edward J. *Implantando a administração estratégica*. São Paulo: Atlas 1993.

[7] Pesquisa realizada no Brasil junto a 123 grandes empresas aponta a grande utilização dessa forma de estrutura em detrimento da departamentalização funcional e, mesmo, da divisional (ver HOLLANDA, E. L.& MORAES, W. F. A. Perfil organizacional de grandes empresas privadas brasileiras: uma imposição do mercado? In: *Anais Enanpad*. Porto Alegre: Anpad, 1996).

[8] Alguns questionamentos podem ser vistos em: BARTLETT, Christopher A. e GHOSTAL, Sumantra. Use suas subsidiárias para o alcance global. In: MONTGOMERY, Cynthia A. e PORTER, Michael E. *Estratégia*: a busca da vantagem competitiva. Rio de Janeiro: Campus, 1998.

[9] A discussão sobre grupos e equipes pode ser vista em vários manuais de comportamento organizacional, como BOWDITCH, J. L., BUONO, A. F. *Elementos de comportamento organizacional*. São Paulo: Pioneira, 1992. Além dos estudos da psicologia social, um dos marcos da apresentação dos trabalhos em grupos aparece com a abordagem sociotécnica na década de 1950, em que se verificou o uso de grupos semiautônomos em atividades em minas (BIAZZI Jr., Fabio. O trabalho e as organizações na perspectiva sócio-técnica: a conveniência e a viabilidade da implementação do enfoque sócio-técnico nas empresas. *Revista de Administração de Empresas*. São Paulo, v. 34, n.1. p. 30-37, jan./fev. 1994). Apesar do trabalho diferente em burocracias mecanizadas, o seu uso adequado foi constatado em algumas situações.

[10] Essas funções podem ser vistas em: MINTZBERG, Henry. *Criando organizações eficazes*: estruturas em cinco configurações. São Paulo: Atlas, 1995.

[11] Para discussões sobre origens e importância da QVT, ver, por exemplo: HUSE, E., CUMMINGS, T. *Organization development and change*. Minnesota: West Publishing, 1985, e HACKMAN, J. R., e OLDHAM, G.R.. *Work redesign*. Illinois: Addison-Wesley 1979.

[12] Vários modelos podem ser citados, principalmente, em: WALTON, R. E. Quality of working life. What is it? *Sloan Management Review*. V. 15, nº 1, p. 11-21, 1973 e HACKMAN, J. R., e OLDHAM, G.R.. *Work redesign*. Illinois: Addison-Wesley 1979. É interessante ressaltar, também, que os referidos grupos semi-autônomos não têm as mesmas funções das equipes descritas no item anterior. As equipes têm funções de interligação, apresentação de inovações e discussões diversas. Os grupos semi-autônomos seriam responsáveis pela produção propriamente dita. Eles foram, inclusive, descritos pelos expoentes da abordagem sociotécnica na década de 1950 (ver sobre isso em BIAZZI Jr., Fabio. O trabalho e as organizações na perspectiva sócio-técnica: a conveniência e a viabilidade da implementação do enfoque sócio-técnico nas empresas. *Revista de Administração de Empresas*. São Paulo, v. 34, n.1. p. 30-37, jan./fev. 1994).

[13] Evolução no conceito e das aplicações pode ser vista em: NADLER, D. A. e LAWLER, E. E. *Quality of work life*: perspectives and directions. *Organizational Dynamics*. V. 11, nº 7, p. 20-30, 1983.

[14] Topeka, Kalmar e Tarrytown são alguns exemplos citados (ver GUEST, Robert H. Quality of work life: learning from Tarrytown. *Harvard Business Review*. Jul-Aug, 1979, p. 76-87).

100 CAPÍTULO SETE

[15.]Pesquisas de QVT podem ser encontradas até hoje em revistas especializadas. Trabalho recente de Eda Fernandes analisa a importância de monitoramento de QVT na Gestão pela Qualidade Total. Pesquisa realizada recentemente encontrou princípios de QVT sendo usados em práticas organizacionais ligadas a clima organizacional (ver FERNANDES, E. *Qualidade de vida no trabalho*: como medir para melhorar. Salvador: Casa da Qualidade, 1996, e OLIVEIRA, N. Clima organizacional: discussões metodológicas da implantação de uma pesquisa no Banco do Brasil. 23º Enanpad. *Anais...* Foz do Iguaçu: Anpad, 1999).

[16.]Para conceitos de DO, pode-se recorrer a Warren Bennis, grande expoente desse movimento, assim como a manuais mais recentes de comportamento organizacional (ver BENNIS, W. *Desenvolvimento organizacional*. São Paulo: Edgard Blucher, 1972, BOWDITCH, J. L., BUONO, A. F. *Elementos de comportamento organizacional*. São Paulo: Pioneira, 1992, e ROBBINS, Stephen. *Comportamento organizacional*. Rio de Janeiro: LTC, 1999).

[17.]Com relação às influências mencionadas, conforme Edgar Schein, o DO teve influência de técnicas do modelo de Kurt Lewin e de outras como a teoria de sistemas, a dinâmica de grupo, a psicologia clínica e de aconselhamento, os estudos organizacionais da abordagem de relações humanas e da psicologia industrial, as teorias de estruturalistas, de tomada de decisão, além de teorias intergrupais sobre conflitos, competição entre grupos, negociação e relações de poder (ver SHEIN, E. *Psicologia organizacional*. Rio de Janeiro: Prentice-Hall, 1982).

[18.]ROBBINS, Stephen. *Comportamento organizacional*. Rio de Janeiro: LTC, 1999.

[19.]Isso é discutido no Capítulo 2, a partir de FAYOL, Henry. *Administração industrial e geral*. São Paulo: Atlas, 1984.

[20.]Ver sobre isso, por exemplo: MINTZBERG, Henry. *Criando organizações eficazes*: estruturas em cinco configurações. São Paulo: Atlas, 1995.

[21.]Henry Mintzberg discute esse aspecto (MINTZBERG, Henry. *Criando organizações eficazes*: estruturas em cinco configurações. São Paulo: Atlas, 1995).

[22.]Ver sobre isso em ANSOFF, H. Igor e McDONNELL, Edward J. *Implantando a administração estratégica*. São Paulo: Atlas 1993; TAVARES, Mauro Calixta. *Gestão estratégica*. São Paulo: Atlas, 2000, ou BATEMAN, Thomas S., SNELL, Scott A. *Administração*: construindo vantagem competitiva. São Paulo: Atlas, 1998.

[23.]Ver sobre isso em BATEMAN, Thomas S., SNELL, Scott A. *Administração*: construindo vantagem competitiva. São Paulo: Atlas, 1998.

[24.]Esses princípios podem ser verificados em autores clássicos de GQT, assim como em manuais de Administração (ver DEMING, W. Edward. *Qualidade*: a revolução da administração. Rio de Janeiro: Marques-Saraiva, 1990, e BATEMAN, Thomas S., SNELL, Scott A. *Administração*: construindo vantagem competitiva. São Paulo: Atlas, 1998).

[25.]Esses grupos são, muitas vezes, conhecidos como Círculos de Controle da Qualidade – CCQ.

[26.]Esse aspecto é enfatizado em: FLEURY, Afonso e FLEURY, Maria Tereza Leme. *Aprendizagem e inovação organizacional*: as experiências de Japão, Coréia e Brasil. São Paulo: Atlas, 1997.

[27.]Afonso e Maria Tereza Fleury discutem influências ocidentais na GQT; Samuel Certo enfatiza sua origem na América; Stuart Crainer enfatiza a importância dos expoentes como W. Edwards Deming e Joseph Juran no nascimento da GQT (FLEURY, Afonso e FLEURY, Maria Tereza Leme. *Aprendizagem e inovação organizacional*: as experiências de Japão, Coréia e Brasil. São Paulo: Atlas, 1997; CERTO, Samuel C. *Administração moderna*. São Paulo: Prentice Hall, 2003, e CRAINER, Stuart. *Grandes pensadores da Administração*: as idéias que revolucionaram o mundo dos negócios. São Paulo: Futura, 2000).

[28.]Essas críticas são discutidas, por exemplo, em FLEURY, Afonso e FLEURY, Maria Tereza Leme. *Aprendizagem e inovação organizacional*: as experiências de Japão, Coréia e Brasil. São Paulo: Atlas, 1997; WOOD, T. *Fordismo, toyotismo e volvismo*: os caminhos da indústria em busca do tempo perdido. In WOOD, T. (coord.). *Mudança organizacional*. São Paulo: Atlas, 2000 e WOOD, T. e CALDAS, M P. Inovações gerenciais em ambientes turbulentos. In: WOOD, T. (coord.). *Mudança organizacional*. São Paulo: Atlas, 2000.

[29.]WOMACK, J. *A máquina que mudou o mundo*. Rio: Campus, 1992. Outra referência que pode ser apresentada é: STALK Jr., George. Tempo: a próxima fonte de vantagem competitiva. In: MONTGOMERY, Cynthia A. e PORTER, Michael E. *Estratégia*: a busca da vantagem competitiva. Rio de Janeiro: Campus, 1998.

[30.]É interessante observar que, dentro de princípios da produção enxuta, utilizam-se grupos não apenas na discussão da qualidade e da inovação, mas, também, na responsabilidade pela execução das tarefas. Em muitos aspectos, isso encontra similaridade com o uso dos grupos semi-autônomos estudados pelos expoentes da abordagem sociotécnica e defendidos pelos teóricos de QVT e DO. Essa forma de produção por grupos usada na produção enxuta é chamada, muitas vezes, de células de produção, conforme Thomas Bateman (ver BATEMAN, Thomas S., SNELL, Scott A. *Administração*: construindo vantagem competitiva. São Paulo: Atlas, 1998. p. 464).

[31.]Stuart Crainer faz críticas, principalmente, no que se refere à forma como é implantada a produção enxuta em certas empresas. Ele critica a preocupação apenas com números, aumentando a produção e reduzindo a força de trabalho. Além disso, ele lembra que esse tipo de organização do trabalho não é apropriado para certas empresas e apresenta problemas ligados à inovação (ver CRAINER, Stuart. *Grandes pensadores da Administração*: as idéias que revolucionaram o mundo dos negócios. São Paulo: Futura, 2000).

[32.]HAMMER, Michael e CHAMPY, James. *Reengenharia*: revolucionando a empresa. Rio de Janeiro: Campos, 1993.

[33.]HAMMER, M. *Além da reengenharia*: como organizações orientadas para processos estão mudando nosso trabalho e nossas vidas. Rio de Janeiro: Campus, 1997. Foram citados apenas aqueles considerados os mais importantes para a análise da organização do trabalho.

[34.]HAMMER, Michael e CHAMPY, James. *Reengenharia*: revolucionando a empresa. Rio de Janeiro: Campus, 1993.

[35.]HAMMER, M. *Além da reengenharia*: como organizações orientadas para processos estão mudando nosso trabalho e nossas vidas. Rio de Janeiro: Campus, 1997.

[36.]Críticas à Reengenharia podem ser achadas em vários autores, como por exemplo em: CRAINER, Stuart. *Grandes pensadores da Administração*: as idéias que revolucionaram o mundo dos negócios. São Paulo: Futura, 2000, ou em BJUR, W. e CARAVANTES, G. R. *Reengenharia ou readministração*: do útil e do fútil nos processos de mudança. Porto Alegre: Age, 1995.

[37.]D. Pagnoncelli aponta 15 grandes benefícios da terceirização, assim como 11 armadilhas desse processo. Marco A. Oliveira também faz discussão sobre vantagens, desvantagens e problemas advindos (ver PAGNONCELLI, D. *Terceirização e parceirização*: estratégias para o sucesso empresarial. Rio de Janeiro: D. Pagnoncelli, 1993, e OLIVEIRA, Marco A. *Terceirização*: estruturas e processos em xeque nas empresas. São Paulo: Nobel, 1994).

[38.]Melhor discussão sobre atividades terceirizáveis pode ser vista em: OLIVEIRA, Marco A. *Terceirização*: estruturas e processos em xeque nas empresas. São Paulo: Nobel, 1994.

[39.]O termo varia conforme a ênfase e o autor. Thomas Bateman usa o termo organização em rede, Manuel Castells usa empresa em rede, e Charles Handy enfatiza o termo organização federal (ver BATEMAN, Thomas S., SNELL, Scott A. *Administração*: construindo vantagem competitiva. São Paulo: Atlas, 1998; CASTELLS, Manuel. *A sociedade em rede*. São Paulo: Paz e Terra, 2001 e HANDY, Charles. *Tempo de mudanças*. São Paulo: Saraiva, 1996).

[40.]Manuel Castells considera a origem da empresa em rede na terceirização formada por uma grande empresa, sem a existência dessa grande empresa e, ainda, a formação de alianças corporativas estratégicas (ver CASTELLS, Manuel. *A sociedade em rede*. São Paulo: Paz e Terra, 2001).

[41.]Conforme BATEMAN, Thomas S., SNELL, Scott A. *Administração*: construindo vantagem competitiva. São Paulo: Atlas, 1998. p. 266. Artigo sobre parcerias entre concorrentes: KILLING, Peter. E se o rival for um parceiro? In: *HSM Management*, nov./dez. 2002. p. 133-136.

[42.]Marc Gerstein usa a análise em nível de unidade e de empresa (ver NADLER, David A. GERSTEIN, Marc S. SHAW, Robert B. *Arquitetura organizacional*. Rio: Campus, 1994). Manuel Castells, também, faz essa distinção quando conceitua a empresa em rede como "aquela forma específica de empresa cujo sistema de meios é construído pela intersecção de segmentos de sistemas autônomos de objetivos" (CASTELLS, Manuel. *A sociedade em rede*. São Paulo: Paz e Terra, 2001. p. 191).

[43.]BATEMAN, Thomas S., SNELL, Scott A. *Administração*: construindo vantagem competitiva. São Paulo: Atlas, 1998. p. 265.

[44.]GERSTEIN, Marc. S. Das burocracias mecânicas às organizações em rede: uma viagem arquitetônica. In NADLER, D. A. *Arquitetura Organizacional*: a chave para a mudança empresarial. Rio: Campus, 1994. p. 23. Além desse autor, Marco A. Oliveira, em trabalho sobre terceirização, aborda essa questão (ver OLIVEIRA, Marco A. *Terceirização*: estruturas e processos em xeque nas empresas. São Paulo: Nobel, 1994).

[45.]Um dos conceitos mais citados na literatura é o de D. A. Garvin (ver, por ex., BATEMAN, Thomas S., SNELL, Scott A. *Administração*: construindo vantagem competitiva. São Paulo: Atlas, 1998. p. 266, e FLEURY, Afonso e FLEURY, Maria Tereza Leme. *Aprendizagem e inovação organizacional*: as experiências de Japão, Coréia e Brasil. São Paulo: Atlas, 1997. p. 21), em que ela é "uma organização que tem que a habilidade de criar, adquirir e transferir conhecimento e de modificar seu comportamento para refletir novos conhecimentos e *insights*" (ver GARVIN, D. A. Building a learning organization. *Harvard Business Review*, p. 78-91, July/Aug. 1993).

[46.]Stuart Crainer traça considerações desde a noção de aprendizado de Chris Argyris até a organização de aprendizagem de Peter Senge. Henry Mintzberg, em capítulo dedicado à Escola de Aprendizado, faz considerações sobre antecedentes da organização de aprendizagem, passando pelos estudos do incrementalismo e dos trabalhos de Chris Argyris (ver CRAINER, Stuart. *Grandes pensadores da Administração*: as idéias que revolucionaram o mundo dos negócios. São Paulo: Futura, 2000, e MINTZBERG, Henry, AHLSTRAND, Bruce e LAMPEL, Joseph. *Safári de estratégia*: um roteiro pela selva do planejamento estratégico. Porto Alegre: Bookman, 2000).

[47.]CRAINER, Stuart. *Grandes pensadores da Administração*: as idéias que revolucionaram o mundo dos negócios. São Paulo: Futura, 2000. p. 242.

[48.]FLEURY, Afonso e FLEURY, Maria Tereza Leme. *Aprendizagem e inovação organizacional*: as experiências de Japão, Coréia e Brasil. São Paulo: Atlas, 1997.

[49.]SENGE, Peter M. *A quinta disciplina*: a arte e a prática da organização que aprende. São Paulo: Editora Best Seller, 1998.

[50.]Henry Mintzberg faz essas advertências, principalmente, com relação ao incrementalismo (MINTZBERG, Henry, AHLSTRAND, Bruce e LAMPEL, Joseph. *Safári de estratégia*: um roteiro pela selva do planejamento estratégico. Porto Alegre: Bookman, 2000).

[51.]Esse aspecto é discutido por Joseph Schumpeter e, mesmo, por Max Weber no chamado espírito capitalista (ver SCHUMPETER, Joseph A. *A teoria do desenvolvimento econômico*. Coleção Os Economistas. São Paulo: Nova Cultural, 1988 e WEBER, Max. *A ética protestante e o espírito capitalista*. São Paulo: Editora Martin Claret, 2002).

[52.]H. Ansoff, conforme discutido no Capítulo 6 A Estratégia das Organizações: Da Integração à Especialização, faz uma análise da importância do comportamento empreendedor para o capitalismo no século XIX. Para o autor, esse é o período em que aparece a empresa moderna. Entretanto, após esse período, o comportamento empreendedor se tornou subsidiário ao chamado comportamento competitivo. Neste, as empresas assumiram uma postura de competição, buscando o lucro do meio ambiente, mediante um processo de troca baseada em eficiência, maior segmento de mercado e melhores preços. O empreendedorismo ficou, assim, dominado pelo comportamento competitivo.

[53.]Enfatizado, também, por H. Ansoff (ver ANSOFF, H. Igor, DECLERCK, Roger P., HAYES, Robert L. *Do planejamento estratégico à administração estratégica*. São Paulo: Atlas, 1981. p. 53).

[54.]BATEMAN, Thomas S., SNELL, Scott A. *Administração*: construindo vantagem competitiva. São Paulo: Atlas, 1998. p. 208 e 268.

[55.]R. M. Kanter citado em: BATEMAN, Thomas S., SNELL, Scott A. *Administração*: construindo vantagem competitiva. São Paulo: Atlas, 1998. p. 217.

[56.]BATEMAN, Thomas S., SNELL, Scott A. *Administração*: construindo vantagem competitiva. São Paulo: Atlas, 1998. p. 268.

[57.]Sobre isso, ver GUIMARÃES, Liliane de Oliveira. Empreendedorismo no currículo dos cursos de graduação e pós-graduação em Administração: análise da organização didático-pedagógica destas disciplinas em escolas de negócios norte-americanas. 26º Enanpad. *Anais...* Salvador: Anpad, 2002.

[58.]Essas razões estariam ligadas à preocupação com a segurança no fornecimento e ganhos de escopo como discutido no capítulo sobre estratégia. Como afirma Henry Mintzberg, também, por necessidade de controle (ver MINTZBERG, Henry. *Criando organizações eficazes*: estruturas em cinco configurações. São Paulo: Atlas, 1995. p. 24 e 169).

[59.]Essas afirmações sobre novos papéis e funções ligadas à Administração de Recursos Humanos podem ser vistas em diversos trabalhos, incluindo: ULRICH, Dave. *Os campeões de recursos humanos*. São Paulo: Futura, 1998.

[60.]Na literatura organizacional, aparece, recorrentemente, o termo Gestão por Competências. Nesse aspecto, vale o alerta para a diferença em *gerir por* e *gerir as competências*, o que, muitas vezes, não aparece de maneira clara na literatura. Da mesma forma, a discussão de competências pode aparecer no nível individual e no organizacional. No último caso, estão-se falando das *core competences,* ou competências essenciais, da organização, muitas vezes discutidas no âmbito de estratégia. A discussão de Gestão por Competências, algumas vezes, trata tanto das competências organizacionais como das individuais. Independentemente disso, nessa parte do livro, estão-se enfatizando as competências individuais, sua geração e monitoramento, no que estariam relacionadas com as antigas subfunções de Administração de Recursos Humanos ligadas a treinamento e desenvolvimento e avaliação de desempenho.

[61.]Confirmando esses argumentos, tem-se, para o primeiro caso, conforme J. N. Barato, que com o conceito de competência ou desenvolvimento de competências aparece uma série de preocupações com relação à união de aspectos educacionais e do trabalho, avançando nas formas tradicionais de educação para o trabalho. Para o segundo, conforme P. Zarifian, é necessário um avanço na simples formação técnica e na noção tradicional voltada para aspectos objetivos do trabalho, ligados, visivelmente, ao perfil requerido para determinados cargos (ver ZARIFIAN, P. A gestão da e pela competência. In *Seminário internacional: educação profissional, trabalho e competências*. Rio de Janeiro: CIET, nov. 1996, e BARATO, J. N. *Competências essenciais e avaliação do ensino universitário*. Brasília: Universidade de Brasília. Mimeo, 1998).

[62.]ZARIFIAN, P. A gestão da e pela competência. In *Seminário internacional: educação profissional, trabalho e competências*. Rio de Janeiro: CIET, nov. 1996.

[63.]Na geração de competências, podem-se, inclusive, observar diferenças entre vários países, alguns utilizando mais a atuação dos governos, outros mais das organizações e outros ainda com a participação de entidades diversas. Cada país procura adaptar o conceito à sua realidade (ver DUCCI, M. A. El enfoque de competencia laboral en la perspectiva internacional. In *Formación basada en competencia laboral: situación actual y perspectivas*. pp. 15-26, Montevideo: Cinterfor/OIT, 1996).

[64.]Dois defensores desse conceito que podem ser citados são Ken Blanchard e Peter Block. Esse último utiliza o conceito de Regência.

Stuart Crainer aponta, também, Rosabeth Moss Kanter como grande expoente na busca e discussão do *empowerment* (ver BLANCHARD, K. CARLOS, John P. e RANDOLPH, Alan. *Empowerment*. Rio de Janeiro: Objetiva, 1996; BLOCK, Peter. *Stewardship*: regência. São Paulo: Record, 1995, e CRAINER, Stuart. *Grandes pensadores da Administração*: as idéias que revolucionaram o mundo dos negócios. São Paulo: Futura, 2000).

[65.]Essa frase é uma síntese apresentada por Peter Barth na introdução de: BLANCHARD, K. CARLOS, John P. e RANDOLPH, Alan. *Empowerment*. Rio de Janeiro: Objetiva, 1996.

[66.]CRAINER, Stuart. *Grandes pensadores da Administração*: as idéias que revolucionaram o mundo dos negócios. São Paulo: Futura, 2000. p. 134. O autor, inclusive, diferencia o *empowerment* de delegação, quando afirma que, na delegação, aparece, apenas, *parte das atribuições do gerente que ele pede para outra pessoa executar*.

[67.]Thomas Bateman faz considerações sobre o *rightsizing* a partir de M. Hitt, B. Keats, H. Harback e R. Nixon (ver BATEMAN, Thomas S., SNELL, Scott A. *Administração*: construindo vantagem competitiva. São Paulo: Atlas, 1998. p. 262).

[68.]Referência sobre o assunto aparece em: TOMASKO, Robert M. *Downsizing*: reformulando e redimensionando sua empresa para o futuro. São Paulo: Makron Books, 1992.

Novas Formas de Coordenação

A classificação de estruturas organizacionais de Henry Mintzberg, discutidas no Capítulo 3, teve grande apoio na definição de cinco formas de coordenação do trabalho: a supervisão direta, o ajustamento mútuo e as padronizações de habilidades, procedimentos e resultados. Essas poderiam, inclusive, ser consideradas formas tradicionais de coordenação, pois gozam de grande aceitação junto a autores e administradores como maneiras de se conseguir a integração do trabalho dividido dentro das empresas. Entretanto, já há algum tempo, apareceram nos estudos de organizações trabalhos apresentando outras formas de coordenação além dessas cinco. Algumas delas, inclusive, estão sendo mais enfatizadas e, mesmo, defendidas diante das novas maneiras de se organizar o trabalho nas empresas.

Assim, a intenção deste capítulo é discutir formas de coordenação do trabalho que foram pouco consideradas como tal na literatura e, mesmo, na prática organizacional, apesar do fato de seus estudos remontarem já há algum tempo em trabalhos na Administração. Especificamente, são discutidas as coordenações baseadas em valores, em contratos e em política.

8.1 A Cultura e os Valores nas Organizações

Apesar do longo tempo em que já se discutem cultura e seus aspectos intangíveis,[1] incluindo os valores, como parte integrante da realidade organizacional, esse tema suscita, ainda, várias dúvidas, merecendo assim algumas considerações iniciais.

8.1.1 Discussões iniciais e antecedentes do estudo de cultura nas organizações

No Capítulo 1, em que são apresentados alguns conceitos para estrutura organizacional, destaca-se que ela tem como uma de suas funções oferecer um conjunto de valores, crenças, pressupostos e princípios compartilhados. É enfatizado, também, que a cultura, incluindo os valores, não pode ser considerada uma causa para o nascimento de certo tipo de formato organizacional, nem mesmo uma conseqüência passiva de uma estrutura considerada, mas uma parte integrante, existindo uma influência mútua entre os dois fenômenos. Estrutura organizacional e cultura interagiriam em uma construção mútua.

Discussões sobre o relacionamento entre valores e estrutura, inclusive, apareceram há muito tempo, principalmente no aspecto externo, ou seja, na ligação entre os valores assumidos por uma sociedade e as estruturas organizacionais, as formas de organização do trabalho ou, mesmo, as relações de produção que nelas apareceram. Nesse aspecto, historicamente, destacam-se os trabalhos de Karl Marx e Max Weber.

Para K. Marx, por exemplo, as relações de produção são as definidoras das relações sociais na sociedade, seja no mundo do trabalho ou em outros fenômenos sociais. Todavia, para que essas relações sociais sejam aceitas pela sociedade, são criados um conjunto de valores, idéias e, até, *ilusões* que fazem com que elas sejam consideradas como naturais, normais, mascarando suas causas no sistema produtivo existente.[2] Essa *ideologia* seria, então, produzida para que se mantivesse uma consciência social de aceitação das relações de produção existentes e das várias relações sociais delas advindas.

Apresentando crítica ao determinismo econômico de K. Marx na explicação da formação das relações sociais, M. Weber destaca a importância de aspectos valorativos. Apoiando-se, principalmente, em seu trabalho sobre a influência da ética protestante no desenvolvimento do capitalismo, esse autor enfatiza que, na análise da formação das relações sociais, inclusive de produção, além das questões econômicas, seria necessário observar, também, fatores ligados a valores ou a *"disposição humana em aceitar certos tipos de conduta racional prática"*.[3]

Assim, apesar das posições diferentes, observa-se, nos trabalhos dos referidos autores, um afastamento de posições simplistas e deterministas que consideram a cultura uma causa ou uma conseqüência de estruturas. Para K. Marx, os valores não seriam uma simples conseqüência das relações de produção e trabalho, mas um apoio secundário a elas. Para M. Weber, os valores não seriam uma simples causa, mas um impulsionador, junto com outros, para o aparecimento delas.

Todavia, deve-se enfatizar que, nos dois autores, a discussão entre o relacionamento entre valores e estrutura se restringe ao aspecto externo à organização, ou seja, o relacionamento entre valores assumidos pela sociedade e as relações de produção ou organizações existentes. A discussão sobre uma cultura organizacional ou de valores internos e o seu relacionamento com a estrutura ou formas de organização do trabalho aparecem em estudos posteriores, especificamente com os trabalhos da abordagem de relações humanas nas organizações.

8.1.2 A organização informal e a introdução dos valores nos estudos organizacionais

Apesar de o termo cultura ou mesmo valores não ter sido enfatizado por estudiosos ligados à abordagem de relações humanas, pode-se dizer que os estudos organizacionais relacionados a esse tema têm origem com os referidos autores, influenciados pela pesquisa de Hawthorne.[4] Em seus trabalhos, aparecem discussões sobre as relações não-formais ou não-previstas dentro das organizações e que seriam, assim, chamadas de *relações informais*.[5] Essas relações informais seriam aquelas que aparecem nas organizações e que não se enquadram no conjunto de procedimentos previamente estipulados e explicitamente comunicados ou, ainda, que fugiriam às relações hierárquicas estabelecidas.

As conclusões extraídas a partir dessa pesquisa e de outras que se sucederam mostraram que essas relações informais influenciam comportamentos diversos, inclusive o nível de produção dentro de um grupo.[6] A partir disso, apareceram diversos trabalhos com o objetivo de se *administrar* essas relações informais para que não atrapalhassem a organização na busca de determinadas metas ou objetivos. Evidentemente, o alcance dos trabalhos baseados na abordagem de relações humanas foi muito limitado e, em certos aspectos, tomou, até mesmo, cunho manipulativo.[7]

Discussões aprofundadas sobre a informalidade vieram mais tarde, com teóricos com influência estruturalista.[8] A partir deles, observou-se que a estrutura organizacional seria produto não apenas de elementos formais ou burocráticos, mas, também, dos aspectos internos informais. Para os estruturalistas, a importância das relações informais era tanta que elas seriam responsáveis por modificações na estrutura burocrática pura.[9] Para alguns desses estudiosos, inclusive, elas poderiam ser consideradas, praticamente, a própria razão de existência de algumas organizações. Amitai Etzione, por exemplo, em sua classificação de tipos de organização, enfatiza a existência de organizações normativas em que a participação e o controle se baseiam em aspectos ligados à *"internalização das diretrizes aceitas como legítimas"*, e *"liderança, rituais, manipulação de símbolos de prestígio e símbolos sociais e a ressocialização estão entre as técnicas mais importantes de controle que são empregadas"*.[10]

Obviamente, para esse autor isso era restrito a certos tipos de organização chamadas por ele de normativas, como as religiosas, as políticas, os hospitais e as universidades, dentre outras. As organizações capitalistas típicas teriam como forma básica de envolvimento o aspecto financeiro.

Apesar da entrada da discussão de aspectos informais dentro dos estudos organizacionais e, mesmo, de se considerar a sua importância na formação da estrutura, em termos práticos, a esse tema foi reservado lugar de segundo plano dentro das atuações administrativas. Em alguns momentos, ele foi, simplesmente, ignorado e, em outros, mereceu tratamento manipulativo, tentando-se controlar esses elementos informais considerados indesejáveis e prejudiciais à organização. Essa foi a tônica das práticas administrativas, pelo menos até se começar a discutir a importância desses elementos no alcance de objetivos organizacionais por intermédio dos estudos de cultura organizacional.[11]

8.1.3 A cultura organizacional e seus estudos recentes

A partir de certo momento, começaram a aparecer nos estudos das organizações muitos trabalhos tratando de cultura organizacional e, com isso, a discussão sobre informalidade e valores adquiriu certo espaço nos estudos administrativos e nas preocupações empresariais.[12]

Os conceitos para cultura organizacional são os mais diversos, e muitos deles são influenciados por conceitos de cultura da Antropologia.[13] J. Bowdicht e A. F. Buono, em livro sobre comportamento organizacional, consideram a cultura *"o padrão compartilhado de crenças, suposições e expectativas tidas pelos membros da organização, e a sua maneira característica de perceber os artefatos da organização e o ambiente, bem como suas normas, papéis e valores na forma como existem externamente ao indivíduo"*.[14] Stephen Robbins, também em livro sobre comportamento organizacional, trata a cultura como um *"sistema de valores, compartilhado pelos membros, de uma organização e que a difere de uma para outra"*.[15] Assim, a partir desses autores, observam-se dois elementos importantes para o termo cultura organizacional: (1)

conjunto peculiar de características assumidas pelos membros de uma organização e (2) que a distingue de outras.

Uma outra forma de se entender cultura organizacional surge a partir do conceito de Edgar Schein, que a concebe como um sistema de valores que um determinado grupo toma para si, pois os considera importantes ou válidos.[16] Dentro desse conceito, admite-se que a cultura de uma organização é formada ao longo do tempo, a partir de atitudes e comportamentos que foram considerados válidos, apropriados, tendo serventia ou, mesmo, auxiliando o grupo. Devido a isso, esses valores seriam anexados aos hábitos do grupo, considerados adequados, apropriados e, de certo modo, até mesmo naturais. Esse conceito de Edgar Schein é esclarecedor e muito útil, pois considera a cultura não apenas em seu aspecto estático, mas, também, dinâmico, ou seja, sua origem, formação e possibilidades de modificações ao longo do tempo.

Após vários trabalhos realizados, o tema goza hoje de certo prestígio nos estudos organizacionais, pois pode-se admitir que uma organização possui certa cultura ou, mesmo, um conjunto de valores ou características intangíveis compartilhadas pelo grupo, que a distinguem de outras e que foram anexados, pois em determinados momento foram considerados válidos e apropriados pelos seus membros.[17]

Quadro 8.1 Principais Elementos do Conceito de Cultura Organizacional

Elementos principais

- Sistema de valores assumidos pelos membros de uma organização
  - Que a diferem de outras
  - Que foram adquiridos ao longo do tempo, por terem sido considerados válidos

Esse prestígio, inclusive, não se restringe, apenas, aos estudos descritivos para o tema, mas, também, a trabalhos prescritivos e com intenções mais pragmáticas. Stephen Robbins, apesar de fazer considerações sobre o aspecto descritivo ligado à cultura organizacional, afirma que a importância de seu estudo ocorre, pois ela define as fronteiras da organização, proporciona senso de identidade, facilita o comprometimento e estimula a estabilidade do sistema social. Sintetiza o autor dizendo que ela é uma "*argamassa social que ajuda a manter a organização coesa e serve como sinalizador de sentidos e mecanismos de controle que orienta e dá forma às atitudes e comportamentos dos funcionários*".[18] Além disso, o autor realça, também, a importância do estudo de cultura no que se refere a mudanças organizacionais e nas aquisições e fusões.

Assim, apesar de vários trabalhos de cultura terem o caráter descritivo e com preocupação do seu entendimento, muitos de seus estudos apresentam importância por discutirem a perspectiva de se manuseá-la ou se alterá-la.

8.1.4 Mudanças culturais e doutrinação

Se a cultura organizacional e seus aspectos ligados a valores são uma realidade organizacional e se eles são fatores significativos, pois se apresentam como uma liga que pode ajudar ou atrapalhar as organizações, a perspectiva de seu *gerenciamento* assumiu uma importância muito grande. Muitos trabalhos não admitem de forma clara esse objetivo, porém tem-se que isso é uma realidade dentro dos estudos e, mesmo, das ações organizacionais. Assim, a partir dos trabalhos iniciais sobre relações informais e aqueles que se seguiram ligados à cultura organizacional, publicações no sentido de se *manusearem* valores têm aparecido de forma progressiva.

As práticas de mudança organizacional apoiadas nos trabalhos de Kurt Lewin são exemplos. Neles se procuram manusear aspectos valorativos, e não apenas os aspectos técnicos. Conforme esse autor, no processo de mudança, seria necessário fortalecer as chamadas forças impulsionadoras de mudança e minimizar as forças restritivas para mudanças. Os trabalhos de Desenvolvimento Organizacional – DO[19] que se sucederam, influenciados, também, pelos trabalhos de Kurt Lewin,[20] foram, da mesma maneira, processos de mudança que levavam em consideração aspectos ligados à cultura organizacional. Em seu conceito para o DO, Warren Bennis afirma que na busca de adaptação a novos mercados, tecnologia, desafios e a um mundo em mudança seriam necessárias alterações de atitudes e valores além da estrutura da organização.[21]

Entretanto, aparentemente, as tentativas de se alterarem aspectos culturais estão mais caracterizadas hoje em dia. Vários são os autores e gestores que enfatizam o *gerenciamento* da cultura como necessária na busca de uma administração efetiva na atualidade.[22] Isso é particularmente visível quando se observam as técnicas ou modelos de gestão com influência da administração japonesa, como a Gestão pela Qualidade Total (GQT) ou a produção enxuta. Neles, além de práticas de cunho técnico, à semelhança das tayloristas ligadas à padronização, verifica-se, também, a ênfase em aspectos culturais e valorativos.

No livro *Teoria Z*, William Ouchi apresenta várias características das empresas japonesas, como a forma participativa na tomada de decisão, o emprego vitalício, a baixa especialização, a tomada de decisão coletiva e as avaliações e promoções lentas. Dentre essas características, observa-se, também, que essas empresas desenvolvem "*habilidades sutis de administração de pessoas*".[23] Para William Ouchi, uma série de valores e crenças desenvolvidos pelos proprietários, empregados, clientes e reguladores do governo age como uma forma de controle e de coordenação para o trabalho. Os valores serviriam para dar coerência, principalmente no caso de mudanças realizadas na empresa. Isso, nas palavras do autor, seria "*comunicado por intermédio de uma cultura comum compartilhada pelos gerentes-chave e, até certo ponto, por todos os empregados*".[24]

Essas características da administração japonesa foram encontradas em várias empresas americanas de sucesso, chamadas por W. Ouchi de empresas ou organizações do tipo Z.[25] Nelas, conforme ele, "*o implícito e o explícito podem viver em conjunto*",[26] e as decisões importantes não são tomadas baseadas, apenas, nos mecanismos explícitos.

Avançando nessa linha de importância da cultura e dos valores na administração, aparecem, de forma mais clara e persuasiva, autores como Tom Peters e Robert Waterman.[27] Em *Vencendo a crise*,[28] esses autores discutem práticas administrativas de empresas consideradas de "*alto padrão*" e questionam o racionalismo existente nas organizações, principalmente quanto a seus limites. Para esses autores, vários são os aspectos adotados pelas empresas de "*alto padrão*", como a necessidade de firme disposição para a ação, a proximidade mais aguda ao cliente, a administração que propicie autonomia e iniciativa, a produtividade através das pessoas, a simplicidade, a condição de rigidez e, ao mesmo tempo, de flexibilidade, dentre outras. Todavia, o mais importante na obra, sem dúvida, é a ênfase na cultura e nos valores.

Resgatando e elogiando trabalhos de Chester I. Barnard e de Philip Selznick, Tom Peters e Robert Waterman tecem comentários sobre a natureza humana, que necessita, também, de um conjunto de valores que orientem suas ações. Para eles, na prática, a racionalidade, tão defendida pelos teóricos clássicos e nos cursos de Administração, não seria o diferencial das empresas. O motivo de sucesso das empresas de *alto padrão* seria a capacidade de trabalhar com o imponderado e o não-planejado, dentro de uma construção de práticas a partir da realidade que lhes é apresentada em determinado momento. Ainda conforme esses autores, em momentos críticos, a empresa necessitaria de um conjunto de valores que propiciasse a ação inovadora, sem que penalize o risco, o erro e o experimento por intermédio de uma organização informal.

Todavia, juntamente com o crescimento progressivo de idéias prestigiando o conhecimento e o gerenciamento de aspectos valorativos e culturais na administração, aparecem, também, críticas severas a esses estudos e práticas. Críticas que aparecem em várias direções.

8.1.5 Críticas a aspectos ligados à cultura organizacional

Apesar do prestígio de temas ligados à cultura e os valores e da importância que eles assumem para diversos autores e gestores, os trabalhos referentes a eles não passam ilesos a várias críticas. E elas aparecem de diversas formas, podendo-se observar, principalmente, aquelas relacionadas ao próprio conceito de cultura organizacional, à sua importância para a administração, à possibilidade de seu gerenciamento, seus aspectos negativos e ao seu caráter de manipulação.

Quanto à existência de uma cultura organizacional, de forma geral as críticas aparecem em duas linhas: a falta de singularidade e a imposição de um grupo administrativo. No primeiro caso, questiona-se o uso do termo cultura organizacional, pois não existiria uma diferença significativa entre empresas que levariam a ocorrer uma cultura peculiar.[29] Assim, a cultura na sociedade capitalista e industrial seria comum às empresas e as diferenças que, por acaso, existiriam entre elas seriam apenas superficiais, não se caracterizando em uma cultura organizacional própria. No segundo caso, argumenta-se que as características de uma organização seriam impostas ao todo por alguns de seus membros, que detêm o poder em determinado momento (proprietários, cúpula administrativa ou mesmo a tecnocracia). Esse grupo imporia uma série de situações que seriam aceitas pelos indivíduos dentro da organização não porque as considerem mais apropriadas, mas por terem que conviver com elas para se manterem na empresa e, em última análise, ter rendimentos e condições de sobrevivência. Não seriam elementos da cultura, mas imposições temporárias e aceitas pelos indivíduos na organização.[30]

Com relação às críticas relacionadas à importância do tema, observam-se questionamentos de gestores que, simplesmente, desconsideram a relevância de elementos valorativos no gerenciamento de uma organização. Esses aspectos intangíveis, que requerem grande subjetividade na interpretação, podem parecer, para muitos, algo sem importância dentro da realidade de uma empresa. Essa postura aparece, principalmente, nos administradores com influência clássica e econômica. Os próprios Tom

Peters e Robert Waterman alertam para o fato de que muitos administradores não conseguem entender e verificar a importância de valores e cultura dentro da empresa. A análise dentro de pressupostos racionais e econômicos, apenas, seria o suficiente para eles.[31]

Quanto à possibilidade de se gerenciar a cultura, a discussão aparece com relação aos seus custos e, mesmo, à impossibilidade do controle dos resultados. Nesse aspecto, há que se lembrar que a cultura é formada com o tempo a partir de situações que o grupo assumiu como válidas. Tentativas de modificação dessa cultura[32] podem consumir longo tempo, ter altos custos e ser uma experiência extenuante para os indivíduos envolvidos.[33] Além disso, ações gerenciais voltadas para alterações culturais podem não atingir os resultados esperados, desde que a cultura é o produto de um conjunto de fatos e acontecimentos que permeiam toda a organização, sendo, assim, impossível a um grupo determinado controlar suas modificações.[34]

Quanto aos aspectos negativos relacionados ao tema, surgem críticas, principalmente no que se refere à busca por parte de alguns, de uma chamada *cultura forte*. Nesse aspecto, da mesma forma que a cultura ou os valores se apresentam como uma liga que une os indivíduos de uma organização, ela poderia coibir atitudes e comportamentos voltados para o questionamento de uma situação presente. No caso de necessidade de uma grande mudança por parte da organização, essa cultura forte causaria um enrijecimento das relações e a impossibilidade de ocorrer a referida modificação.[35] As alterações dentro de um ambiente de *cultura forte* levariam, apenas, a mudanças incrementais, e não a revolucionárias.

Finalmente, quanto ao aspecto manipulativo, as práticas organizacionais voltadas para o gerenciamento da cultura poderiam ser vistas como manipulação em que se tentaria, apenas, justificar as relações de trabalho e as formas de organização, buscando o comprometimento e as adesão dos trabalhadores.[36] Esse aspecto manipulativo com relação ao tema, muitas vezes, pode ser associado à idéia marxista de ideologia, em que apareceriam certos valores que justificassem as relações de produção existentes.[37]

Quadro 8.2 Críticas Relacionadas à Cultura Organizacional

Principais críticas

Ao conceito
- Falta de singularidade: inexistência de significativas diferenças entre as organizações,
- Imposição de um grupo: as diferenças são ocasionadas pela cúpula ou pelos proprietários.

A sua importância
- Aspectos valorativos não seriam importantes na gestão das empresas, pois questões econômicas e ligadas a racionalidade são as únicas importantes.

Ao seu gerenciamento
- Alto custo: tempo e esforços para se administrá-la.
- Impossibilidade de se prever resultados, devido à grande quantidade de variáveis envolvidas.

A suas disfuncionalidades
- A manutenção de uma cultura forte poderia trazer enrijecimento e falta de questionamentos e de crítica, levando, apenas, a mudanças incrementais.

À manipulação
- A cultura seria apenas um conjunto de idéias, buscando-se o comprometimento com as relações de trabalho e formas de organização existentes (ideologia).

110 CAPÍTULO OITO

Entretanto, apesar dessas críticas, o tema adquiriu espaço nas práticas administrativas e nos estudos organizacionais, e atualmente é impossível não o considerar. Importante, inclusive, seria a discussão das razões de seu aparecimento e fortalecimento nos referidos estudos e práticas.[38]

8.1.6 A cultura como forma de coordenação no trabalho: considerações finais

Apesar de as discussões sobre cultura e valores terem ocupando um espaço cada vez maior nos trabalhos organizacionais desde seu aparecimento, com os estudos sobre relações informais, conceber esses elementos como forma de coordenação aparece em trabalhos bem recentes. De maneira geral, as formas tradicionais de coordenação discutidos no trabalho de Henry Mintzberg, como a supervisão direta, o ajustamento mútuo e as padronizações de tarefas, resultados e habilidades, sempre foram as mais usadas para explicar a integração dentro das empresas. Os valores e a cultura, assim, sempre tiveram um papel coadjuvante frente a essas formas tradicionais de coordenação. Em verdade, H. Mintzberg aponta a possibilidade de uso da coordenação por valores na organização Missionária, um sexto formato proposto por ele.[39] Entretanto, essa organização Missionária não foi bem caracterizada por ele, sendo, inclusive, alvo de críticas pela não verificação de sua existência de forma significativa na realidade das organizações.[40]

Deve-se considerar que esse papel coadjuvante dos valores dentro da realidade organizacional não pode ser justificado simplesmente por miopia por parte de gestores ou, mesmo, de estudiosos das organizações. Acontece que as situações que se apresentaram para as organizações e suas estruturas, até recentemente, levaram a uma preocupação secundária para com esse aspecto. Se considerarmos as situações ambientais, tecnológicas e estratégicas que vigoraram para as grandes estruturas burocráticas mecanizadas, tem-se que as formas de coordenação baseadas em padronização de processos de trabalho, supervisão direta e, em alguns casos, a padronização por resultados sempre foram as mais adequadas.

Todavia, diante das novas realidades ambientais, da tecnologia de informação e das novas estratégias organizacionais, os valores podem não estar sendo utilizados, apenas, como apoio, mas como forma principal de coordenação.[41] Nesse aspecto, eles poderiam estar sendo usados em substituição à formalidade característica da organização burocrática mecanizada.[42]

Dessa forma, estar-se-ia vislumbrando a utilização dos valores como forma principal de coordenação nas empresas. Não como uma maneira de se buscar o comprometimento passivo, amenizar conflitos ou trazer a paz e a harmonia organizacional, como pretendiam os gestores influenciados pela abordagem de relações humanas. Não da forma apresentada por Henry Mintzberg em sua proposta de sexto formato, a organização Missionária. Mas em uma estrutura que não pode contar mais com as formas de coordenação tradicionais por que elas não estão garantindo a integração necessária perante as novas situações ambientais, tecnológicas e estratégicas que se apresentam às organizações.

8.2 Os Contratos

Até esta parte do livro, todas as discussões feitas sobre tipos de coordenação, seja neste capítulo ou em anteriores, pressupõem formas de produção e trabalho coletivo ocorrendo internamente a uma organização considerada. Entretanto, na prática, uma empresa pode optar por não produzir internamente e adquirir o trabalho ou o resultado do trabalho que foi realizado por outras empresas ou indivíduos. Nesse contexto de relacionamento entre empresas diferentes ou entre empresas e indivíduos que não mantêm relações tão estáveis, as formas tradicionais de coordenação discutidas por Henry Mintzberg, como supervisão direta, ajustamento mútuo, padronizações de habilidades, resultados e tarefas, não propiciam a integração necessária para que o trabalho coletivo, efetivamente, se realize. Elas têm eficácia, apenas, em relacionamentos com uma certa liga material e social forte e duradoura, dentro dos conceitos tradicionais de organização e estrutura organizacional, ou seja, internamente a uma empresa considerada.

A forma de coordenação discutida anteriormente baseada em valores também não atende a essa situação de relacionamento entre empresas. Seria necessário um compartilhamento valorativo entre as várias organizações, além de se considerar que a missão e o objetivo delas fossem os mesmos, situação de impossível aplicação prática, principalmente em uma sociedade capitalista, em que se preconizam o individualismo e a competição.[43]

Para o caso de trabalhos divididos entre empresas, assim, a integração parece acontecer, principalmente, por intermédio de contratos, um tipo de coordenação que recebe, neste tópico, considerações mais específicas. Entretanto, para se discutir essa forma de coordenação, primeiramente devem-se fazer algumas ponderações sobre a possibilidade de produção interna ou externa a uma organização considerada.

8.2.1 O uso da empresa ou o uso do mercado

No Capítulo 6 dedicado à estratégia, analisa-se a formação das grandes organizações, principalmente na busca de economias de escala e de escopo. Na mesma oportunidade, é apresentada, também, a estratégia de integração vertical, que leva a empresa a assumir várias etapas do processo produtivo, ou seja, a produzir internamente bens ou serviços que poderiam ser adquiridos externamente. Certos fatores poderiam ser apontados como causas para a escolha dessa estratégia de integração vertical. Dentre elas, aparecem aquelas discutidas pela abordagem de economia de custos de transação – ECT,[44] assim como ponderações sobre relações de poder e confiança entre organizações.

A abordagem *econômica de custos de transação* concebe o fenômeno organizacional a partir de justificativas de eficiência ligadas não apenas à redução dos custos de produção (como no caso de escala e escopo), mas, também, à redução daqueles que aparecem quando se transferem bens e serviços de uma unidade para outra, dentro de uma mesma empresa, ou, mesmo, entre empresas ou entre indivíduos.[45] Esses custos, conforme Oliver Williamson, estariam relacionados à racionalidade limitada e ao oportunismo.[46]

Na busca de redução desses custos de transação, pode-se, então, optar por uma produção baseada na hierarquia ou na aquisição no mercado. No primeiro caso, a hierarquia, tem-se uma produção interna, utilizando-se a organização tradicional que conhecemos e que pressupõe uma certa duração e certa estabilidade nas relações. Essas relações organizacionais seriam, então, uma das possíveis soluções na redução dos custos de transação.[47] No segundo caso, aquisição no mercado, tem-se uma produção realizada fora da empresa, por intermédio de outros agentes, sejam empresas ou indivíduos. Da mesma forma que a anterior, adquirir produtos desses agentes é uma alternativa de uma empresa na redução de custos de transação.

112 CAPÍTULO OITO

A partir disso, justificativas para se usar o mercado ou a hierarquia são discutidas dentro da abordagem ligada à ECT. Conforme Oliver Williamson, três fatores seriam importantes para se definir a utilização de produção interna ou externa: a incerteza, a freqüência de transações e a especificidades dos produtos.[48] Quanto mais esses fatores estivessem presentes, ou seja, grande incerteza, freqüência de transações e especificidades dos produtos, mais se seria conduzido a decisões de produção interna na busca de redução de custos de transações.[49] Por outro lado, quanto menor a ocorrência desses fatores, mais se seria conduzido a decisões de produção externa na busca de redução de custos de transações.

Além das ponderações feitas pela abordagem da economia dos custos de transação, outras razões poderiam ser usadas para justificar o uso do mercado ou o uso da hierarquia (produção interna). Charles Perrow, justificando a utilização da integração vertical por parte das empresas, aponta como fatores importantes a serem considerados, além dos custos de transação, aqueles ligados a relações de poder e aqueles ligados à confiança entre organizações.[50]

No primeiro caso, optando por produção interna ou pelo uso da hierarquia, a empresa alcança uma certa importância econômica que lhe permite auferir diversos benefícios, tais como: um melhor posicionamento diante do mercado; poder de negociação perante clientes, fornecedores e trabalhadores; eliminação de concorrentes; possibilidade de subvenções do governo e benefícios fiscais; apoio de poderosos grupos com interesses financeiros; dentre outros.

No segundo caso, utilizando relações de mercado e, em última análise, de contratos, a organização perde a liga social forte característica de uma relação interna e suas diversas vantagens, principalmente aquelas relacionadas aos elementos valorativos discutidos na seção anterior.[51] Nesse aspecto, é interessante observar que, em sociedades em que se prestigiem relações entre empresas de forma colaborativa, de lealdade e boa vontade e, não apenas, de auto-interesse e oportunismo, aparecem situações mais propícias à opção pelo mercado.[52]

Dessa forma, podem-se observar várias razões que levariam a decisões de uso da hierarquia (produção interna) ou de uso do mercado (aquisição externa). Razões liga-

Quadro 8.3 Uso da Empresa ou do Mercado

Possibilidades	Justificativas dentro da abordagem de economia de custos de transação	Outras justificativas (conforme Charles Perrow)
• **Uso do mercado** Aquisição de serviços ou produtos de outras empresas • **Uso da empresa** Produção interna	• Incerteza • Freqüência de transações e • Especificidades dos produtos (quanto mais esses elementos estivessem presentes, mais se optaria pela produção interna)	• Necessidade de poder diante de outros atores, como concorrentes, fornecedores, órgãos governamentais etc. (a maior necessidade desse poder levaria a se optar pelo uso de produção interna, pois isso traria crescimento econômico). • Necessidade de confiança (quanto mais existirem relações de lealdade e boa vontade entre empresas, mais viável a opção de se usar o mercado. Do contrário, mais se tenderia à produção interna).

das à redução dos custos de produção (economia de escala e escopo), à redução de custos de transação, ao melhor posicionamento e busca de poder diante dos diversos atores sociais e, ainda, situações de confiança dentro de uma sociedade considerada. Optando-se pelo mercado ou pela aquisição de trabalho realizado externamente, tem-se como forma de coordenação o uso de contratos e suas possibilidades.

8.2.2 Tipos de contratos

Como contrato, considera-se o acordo em que duas ou mais pessoas estipulam direitos e obrigações entre si ou, mesmo, o instrumento que materializa esse acordo.[53] Devido à sua importância, tem suas diversas características e classificações discutidas na Economia e no Direito.[54] Especificamente para a sua análise como forma de coordenação, ênfase deve ser dada a teorias econômicas e, novamente, à abordagem da economia dos custos de transação.[55]

A partir dos trabalhos da referida abordagem, tem-se que a preocupação com os contratos volta-se para a redução de custos de transação do tipo *ex ante* e *ex post*.[56] Os custos *ex ante* são aqueles ligados ao delineamento, à negociação e à salvaguarda de um acordo. Os custos *ex post* são aqueles ligados ao monitoramento e à garantia do acordo. Apesar de se admitir a incompletude dos contratos, a preocupação com eles deve estar ligada à diminuição dos custos de transação *ex ante* e *ex post*.

Utilizando-se Oliver Williamson,[57] têm-se quatro tipos básicos de contratos: os clássicos, os neoclássicos, os relacionais bilaterais e os relacionais unificados. Os contratos *clássicos* aparecem quando se utiliza o mercado em relações simples e no qual não se pressupõem efeitos ao longo do tempo. Os contratos *neoclássicos* aparecem em relações que pressupõem certos efeitos ao longo do tempo e, assim, utilizam-se, inclusive, partes ligadas à arbitragem, à regulação etc. Os contratos *relacionais bilaterais* aparecem quando se pressupõe certa estabilidade nas relações, incluindo negociações e certa continuidade no acordo. Os *relacionais unificados* coincidem com as relações que ocorrem dentro de uma certa empresa (uso da hierarquia).

Oliver Williamson procura, ainda, fazer uma ligação entre a classificação dos tipos de contratos e os três elementos levantados anteriormente como influentes na escolha da opção pelo uso da hierarquia ou o uso do mercado: a incerteza, a freqüência e a especificidade dos produtos. Quanto mais estão presentes os três elementos citados, mais se caminha no sentido da realização de contratos mais rígidos do tipo bilaterais unificados. Quanto menos presentes os referidos elementos, mais se caminha no sentido da realização de contratos clássicos, havendo situações intermediárias em que se usariam as relações contratuais dos tipos neoclássicos e relacionais bilate-

Quadro 8.4 Tipos de Contratos de Acordo com a Abordagem de Economia de Custos de Transação

Clássicos	Neoclássicos	Relacionais bilaterais	Relacionais unificados
Aparecem quando se utiliza o mercado em relações simples e no qual não se pressupõe efeitos ao longo do tempo.	Aparecem em relações que pressupõem certos efeitos ao longo do tempo, e, assim, utiliza-se, inclusive, de partes ligadas à arbitragem, à regulação etc.	Aparecem quando se pressupõe certa estabilidade nas relações, incluindo negociações e certa continuidade no acordo.	Coincidem com as relações que ocorrem dentro de uma certa empresa (uso da hierarquia).

rais. Assim, de acordo com esse autor, as quatro possibilidades contratuais apareceriam conforme a organização considerada e sua relação com outras organizações ou pessoas, podendo-se analisar, nessa relação, a incerteza, a freqüência e a especificidade de produtos.

8.2.3 O crescimento do uso de contratos como forma de coordenação: considerações finais

Apesar de a escolha entre aquisição externa ou produção interna ser uma decisão situacional considerada para uma organização determinada, não se pode deixar de se fazer algumas considerações sobre tendências, no que se refere às grandes organizações com estruturas baseadas na Burocracia Mecanizada. Para elas, em conformidade ou congruência com as variáveis tecnológicas e ambientais que se apresentaram, tradicionalmente, utilizou-se uma estratégia voltada para a integração vertical. A utilização de coordenação por contratos, assim, apareceu de maneira menos importante na realidade organizacional. Entretanto, aparecem modificações ambientais, tecnológicas, estratégicas e, mesmo, organizacionais que poderiam inverter essa situação e enfatizar, assim, a importância da coordenação por contratos.

Em termos ambientais, atualmente, aparecem, para as organizações, situações de grande concorrência e competição, mas, também, de aumento no número de possíveis fornecedores. Em termos tecnológicos, aparecem a tecnologia da informação e suas diversas possibilidades ligadas à integração entre empresas. Para a estratégia, cada vez mais, verificam-se tendências de concentração no negócio principal ou nas competências essenciais, terceirização de atividades não-essenciais, parcerias com fornecedores, dentre outras. Além disso, dentre as novas possibilidades organizacionais, discutem-se a empresa ou organizações em rede.

Assim, a partir dessas novas situações, estratégias e estruturas, pode-se imaginar que muitas atividades que estavam sendo realizadas dentro das grandes empresas burocráticas e mecanizadas passam a ser adquiridas no mercado. Como conseqüência, tem-se a perspectiva de maior uso de coordenação baseada nas relações contratuais. Usando a tipologia de contratos de Oliver Williamson, tem-se um aumento da possibilidade de contratos como os clássicos, os neoclássicos e, principalmente, as relacionais bilaterais, em detrimento do uso, apenas, dos contratos relacionais unificados (uso da hierarquia).

8.3 Interesses, Poder, Conflitos e Política nas Organizações

As discussões sobre interesses, poder, conflitos e política nas organizações não são recentes.[58] Mesmo antes dos estudos clássicos em Administração, reflexões sobre esses temas apareceram, principalmente, para se apontar causas para a formação das organizações.[59] Os estudos sobre a burocracia, por exemplo, enfatizam a importância do poder baseado no mérito na formação das organizações modernas, em contraposição àqueles baseados em aspectos pessoais carismáticos ou advindos da herança.[60] Com o desenvolvimento dos estudos organizacionais, vários trabalhos dedicaram espaço a esses temas, alguns, inclusive, colocando-os com grande destaque. Autores como Chester I. Barnard, Herbert Simon, Richard Cyert, James March, Andrew Pettigrew e Charles Lindblom são alguns que podem ser citados como importantes na consolidação da discussão do poder, aspectos ligados a interesses, conflitos e política nas organizações, não apenas em seu caráter externo e de formação das organizações, mas também no interno.

Assim, atualmente, considera-se a organização, também, um espaço de poder, interesses, conflitos e política. No capítulo dedicado à estrutura, inclusive, apresentou-se o poder entre as funções da estrutura, ou seja, a organização, além de funções técnicas de produção, relacionais e valorativas tem funções de regular a autoridade e a subordinação ou, conforme Richard Hall,[62] estabelecer um *contexto em que o poder é exercido e as decisões tomadas*. Dessa forma, há que se considerar a importância do poder na definição de estruturas ou, mesmo, a associação entre essas duas variáveis.[63]

Entretanto, mesmo que exista certo número de trabalhos que discutam o assunto, e que já exista certo consenso sobre a organização como local de interesses, poder, conflito e política, na prática organizacional, pouco espaço é dedicado à sua discussão se comparado com os debates técnicos, relacionais e, atualmente, os valorativos.[64] As razões para isso talvez se devam ao receio de se admitir essa característica das organizações, pela possibilidade de se contestar a autoridade constituída, por preconceitos, por falta de conhecimento sobre essa função da estrutura organizacional e para se evitarem atritos considerados desnecessários, dentre outros. Assim, dentro das empresas, na maioria das vezes, procura-se passar a idéia simplista de que a organização é um espaço em que os interesses são comuns. Conforme Gareth Morgan, *"a idéia de que se espera de que as organizações sejam empresas racionais nas quais os membros procuram por objetivos comuns tende a desencorajar a discussão sobre a motivação política. Em resumo, 'política' é vista como um nome a não ser pronunciado"*.[65]

Como conseqüência, as questões ligadas a poder e interesses, assim como considerar a organização um espaço em que ocorrem conflitos e relações políticas, são ocultadas e pouco, ou quase nunca, discutidas dentro das organizações. Assume-se, simplesmente, a autoridade meritocrática constituída tão enfatizada pela burocracia. Isso é ainda mais verdadeiro se levarmos em consideração o formato das organizações mecanizadas, característico das grandes empresas de produção industrial. As relações ligadas a interesses e poder que não se encaixem nessa realidade são tratadas como as outras relações informais, ou seja, encobertas, não assumidas e, mesmo, direcionadas para que não atrapalhem a organização formal.

8.3.1 Ambientes propícios para a coordenação política

Se admitir temas como poder e interesses dentro de uma organização se apresenta como uma grande dificuldade, assumir política como uma das formas de coordenação é muito mais difícil. Pode-se dizer que isso não é concebido dentro das empresas e nem estudado em cursos de graduação em Administração. Isso ocorre, não obstante o fato da existência de abundante literatura sobre negociação e de disciplinas associadas a esse tema nos cursos superiores, e sabe-se que a negociação pressupõe conflito de interesses.

Não obstante esses aspectos, a partir da literatura organizacional, interessantes observações sobre política como forma de coordenação podem ser extraídas. Especificamente, tratando-se da possibilidade de Organizações Políticas e, ainda, da política como coordenação subsidiária em algumas estruturas tradicionais, nas organizações públicas, nas relações entre organizações e em modernos modelos de gestão baseados em formas participativas.

Henry Mintzberg, em seus dois trabalhos sobre estrutura organizacional, não considera a política como forma de coordenação, apesar de sua argumentação sobre poder como fator situacional ao lado de ambiente, estratégia e tecnologia.[66] Em trabalhos posteriores, ele chama a atenção para a existência de Organizações Políticas. Infelizmente, o autor não apresenta melhor caracterização dessas Organizações Políticas se comparada aos trabalhos relacionados às outras formas de estrutura organizacional. Apenas coloca-as como não possuindo *"parte dominante, nenhum mecanismo de coordenação e nenhuma forma estável de centralização ou descentralização"*.[67] Ainda para o autor, *"algumas seriam temporárias, em especial durante períodos de transformações difíceis, enquanto outras podem ser mais permanentes, como numa agência governamental separada por diferentes forças ou numa empresa moribunda há muito protegida das forças do mercado"*.[68]

Outros formatos apontados por esse autor apresentam a política como possível forma de coordenação, mas, apenas, de forma subsidiária. A Burocracia Profissional, que possui a padronização por habilidades como forma principal de coordenação, é exemplo disso. Nessas organizações, o poder dos profissionais é grande, e, assim, constantemente, existem posições baseadas em interesses pessoais, e, conseqüentemente, as decisões aparecem de forma colegiada, com a participação dos interessados. Como afirma Henry Mintzberg, a Burocracia Profissional apresenta uma *"estrutura administrativa democrática"*.[69] Apesar de não haver decisões coletivas no nível operacional ou, mesmo, na cúpula estratégica, no nível intermediário, as decisões aparecem de forma colegiada.

Nas Burocracias Mecanizadas, apesar da maior preocupação com aspectos técnicos, a possibilidade de aparecer coordenação política acontece, principalmente, na cúpula estratégica da organização. Nesse caso, ela pode se evidenciar nas decisões colegiadas ou dos conselhos, como, também, em várias práticas utilizadas pelos gerentes dos níveis mais altos.[70]

Além das situações anteriores, é significativo ressaltar, também, a importância de coordenação política em organizações públicas. Nesse tipo de organização, devido a grande importância de agentes externos, existe uma grande possibilidade de ocorrerem interferências políticas nas decisões organizacionais e, assim, a possibilidade de existência de coordenação política é maior se relacionada com outras organizações.[71]

Uma outra possibilidade de se discutir a política como forma de coordenação aparece nos relacionamentos entre organizações, ou entre organizações e indivíduos. Nesse caso, apesar de se assumir os contratos como forma principal de coordenação, há que se considerar os aspectos ligados a interesses e poder inerentes aos relacionamentos entre as empresas, devido à inexistência de uma ligação hierárquica formal entre elas. Essa importância do poder e de interesses foi discutida, inclusive, na seção anterior, a partir das ponderações de Charles Perrow,[72] e pode, ainda, ser verificada em trabalhos de Henry Mintzberg sobre estratégia.[73] Esse autor destaca estudos que discutem a influência do poder na formulação da estratégia, seja nas relações que ocorrem no interior da empresa, seja nas relações entre a empresa e o ambiente.

A importância de se observarem aspectos ligados a interesses, poder, conflito e política em seu aspecto exterior e de relacionamentos entre organizações talvez justifique os estudos, livros e disciplinas ligados a negociações em cursos de graduação em Administração. Em seu estudo sobre papéis gerenciais realizado na década de 1960, por exemplo, Henry Mintzberg, aponta o papel de Negociador para um gerente como sendo aquele *"responsável por representar a organização em importantes negociações"* (sublinhado nosso).

Recentemente, têm aparecido trabalhos discutindo a questão da política nas organizações, principalmente nos novos modelos de gestão baseados em formas participativas. Paulo Motta,[74] discutindo formas de participação nas organizações, aponta duas possibilidades: a participação direta e a participação indireta. No primeiro caso, o autor cita práticas como o planejamento participativo, os círculos de controle da qualidade e os processos grupais para decisão e ação. Essas experiências, voltadas para a participação no âmbito de trabalho ou de tarefa, teriam razões na busca da harmonização, de satisfação, envolvimento, comprometimento, mobilização esforços, desenvolvimento de habilidades diversas, dentre outras. No segundo caso, a participação indireta, o autor cita as práticas como os comitês de empresa, as formas de co-gestão e de autogestão. Seriam experiências voltadas para a participação no âmbito institucional por intermédio de representação coletiva dos empregados ou da classe profissional.

Entretanto, apesar do crescimento da discussão da política a partir de novos modelos de gestão, muitos questionamentos são apresentados.[75] No caso das formas diretas, muito se argumenta sobre a sua restrição a certas áreas, condicionamento a limites e objetivos superiores e, em certos casos, o aspecto superficial, manipulador e de dominação.[76] No caso das formas indiretas, as principais ponderações se referem ao estágio de maturidade da sociedade em geral, incluindo a classe empresarial e trabalhadores.[77]

Quadro 8.5 Possibilidades de Aparecimento da Coordenação Política nas Organizações

Possibilidades para a coordenação política

Coordenação principal
- Em Organizações Políticas

Coordenação subsidiária
- Em Burocracias Mecanizadas: aparecem em conselhos, decisões colegiadas e de cúpula.
- Em Burocracias Profissionais: decisões no nível intermediário.
- Em organizações públicas.
- Entre organizações e entre organizações e indivíduos.
- Em formas participativas de gestão (direta e indireta).

8.3.2 Política como forma de coordenação nas organizações: considerações finais

Apesar dessas possibilidades apontadas anteriormente, a coordenação política parece estar, ainda, distante de ser uma realidade nas organizações como forma principal de integração do trabalho. Ou seja, está-se longe de conceber as organizações

CAPÍTULO OITO

como local em que o trabalho dividido é integrado ou coordenado por relações políticas. A coordenação política sempre apareceu e continuará aparecendo em ambientes restritos e em espaços dedicados a ela como nas assembléias, nos sindicatos, nas câmaras legislativas e de decisões colegiadas, ou seja, em ambientes em que se pressupõem situações democráticas e certa igualdade entre os participantes, o que não parece acontecer nas tradicionais organizações dentro de nossa sociedade. Além disso, imposições técnicas como a busca da eficiência, tão valorizada em nossa sociedade e nas organizações, podem ser consideradas empecilhos à utilização dessa coordenação que, inevitavelmente, conduz a conflitos e negociações.

Assim, há que se considerar o papel importante da política nas organizações, mas não como forma principal de coordenação como no caso dos cinco tipos abordadas por Henry Mintzberg (ajustamento mútuo, a supervisão direta, as padronizações de tarefas, resultados e habilidades) e, ainda, no caso dos tipos discutidos neste capítulo (contratos e valores). Seu papel parece se restringir à manutenção de níveis razoáveis de atendimento de interesses para que não se atrapalhem as formas de integração anteriormente apontadas, ou seja, apenas como um processo dinâmico de regulação de conflitos.

NOTAS

[1] A idéia de cultura nas organizações sofreu muita influência de teóricos ligados à Antropologia. Dentre eles, alguns a consideram como possuindo elementos tangíveis como a tecnologia, utensílios, ferramentas etc. e elementos intangíveis. No presente trabalho, ênfase é dada aos aspectos intangíveis da cultura, como os valores (ver LARAIA, Roque de Barros. *Cultura*: um conceito antropológico. Rio de Janeiro: Jorge Zahar, 2002. SOUZA, Edela Lanzer Pereira. *Clima e cultura organizacionais*: como se manifestam e como se manejam. Porto Alegre: Edgar Blucher, 1978. BOWDITCH, J. L., BUONO, A. F. *Elementos de comportamento organizacional*. São Paulo: Pioneira, 1992).

[2] Em seus trabalhos, Karl Marx utiliza os conceitos de *superestrutura* e de *ideologia*. Melhores discussões sobre esse assunto podem ser vistas em *A ideologia alemã*. Nele, o autor discute, inclusive, a formatação da ideologia por intelectuais dedicados ao trabalho abstrato (escritores) (ver MARX, Karl. *A ideologia alemã*. São Paulo: Grijalbo, 1977).

[3] WEBER, Max. *A ética protestante e o espírito capitalista*. São Paulo: Editora Martin Claret, 2002. p.32 (introd.). Em *Ensaios de Sociologia*, podem se verificar, também, posições de Max Weber, em que se enfatiza a influência de valores na formação das estruturas como, por exemplo, a noção de democracia de massa e a importância do uso da racionalidade (WEBER, Max. *Ensaios de Sociologia*. Rio de Janeiro: LTC, 1982. p. 138-157). Deve-se enfatizar que M. Weber coloca os valores como impulsionadores e não como causadores das relações sociais e de produção.

[4] A referida pesquisa foi realizada de 1927 até 1932 nas instalações da Western Electric Company em Chicago (ver MAYO, Elton. *Problemas de una civilizacion industrial*. Buenos Aires: Galatea-Nueva Vision, 1959)

[5] Discussões sobre essa abordagem e sobre as relações informais podem ser verificadas em: ETZIONI, A. *Organizações complexas*: estudo das organizações em face dos problemas sociais. São Paulo: Atlas, 1973.

[6] Ver: MAYO, Elton. *Problemas de una civilizacion industrial*. Buenos Aires: Galatea-Nueva Vision, 1959 e ETZIONI, A. *Organizações complexas*: estudo das organizações em face dos problemas sociais. São Paulo:

Atlas, 1973, assim como ETZIONI, A. *Organizações complexas*: estudo das organizações em face dos problemas sociais. São Paulo: Atlas, 1973.

[7] Isso foi discutido no Capítulo 2 a partir de autores estruturalistas (ver ETZIONI, A. *Organizações complexas*: estudo das organizações em face dos problemas sociais. São Paulo: Atlas, 1973), assim como trabalhos mais recentes como: BRAVERMAN. Harry. *Trabalho e capital monopolista*. Rio: Editora Guanabara Koogan S/A, 1987.

[8] Isso foi discutido com mais profundidade no Capítulo 2.

[9] Isso foi discutido no Capítulo 2.

[10] ETZIONI, Amitai. *Análise comparativa de organizações modernas*: sobre o poder, o engajamento e seus correlatos. Rio de Janeiro: Zahar, 1974. p. 72. Vale observar ainda que muitos trabalhos de pesquisa sobre comprometimento, atualmente, têm como base teórica as formas de envolvimento discutidas por Amitai Etzione como a coerção, elementos financeiros e os aspectos valorativos (ver BASTOS, Antonio Virgílio Bittencourt. Os vínculos indivíduo-organização: uma revisão da pesquisa sobre comprometimento organizacional. In: *Anais Enanpad*. Canela: Anpad, 1992).

[11] No trabalho de Amitai Etzioni, enfatiza-se a existência de metas valorativas, porém mais importantes nas chamadas organizações normativas (ver ETZIONI, Amitai. *Análise comparativa de organizações modernas*: sobre o poder, o engajamento e seus correlatos. Rio de Janeiro: Zahar, 1974. p. 72).

[12] Não se pode definir esse momento de forma precisa. Vários foram os trabalhos que tiveram importância no fortalecimento dos estudos de cultura e valores nas organizações, desde aqueles ligados às abordagens de relações humanas e estruturalista. Herbert Simon pode ser considerado, também, uma importante referência. Esse autor enfatiza aspectos ligados a valores, endoutrinação, identificação etc. e sua importância nas tomadas de decisão nas organizações (SIMON, Herbert. *Comportamento administrativo*: estudo dos processos decisórios nas organizações administrativas. Rio de Janeiro: FGV, 1979).

[13.]Maria Tereza Leme Fleury e Moema Miranda de Siqueira apresentam interessantes sistematizações sobre diversas linhas teóricas (não apenas antropológicas) que discutem cultura nas organizações (FLEURY, Maria Tereza Leme. *Cultura e poder nas organizações*. São Paulo: Atlas, 1989; SIQUEIRA, Moema Miranda. Cultura e organizações públicas. *Revista do Serviço Público*. Ano 47. Volume 120. Número 2. maio-agosto 1996).

[14.]BOWDITCH, J. L., BUONO, A. F. *Elementos de comportamento organizacional*. São Paulo: Pioneira, 1992. p. 182.

[15.]ROBBINS, Stephen. *Comportamento organizacional*. Rio de Janeiro: LTC, 1999. p. 498.

[16.]SCHEIN, Edgar. *Organizational culture and leadership*. San Francisco: Jossey-Bass Pub, 1992. Vale observar que esse conceito de Edgar Schein encontra correspondência, também, em estudos da Antropologia (ver LARAIA, Roque de Barros. *Cultura*: um conceito antropológico. Rio de Janeiro: Jorge Zahar, 2002).

[17.]Novamente, deve-se enfatizar que, para o presente trabalho, está se considerando cultura em seus aspectos intangíveis.

[18.]ROBBINS, Stephen. *Comportamento organizacional*. Rio de Janeiro: LTC, 1999. p. 503.

[19.]Discutido no Capítulo 7.

[20.]Edgar Schein enfatiza essa influência. Ver SCHEIN, E. *Psicologia organizacional*. Rio de Janeiro: Prentice-Hall, 1982.

[21.]BENNIS, W. *Desenvolvimento organizacional*. São Paulo: Edgard Blucher, 1972.

[22.]Ver: MORGAN, Gareth. *Imagens da organização*. São Paulo: Atlas, 1996 e ROBBINS, Stephen. *Comportamento organizacional*. Rio de Janeiro: LTC, 1999.

[23.]OUCHI, William. *Teoria Z*: como as empresas podem enfrentar o desafio japonês. São Paulo: Nobel, 1986. p. 71.

[24.]OUCHI, William. *Teoria Z*: como as empresas podem enfrentar o desafio japonês. São Paulo: Nobel, 1986. p. 75.

[25.]Empresas diferentes daquelas discutidas por Douglas McGregor como X e Y (ver McGREGOR, Douglas. *O lado humano na empresa*. São Paulo: Martins Fontes, 1999).

[26.]OUCHI, William. *Teoria Z*: como as empresas podem enfrentar o desafio japonês. São Paulo: Nobel, 1986. p.75.

[27.]Gareth Morgan e Stuart Creimer apontam esses autores como representantes típicos desse movimento (ver MORGAN, Gareth. *Imagens da organização*. São Paulo: Atlas, 1996, e CREINER, Stuart. *Grandes pensadores da Administração*: as idéias que revolucionaram o mundo dos negócios. São Paulo: Futura, 2000).

[28.]PETERS, Thomas J. e WATERMAN Jr., Robert H. *Vencendo a crise*: como o bom senso empresarial pode superá-la. São Paulo: Editora Harper & Row, 1983.

[29.]AKTOUF, Omar. O simbolismo e a cultura de empresa: dos abusos conceituais às lições empíricas. In: CHANLAT, Jean-François. *O indivíduo na organização*: dimensões esquecidas. São Paulo: Atlas, 1996.

[30.]AKTOUF, Omar. O simbolismo e a cultura de empresa: dos abusos conceituais às lições empíricas. In: CHANLAT, Jean-François. *O indivíduo na organização*: dimensões esquecidas. São Paulo: Atlas, 1996.

[31.]PETERS, Thomas J. e WATERMAN Jr., Robert H. *Vencendo a crise*: como o bom senso empresarial pode superá-la. São Paulo: Editora Harper & Row, 1983.

[32.]As principais formas seriam o recrutamento e a seleção, a socialização de novatos e as modificações comportamentais buscando-se alte-

rações atitudinais. Ver BOWDITCH, J. L., BUONO, A. F. *Elementos de comportamento organizacional*. São Paulo: Pioneira, 1992.

[33.]Ver BOWDITCH, J. L., BUONO, A. F. *Elementos de comportamento organizacional*. São Paulo: Pioneira, 1992.

[34.]Ver MORGAN, Gareth. *Imagens da organização*. São Paulo: Atlas, 1996. Interessante observar que essa crítica é totalmente contrária àquela que considera a impossibilidade de uma cultura organizacional por considerá-la, apenas, um conjunto de aspectos impostos por um grupo que detém o poder na empresa.

[35.]Ver MINTZBERG, Henry, AHLSTRAND, Bruce e LAMPEL, Joseph. *Safári de estratégia*: um roteiro pela selva do planejamento estratégico. Porto Alegre: Bookman, 2000, e ROBBINS, Stephen. *Comportamento organizacional*. Rio de Janeiro: LTC, 1999.

[36.]AKTOUF, Omar. O simbolismo e a cultura de empresa: dos abusos conceituais às lições empíricas. In: CHANLAT, Jean-François. *O indivíduo na organização*: dimensões esquecidas. São Paulo: Atlas, 1996 e MORGAN, Gareth. *Imagens da organização*. São Paulo: Atlas, 1996.

[37.]O termo ideologia aqui é usado no sentido marxista, em que um conjunto de idéias são usadas para justificar as relações de produção existentes. Isso foi discutido no início deste capítulo.

[38.]Não se pode deixar de destacar, aqui, o aparecimento de abordagens de lideranças neocarismáticas. Essas formas de liderança estão aparecendo, inclusive, nos atuais livros de comportamento organizacional e enfatizam elementos valorativos na forma de atuação do líder em contraposição às preocupações apenas com tarefas e relacionamentos, demonstradas pelas teorias situacionais ou contingenciais de liderança.

[39.]Essa proposta aparece em seus livros sobre estrutura e em livros recentes sobre estratégia.

[40.]Tom Peters e Robert Waterman podem ser citados na apresentação de críticas à organização Missionária. Ver PETERS, Thomas J. e WATERMAN Jr., Robert H. *Vencendo a crise*: como o bom senso empresarial pode superá-la. São Paulo: Editora Harper & Row, 1983.

[41.]Tom Peters e Robert Waterman defendem uma organização para os novos tempos baseada em três pilares, e um deles se refere aos valores. PETERS, Thomas J. e WATERMAN Jr., Robert H. *Vencendo a crise*: como o bom senso empresarial pode superá-la. São Paulo: Editora Harper & Row, 1983.

[42.]Stephen Robbins afirma que a cultura pede substituição à formalização. Ver ROBBINS, Stephen. *Comportamento organizacional*. Rio de Janeiro: LTC, 1999.

[43.]Vários trabalhos citam a importância de relações de confiança entre as empresas no Japão, como a citação dos *zaibatsu* em OUCHI, William. *Teoria Z*: como as empresas podem enfrentar o desafio japonês. São Paulo: Nobel, 1986.

[44.]Oliver Williamson é considerado o maior expoente dentro dessa abordagem. Seus estudos se embasam nos trabalhos pioneiros de Ronald Coase na década de 1930 sobre a natureza da firma (ver WILLIAMSON, Oliver, MASTEN, Scott E. *Transation cost economics*. London, Edward Elgar Publishing Limited, 1995 volumes I e II, e WILLIAMSON, Oliver. *The economic institution of capitalism*: firms, markets, relational contracting. New York: Free, 1985). Discussões sobre essa abordagem podem ser conseguidas, também, em Charles Perrow (ver PERROW. Charles. *Sociología de las organizaciones*. España: McGraw-Hill, 1991), em capítulo que trata de teorias econômicas para as organizações.

[45.]O conceito pode ser extraído de Oliver Williamson. Todavia, usou-se aqui, principalmente, a definição apresentada por Alfred Chandler (ver CHANDLER Jr., Alfred D. *Scale and scope*: the dynamics of industrial capitalism. Crambridge: Bleiknap, Harvard University, 1994) para se manter a coerência com o capítulo sobre estratégia, em que se discute esse autor.

[46]Como racionalidade limitada, estão-se considerando os estudos de Herbert Simon, em que se observa que a decisão sofre influência de questões ligadas a percepção, quantidade de informações disponíveis, probabilidade de eventos futuros, interesses individuais, dentre outras (SIMON, Herbert. *Comportamento administrativo*: estudo dos processos decisórios nas organizações administrativas. Rio de Janeiro: FGV, 1979). Como oportunismos, há que se observar comportamentos voltados para o alcance dos interesses com avidez por parte dos agentes ou partes, muitas vezes, pressupondo atitudes consideradas não éticas (ver WILLIAMSON, Oliver e. MASTEN, Scott E. *Transation cost economics*. London, Edward Elgar Publishing Limited, 1995 volumes I e II, e WILLIAMSON, Oliver. *The economic institution of capitalism*: firms, markets, relational contracting. New York: Free, 1985).

[47]Além dos trabalhos da abordagem de ECT, discussões sobre as vantagens de se usar a hierarquia e não o mercado aparecem, também, em: CHANDLER Jr., Alfred D. *The Visible Hand*: The Managerial Revolution in American Business. Cambridge: 1977. Vale enfatizar que essas relações estáveis coincidem com as relações em uma estrutura burocrática.

[48]WILLIAMSON, Oliver. *The economic institution of capitalism*: firms, markets, relational contracting. New York: Free, 1985.

[49]O conceito de incerteza usado aqui não coincide com aquele referente a dinamismo discutido no capítulo sobre ambiente (Capítulo 5).

[50]PERROW. Charles. *Sociología de las organizaciones*. España: McGraw-Hill, 1991.

[51]Marco A. Oliveira, em trabalho para terceirização, alerta sobre esse perigo (OLIVEIRA, Marco A. *Terceirização*: estruturas e processos em xeque nas empresas. São Paulo: Nobel, 1994). Tom Peters e Robert Waterman, teóricos defensores da coordenação por valores, afirmam que as vantagens de obtenção no mercado como a competição podem ser conseguidas internamente por intermédio de políticas internas de apoio à competição salutar (PETERS, Thomas J. e WATERMAN Jr., Robert H. *Vencendo a crise*: como o bom senso empresarial pode superá-la. São Paulo: Editora Harper & Row, 1983).

[52]Essas situações de lealdade entre organizações são enfatizadas por William Ouchi, em análise das organizações no Japão, e discutidas, também, por Charles Perrow (ver OUCHI, William. *Teoria Z*: como as empresas podem enfrentar o desafio japonês. São Paulo: Nobel, 1986, e PERROW. Charles. *Sociología de las organizaciones*. España: McGraw-Hill, 1991).

[53]FERREIRA, Aurélio Buarque de Holanda. *Dicionário Aurélio da língua portuguesa*. Rio: Nova Fronteira, 1995.

[54]No Direito e em Economia, podem-se conceber as relações organizacionais internas, também, como relações contratuais, situação discutível para a Administração.

[55]A análise em termos de Direito não será feita aqui devido à impossibilidade de generalizações, referente a particularidades em relação ao objeto do contrato, assim como à legislação do país considerado e legislações internacionais ratificadas por legislações dos Estados soberanos. Além disso, sua discussão nessa área do conhecimento (Direito) fugiria ao foco do presente trabalho.

[56]WILLIAMSON, Oliver. *The economic institution of capitalism*: firms, markets, relational contracting. New York: Free, 1985.

[57]WILLIAMSON, Oliver. *Transaction-cost economics*: the governance of contractual relations. In: WILLIAMSON, Oliver, MASTEN, Scott E.

Transaction cost economics. London, Edward Elgar Publishing Limited, 1995 volumes I e II.

[58]Não estão sendo apresentadas, aqui, conceituações para esses termos. Todavia, para este trabalho, é importante alertar para o fato de que a ênfase aparece no termo política, não no sentido tradicional, como um processo de regulação de interesses, mas como uma possível forma de coordenação ou integração do trabalho. Isso é discutido mais adiante.

[59]Discussões sobre organizações como espaço para a realização de interesses podem ser vistas tanto na literatura de economistas clássicos como na literatura marxista.

[60]Ver WEBER, Max. *Economia e sociedade*. Brasília: Editora da Universidade de Brasília, 1999. volumes 1 e 2, e WEBER, Max. *Ensaios de Sociologia*. Rio de Janeiro: LTC, 1982.

[61]Esses são alguns dos autores citados quando se discute esse tema nas organizações (ver MOTTA, P. R. *A ciência e a arte de ser dirigente*. Rio: Record, 1991; MORGAN, Gareth. *Imagens da organização*. São Paulo: Atlas, 1996, e MINTZBERG, Henry, AHLSTRAND, Bruce e LAMPEL, Joseph. *Safári de estratégia*: um roteiro pela selva do planejamento estratégico. Porto Alegre: Bookman, 2000).

[62]HALL, Richard H. *Organizações, estruturas e processo*. Rio: Prentice-Hall, 1984.

[63]Na sua classificação sobre estruturas, Henry Mintzberg faz considerações sobre o relacionamento entre poder e estrutura. Ele aborda o poder, inclusive, como um dos fatores contingenciais (ver MINTZBERG, Henry. *Criando organizações eficazes*: estruturas em cinco configurações. São Paulo: Atlas, 1995).

[64]MORGAN, Gareth. *Imagens da organização*. São Paulo: Atlas, 1996; MOTTA, P. R. *A ciência e a arte de ser dirigente*. Rio: Record, 1991, e MINTZBERG, Henry e QUINN, James Brian. *O processo da estratégia*. Porto Alegre: Bookman, 2001.

[65]MORGAN, Gareth. *Imagens da organização*. São Paulo: Atlas, 1996. p.146.

[66]MINTZBERG, Henry. *The structuring of organizations*: a synthesis of the research. Englewood Cliffs, N.J.: Prentice-Hall, 1979, e MINTZBERG, Henry. *Criando organizações eficazes*: estruturas em cinco configurações. São Paulo: Atlas, 1995.

[67]MINTZBERG, Henry e QUINN, James Brian. *O processo da estratégia*. Porto Alegre: Bookman, 2001. p. 156. Vale informar que Henry Mintzberg tem interessantes trabalhos sobre poder e política nas organizações. Com destaque, pode-se citar MINTZBERG, Henry. The organization as political arena. *Journal of Management Studies*. v. 22, pp.133-153, 1985.

[68]MINTZBERG, Henry, AHLSTRAND, Bruce e LAMPEL, Joseph. *Safári de estratégia*: um roteiro pela selva do planejamento estratégico. Porto Alegre: Bookman, 2000. p. 227.

[69]Além das ponderações de Henry Mintzberg, pode-se citar um interessante trabalho realizado em universidades britânicas discutindo o assunto (ver MINTZBERG, Henry. *Criando organizações eficazes*: estruturas em cinco configurações. São Paulo: Atlas, 1995. p. 197, e RODRIGUES, Suzana Braga. Processo decisório em universidade: teoria III. IN: *Revista de Administração Pública*. v. 19, n. 4, out/dez, 1985. p. 60-74).

[70]Na apresentação das empresas de processamento feita no Capítulo 4 sobre Tecnologia, discutiu-se o uso de decisões colegiadas na cúpula. Da mesma forma, no Capítulo 6, discutiu-se o crescimento das decisões colegiadas na formulação de estratégia. Texto clássico de H. Edward Wrapp discute características políticas na atuação de gerentes de alto nível da administração (ver WRAPP, H. Edward. Bons gerentes não tomam decisões políticas. In: *Coleção Harvard de Administração*. v. 28. São

Paulo: Nova Cultural, 1986). As discussões atuais sobre Governança Corporativa evidenciam a necessidade de se observarem os aspectos políticos nas grandes decisões organizacionais (LODI, João Bosco. *Governança Corporativa*: o governo da empresa e o conselho de administração. Rio de Janeiro: Elsevier, 2000, e STEINBERG, Herbert e HLLQVIST, Bengt. *A dimensão humana da Governança Corporativa*: pessoas criam as melhores e piores práticas. São Paulo: Editora Gente, 2003).

[71.]Paulo Motta enfatiza que estudos de poder nas organizações são mais comuns na administração pública (MOTTA, P. R. *A ciência e a arte de ser dirigente*. Rio de Janeiro: Record, 1991).

[72.]Essa discussão da importância de aspectos ligados ao poder nas relações entre organizações foi abordado, anteriormente, a partir das ponderações de Charles Perrow (ver PERROW. Charles. *Sociología de las organizaciones*. España: McGraw-Hill, 1991).

[73.]Ver: MINTZBERG Henry, QUINN, James Brian. *O processo da estratégia*. Porto Alegre: Bookman, 2001, e MINTZBERG, Henry, AHLSTRAND, Bruce, LAMPEL, Joseph. *Safári de estratégia*: um roteiro pela selva do planejamento estratégico. Porto Alegre: Bookman, 2000.

[74.]MOTTA, P. R. *A ciência e a arte de ser dirigente*. Rio de Janeiro: Record, 1991.

[75.]O próprio Paulo Motta apresenta esses questionamentos. MOTTA, P. R. *A ciência e a arte de ser dirigente*. Rio de Janeiro: Record, 1991.

[76.]No que se refere à limitação de áreas, condicionamento a limites e objetivos superiores, ver: MOTTA, P. R. *A ciência e a arte de ser dirigente*. Rio: Record, 1991. Para outros aspectos, Maria Elizabeth Antunes Lima, a partir de trabalhos de J. Palmade, M. Pages, E. Enriquez, V. de Gaulejac e J. Broda, apresenta diversas críticas aos novos modelos de gestão (ver LIMA, Maria Elizabeth Antunes. *Os equívocos da excelência*: as novas formas de sedução na empresa. Petrópolis: Vozes, 1996). Jean-Francois Chanlat, também, apresenta críticas a novos modelos de gestão, principalmente no que se refere a saúde e segurança no trabalho (ver CHANLAT, Jean-François. Modos de gestão, saúde e segurança no trabalho. In: DAVEL, Eduardo e VASCONCELOS, João (org.). *Recursos Humanos e subjetividade*. Petrópolis: Vozes, 1997).

[77.]Paulo Motta faz, também, considerações sobre isso (ver MOTTA, P. R. *A ciência e a arte de ser dirigente*. Rio de Janeiro: Record, (1991).

Parte IV
A BUROCRACIA AUTOMATIZADA E SUAS VARIAÇÕES

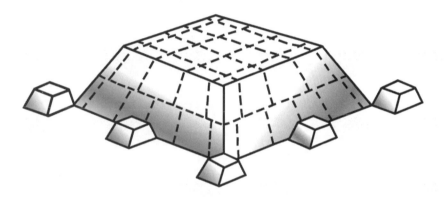

"À medida que maior tecnologia é introduzida no processo de trabalho, porém, uma maior percentagem do trabalho total se tornará invisível. Em muitos casos, um produto de trabalho total será visível numa etapa do processo de produção, e desaparecerá e reaparecerá em algum outro ponto, numa etapa mais adiantada."

Marc S. Gerstein, *in: Das burocracias mecânicas às organizações em rede: uma viagem arquitetônica.*

A Burocracia Automatizada

A partir das discussões feitas nos capítulos anteriores referentes às alterações ambientais, tecnológicas e estratégicas, às novas possibilidades organizacionais e às novas formas de coordenação, pode-se apresentar o que está sendo proposto, neste trabalho, como uma nova estrutura que está adquirindo grande espaço no mundo das organizações. Uma configuração que merece, atualmente, destaque e que se propõe como complemento à classificação de Henry Mintzberg. Trata-se de uma estrutura que, em muitos casos, se apresenta como alternativa à Burocracia Mecanizada, que foi até recentemente o formato mais usado pelas grandes empresas de produção com grande volume e pequena variedade.

A apresentação é feita, na medida do possível, seguindo-se os mesmos passos daquela feita por Henry Mintzberg, em sua caracterização das cinco configurações organizacionais tradicionais.[1] Todavia, diferenças aparecem devido às peculiaridades da Burocracia Automatizada. Comparações com a Burocracia Mecanizada são inevitáveis, o que é, inclusive, um facilitador para o entendimento do modelo aqui proposto. Também são feitas comparações com outros tipos de estruturas, notadamente aquela utilizada pelas empresas de processamento caracterizadas por Joan Woodward.[2]

9.1 A Descrição da Estrutura Básica

A descrição é feita em separado para o núcleo operacional, para o componente administrativo, para as áreas de apoio e de assessoria e para a cúpula estratégica.

9.1.1 O núcleo operacional

Com relação ao núcleo operacional, podem-se fazer considerações a partir do uso de automação na organização, da integração que nela aparece, das atividades reservadas aos indivíduos, do perfil requerido dos trabalhadores e da coordenação baseada em valores.

A automação e a empresa máquina

As empresas que utilizam a estrutura burocrática automatizada, em seu formato mais completo, apresentam um núcleo operacional que lembra, muitas vezes, mais uma máquina e um sistema físico do que uma organização social.[3] Isso ocorre devido à automação que se consegue alcançar nessas empresas, podendo-se observar um complexo de equipamentos interligados que realizam, efetivamente, a produção.

As operações são realizadas, assim, por um conjunto de maquinários automáticos que utilizam, de maneira intensa, a tecnologia da informação, além de tecnologias tradicionais ligadas à mecânica, à hidráulica, à pneumática e à eletricidade.[4]

Utilizando sistemas ligados aos conceitos de Manufatura Assistida por Computador – CAM, Sistemas Flexíveis de Manufatura – SFM e, principalmente, Manufatura Integrada por Computador – CIM,[5] essas empresas automatizam grande parte de seu núcleo operacional, e, como conseqüência imediata, tem-se o menor uso de mão-de-obra ligada à transformação se comparado com a Burocracia Mecanizada, que utilizava uma produção com mão-de-obra intensiva.[6]

Nesse aspecto, a Burocracia Automatizada se parece muito com as empresas de processamento caracterizadas por Joan Woodward.[7] Relembrando o Capítulo 4 sobre Automação, como exemplos de empresas de processamento têm-se as refinarias de petróleo e outras empresas petroquímicas e de fabricação de papel, dentre outros. Para essas empresas, por intermédio de sistemas baseados em mecânica e eletricidade, conseguiu-se a elaboração de certos produtos de forma automatizada e contínua. Apesar de ocorrer de forma restrita a produtos sem unidades predefinidas, as operações baseadas em processamento, como já afirmava Joan Woodward, estavam se estendendo a outros produtos ou etapas da produção, como, por exemplo, enlatamento ou embalagem.

Atualmente, com a tecnologia da informação, está-se conseguindo uma produção semelhante à produção contínua para outros tipos de produtos, e, dessa forma, a produção por processamento aparece em várias empresas que, até pouco tempo, não utilizavam sistemas automatizados, seja por inviabilidade técnica ou por questões econômicas.[8] Obviamente, a produção para esses novos produtos não é contínua no sentido de unidades não-predefinidas de produto como no refino de petróleo ou na produção de papel. Entretanto, as conseqüências para o processo produtivo são muito parecidas, principalmente no que se refere à substituição de mão-de-obra ligada à produção.[9]

Além dessa automação na produção propriamente dita, para a Burocracia Automatizada aparecem, também, sensores de controle e monitoramento, que oferecem informações diversas. Isso permite a centros controladores por tecnologia de microprocessamento realizar ajustes, tendo-se assim maior controle da produção por intermédio do próprio sistema e, novamente, maior substituição de mão-de-obra.

Outro aspecto interessante de se observar no núcleo operacional da Burocracia Automatizada é a flexibilidade. A automação utilizada no fordismo e nas tradicionais empresas de processamento oferece grande volume de produção, porém pouca flexibilidade produtiva. Ou seja, as operações em empresas que utilizam esses tipos de automação são adequadas para a produção com grande volume porém baixíssima variedade. Para se conseguir certa variedade, seriam necessárias grandes alterações em equipamentos, o que, muitas vezes, inviabilizaria a produção. De forma tradicional, assim, as formas de produção mais flexíveis que trazem maior variedade de produtos utilizam máquinas universais ou, mesmo, máquinas com controle numérico (CN), ou seja, formas de produção diferentes daquelas que utilizam processos automatizados baseados no fordismo ou nas empresas de processamento.

Com a tecnologia da informação, a Burocracia Automatizada, apesar de se estabelecer em muitas empresas que utilizavam, anteriormente, equipamentos fixos, consegue, por intermédio de rápidas mudanças, certa flexibilidade produtiva e, assim, maior variedade de produtos pode ser oferecida aos clientes. Essas mudanças, na prática, ocorrem pela alteração em programas (*software*) e, mesmo, em pequenos ajustes feitos em equipamentos. Consegue-se, então, uma produção que, apesar do grande volume, oferece maior variedade que a permitida nas Burocracias Mecanizadas. Ainda nesse aspecto, como discutido no Capítulo 4 sobre Tecnologia, no núcleo operacional, a Burocracia Automatizada faz uma junção de vantagens das formas anteriores de automação. Consegue-se uma produção automatizada (típica de empresas de processamento), com certa flexibilidade (típica de controle numérico), em produtos que, anteriormente, tinham que ser feitos apenas nos processos de massa e lotes (sistemas fordistas).[10]

Evidentemente, o uso da automação na produção, seja utilizando CAM, SFM ou CIM, dependerá de questões não apenas tecnológicas, mas, também, de outras questões situacionais, sejam ambientais ou estratégicas. Exigências de flexibilidade produtiva por parte do cliente, necessidade de diferencial competitivo diante da concorrência, barateamento de máquinas e equipamentos, possibilidade de linhas de crédito e características da mão-de-obra na região são alguns dos aspectos que podem ser citados a esse respeito e que têm melhor discussão ao longo deste capítulo. Essas questões situacionais podem levar, inclusive, à possibilidade de integração das operações de transformação com outros sistemas não ligados à produção propriamente dita dentro da empresa e, até mesmo, com elementos externos a ela.

A integração dos vários sistemas

Outra característica das empresas que utilizam a estrutura de Burocracia Automatizada é a grande integração dos diversos sistemas por intermédio da tecnologia da informação. Na transformação, o auge dessa possibilidade ocorre com o CIM, em que aparece a integração de várias fases do processo produtivo, substituindo-se, também, a intervenção humana nessas tarefas, ou seja, nas funções de ligação entre sistemas. Processos tradicionais, mesmo apresentando certa automação, utilizam mão-de-obra na ligação entre as fases da produção, seja no transporte de materiais, na alimentação dos equipamentos de insumos ou, mesmo, no repasse de informações entre os diversos setores ou etapas do processo. Com o CIM, eliminam-se as tarefas humanas na alimentação de insumos, informações e, até, no controle dessas integrações.[11]

A integração, inclusive, não se restringe à produção propriamente dita. Além de ela aparecer na transformação, surge também entre os diversos setores e sistemas não ligados diretamente à produção. Por intermédio de tecnologias de sistemas de informação baseadas no conceito de *Enterprise Resources Planning* – ERP, por exemplo, consegue-se uma ligação da produção (e suas diversas fases) com setores diversos como estoques, faturamento, contabilidade, controle de custos, setores de recursos humanos etc.[12]

A integração pode avançar ainda mais nas empresas com estrutura baseada em Burocracia Automatizada, existindo a possibilidade de ligação com elementos externos à organização. Por intermédio de tecnologias de sistemas de informação associadas aos conceitos de *e-commerce, e-business* e parcerias eletrônicas, ocorre uma conexão da empresa com seus fornecedores e clientes. Pode-se, por exemplo, ter uma influência direta do cliente no processo produtivo, inclusive em tempo real. Da mesma forma, podem-se oferecer informações aos fornecedores sobre necessidade de insumos, também em tempo real.[13]

Figura 9.1 Automação na Burocracia Automatizada

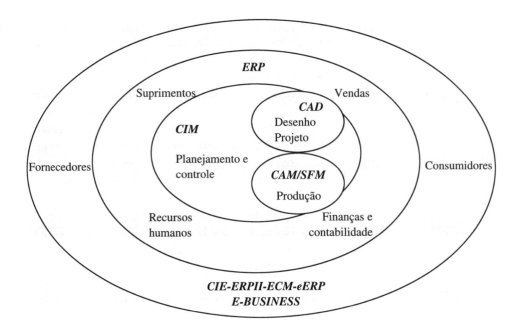

Todavia, da mesma maneira que alertado para a automação na transformação, as possibilidades tecnológicas discutidas não são suficientes para que apareça, numa determinada organização, uma integração entre os diversos sistemas internos e os elementos externos como os aqui apresentados. Isso será discutido em seção mais adiante, nas condições para a formação da Burocracia Automatizada, porém podem-se citar desde já aspectos a serem observados, como o setor econômico de atuação, a capacidade de investimentos, a disponibilidade de fornecedores e clientes com capacidade de participar da integração e a disponibilidade de mão-de-obra qualificada dentre outros. A estratégia da empresa é, inclusive, um dos fatores importantes no aparecimento da integração. Esses aspectos, em conjunto com outras condições técnicas, apóiam ou limitam a aplicação da automação e da integração possibilitada pelas tecnologias atualmente existentes.

Não obstante esse fato, a discussão sobre automação e integração em organizações que utilizam essa estrutura conduz, irremediavelmente, a algumas perguntas importantes em termos de organização do trabalho e estrutura: quais são as atividades reservadas às pessoas nas operações dentro dessas empresas? E como ocorrem a divisão do trabalho e a coordenação nesse formato organizacional?

As pessoas no núcleo operacional e a coordenação por valores

Com relação às pessoas no núcleo operacional da Burocracia Automatizada, torna-se necessário fazer considerações sobre as atividades que são, agora, reservadas a elas (já que a produção é realizada por sistemas automatizados), o perfil requerido dos trabalhadores dentro desse novo ambiente e as formas principais de coordenação utilizadas nessa estrutura.

A - As atividades humanas

Para se fazer uma análise sobre as atividades humanas no núcleo operacional da Burocracia Automatizada, dois ambientes devem ser inicialmente destacados: empresas que não sofreram automação em todos os seus processos e empresas com sistemas automatizados.

Para o primeiro ambiente, há que se salientar que, apesar de a tecnologia da informação ter proporcionado condições de automação não ocorridas ao longo da história das organizações, essa possibilidade tem seus limites e deve ser observada dentro de contextos não apenas técnicos, mas ambientais e estratégicos. Assim, muitos processos dentro de uma empresa podem não ser automatizados, seja na transformação propriamente dita, seja na integração dos sistemas interna e externamente. Nesses casos, utilizam-se, ainda, muita atividade humana e mão-de-obra intensiva, a exemplo de outras estruturas, principalmente a Burocracia Mecanizada. Aparecem, então, tarefas sujeitas às tradicionais condições de rotinas de trabalho, normas e padrões de comportamento, além do cumprimento de ordens superiores, como as caracterizadas em capítulos anteriores. Ou seja, muita divisão do trabalho e coordenação por intermédio, principalmente, da padronização dos processos de trabalho e supervisão direta.

Em alguns casos, observa-se, também, a utilização de processos de transformação por intermédio de células e grupos semi-autônomos, em que aparecem o alargamento e o enriquecimento de cargos. Essas práticas são herdadas de novas possibilidades organizacionais, discutidas no Capítulo 7, como a Qualidade de Vida no Trabalho – QVT – e, mesmo, o Desenvolvimento Organizacional – DO –, em que se buscam melhorias no ambiente de trabalho, visando à diminuição de índices de rotatividade e de absenteísmo, além do aumento de produtividade.[14]

Processos produtivos diversos em uma empresa do setor de autopeças

Em visita a um fabricante de peças do setor automobilístico, observaram-se processos produtivos diversos.

No setor dedicado à prensagem de chapas, apesar de o uso de grandes prensas e das tarefas poderem ser consideradas bem simples, o que poderia levar à automação, aparecia, ainda, muita atividade humana ligada à produção. Alguns trabalhadores eram encarregados de alimentar as prensas com chapas e acionar os dispositivos. Outros apareciam, do outro lado da prensa, na retirada das peças prontas. Certo encadeamento de prensas foi, também, encontrado, e, assim, de forma geral, o trabalho nesse setor poderia ser caracterizado por sistemas tayloristas e fordistas.

No setor responsável pela soldagem de diversas peças, aparecia o uso de robôs. A atividade humana aparecia, ainda, no trabalho de alimentar os robôs com certos materiais, acompanhar o funcionamento deles, retirar a peça soldada e verificar a sua qualidade. Essas tarefas não apareciam divididas, ou seja, um trabalhador realizava todas as atividades e existia, também, grande diversidade na produção, ou seja, produtos diversos sendo elaborados. O uso de células ou grupos semi-autônomos que decidiam sobre ordem de operações, o posto de cada trabalhador no dia, além de outros aspectos podiam ser vistos nesse setor em que existia certa automação com o uso de robôs.

Verificado in loco

Entretanto, uma possibilidade que vem adquirindo cada vez mais espaço nos ambientes operacionais com pouca automação é a da produção enxuta. Como discutido no Capítulo 7, Novas Possibilidades Organizacionais, a produção enxuta busca atender as necessidades de empresas de produção em massa que procuram aumentar sua produtividade e flexibilidade, a partir da melhor adequação entre produção e qualidade e da eliminação de *folgas* oriundas das estruturas burocráticas. No núcleo operacional de uma empresa que utiliza princípios ligados à produção enxuta, aparece um processo produtivo em que se exige um melhor desempenho por parte do trabalhador em termos de produtividade e de qualidade, baseando-se, principalmente, na variedade de funções ou multifuncionalidade.[15]

Para o segundo ambiente, empresas que tiveram seus processos automatizados com o uso de CAM, SFM e CIM; integrações em sistemas internos baseados em ERP e ligação cliente-fornecedor, apesar da diminuição das atividades humanas, não acontece uma total eliminação de mão-de-obra. Entretanto, ficam atividades bem diferentes daquelas apontadas como preponderantes nas Burocracias Mecanizadas. Nesse caso, basicamente, conseguem-se identificar três tipos principais de atividades que aparecem no núcleo operacional da Burocracia Automatizada: *monitoramento e intervenção*, *manutenção* e *melhorias diversas*.

Nas primeiras atividades, de *monitoramento e intervenção*, aparecem tarefas semelhantes às existentes nas tradicionais empresas de processamento. Nessas organizações, a preocupação principal sempre foi a de se manter o funcionamento do sistema, e, assim, apareciam pessoas encarregadas de conservar o fluxo de trabalho das máquinas. Ou seja, trabalhadores encarregados do acompanhamento e intervenção no sistema em aspectos em que ele, por si só, não poderia atuar.[16]

No núcleo operacional da Burocracia Automatizada, aparecem tarefas similares. Trabalhadores ficam encarregados de observar a produção, para garantir que o fluxo das operações permaneça, e as intervenções que se fizerem necessárias podem ser realizadas por eles.[17]

AUTOMAÇÃO EM UMA INDÚSTRIA DE TUBOS

Anos atrás, em visita a uma grande empresa produtora de tubos de aço, podia-se observar no processo produtivo a utilização de grande número de trabalhadores. No referido processo, esses operários, dispostos em posições determinadas, eram encarregados de tarefas como manusear os materiais, carregá-los, empurrá-los, colocá-los em máquinas perfuratrizes, ajuntá-los etc. Eram atividades desgastantes, que apareciam em um ambiente com grande calor, barulho, poluição e grande possibilidade de acidentes de trabalho.

Recentemente, em visita realizada à mesma empresa, pôde-se observar a automação do referido processo produtivo. Diversos equipamentos faziam as tarefas, controlados por sistemas baseados em tecnologia da informação. Em pequenas salas, protegidos do barulho, da poluição e do perigo de acidentes, trabalhadores ficam encarregados de observar os sistemas, utilizando para isso monitores que apresentam esquemas diversos, *layouts*, tabelas, fluxos de trabalho etc. Medidas diversas, velocidade de produção, temperaturas, tratamentos térmicos diversos, composição do material são algumas das informações oferecidas a eles para que se mantenha uma produção num ritmo determinado e numa qualidade especificada. Imagens da produção podem, também, ser apresentadas por intermédio de câmeras espalhadas em pontos-chave do sistema produtivo. Se algum aspecto comprometer a produção, intervenções podem ser realizadas pelo operador, utilizando controles manuais disponíveis.

Verificado *in loco*

Deve-se enfatizar que, apesar de tais atividades terem semelhanças com aquelas ligadas às tradicionais empresas de processamento, na prática elas apresentam diferenças devido, principalmente, à tecnologia envolvida, às informações disponíveis e à interligação nos sistemas. As tradicionais empresas de processamento utilizavam, principalmente, tecnologias ligadas a eletricidade e mecânica, as informações disponíveis eram limitadas, e a preocupação era mais específica, pois os sistemas não eram tão interligados. Na Burocracia Automatizada, o trabalhador responsável pelo monitoramento e intervenção deve ter conhecimento de uma tecnologia mais complexa em termos de instrumentalização: a tecnologia de informação. Ele tem disponíveis mais informações e deve, ainda, atuar pensando nas conseqüências em diversos sistemas que estão, agora, interligados. Sua atuação não deve ser mais tão específica.[18]

Como segundo conjunto de atividades, aparecem as tarefas ligadas à *manutenção*, seja ela preventiva ou corretiva. Em seus princípios básicos, são tarefas já conhecidas nas empresas de processamento e nas Burocracias Mecanizadas em que se usa grande número de máquinas e equipamentos. Entretanto, pode-se afirmar que, nessas empresas tradicionais, essas atividades de manutenção são consideradas de menor importância ou menos visíveis, pois a quantidade de trabalhadores dedicados a ela é pequena em relação àqueles da produção.[19] Basicamente, nessas empresas, a responsabilidade seria de realização de tarefas de reparos para o caso de manutenção corretiva, ou tarefas de inspeção periódica para o caso da manutenção preventiva.

Como não poderia deixar de ser, na Burocracia Automatizada, essas atividades de manutenção, sejam preventivas ou corretivas, também aparecem. Para o primeiro caso, as tarefas se referem à inspeção em equipamentos e trocas pré-programadas. Para o último, os trabalhadores da manutenção ficam, basicamente, de plantão acompanhando o pessoal encarregado de monitoramento e intervenção. Sua rotina se liga à observação dos equipamentos em funcionamento e atuação quando acontecem paradas pelo mau funcionamento do sistema ou quando de sua iminência. Todavia, vale enfatizar que, da mesma forma que para as atividades de monitoramento e intervenção, nesse novo ambiente organizacional, as atividades de manutenção alcançam uma complexidade maior se comparadas às empresas tradicionais, devido à própria condição sofisticada dos equipamentos baseados em tecnologia da informação e das diversas integrações que podem existir. Além disso, variações aparecem. Pequenos trabalhos de manutenção, por exemplo, podem ser realizados pelos trabalhadores ligados às atividades de monitoramento e intervenção, e, algumas vezes, observam-se as atividades de manutenção sendo terceirizadas.[20]

Para o terceiro grupo de atividades que aparece no núcleo operacional das Burocracias Automatizadas, observa-se a responsabilidade pelas *melhorias diversas*. Essas atividades, inclusive, podem ser consideradas uma novidade organizacional, pois não eram utilizadas nas organizações tradicionais, seja nas empresas de processamento, seja nas Burocracias Mecanizadas. Nelas, quando necessário que ocorressem modificações e melhorias em procedimentos e fluxos de trabalho, a responsabilidade por realizá-las recaía, geralmente, sobre um setor específico: a tecnoestrutura. Como aponta Henry Mintzberg, esse setor seria composto por analistas encarregados de estudar novas situações e apresentar novos procedimentos de trabalho a serem seguidos pelos trabalhadores no núcleo operacional.[21] Ele aparecia, pois os trabalhadores no núcleo operacional ficavam sujeitos a grande divisão do trabalho e não detinham conhecimento amplo que possibilitasse realizar melhorias. Além disso, desde as idéias tayloristas de trabalho, sempre se legou aos trabalhadores a responsabilidade, apenas, de execução de tarefas e não de sua concepção ou planejamento, seja por questões ligadas à eficiência, seja por necessidade de controle do trabalho pela organização.

Para a Burocracia Automatizada, porém, o uso de especialistas de uma tecnoestrutura apresenta diversas desvantagens. Em primeiro lugar, os trabalhadores de seu núcleo operacional, ligados a atividades de monitoramento, intervenção e manutenção, detêm grande conhecimento do processo, tendo condições, assim, de oferecer sugestões de melhorias. Segundo, como é visto adiante, as Burocracias Automatizadas atuam em ambientes mais dinâmicos que as Burocracias Mecanizadas, o que requer que as mudanças internas ocorram com maior rapidez. Dessa forma, muitas vezes, não se pode esperar, apenas, pelo trabalho de análise, diagnóstico e propostas de alterações, acontecendo em um setor distante e não envolvido diretamente com o núcleo operacional.

A partir disso, para que ocorram modificações no núcleo operacional das Burocracias Automatizadas, recorre-se às práticas de mudanças participativas e incrementais herdadas do DO e da Gestão pela Qualidade Total – GQT, discutidas no capítulo sobre novas possibilidades organizacionais. Ou seja, são formadas equipes compostas pelos trabalhadores do núcleo operacional com a responsabilidade de propor alterações e melhorias, analisar sua viabilidade e, muitas vezes, implementá-las. Grande parte da responsabilidade pelas mudanças aparece, assim, no núcleo operacional, com o envolvimento dos trabalhadores nessas atividades.[22]

Entretanto, dentro desse novo conjunto de atividades, algumas ponderações devem ser feitas, ligadas às suas limitações e à questão do envolvimento. Para o primeiro aspecto, há que se considerar que o poder dos trabalhadores do núcleo operacional para modificar processos é limitado e ligado, apenas, a decisões de mudanças incrementais, e não de alterações radicais. Como é discutido adiante, as decisões radicais estão ligadas à Reengenharia e não pressupõem grande participação organizacional. Muitas vezes, inclusive, as decisões de mudanças que ocorrem no núcleo operacional devem passar por um crivo de órgão de assessoria ou de escalão superior. Como discutido no Capítulo 8, as formas de gestão baseadas em participação direta são restritas a certas áreas, condicionadas a limites e objetivos superiores.

Para o segundo aspecto, o do envolvimento, enfatiza-se que a Burocracia Automatizada necessita de um maior comprometimento dos trabalhadores do núcleo operacional. A participação nos processos de melhoria e modificações nos sistemas em que eles irão trabalhar é uma prática usada para trazer esse envolvimento, oferecendo assim maior possibilidade de adesão dos trabalhadores para com as operações e, em última análise, com a organização.[23]

Além dessas três atividades principais que aparecem para as pessoas no núcleo operacional da Burocracia Automatizada (monitoramento e intervenção, manutenção e melhorias diversas), existe um quarto grupo de atividades possível: a responsabilidade por *alterações produtivas*. Um conjunto de tarefas que não se está considerando aqui uma atividade principal como as outras, não por serem menos importantes, mas porque, na prática, podem apresentar várias possibilidades, algumas vezes, inclusive, sendo de responsabilidade de pessoas não-pertencentes ao núcleo operacional.

Como já discutido, a Burocracia Automatizada apresenta uma certa flexibilidade produtiva que lhe permite uma possibilidade de variação na produção maior se comparada com as formas tradicionais de produção fordista, seja em massa ou em lotes. Isso é conseguido por intermédio de dois tipos de alterações: pequenas modificações nos equipamentos de produção ou modificações nas instruções de comando do sistema (*software*).[24]

Para o primeiro caso, pequenas alterações nos equipamentos de produção, geralmente são tarefas que ficam a cargo do pessoal ligado à manutenção ou, quando os equipamentos são mais simples, do próprio pessoal encarregado de monitoramento e intervenção. Em termos práticos, são feitos pequenos ajustes nos maquinários, principalmente nos atuadores.

Para o segundo caso, modificações nas instruções de comando, as possibilidades são maiores. Algumas vezes, essas tarefas são realizadas pelos mesmos trabalhadores encarregados de monitoramento e intervenção. Outras vezes, são destinadas a pessoas diferentes, seja gerentes ou pessoal de apoio.[25] Isso se deve à complexidade do trabalho e da própria organização e, também, a aspectos ligados à segurança, que aconselham a separação das tarefas em pessoas diferentes. Muitas vezes, não é permitido a operadores (encarregados de monitorar e intervir) alterar as configurações do sistema. Questões ligadas a racionalidade limitada e oportunismo são levadas em consideração e, assim, para não prejudicar a organização, separam-se as tarefas de monitoramento e de alterações de comandos em pessoas diferentes. Finalmente, vale enfatizar que em sistemas produtivos mais integrados, em que se observa uma grande ligação entre fornecedores e clientes, as modificações nas instruções de comando podem ser realizadas a partir de informações impostadas, diretamente, pelo cliente ou pelo destinatário da produção.

Em resumo, observam-se no núcleo operacional três tipos básicos de atividades: *monitoramento e intervenção*, *manutenção* e *melhorias diversas* e, ainda, a possibilidade de um quarto conjunto de atividades ligadas à realização de *alterações produtivas*. Na prática, essas atividades podem ser realizadas pelas mesmas pessoas, assim como por pessoas diferentes, existindo certa divisão do trabalho. Isso dependerá da complexidade da tecnologia ou da organização, como no caso de grandes empresas. Em sistemas grandes e complexos, fica praticamente impossível o trabalho coincidente de monitoramento e intervenção e de manutenção, por exemplo. Entretanto, deve-se enfatizar que a divisão do trabalho não ocorre no mesmo nível das Burocracias Mecanizadas. A grande divisão do trabalho, inclusive, é prejudicial à atuação dos trabalhadores no alcance dos objetivos organizacionais no núcleo operacional da Burocracia Automatizada, pois eles precisam ter muitos conhecimentos e atuar de forma mais ampla.[26] Isso é mais verdadeiro ainda para as atividades de *melhorias diversas*. Nelas, a prática mais usada é a utilização de todos os trabalhadores envolvidos no núcleo operacional, encarregados de monitoramento e intervenção, da manutenção e das alterações produtivas.

Quadro 9.1 Atividades Realizadas pelos Trabalhadores do Núcleo Operacional em uma Burocracia Automatizada

Monitoramento e intervenção	Manutenção	Melhorias diversas	Alterações produtivas
Manter o fluxo de produção (observar e intervir quando necessário).	Realizar reparos no sistema e serviços de manutenção preventiva.	Propor e se responsabilizar por melhorias nos sistemas. Utilizam-se grupos formados por todos os envolvidos na produção na busca de modificações incrementais.	Realizar pequenas alterações nos equipamentos e nos programas, visando a alterações nos produtos (flexibilidade produtiva). Podem ser de responsabilidade de indivíduos de fora do núcleo operacional.

B - O perfil dos trabalhadores no núcleo operacional

A partir das atividades reservadas aos indivíduos no núcleo operacional da organização com estrutura baseada na Burocracia Automatizada, aparecem alterações no perfil requisitado do trabalhador em comparação com as tradicionais empresas de produção fordista.

Em uma Burocracia Mecanizada, o trabalhador realiza, na maioria das vezes, tarefas simples ligadas à especialização advinda da grande divisão do trabalho. Para isso, nesse ambiente, é necessário um trabalhador cumpridor de normas (coordenação pela padronização dos processos de trabalho) e obediente a superiores (coordenação por supervisão direta). Qualificações maiores não são exigidas, e, quando presentes, podem, inclusive, ser vistas como dificultadores para a permanência de trabalhadores nas empresas, pois, com a insatisfação advinda, poder-se-iam gerar grande absenteísmo e rotatividade, além de baixa produtividade.[27]

Na Burocracia Automatizada, esse perfil deixa de existir, pois o trabalhador deve se preocupar em monitorar, intervir, mantendo o funcionamento do sistema, e, ainda, apresentar sugestões de melhoria nos processos e produtos. Isso tudo dentro de processos interligados que podem influenciar outros sistemas dentro da empresa, além de clientes e fornecedores.

Mesmo em comparação com os trabalhadores de tradicionais empresas de processamento,[28] as exigências são diferentes. Podem-se citar, por exemplo: maiores habilidades conceituais e sistêmicas, para que se tenha o melhor entendimento dos vários processos interligados; capacidade de inovação, de maneira a trazer melhorias para os processos e para a organização como um todo; conhecimento de tecnologia da informação, seja em seus aspectos de equipamentos (*hardware*), seja em programas (*software*), dentre outras. Dois conceitos são importantes na análise de perfil do trabalhador em uma Burocracia Automatizada: multifuncionalidade e competência.

Para o primeiro conceito, já há bastante tempo se anuncia a necessidade de um perfil *multifuncional* para o trabalhador, principalmente a partir de formas japonesas de organização do trabalho, como na produção enxuta: um trabalhador que não seja um especialista no sentido de dedicação a uma tarefa específica, mas que tenha condições de atuar em uma gama maior de tarefas ou funções. Para isso, inclusive, se exigiria conhecimento amplo dos vários aspectos que possam interferir em sua atuação ou, mesmo, no negócio da organização. Variedade de habilidades técnicas e habilidades conceituais seria, assim, exigida. Na Burocracia Automatizada, a necessidade desse perfil multifuncional ocorre, pois o trabalhador deve atuar de forma não-específica.[29]

Para o segundo conceito, a *competência*, utilizando as ponderações de Philippe Zarifian, exige-se do trabalhador não apenas uma simples formação técnica voltada para aspectos objetivos do trabalho, ligados, visivelmente, ao perfil requerido para determinados cargos, mas que ele assuma novas responsabilidades e maior reflexividade no trabalho, ou seja, constante questionamento e visão crítica, numa forma de constante aprendizagem.[30]

Quadro 9.2 Perfil do Trabalhador em uma Burocracia Automatizada

Multifuncionalidade	Competência
Variedade de habilidades técnicas e habilidades conceituais	Responsabilidade e reflexividade (questionamento e aprendizagem)

Com essas alterações nas atividades e no perfil requerido dos trabalhadores, deve-se perguntar o que garantirá que o trabalho seja efetivamente realizado? Ou, dentro da abordagem estrutural, o que garantirá a coordenação do trabalho dividido no núcleo operacional de uma empresa com estrutura baseada na Burocracia Automatizada?

C - A coordenação no núcleo operacional

A Burocracia Mecanizada apresenta como forma principal de coordenação a padronização dos processos de trabalho e, como forma subsidiária, para situações não-previsíveis, a supervisão direta (uso do gerente). Em uma Burocracia Automatizada, essas formas de coordenação têm sua importância diminuída. As tarefas padronizáveis são, em sua maioria, automatizadas, e aquelas não-padronizáveis ficam a cargo do trabalhador e de sua própria decisão, não se podendo admitir que ele espere determinações específicas de um superior hierárquico.

As intervenções e as manutenções corretivas, por exemplo, dificilmente são padronizadas ou, mesmo, coordenadas pelo chefe imediato. Monitorar e intervir dependem, em muitos casos, de decisões individuais do trabalhador a partir de suas competências e diante da situação que lhe é apresentada. A impossibilidade de padronização ou de supervisão direta fica ainda mais clara para as atividades ligadas a melhorias diversas. Por mais que se controle o número de propostas apresentadas ou que se ofereçam premiações, tem-se, para esse caso, o uso limitado de ações por parte da administração. Sabe-se, desde há muito, que, nessas circunstâncias, elementos motivacionais intrínsecos são muito mais solicitados que ações motivadoras externas, sejam negativas (penalidades) ou positivas (premiações).[31]

As outras formas tradicionais de coordenação podem até ser usadas no núcleo operacional da Burocracia Automatizada. A padronização por resultados pode ser utilizada, por exemplo, na averiguação de quantidade produzida pelo sistema automatizado, a padronização por habilidades pode ser empregada dentro do novo conceito de competência, e o ajustamento mútuo pode ser usado para os trabalhos em equipe na apresentação de sugestões de melhorias. Entretanto, essas formas de coordenação apresentam muitas limitações dentro da Burocracia Automatizada, e, muitas vezes, são apropriadas apenas em caráter subsidiário.

Dessa maneira, aparece com grande importância nas Burocracias Automatizadas um dos tipos de coordenação discutidos no Capítulo 8: a *coordenação por valores*. Relembrando esse capítulo, os valores (e a cultura) sempre foram tratados como tendo papel coadjuvante dentro das organizações, de forma que não atrapalhassem as formas tradicionais de coordenação. Entretanto, recentemente, verifica-se, cada vez mais, tendência a utilizá-los e defendê-los como forma principal de coordenação.[32]

Nas Burocracias Automatizadas, então, utilizam-se certos valores, e, em última análise, solicita-se que eles sejam *interiorizados* por todos.[33] Pode-se, inclusive, separar esses valores em específicos e gerais.[34] No primeiro caso, para os específicos, têm-se aqueles voltados para a organização considerada, podendo-se citar como exemplos a importância de se manter o seu fluxo de produção e a necessidade de intervenções para que isso aconteça, a importância de se satisfazer os clientes internos e externos, a responsabilidade pela *missão* da organização diante da sociedade, além de outros específicos para cada empresa.[35] Para os valores gerais, têm-se aqueles não atrelados a uma organização específica e comuns às várias Burocracias Automatizadas que surgem na sociedade, como, por exemplo, a obrigação de se qualificar sempre e de ser um empreendedor, buscando, constantemente, mudanças e melhorias.[36]

Dessa maneira, têm-se alguns valores que são defendidos dentro das empresas e que se pretende que sejam aceitos pelos trabalhadores de maneira que possam ser usados como forma de coordenação do trabalho. A idéia central é de se criar uma série de valores compartilhados para que se garantam o fluxo de produção, a melhoria constante e a competitividade, além de outros.

Mesmo para as formas de organização do trabalho que não foram totalmente automatizadas e que merecem, ainda, muita ação humana, deve-se verificar a importância da coordenação por valores. Principalmente porque, nessas organizações, utilizam-se células, grupos semi-autônomos e produção enxuta. Nesses casos, a multifuncionalidade e a participação em certas decisões exigem que o trabalhador se identifique com a organização e tenha seus valores interiorizados. Some-se a isso o fato de que, mesmo nessas formas de organização do trabalho, aparecem as atividades de melhorias em que se solicita que todos os trabalhadores apresentem sugestões de mudanças, discutam-nas e sejam responsáveis pela implementação de várias delas.

Quadro 9.3 Coordenação por Valores: Tipos Principais Utilizados pelas Burocracias Automatizadas

Valores específicos	Valores gerais
Manutenção do fluxo de produção, importância de se satisfazer o cliente interno e externo, responsabilidade pela *missão* da organização perante a sociedade, além de outros específicos para cada organização.	Importância de se qualificar sempre e de ser um empreendedor, buscando, constantemente, mudanças e melhorias.

9.1.2 O componente administrativo

Dentre as atividades reservadas aos gerentes nas Burocracias Mecanizadas, as tarefas principais estão relacionadas à verificação do cumprimento de normas, padrões e procedimentos predeterminados (função controle) e, ainda, à coordenação (supervisão direta) de forma subsidiária à coordenação principal pela padronização dos processos de trabalho. Apesar do aparecimento de formas mais participativas de gestão nos estudos organizacionais,[37] na prática das Burocracias Mecanizadas sempre se mantiveram formas mais impositivas e controladoras de gestão.

Para uma organização com estrutura baseada na Burocracia Automatizada, as atividades gerenciais são diferentes. A coordenação por supervisão direta perde o sentido, pois as decisões devem ser, em grande parte, tomadas pelos próprios trabalhadores em seu âmbito de atuação. A função de controle, também, diminui em muito, pois se reduz a quantidade de padrões, normas e procedimentos a ser verificada. O próprio sistema automatizado se encarrega de controlar muito da atuação do trabalhador, impossibilitando ações indevidas. Além disso, dentro de conceitos de Gestão pela Qualidade Total ou de produção enxuta, o controle é delegado ao próprio trabalhador ou à equipe, ficando todos responsáveis por verificar a qualidade.

Mesmo que se argumente que, atualmente, em empresas automatizadas, os gerentes podem ficar monitorando a produção por intermédio de sistemas remotos, há que se admitir que isso não se compara às formas de controle aplicadas nas empresas tradicionais.[38] Nelas, qualquer movimento ou comportamento considerados informais poderiam ser vistos como prejudiciais à organização, merecendo tratamento corretivo imediato.[39]

Assim, em linhas gerais, dentro de uma Burocracia Automatizada, espera-se que o gerente exerça novas funções e papéis; apoiar as novas atividades dos trabalhadores, incentivar a participação e o envolvimento e as atitudes ligadas à criatividade e à inovação são alguns deles.[40] Seriam atuações voltadas para o trato de trabalhadores qualificados, que têm autonomia para decidir sobre as intervenções, que precisam ser inovadores e que têm, ainda, de se comprometer com a organização. Essas funções e papéis gerenciais assumem importância desde que se utiliza, nessa estrutura, a coordenação baseada em valores e os gerentes devem ter atribuições na manutenção e reforço desses valores.[41] Não é necessário, assim, o gerente autocrático como característico das Burocracias Mecanizadas, mas um facilitador para a atuação dos trabalhadores.[42]

É nesse escopo que surge, hoje, um grande número de trabalhos defendendo a atuação mais humana, participativa e democrática do gerente. Apoiando-se em teorias ligadas à liderança situacional e contingencial, pode-se dizer que não se descobriu, de repente, que maneiras mais democráticas de liderança sejam melhores. Acontece que as situações em vigor dentro de uma Burocracia Automatizada levam, agora, à exigência de lideranças menos autocráticas.[43]

O conceito de *empowerment* vai ao encontro dessas novas atribuições gerenciais. Por intermédio dele, solicita-se que os gerentes transfiram parte de sua autoridade e responsabilidade para os subordinados, fazendo com que suas administrações rompam com as formas tradicionais de gestão baseadas apenas no comando e controle. Essa transferência de autoridade e responsabilidade aparece pois os trabalhadores têm que tomar muitas decisões em seu âmbito de atuação na manutenção do fluxo de trabalho e, ainda, na apresentação de propostas de melhorias diversas.

Uma outra modificação para o trabalho dos gerentes em relação às formas tradicionais de empresa acontece com o alargamento de suas atividades ocasionado pela diminuição das tarefas reservadas aos setores ligados à assessoria e ao apoio, conforme é discutido adiante.

Quadro 9.4 Funções e Papéis dos Gerentes

Burocracia Mecanizada	Burocracia Automatizada
• Verificação do cumprimento de normas, padrões e procedimentos predeterminados (função controle). • Coordenação (supervisão direta) de forma subsidiária à coordenação principal pela padronização dos processos de trabalho.	• Apoio às novas atividades dos trabalhadores: incentivo à participação e ao envolvimento, às atitudes ligadas à criatividade e à inovação (manutenção e reforço dos valores). • Alargamento de suas atividades ocasionado pela diminuição das tarefas reservadas aos setores ligados à assessoria e ao apoio.

9.1.3 As áreas de assessoria

Henry Mintzberg, em seu trabalho sobre estruturas, apresenta duas possibilidades para as atividades de assessoria na Burocracia Mecanizada: 1) a tecnocracia e 2) a assessoria de apoio. No primeiro caso, observam-se trabalhadores que, apesar de não exercerem funções no núcleo operacional, são responsáveis por tarefas sem as quais a produção não teria condições de acontecer. Como exemplos, citam-se tarefas como a elaboração de rotinas e procedimentos a serem seguidos pelos trabalhadores, o planejamento do trabalho, a realização de pequenas mudanças e o recrutamento e treinamento do pessoal. Para H. Mintzberg, trata-se, assim, de um grupo que apresenta grande poder nessa estrutura, principalmente de maneira informal.

Para o segundo caso, a assessoria de apoio, observa-se que, nas Burocracias Mecanizadas, muitas funções que não estariam ligadas às atividades principais da empresa poderiam ser mantidas internamente por questões ligadas à necessidade de controle e segurança no fornecimento, redução nos custos de transação e, mesmo, ganhos de escopo. Assim, atividades como serviço de segurança, limpeza, restaurante, controle de presença e folha de pagamento, dentre outras, seriam mantidas internamente, para que se tivesse um fluxo constante e garantido de serviços e para que se obtivessem ganhos em outras atividades que não aquelas principais da empresa. Apesar de não deter grande poder como no caso da tecnocracia, dependendo da empresa considerada, a assessoria de apoio poderia atingir grandes proporções.

Com o aparecimento da Burocracia Automatizada, observam-se substanciais alterações nessas duas possibilidades de assessoria. Para a tecnocracia, verifica-se a perda de muitas de suas funções tradicionais.[44] Para as rotinas, evidencia-se que, muitas delas, nessa estrutura, aparecem *embutidas* nos sistemas automatizados, seja nos mecanismos (*hardware*), seja nos programas (*software*), e, assim, a função de elaborar instruções e procedimentos perde muita importância. Permanece, ainda, muita demanda por essas atividades na implantação dos referidos sistemas automatizados. Entretanto, como a maior parte dessas tarefas pode aparecer, apenas, na implantação do sistema, parte dos profissionais da tecnocracia pode ser, inclusive, contratada apenas no momento de sua necessidade.

No que se refere às atividades de planejamento do trabalho e de mudanças incrementais ou pequenas modificações necessárias em qualquer empresa, observa-se que elas passam a ser, cada vez mais, da responsabilidade do núcleo operacional. O administrador de linha e sua equipe ficam com grande parte dessas funções.

Para atividades como recrutamento, seleção e treinamento, situação semelhante pode ser verificada. Dentro da chamada Gestão Estratégica de Pessoas, solicita-se que o gerente de linha ou do núcleo operacional esteja mais engajado nesses processos. Em termos práticos, vêem-se, cada vez mais, o gerente e os outros trabalhadores do núcleo operacional participando de processos ligados à administração de recursos humanos, como, por exemplo, a seleção de novos trabalhadores. Para o treinamento, observa-se, também, grande participação da equipe ligada a operações, com tarefas de diagnosticar necessidades de treinamento e, inclusive, elaborar projetos para a sua consecução. Além dessas, outras funções também ligadas à administração de recursos humanos, como a avaliação de desempenho e monitoramento de clima organizacional, passam, cada vez mais, a ser de responsabilidade dos administradores de linha e sua equipe.[45]

Dessa forma, como conseqüência dessas alterações, tem-se que muitas funções da tecnocracia são eliminadas ou diminuídas, exigindo-se desse setor uma atuação ligada à assessoria *de fato* ou de consultoria interna.[46] Nesse aspecto, apesar da transferência da responsabilidade de muitas atividades da tecnocracia para o núcleo operacional, uma consultoria, muitas vezes, é necessária, pois os administradores de linha não são, geralmente, especializados nessas novas funções. A decisão sobre gestão de pessoas, por exemplo, recai sobre os gerentes de linha, e aos departamentos de recursos humanos são dedicadas tarefas ligadas à consultoria. Para outras tarefas tradicionalmente ligadas à tecnocracia, como o planejamento do trabalho, a mesma coisa acontece: a responsabilidade recai sobre as equipes no núcleo operacional, aparecendo consultores internos para ajudá-los.

Para o outro tipo de assessoria, a de apoio, aparece, também, diminuição de funções, principalmente em processos de automação e de terceirização. Para o primeiro caso, com a tecnologia da informação, verifica-se que várias atividades de apoio sofrem automação. Controle de presença e processamento da folha de pagamento são alguns exemplos que podem ser oferecidos. Para a terceirização, verifica-se a transferência de muitas atividades de apoio para outras empresas por duas razões principais; primeira: com a terceirização, a empresa pode se concentrar em sua atividade principal, mantendo um controle automatizado de suas atividades e obtendo, ainda, maior condição de flexibilidade produtiva; segunda: no fornecimento desses serviços de apoio, atualmente aparece maior possibilidade de se encontrarem, no mercado, empresas para oferecê-los. Assim, adquirindo-os dessas empresas, conseguem-se aumento na eficiência e redução de custos de transação. Para o aumento da eficiência, evidencia-se que, como o serviço é a atividade principal da terceirizada, ela pode conseguir maior produtividade. No que se refere à redução dos custos de transação, vale lembrar que, existindo maior possibilidade de fornecimento, aparece a menor incerteza, podendo-se optar pela aquisição externa.[47]

Dessa maneira, nas Burocracias Automatizadas, a tendência é de se terceirizar áreas de apoio e manter, internamente, apenas setores diminutos, responsáveis pela ligação com as empresas contratantes. Esses setores, ou mesmo cargos, seriam responsáveis pelo controle dos serviços prestados pelas empresas terceirizadas dentro de relações de divisão de tarefas entre empresas e coordenadas por intermédio de contratos.[48]

Quadro 9.5 Alterações na Tecnocracia e na Assessoria de Apoio

Atividades de assessoria em uma Burocracia Mecanizada	Alterações com a Burocracia Automatizada
Tecnocracia • Elaboração de rotinas de procedimentos • Planejamento das operações • Recrutamento e treinamento • Mudanças incrementais	**Tecnocracia** • As atividades de elaboração de rotinas diminuem devido ao trabalho automatizado. • As outras atividades são diminuídas, pois parte delas passa a ser realizada pelo núcleo operacional. • Passa a ter atividades mais ligadas à consultoria interna.
Assessoria de apoio • Fornecimento de serviços não ligados às atividades principais da empresa.	**Assessoria de apoio** • Tem grande parte de suas funções automatizada ou terceirizada.

140 Capítulo Nove

Vale lembrar que aquelas atividades de apoio que são, ainda, consideradas importantes e que necessitem de segurança no seu fornecimento são mantidas dentro da empresa. Algumas atividades de manutenção, como discutido anteriormente, podem merecer esse tratamento e, assim, não ser terceirizadas, principalmente aquelas que tratam da manutenção de importantes equipamentos ligados diretamente à produção. Atividades de manutenção que não forem assim consideradas podem ser terceirizadas.

9.1.4 A cúpula estratégica

Da mesma forma que nas empresas tradicionais, a cúpula estratégica adquire grande importância na Burocracia Automatizada, pois lida com as grandes decisões em termos de impacto nos diversos setores da empresa e de conseqüências ao longo do tempo. As decisões de uso intensivo de tecnologia da informação, de mudanças radicais, de *downsizing*, de terceirização, de eleição da missão, do negócio principal ou das competências essenciais, de realização de parceria com outras empresas, dentre outras são algumas das decisões que recaem sobre a cúpula estratégica. Entretanto, apesar da importância dessa cúpula, fazendo-se uma comparação com a Burocracia Mecanizada, várias modificações aparecem na Burocracia Automatizada.[49]

Primeiro, verifica-se menor intromissão da Cúpula estratégica nos níveis inferiores no que se refere a decisões operacionais e táticas, ou seja, as decisões consideradas incrementais são, efetivamente, delegadas aos níveis inferiores. A responsabilidade pelo "*afinamento preciso de suas máquinas burocráticas*",[50] como para o caso das Burocracias Mecanizadas, diminui na cúpula da Burocracia Automatizada. Isso vai ao encontro, inclusive, de conceitos como o *empowerment*. Muitas decisões operacionais, inclusive, têm menor interferência da cúpula da organização simplesmente porque foram terceirizadas.

Segundo, as decisões estratégicas passam a ser mais divididas. A complexidade e o dinamismo do ambiente e a maior responsabilidade perante os diversos interessados na sociedade justificam essa divisão. E ela ocorre por intermédio de deliberações colegiadas ou pela participação dos níveis inferiores na decisão. No primeiro caso, surgem equipes ou conselhos responsáveis pelas grandes decisões. O conceito de Governança Corporativa serve, inclusive, como referência.[51] No segundo caso, enfatiza-se o conceito de Administração ou Gestão Estratégica, em que os administradores dos diversos níveis são chamados a colaborar com a realização do planejamento estratégico e, depois, a elaborar seu planejamento conforme o mesmo.[52]

Como terceira modificação verificável para a cúpula estratégica, aparecem a função de planejador social e o papel simbólico.[53] Como planejadores sociais, os administradores desse nível devem dedicar mais tempo a ações sociais, inclusive políticas, do que àquelas ligadas à técnica. Para o papel simbólico, como os valores adquirem muita importância na Burocracia Automatizada, os administradores da cúpula devem estar cientes de que deverão se tornar um exemplo de trabalho, moral, esforço e dedicação que será passado a toda a organização. Não do tipo deixado pelos antigos capitães de indústria, considerados, por alguns, super-heróis, seres diferentes e inatingíveis, ou, para outros, demônios exploradores da mais-valia, mas apenas homens dedicados que, com trabalho, podem atingir seus objetivos, assim como os objetivos organizacionais.[54]

Quadro 9.6 Funções e Papéis da Cúpula Estratégica

Funções e papéis típicos da cúpula em uma Burocracia Mecanizada	Alterações de funções e papéis em uma Burocracia Automatizada
• Grandes decisões em termos de impacto nos diversos setores da empresa e de conseqüências ao longo do tempo. • Afinamento preciso de suas máquinas burocráticas (conforme H. Mintzberg).	• Permanece a responsabilidade pelas grandes decisões, porém surgem decisões mais colegiadas ou de conselhos, inclusive com a participação dos níveis inferiores. • Surge menor intromissão nas decisões nos níveis inferiores. • Aparecem a função de planejador social e o papel simbólico.

9.2 As Condições para a Burocracia Automatizada

Da mesma maneira que foram indispensáveis certas condições para o surgimento das estruturas tradicionais, para o nascimento da Burocracia Automatizada são necessárias, também, certas situações. Dentro da perspectiva de congruência e, mesmo, da escola de configurações destacada por Henry Mintzberg, uma estrutura aparece na busca de harmonia ou equilíbrio entre fatores internos e externos.

Especificamente para a Burocracia Automatizada, há que se destacar que algumas dessas condições são semelhantes àquelas relacionadas à Burocracia Mecanizada, como por exemplo a estratégia de obter ganhos em escala. Todavia, muitas novas situações se apresentam e possibilitam o nascimento dessa nova estrutura. Essas situações foram discutidas em capítulos anteriores e podem ser resumidas em termos de aspectos técnicos, ambientais e estratégicos.

9.2.1 Fatores técnicos de automação e de produção

A Burocracia Automatizada aparece, essencialmente, em organizações que passaram por processos de automação com grande substituição da mão-de-obra na transformação dos produtos.[55] Para isso, ela utiliza, intensivamente, a tecnologia da informação, além das tradicionais tecnologias ligadas à eletricidade e à mecânica. Como apontado no início deste capítulo, ela precisa implantar sistemas de automação na transformação, como aqueles ligados ao conceito de CAM, SFM e CIM. Além disso, necessita de integração interna com sistemas automatizados baseados nos conceitos de ERP e integração externa com automação baseada nos conceitos de *e-business*, parcerias eletrônicas etc. Assim, consegue-se uma produção automatizada e integrada interna e externamente.

Entretanto, além dessas possibilidades de automação referentes à tecnologia de informação, o surgimento da Burocracia Automatizada é condicionado a outros aspectos técnicos ligados à produção, principalmente no que tange às características das operações, do insumo e, ainda, da tecnologia utilizada por fornecedores e clientes.[56]

Com relação às características das operações, uma Burocracia Automatizada aparece no caso de produção com grande volume, mas com uma variedade produtiva que não seja muito grande. No primeiro aspecto, o do grande volume, para que se automatize a produção é necessário certo ganho em escala para que se compense o investimento realizado. No segundo aspecto, a baixa variedade, deve-se salientar que, apesar de a TI ter possibilitado certa flexibilidade produtiva que não ocorria no fordismo ou nas tradicionais empresas de processamento, ela é relativa, e as variações produtivas são limitadas. A confecção de produtos nessas empresas de forma a atender uma demanda mais específica e com baixo volume conduziria a constantes mudanças em programas e alterações de equipamentos, o que poderia inviabilizar a produção. Assim, para esses casos, geralmente utilizam-se, ainda, sistemas que têm pouca automação e operações por unidades (uso de máquinas universais, por exemplo) ou sistemas de automação baseados em CN.[57] Isso é discutido, inclusive, no capítulo seguinte, que trata das empresas de produção adhocrática, em que a automação aparece mais em seus aspectos instrumentais do que na substituição de mão-de-obra.

Ainda com relação às características da operação, outro elemento importante a ser observado é o da simplicidade da tarefa. Conforme Benjamin Coriat, "*quanto mais simples e repetitivo é o movimento, mais a automatização pode substituir o trabalho humano e eliminá-lo*".[58] Assim, quanto mais simples a tarefa, mais fácil a automação e maior a possibilidade de surgimento de uma Burocracia Automatizada. Do contrário, aparecendo tarefas muito complexas, fica inviável a automação, não surgindo esse tipo de estrutura. Benjamin Coriat aponta, inclusive, os trabalhos ligados à montagem como os mais difíceis de serem automatizados devido à sua complexidade. Esse fato poderia explicar por que várias tarefas em empresas automotivas demandam, ainda, muita mão-de-obra.[59]

No que se refere ao insumo, deve-se observar que certas características são necessárias para que se possibilite a automação. Tomando o exemplo de frigoríficos, verifica-se que o trabalho de separação de peças (ou cortes) e de desossa utiliza, ainda, pouca automação. De forma geral, essas tarefas são feitas por intermédio de um trabalho manual, em que o indivíduo, a partir do uso de facas, executa a tarefa. Divisão do trabalho surge também, e cada trabalhador fica encarregado de desossar ou cortar certa parte da peça. Automatizar esse processo é difícil devido à falta de padrão nos insumos e à inexistência de equipamentos que retirem a carne do osso, mantendo suas condições originais.[60] Os processos subseqüentes de transformação, como a produção de embutidos e hambúrgueres e, mesmo, de embalagem, podem ser automatizados com grande facilidade.

Com relação à tecnologia utilizada por fornecedores e clientes, deve-se evidenciar que a integração externa, necessária ao aparecimento da Burocracia Automatizada em sua forma mais completa, só pode ocorrer quando houver uma compatibilidade entre tecnologias utilizadas pelas partes envolvidas, ou seja, entre a empresa considerada e aqueles atores externos. De outro modo, apesar de ocorrer certa integração interna, externamente isso não será possível.

Além desses aspectos técnicos ligados à produção e à integração, há que se considerar, também, outros, como a capacidade de investimento em tecnologia por parte da empresa e, ainda, a existência de alternativas vantajosas (custos de oportunidade). Nesse último caso, pode-se oferecer como exemplo a situação de países emergentes como o Brasil, que apresentam, ainda, grande disponibilidade de mão-de-obra, o que pode se tornar alternativa para a grande automação.

Dessa forma, se certas condições técnicas como as apontadas anteriormente não são atendidas, a automação não ocorre, e se utilizam sistemas produtivos tradicionais com o uso intensivo de mão-de-obra e estruturas organizacionais com grande divisão do trabalho e coordenação por padronização de processos de trabalho e supervisão direta. Em alguns casos, emprega-se grande número de trabalhadores em sistemas de produção baseados em células e produção enxuta.

9.2.2 O ambiente da Burocracia Automatizada

Além dos fatores técnicos apontados anteriormente, é necessária a existência de certas condições ambientais propícias para o nascimento da Burocracia Automatizada. Obviamente, a exemplo das grandes empresas tradicionais, esse tipo de estrutura aparece em ambientes com grande demanda por certos produtos ou, em última análise, grande interesse em certo negócio.[61] Isso possibilita a produção com grande volume que viabiliza a instalação de equipamentos que automatizam as operações. Todavia, devem existir, também, outros elementos ambientais relacionados à grande concorrência atual, aos comportamentos mais individualizados e integrados de consumo, à adequada existência de fornecedores e, também, de trabalhadores com certo nível de qualificação.

Para a grande concorrência, inclusive global, e os comportamentos mais individualizados de consumo, constata-se que esses dois elementos trazem para as empresas, além das preocupações com preço e qualidade, exigências de certa flexibilidade produtiva e capacidade de modificação nos produtos. E a Burocracia Automatizada atende a esse novo ambiente, pois tem condições de oferecer produtos com preços e qualidade apropriados e, ainda, realizar alterações não possibilitadas às estruturas burocráticas mecanizadas, alterações conseguidas pelos sistemas de automação baseadas em TI e pelas novas atividades dos trabalhadores, principalmente aquelas ligadas a melhorias diversas e alterações produtivas.

Ainda com relação aos consumidores, o procedimento de compra de maneira integrada é outra situação ambiental propícia para o nascimento da Burocracia Automatizada. O uso da internet ou de sistemas similares nas compras, por exemplo,[62] oferece uma situação favorável para essa integração e que possibilita a produção automatizada e integrada que aparece em uma empresa com essa nova estrutura. A produção flexível, inclusive, é facilitada com esse comportamento integrado de compra.

Com relação aos fornecedores, para alcançar suas peculiaridades produtivas, a Burocracia Automatizada necessita de um ambiente que ofereça abastecimento com segurança e condições de integração. Só dessa maneira ela terá um suprimento garantido e em regime de *just-in-time* que garanta sua produção automatizada e integrada. Algumas vezes, inclusive, quando não se verificam essas condições de abastecimento, a empresa interfere nesse ambiente, incentivando o aparecimento de fornecedores. O setor automobilístico é referência nesse aspecto. Empresas desse setor que procuram adquirir grande parte de suas peças externamente, sobretudo por intermédio de módulos montados, necessitam de uma rede apropriada de suprimento. Quando não encontram essa situação, elas procuram incentivar a formação ou o deslocamento de fornecedores de outras regiões de maneira que se permita o referido abastecimento *just-in-time*.[63]

O estímulo a ex-trabalhadores para a criação de empresas fornecedoras é outra possibilidade utilizada para se conseguir uma situação de provimento seguro. As ações de incentivo ao empreendedorismo feitas pelas empresas são referências nesse aspecto. Além de se conseguir fornecimento confiável e com adequadas condições técnicas, esse estímulo pode, também, evitar problemas gerados por demissões devido à terceirização.

Para apresentar condições de produção, a Burocracia Automatizada necessita, também, de um ambiente que ofereça mão-de-obra diferenciada. Vale lembrar que, como discutido em itens anteriores, nessa nova estrutura, as atividades reservadas aos trabalhadores apresentam diferenças significativas em relação às formas tradicionais de produção, e, assim, exige-se uma mão-de-obra com perfil mais qualificado e com condições de maior comprometimento. Esse conceito de qualificação, inclusive, passa pelas discussões feitas sobre competência, e não apenas de formação técnica especializada.[64]

Ainda com relação à qualificação funcional, torna-se interessante observar que, da mesma forma que no caso de fornecimento, quando não são encontradas qualificações necessárias no ambiente, muitas vezes aparecem ações, por parte da empresa, voltadas para a geração de competências requeridas. O conceito atual de Universidade Corporativa é um dos exemplos de ações que caminham nesse sentido.[65]

Além desses elementos, na análise do ambiente que se apresenta para uma Burocracia Automatizada podem-se fazer considerações sobre o dinamismo e a complexidade. Para o primeiro caso, a Burocracia Automatizada surge em ambientes menos estáveis que aquele apresentado para as tradicionais Burocracias Mecanizadas. Esse dinamismo do ambiente se materializa nas alterações e diversificação no comportamento dos consumidores, nas alterações na legislação de regiões e países em que se operam e nas constantes alterações tecnológicas, dentre outros. Isso exige da empresa maior flexibilidade, além de condições de inovação. Dessa maneira, a Burocracia Automatizada opera em um ambiente de maior turbulência se comparada com o ambiente propício para o nascimento das tradicionais Burocracias Mecanizadas. Entretanto, deve-se destacar que esse ambiente não é tão dinâmico e empreendedor como aquele em que operam as pequenas empresas com estrutura simples e, também, não é tão inovador como aquele em que atuam as empresas por projetos, orgânicas e com estrutura adhocrática.[66]

Em termos de complexidade, pode-se inferir que a Burocracia Automatizada opera em ambiente semelhante ao da Burocracia Mecanizada. Nesse aspecto, ela usa, também, a diferenciação (uso de cargos e departamentos diversos) para tratar com certa complexidade externa,[67] muitas vezes, inclusive, ela opera em ambientes menos complexos, pois terceiriza muitas atividades, o que lhe permite concentrar-se em seu negócio principal. Aparentemente, para conseguir maior capacidade de inovação, a empresa busca diminuir a complexidade do ambiente em que opera, de maneira similar ao que ocorre nas empresas com estrutura simples.[68]

Assim, sob certas condições ambientais, além de técnicas, pode surgir uma empresa com estrutura Burocrática Automatizada em lugar das tradicionais Burocracias Mecanizadas.

9.2.3 A estratégia na Burocracia Automatizada

As empresas tradicionais com estruturas baseadas na Burocracia Mecanizada e, mesmo, na Burocracia Divisionada, procurando obter ganhos em escala e em escopo e redução de custos de transação, utilizavam, basicamente, as estratégias voltadas para a criação de grandes instalações de produção, de integração horizontal e vertical.[69] Devido ao ambiente em que operam, as Burocracias Automatizadas apresentam alterações nessas estratégias e, em alguns casos, caminho contrário, como na concentração produtiva e terceirização, que se apresentam como opostas à integração vertical.

Resgatando as tendências apontadas no Capítulo 6, como estratégias utilizadas pela Burocracia Automatizada, podem-se destacar algumas gerais e outras funcionais.[70] Dentre as gerais, aparece a maior preocupação com o cliente, com a competição, inclusive no âmbito internacional, com a inovação e, ainda, com a responsabilidade social. Como estratégias funcionais, destacam-se aquelas voltadas para a maior preocupação com recursos humanos, para o uso intensivo de automação e tecnologia da informação, de flexibilidade produtiva, de integração com fornecedores e clientes, de realização de parcerias, alianças e, mesmo, fusões e, principalmente, de concentração produtiva, estratégias que merecem, aqui, algumas discussões.

A preocupação com o cliente em empresas tradicionais ficou muito mais no discurso do que em sua prática, pois se priorizaram sempre mais a produção e o seu planejamento. Todavia, atualmente, as ações da organização se voltam para privilegiar esse elemento, devido, principalmente, à grande concorrência, inclusive no âmbito global. Além da preocupação com preço, qualidade e, mesmo, em atendê-lo de maneira mais personalizada, a Burocracia Automatizada se volta, cada vez mais, para fidelizá-lo, criando um vínculo na intenção de se conseguir um fluxo mais constante e duradouro de escoamento da produção. Ações voltadas para o fortalecimento do nome da empresa e sua marca instrumentalizam essa preocupação com a fidelização.[71] O conceito atual de *Costumer Relationship Management* – CRM –, que é operacionalizado com modernos sistemas baseados em TI, é outro exemplo que pode ser oferecido e que demonstra o grande cuidado das empresas com os clientes na atualidade.[72]

Para conseguir a fidelização, inclusive, a Burocracia Automatizada procura manter ações voltadas não apenas para o cliente, mas para a sociedade como um todo. Nesse sentido, aparecem as ações de preocupação social, como aquelas que demonstram responsabilidade social e aquelas que revelam preocupação com a comunidade. No primeiro caso, podem-se apontar ações como uso racional de recursos, preocupação com poluição e reciclagem etc.; no segundo, destacam-se ações de cunho cultural e de melhoria da qualidade de vida da população.[73]

Seja com a preocupação de expansão de seus mercados, seja na defesa de suas posições, a Burocracia Automatizada procura, cada vez mais, atuar de forma global. Isso talvez não seja uma novidade para as grandes e tradicionais empresas que mantinham as estratégias de ganhos em escala e de integração horizontal. Entretanto, para a Burocracia Automatizada, não atuar globalmente pode significar sua extinção, pois ela se vê numa situação de constante ameaça diante de novas possibilidades globais. Assim, ela se posiciona para uma atuação mundial, seja de forma ativa, ou, mesmo, na defesa de suas posições nacionais perante a concorrência. Ainda com relação a isso, a Burocracia Automatizada apresenta várias possibilidades além da simples expansão geográfica, tão comum nas tradicionais empresas. As ações aparecem por intermédio de exportação, de permissão para que empresas em outros países tenham direito de fabricação de seus produtos, do uso de franquias internacionais, estabelecimento de *joint ventures* ou, mesmo, da forma tradicional, criando subsidiárias no exterior.[74]

De forma geral, a inovação não pôde ser incluída entre as estratégias usadas pelas empresas tradicionais com estruturas baseadas em Burocracias Mecanizadas. Esse aspecto se deve à existência do ambiente estável e de mudanças incrementais em que elas operavam. Todavia, como discutido anteriormente, a Burocracia Automatizada atua em situação de dinamismo, e, assim, é imperioso que mantenha, dentro de suas estratégias, a busca de constante inovação. Especificamente para o microambiente, a inovação é considerada, agora, um diferencial competitivo na conquista do cliente e na superação dos concorrentes. Nesse aspecto, as melhorias devem ocorrer não apenas nos produtos que se oferecem ao ambiente, mas, também, nos processos internos.

Quanto à preocupação com os recursos humanos, deve-se relembrar que as empresas tradicionais tratavam as pessoas dentro da empresa como simples peças substituíveis.[75] Algumas discussões sobre relações de trabalho são feitas ao final deste capítulo, mas, de forma geral, pode-se afirmar que a manutenção de adequadas relações com sindicatos, juntamente com a correta observação da legislação trabalhista, sempre foram suficientes para que as grandes organizações não tivessem maiores problemas para tratar seus recursos humanos. A Burocracia Automatizada não pode se dar a esse luxo. Operar em ambiente de grande automação sujeito à tecnologia da informação, altamente integrado e buscando a inovação constante exige um perfil diferente de trabalhador. E, atualmente, um dos maiores desafios é o de se encontrar esse trabalhador e mantê-lo comprometido com essa nova estrutura e com suas novas atividades. Se, por um lado, se apresenta uma grande massa de pessoas procurando empregos em atividades tradicionais, por outro, buscar e manter trabalhadores com nível de qualificação e competência requerido pela Burocracia Automatizada não é muito fácil. As diversas práticas ligadas à Gestão Estratégica de Recursos Humanos são utilizadas em uma Burocracia Automatizada, e, assim, a preocupação com as pessoas alcança destaque entre as suas estratégias.

Para a tecnologia, fica bem óbvio que um dos primeiros aspectos de preocupação de uma organização com estrutura baseada em Burocracia Automatizada é com a tecnologia de informação.[76] Para se automatizar, a empresa necessita estar em dia com essa tecnologia e suas aplicações. Essa atenção permite, inclusive, a operacionalização da flexibilidade produtiva e a integração com fornecedores e clientes, duas outras estratégias típicas da Burocracia Automatizada.

Com a flexibilidade produtiva, a empresa tem condições de manter um atendimento mais segmentado ou, mesmo, personalizado. Com a integração com clientes, a empresa consegue conhecer suas necessidades e desejos, atendê-los em tempo real, dentro de princípios de *just-in-time*, e, ainda, fidelizá-los.[77] Com a integração com fornecedores, consegue uma redução de estoques e segurança no fornecimento, assim como a diminuição de custos de forma geral.[78] Vale relembrar que tanto a flexibilidade produtiva como a integração com clientes e fornecedores são permitidas não só com o uso de sistemas automáticos baseados em TI, mas, também, com as novas atividades dos trabalhadores, de monitoramento e intervenção, de melhorias diversas e de alterações produtivas.

Ainda com relação à tecnologia da informação, é preciso destacar que a preocupação em se manter em dia com ela se deve ao fato de a empresa necessitar manter produtos que a insiram na chamada economia informacional. Conforme Manuel Castells, dentro dessa realidade, muitos produtos apresentam condições de usos variados, inclusive na criação de outros ou em novas utilidades a partir de modificações por parte dos clientes.[79] Assim, voltar-se para a elaboração de produtos que tenham condição de inserção nessa economia informacional é uma constante preocupação em uma Burocracia Automatizada.

No que se refere à formação de parcerias e alianças e, até mesmo, às fusões e aquisições, observa-se um movimento da Burocracia Automatizada para conseguir atuar globalmente e, mesmo, defender suas posições contra atuais ou futuros concorrentes. Além disso, com essas ações, consegue maior poder de negociação diante de fornecedores e clientes, além de outras vantagens advindas do tamanho e poder econômico resultante delas.[80] Especificamente para o caso de fusões e aquisições, deve-se enfatizar que se trata de movimentos voltados para a integração horizontal e não para a integração vertical, pois esta parece ser uma estratégia cada vez mais abandonada dentro das Burocracias Automatizadas.[81]

Se a integração vertical, com suas vantagens relacionadas à redução de custos de transação e ganhos em escopo, foi uma das principais estratégias utilizadas pelas grandes e tradicionais empresas, ao contrário, a Burocracia Automatizada aparece com a estratégia voltada para a concentração produtiva, terceirizando grande parte das atividades que, outrora, eram executadas dentro das empresas. A terceirização acontece para atividades consideradas de apoio e, mesmo, para atividades que poderiam ser consideradas parte do processo produtivo principal. Nesse aspecto, a preocupação volta-se para o negócio principal ou, ainda, para as atividades em que a empresa apresenta competências essenciais.[82] Foco é uma das palavras mais usadas para justificar esse movimento. Todavia, as razões para o uso dessa estratégia de concentração em uma Burocracia Automatizada podem ser mais bem analisadas a partir de três aspectos principais: busca de melhores condições de competição, facilidade atual de conseguir fornecimento e, ainda, os limites da automação.[83]

Para o primeiro caso, diante do ambiente competitivo em que atua, a Burocracia Automatizada precisa se dedicar àquilo em que ela é, realmente, competitiva. Dessa forma, a opção é se concentrar naquilo em que se considera seu diferencial positivo perante a sociedade, os clientes e a concorrência. Ela consegue, assim, apresentar melhores condições de competição. Reforçando esse aspecto, com a concentração produtiva, a Burocracia Automatizada pode apresentar melhores condições de inovação e flexibilidade e conseguir, ainda, maior agilidade diante das mudanças externas que se façam presentes.

No segundo caso, de fornecimento facilitado, observa-se que, se atualmente existe maior possibilidade de suprimento, inclusive no âmbito global, a Burocracia Automatizada não necessita manter tantas atividades internamente por questão de segurança e redução de custos de transação como era o caso das empresas tradicionais. Em muitos casos é aconselhável a aquisição externa, aproveitando, inclusive, a competição entre fornecedores e adquirindo produtos daqueles que oferecem competências distintivas nas referidas atividades.[84]

Com relação ao terceiro aspecto, dos limites da automação, evidencia-se que, apesar das grandes possibilidades atuais de produção, de flexibilidade e de integração permitida pela TI, restrições aparecem. Muitas delas, inclusive, foram discutidas na seção reservada às condições técnicas para o aparecimento da Burocracia Automatizada. Especificamente para o caso de limites relacionados às características das operações, enfatiza-se que operações muito complexas dificultam a automação.[85] Assim, manter muitas atividades diferentes internamente aumenta a complexidade, inviabilizando a automação, a flexibilização e a integração, seja interna ou externa.

Portanto, devido a estes fatores elencados – melhores condições para a competição, facilidade atual de fornecimento e os limites da automação –, a Burocracia Automatizada se volta para a concentração produtiva, terceirizando várias atividades que, anteriormente, mantinha internamente. Essas atividades podem englobar aquelas ligadas a apoio, parte da tecnoestrutura que não é considerada estratégica e, além disso, parte do processo produtivo que a empresa não elenca como sua atividade ou negócio principal ou, ainda, o que não considera que tenha competências essenciais. Vale enfatizar, porém, que, como discutido na seção relacionada a condições ambientais, a estratégia de concentração fica condicionada à presença de fornecedores em condições de suprimento adequado.[86]

Terceirização em um frigorífico para se automatizar

Em visitas realizadas a frigoríficos, constatou-se que um deles, especializado na produção de embutidos, achou conveniente terceirizar as atividades de desossa da carne. Por oferecer poucas condições de serem automatizadas, a empresa simplesmente parou de realizá-las internamente. Resolveu, assim, adquirir no mercado a carne já desossada e separada em peças. A existência de fornecimento na região, juntamente com a necessidade de automatizar seu processo de embutidos, foi o principal fator que pesou nessa decisão.

Integração vertical em um pastifício: decisão de não terceirizar

Em visita feita a uma empresa produtora de massas diversas, verificou-se que ela, que passou recentemente por grande automação, terceirizou várias atividades de apoio e, mesmo, atividades ligadas, anteriormente, ao processo produtivo. Todavia, manteve internamente operações de moagem para a elaboração da mistura básica do trigo com os outros insumos. Em conversa com o gerente geral da produção, ele informou que se cogitou da opção pela aquisição da mistura pronta e de não a realizar internamente. A manutenção dessa etapa na empresa foi justificada pelo fato de que a moagem foi considerada de muita importância para o negócio e pelo fato de que, nas várias tentativas de se conseguirem fornecedores com condições de suprimento apropriado, a empresa não logrou sucesso.

Verificado *in loco*

Em resumo, para que apareçam empresas com estruturas baseadas na Burocracia Automatizada, além daquelas condições técnicas e ambientais apontadas, devem aparecer, na organização, também, as estratégias discutidas anteriormente. Dentre elas, com destaque, surge a de concentração produtiva, o que leva ao crescimento no uso de uma nova forma de coordenação: os contratos.

Quadro 9.7 Condições para o Aparecimento da Burocracia Automatizada

Técnicas	Ambientais	Estratégicas
• Automação baseada em TI. • Operações com grande volume. • Relativa variedade produtiva. • Operações que seriam feitas com movimentos simples e repetitivos. • Insumos com certas características que permitem a automação. • Existência de compatibilidade técnica com fornecedores e clientes.	• Negócio com grande demanda. • Grande concorrência. • Existência de consumo integrado e com certa personalização. • Existência de segurança no fornecimento. • Mão-de-obra mais qualificada. • Ambiente com certo dinamismo e que requeira inovações.	Gerais • Preocupação com o cliente • Competição • Inovação • Responsabilidade social • Internacionalização Funcionais • Concentração no negócio principal • Fusões dentro do negócio, parcerias e alianças • Flexibilidade produtiva • Uso intensivo de TI • Integração interna e externa • Investimentos em capital humano

9.2.4 O crescimento do uso da coordenação por contratos

A estratégia das grandes e tradicionais empresas em integrar-se verticalmente, ou seja, de priorizar o trabalho interno e não o adquirir externamente, levou ao surgimento das grandes estruturas burocráticas mecanizadas e suas formas de coordenação baseadas, principalmente, nas padronizações e na supervisão direta.

Com a estratégia de concentração produtiva e terceirização de várias atividades, a Burocracia Automatizada reverte essa situação e apresenta parte do trabalho sendo adquirida externamente, ou seja, faz grande uso do mercado em detrimento do emprego da hierarquia. Assim, grande parte do trabalho dividido aparece não internamente, mas entre empresas diferentes, e as formas tradicionais de coordenação não oferecem garantias para esses casos. Recorre-se, então, a uma forma de coordenação que é pouco discutida nos estudos administrativos: a coordenação por contratos.

Relembrando o Capítulo 8, conforme a abordagem ligada à economia de custos de transação, podem-se dividir em quatro os tipos básicos de contratos: os *clássicos* aparecem quando se utiliza o mercado em relações simples e que não pressupõem efeitos ao longo do tempo. Os *neoclássicos* surgem em relações com possibilidade de certos efeitos ao longo do tempo e, assim, utilizam, inclusive, partes ligadas a arbitragem, regulação etc. Os *relacionais bilaterais* aparecem quando existe certa estabilidade nas relações, incluindo negociações e certa continuidade no acordo. Os *relacionais unificados* coincidem com as relações que ocorrem dentro de uma certa empresa (uso da hierarquia).

As empresas tradicionais com estruturas baseadas em Burocracia Mecanizada utilizam, basicamente, os dois extremos da classificação, ou seja, os contratos relacionais unificados (relações internas ou o uso da hierarquia) e, quando necessário, os clássicos e neoclássicos, já que não são mantidas relações estáveis e continuidade nos acordos com fornecedores. A partir das terceirizações, a Burocracia Automatizada utiliza relações externas mais estáveis com fornecedores, e, assim, valorizam-se os contratos relacionais bilaterais.

Como conseqüência dessas relações mais íntimas, várias são as possibilidades práticas que surgem: redução no número de fornecedores; tempo mais longo para os acordos; manutenção de cláusulas de obrigações mútuas, chegando-se, até mesmo, ao compartilhamento de riscos e benefícios; colaboração e apoio técnico; compartilhamento mais intenso de dados e informações; desenvolvimento conjunto de projetos e produtos; busca conjunta para a solução de problemas; estabelecimento de metas conjuntas; compartilhamento de espaço físico; alem, é claro, da própria disposição das partes em manter esses relacionamentos mais íntimos, amistosos e transparentes. Obviamente, essas práticas apontadas ocorrerão na proporção em que avançarem as relações entre cliente e fornecedor.[87]

Quadro 9.8 Alteração no Uso de Contratos pelas Empresas

Burocracia Mecanizada	Burocracia Automatizada
• Relações contratuais unificadas (uso da hierarquia com a produção interna). • Contratos clássicos ou neoclássicos (aquisição externa sem a manutenção de relacionamentos duradouros).	• Além dos outros dois, aparece o maior uso de contratos bilaterais relacionais, ou seja, relacionamentos mais íntimos e estáveis com fornecedores.

Vale ainda enfatizar que, além dessa intensificação nas relações com fornecedores, outras ações estratégicas discutidas neste capítulo provocam o crescimento da importância da coordenação por contratos em uma Burocracia Automatizada, notadamente aquelas voltadas para a formação de parcerias e alianças. Assim, novamente, enfatiza-se a maior preocupação com os contratos relacionais bilaterais que pressupõem certa estabilidade nas relações, incluindo negociações e certa continuidade no acordo.

9.3 As Novas Possibilidades Organizacionais e a Burocracia Automatizada

No Capítulo 7, são oferecidas discussões sobre novas possibilidades organizacionais em termos de tecnologias de mudança, de estrutura e de gestão. No presente capítulo, algumas dessas novas possibilidades organizacionais são citadas para melhor se apresentar a Burocracia Automatizada. Entretanto, considera-se importante fazer algumas considerações mais específicas sobre elas no que tange ao seu relacionamento com a estrutura aqui discutida. Isso se deve ao fato de que várias dessas novas possibilidades fazem parte da Burocracia Automatizada ou estão sendo utilizadas nela.

9.3.1 Mudanças participativas e incrementais na Burocracia Automatizada: DO, GQT e organizações de aprendizagem

Uma das características mais marcantes da Burocracia Automatizada em relação às formas tradicionais de estrutura voltadas para a produção com grande volume e baixa variedade é a busca de melhorias constantes. Como ela opera em ambiente mais dinâmico, mudar é imperativo para a sua sobrevivência.

Com relação a isso, dentro das teorias administrativas, já há muito tempo surgiram discussões sobre a mudança, incluindo a descrição de seu processo, prescrições de formas mais apropriadas e, principalmente, debates sobre resistência a elas. Desde as idéias de Kurt Lewin,[88] passando pelo Desenvolvimento Organizacional e a Gestão pela Qualidade Total (e o *kaizen*), verifica-se a ênfase em práticas de mudanças mais participativas, que tragam envolvimento do pessoal implicado nos processos, aumento do nível de satisfação no trabalho, diminuição na resistência à mudança e, conseqüentemente, maior possibilidade de sua implementação.

Assim, a Burocracia Automatizada assimila as técnicas passadas e incentiva a participação de trabalhadores dos níveis inferiores nas mudanças. Eles conhecem o processo, têm condições de oferecer sugestões, analisá-las e implementar aquelas que tragam resultados para a organização. Aparecem nessas empresas, então, os grupos temporários e permanentes, formados por trabalhadores de todos os níveis e setores e voltados para a inovação. Esses grupos apresentam sugestões de mudança e, muitas vezes, as implementam por incentivos por parte da administração, como, por exemplo, o uso de premiações para as equipes, além, é claro, da própria coordenação por valores, discutida anteriormente.[89]

Voltado, também, para a administração das mudanças, assume grande importância para a Burocracia Automatizada o conceito de organizações de aprendizagem. A idéia central é de se disseminarem, internamente, atitudes e comportamentos voltados para o aprender a aprender e não apenas para a aquisição de conhecimentos estáticos de uso restrito. Com isso, consegue-se que a Burocracia Automatizada tenha condições de se manter constantemente em condições de inovar.

9.3.2 A preocupação com as pessoas na Burocracia Automatizada: gestão das competências, de saúde e estratégica de pessoas

As atividades dentro da Burocracia Automatizada apresentam grandes diferenças em relação às formas tradicionais de trabalho ligadas à grande divisão e à padronização. Da mesma forma, o perfil necessário ao trabalhador sujeito a essas novas atividades é diferente, exigindo-se habilidades conceituais, atitudes voltadas para inovar e aprender, além do conhecimento em tecnologia da informação. E esse perfil não é facilmente encontrado no mercado de trabalho. Mantê-lo nessas condições, inclusive, apresenta-se como um desafio para a administração.

Assim, tornam-se primordiais para a Burocracia Automatizada ações no sentido da preocupação com as pessoas de uma forma inexistente nas empresas tradicionais. Nesse aspecto, seguindo a linha de Gestão Estratégica de Pessoas, a Burocracia Automatizada a elege como uma de suas prioridades. Dentre as ações mais visíveis e citadas no Capítulo 7, Novas Possibilidades Organizacionais aparecem preocupações com a qualificação ou de gestão das competências, modelos de gestão preocupadas com a saúde física e mental, monitoramento de satisfação e práticas de incentivo ao *empowerment* dentre outras.

9.3.3 Responsabilidade social na Burocracia Automatizada: a empresa cidadã

A Burocracia Automatizada apresenta grande preocupação com a responsabilidade social, com práticas passivas e ativas. No caso das passivas, observa-se sua preocupação em não prejudicar a sociedade e com uma produção responsável que minimize, por exemplo, efeitos na natureza. No caso das ativas, observam-se ações voltadas para a melhoria da qualidade de vida da comunidade, como a promoção do voluntariado entre os trabalhadores em ações de preocupação com a saúde, com a qualificação e com a cultura, dentre outras. Essas práticas de responsabilidade social, inclusive, apresentam caráter permanente e não apenas esporádico.

Essas ações apresentam vantagens para a Burocracia Automatizada no seu relacionamento com o cliente e a sociedade e, também, em relação aos trabalhadores. No primeiro caso, demonstrando responsabilidade social, a Burocracia Automatizada destaca seu nome e sua marca, o que leva a maiores possibilidades de fidelizar clientes. No segundo, deve-se considerar que, com essas ações que demonstrem responsabilidade social, a Burocracia Automatizada apresenta a seu trabalhador a importância da organização diante da sociedade e, assim, evita algumas dificuldades de comprometimento por parte dele. O envolvimento exigido por esse tipo de estrutura não será alcançado se o trabalhador perceber que a empresa causa transtornos à sociedade e à natureza ou não se preocupa com ações que minimizem possíveis efeitos prejudiciais a elas.

Assim, com o incentivo a ações de voluntariado por parte dos trabalhadores, a Burocracia Automatizada facilita o seu comprometimento e, ainda, os estimula a participar de atividades sociais que aumentem a possibilidade de geração de competências voltadas para a comunicação e a crítica consciente, dentre outras.[90] Além disso, deve-se imaginar que ações indesejáveis, baseadas no oportunismo, tenderao a ser menores entre trabalhadores que participem dessas ações voluntárias, devido à prática constante de consciência social e ética.

9.3.4 Mudanças radicais na Burocracia Automatizada: Reengenharia e *downsizing*

Algumas empresas podem ser criadas e estruturadas com base na Burocracia Automatizada. Todavia, muitas vezes, empresas com estruturas baseadas em Burocracias Mecanizadas passam por transformações que as conduzem em direção a estruturas baseadas nessa nova configuração. Nesse caso, não se está falando em pequenas mudanças, visando a melhorias e inovação em um ambiente competitivo em que operam, mas em alterações radicais de organização do trabalho e de estrutura diante de novas e complexas realidades.

Para o caso das alterações pequenas e adaptativas, utiliza-se, como já discutido, a participação dos trabalhadores envolvidos no processo de produção, por intermédio de práticas de mudanças incrementais herdadas do Desenvolvimento Organizacional e da Gestão pela Qualidade Total. Entretanto, não se podem utilizar essas práticas em alterações que tragam mudanças radicais às atividades de um trabalhador sem, inclusive, garantia de seu futuro dentro da empresa. Nesse caso, a empresa lança mão de alterações radicais e sem a participação dos trabalhadores em processos de mudanças baseadas na Reengenharia e no *downsizing*.

Relembrando, a Reengenharia é um processo de mudança caracterizada pela rapidez, pelo radicalismo, pela imposição, voltada para processos que trazem alterações substanciais na organização do trabalho. O *downsizing* se apresenta como um processo de diminuição de cargos, departamentos e, mesmo, de níveis hierárquicos dentro de uma empresa, com conseqüências, inclusive, de enxugamento no quadro de trabalhadores.

Conforme Paul Strebel[91] e seu modelo de mudanças, quanto maior a força externa para a mudança e maior a resistência interna a ela, mais se exigem mudanças do tipo Reengenharia, reestruturação e *downsizing*. E esse é, justamente, o caso da transformação que ocorre em uma empresa que passa de uma estrutura baseada em Burocracia Mecanizada para um formato de Burocracia Automatizada. Ela realiza mudanças impositivas, radicais e rápidas baseadas em Reengenharia e *downsizing*. Com elas, conseguem-se a automação de processos e alterações nas formas de trabalho, na configuração de cargos e departamentos etc. Isso tudo a partir de mudanças que ocorrem sem a participação dos trabalhadores, pois, com a participação deles, as alterações dificilmente iriam ocorrer.

Dessa forma, a mudança radical, seja com a Reengenharia, seja com o *downsizing*, não é uma prática recorrente dentro de uma Burocracia Automatizada. Ela ocorre na implantação da estrutura, e, depois, aparecem mudanças participativas e incrementais baseadas nos modelos de mudança caracterizados anteriormente como no DO, GQT e as organizações de aprendizagem.[92]

REENGENHARIA IMPOSSIBILITANDO GRUPOS DA QUALIDADE

Em visita a uma organização que estava passando por um processo de mudanças que a conduziria para uma grande automação, descobriu-se que, até o início das referidas mudanças, a empresa usava princípios de administração baseados na GQT. Equipes de qualidade responsáveis por pequenas alterações existiam na empresa. A partir do início da implantação dos novos processos de trabalho, automatizados, as referidas práticas de gestão foram suspensas.

Verificado *in loco*

9.3.5 Integração externa, alianças, parcerias, terceirização e organizações em rede

A Burocracia Automatizada e a organização em rede podem ser consideradas estruturas bem distintas, principalmente levando-se em consideração o nível de análise.[93] Todavia, o aparecimento das duas encontra relação íntima, podendo-se dizer que o fortalecimento de uma leva ao da outra. Duas razões podem ser apontadas para justificar esse fato. Primeira, porque, com o nascimento de organizações estruturadas como Burocracias Automatizadas, as empresas procuram se dedicar ao negócio principal ou às chamadas competências essenciais, terceirizando várias atividades da empresa. Daí surgem a possibilidade e, mesmo, a necessidade de relacionamentos mais estreitos com fornecedores e clientes, principalmente para o caso de consumidores intermediários. Segundo, porque, com essa nova estrutura, as empresas tendem a fazer alianças e parcerias diversas com outras na busca de um melhor posicionamento diante de um ambiente de acirrada competição. Assim, devido, principalmente, a essas duas razões, aumentam os relacionamentos entre empresas e o nascimento de sistema formado por empresas independentes e que desempenham funções específicas, ou seja, uma organização em rede.[94]

154 Capítulo Nove

Há que se enfatizar ainda que, nessas organizações em rede, aparecem a integração das informações com o uso de tecnologia de informação e o emprego de coordenação por contratos do tipo relacional bilateral, com todas as suas características ligadas à maior estabilidade nas relações, incluindo negociações e certa continuidade no acordo.[95]

9.4 Problemas Associados à Burocracia Automatizada

Em muitos aspectos, a Burocracia Automatizada pode ser vista como uma evolução da Burocracia Mecanizada, apresentando melhores condições de adaptação às alterações ambientais que se processaram na sociedade nos últimos anos. Diante dessas novas realidades, ela alcança grande congruência interna e externa, podendo, assim, ser considerada um novo modelo de estrutura organizacional. Entretanto, como os outros modelos de estrutura, ela enfrenta diversos problemas organizacionais que merecem atenção.

Como ela é uma estrutura nova, porém, muitos de seus problemas não estão, ainda, bem discutidos na literatura organizacional. Muitos deles, inclusive, tratam de dificuldades ligadas à transição de estruturas, notadamente da Burocracia Mecanizada para a Automatizada. Dessa forma, espera-se que, quando esse formato organizacional se consolidar junto à sociedade e os trabalhos de pesquisa avançarem, eles serão mais facilmente apresentados. Todavia, desde já, podem-se apresentar alguns desses problemas ligados aos aspectos técnicos, financeiros e mercadológicos; humanos no núcleo operacional; no componente administrativo e na cúpula estratégica.

Antes de se prosseguir, porém, deve-se fazer uma observação: algumas das questões discutidas a seguir versam sobre *problemas inerentes à estrutura,* e outros, sobre *problemas que podem surgir na estrutura.* No primeiro caso, têm-se problemas ligados às características intrínsecas da estrutura, como, por exemplo, a condição de baixa variedade produtiva. Não podem ser resolvidos, cabendo à sua administração, apenas, contorná-los com outras ações ou, mesmo, operar em situações e ambientes que não realcem esses problemas. No segundo caso, têm-se problemas solucionáveis ou, mesmo, minimizáveis, por não serem inerentes à estrutura. É o caso, por exemplo, da dificuldade de se alcançar comprometimento dos trabalhadores em determinadas situações. Apesar dessa possibilidade de separação, por questões práticas, a discussão dos problemas associados à Burocracia Automatizada a seguir não é feita levando-se em conta essa distinção, pois na rotina das organizações não é tão fácil distingui-las.

9.4.1 Problemas técnicos, financeiros e mercadológicos na Burocracia Automatizada

Como principais problemas técnicos, financeiros e mercadológicos de uma Burocracia Automatizada, podem ser destacados aqueles relacionados aos limites e limitações da automação com relação a insumos e produtos, possíveis complicações no fornecimento, dificuldades na previsão de faturamento e maiores exigências na manutenção das vendas, altos custos dos investimentos e, ainda, dificuldade de avaliação do retorno desses investimentos.

Algumas das questões ligadas a limites e limitações[96] da tecnologia são tratadas na discussão sobre o núcleo operacional e, principalmente, sobre as condições técnicas para a Burocracia Automatizada. Especificamente para insumos, pode-se destacar que o funcionamento normal em sistemas automatizados necessita de padronização e qualidade desses insumos. Dessa forma, um dos problemas que podem surgir em uma empresa com essa estrutura automatizada se refere às variações nos insumos, ou seja, queda na qualidade exigida. Quando isso acontece, aparecem dificuldades de processamento, paradas no sistema, intervenções constantes dos operadores, além de outras.[97] No que se refere aos produtos, deve-se lembrar que a Burocracia Automatizada oferece certa condição de flexibilidade produtiva. Entretanto, essa flexibilidade é muito pequena, e, assim, essa estrutura não é apropriada para a produção com grande variedade. Estruturas adhocráticas são as mais convenientes para essa situação.

Com relação ao fornecimento, a Burocracia Automatizada opera dentro de uma rede de empresas de forma integrada, havendo necessidade de relacionamentos adequados entre elas. A manutenção desses relacionamentos não é tão simples, exigindo-se negociações constantes, contratos apropriados, fornecedores competentes e relações não-oportunistas, dentre outras.

Quanto ao faturamento e às vendas, deve-se enfatizar que a Burocracia Automatizada, por operar em um sistema de produção bem *justo* ou sem folgas, não pode se sujeitar à grande variação entre o faturamento previsto e o realizado. Se considerarmos que ela opera em um ambiente dinâmico e competitivo, pode-se, assim, destacar esse como um grande problema para essas empresas. Joan Woodward, em seu trabalho clássico sobre tipos de estruturas, destaca que, nas empresas de processamento com sistemas automatizados, o setor central e mais importante não seria aquele ligado a projetos ou à produção, mas o de *marketing*. Isso se deve à necessidade de se manter um escoamento constante de produção para manter e compensar o uso do sistema automatizado. O mesmo parece valer para a Burocracia Automatizada, com uma exigência de menores margens de erro para a previsão de vendas.

No que se refere aos custos, apesar do barateamento da tecnologia de informação nos últimos anos, os gastos gerais com a automação, incluindo a qualificação de trabalhadores, tempo de adaptação, dentre outros, são, ainda, muito altos, principalmente quando são instalados sistemas específicos. Isso se complica ainda mais pelo fato de serem, também, difíceis de serem previamente avaliados, ou seja, observa-se uma grande dificuldade na determinação prévia dos custos na implantação do sistema, devido, principalmente, à necessidade de adaptações à situação específica da organização.

Juntando o alto custo da implantação, a dificuldade de sua avaliação prévia, a pequena margem aceitável para as variações no faturamento e o ambiente competitivo em que a empresa opera, tem-se que a Burocracia Automatizada apresenta uma grande dificuldade no que se refere à avaliação do retorno dos investimentos.[98] Em termos financeiros, assim, uma empresa com essa estrutura atua em situação muito mais delicada que aquelas com estrutura baseada na Burocracia Mecanizada. Trabalhos bem elaborados para a definição realista de custos e monitoramento constante de alterações de demanda são ações primordiais para a Burocracia Automatizada, principalmente levando-se em consideração o fato de que, em ambientes dinâmicos, o uso de dados e informações do passado apresenta muitas limitações, pois eles perdem rapidamente sua validade.

9.4.2 Problemas humanos no núcleo operacional

Os problemas humanos no núcleo operacional de uma tradicional empresa com estrutura baseada na Burocracia Mecanizada estão associados, na maioria das vezes, à insatisfação de um trabalhador sujeito à grande divisão do trabalho e a tarefas simples e extremamente padronizadas. Nessa realidade, não lhe é oferecido nenhum poder de decisão ou controle sobre suas atividades, não há variedade de habilidades sendo usadas e não lhe é exigido o uso de suas potencialidades, havendo, assim, menor possibilidade de ele se realizar em seu trabalho.[99] Em determinadas empresas, inclusive, o ambiente social é, também, motivo de insatisfação, desde que relações informais podem ser cerceadas. Esses problemas foram descritos há muito tempo por vários autores e usados, inclusive, para justificar ações de melhorias no ambiente de trabalho, como o movimento da Qualidade de Vida no Trabalho, com suas práticas de enriquecimento e alargamento de cargos, melhorias no ambiente social, dentre outras.[100]

Com a Burocracia Automatizada, alterações substanciais aparecem na organização do trabalho no núcleo operacional, e, assim, surgem perspectivas de solução de problemas anteriores e aparecimento de outros.

Com referência aos problemas relacionados às empresas tradicionais, deve-se constatar que, com a nova organização do trabalho que surge com a Burocracia Automatizada, observam-se menor divisão do trabalho, uso de maior número de habilidades e, até mesmo, algum poder de decisão por parte do trabalhador. Autores ligados à Gestão pela Qualidade Total e à produção enxuta defendem essas formas de organização do trabalho por trazerem, entre outras vantagens, maiores possibilidades de realização por parte do trabalhador.[101]

Obviamente, fazendo-se uma comparação quanto a alguns aspectos objetivos da organização do trabalho entre as duas situações, empresas fordistas e tayloristas por um lado e operações na Burocracia Automatizada por outro, esse aspecto não pode ser contestado. Entretanto, outras ponderações devem ser feitas.

Em primeiro lugar, apesar de poder intervir no sistema automatizado de acordo com suas competências, o trabalhador está sujeito, ainda, a um sistema de operações predefinido e automatizado, sendo sua obrigação, apenas, manter o referido sistema funcionando, mas não alterá-lo em sua essência. Assim, suas ações de monitoramento e intervenção estão atreladas ao sistema automatizado ou a um sistema burocrático automatizado, podendo-se, assim, questionar o possível controle sobre o trabalho que lhe é oferecido. Em segundo lugar, no que se refere ao poder de alterações a partir de equipes de melhoria contínua, deve-se relembrar que elas se prestam, apenas, a pequenas mudanças que não afetam, novamente, a essência do funcionamento do sistema automatizado e do trabalho a que se está sujeito. As decisões realmente importantes não são delegadas aos trabalhadores. Em terceiro lugar, levando-se em consideração aspectos subjetivos, em certas situações, pode-se inferir, até mesmo, um agravamento do quadro anterior, pois o trabalhador, nesse novo tipo de estrutura, é mais qualificado e competente e, assim, pode exigir maior uso de suas habilidades e potencialidades, o que pode não ser oferecido pela Burocracia Automatizada.[102]

Assim, além do fato de as alterações não serem tão profundas, a análise objetiva não é suficiente para se tirarem conclusões. Em verdade, pode-se considerar que conclusões definitivas sobre esse tema dificilmente poderão ser apresentadas, devido ao grande número de variáveis envolvidas e à dificuldade de se fazer comparação entre as duas situações. Afinal, o mundo mudou, a empresa mudou e o trabalhador também. Em vários aspectos, inclusive, a análise desses problemas ligados à autonomia pode ser menos importante que outros que surgem no núcleo operacional da Burocracia Automatizada. Notadamente, podem-se discutir problemas relacionados a maiores exigências e cobrança, sobrecarga de trabalho, patologias ligadas ao estresse e *burnout*, falta de confiança, dificuldade de manutenção de nível adequado de comprometimento, surgimento do comportamento oportunista e práticas ligadas ao conceito de auto-regulação.

A produção feita pelas máquinas de maneira justa e sem folgas que surge em uma Burocracia Automatizada exige, também, das pessoas um trabalho justo e sem folgas. As exigências e cobranças, assim, são maiores. Na verdade, solicita-se uma dedicação integral, de corpo e mente, durante o tempo todo em que o trabalhador está disponível para a empresa. Mesmo em suas tarefas de observação e monitoramento, em que se poderia alegar a ocorrência de certa folga, ele está o tempo todo concentrado nas operações. Levando-se em consideração a coordenação por valores que é utilizada, o trabalhador tem, agora, interiorizada a necessidade de manter o fluxo e se preocupar com ele constantemente. Em uma Burocracia Automatizada, muitas vezes, o trabalho, inclusive, se prolonga para fora do ambiente físico da empresa, pois o trabalhador o leva para a rua em sua mente. Trabalho em casa e disponibilidade constante para a empresa agravam esse quadro, trazendo ainda mais sobrecarga.[103]

Na literatura e nas práticas clássicas de administração, sempre se levou em consideração o efeito da fadiga. Nesse aspecto, inclusive, os estudos não tinham caráter fisiológico, mas sim na observação da redução na produtividade. Para o caso da Burocracia Automatizada, a fadiga aparece, muitas vezes, em outro âmbito: no estresse e no *burnout*,[104] e, muitas vezes o trabalhador pode não demonstrar diminuição de sua produtividade até uma manifestação ou evento súbito. Nesse aspecto, o *burnout* se assemelha ao caso do sapo que, quando aquecido lentamente em água, não sente a diferença de temperatura até vir a morrer.[105] Assim, é preciso um constante acompanhamento desses problemas dentro de uma Burocracia Automatizada, utilizando-se, inclusive, metodologias diferentes daquelas usadas pelos administradores clássicos na simples observação de diminuição de produtividade.[106]

Para a dificuldade de comprometimento e a ocorrência de comportamento oportunista, há que se evidenciar que a Burocracia Automatizada depende, em muito, da atitude ativa do trabalhador, como, por exemplo, intervindo de forma mais apropriada, ou mesmo apresentando propostas de melhorias que, realmente, tragam benefícios à organização. Assim, pode surgir, na Burocracia Automatizada, um problema verificado por Henry Mintzberg na Burocracia Profissional: a dificuldade de tratar com profissionais oportunistas e não-comprometidos com a organização.[107] Obviamente, com o tempo, a falta de comprometimento e o comportamento oportunista serão constatados, porém esse tempo de verificação pode ser longo o suficiente para causar grandes estragos.

A dificuldade na obtenção do comprometimento pode ser potencializada, inclusive, devido a relacionamentos anteriores inadequados nas relações trabalhistas ou quando há históricos de reestruturação. No primeiro caso, o tradicional embate entre capital e trabalho em muitas regiões e organizações se apresenta, muitas vezes, mal resolvido, não aparecendo adequado amadurecimento nas relações. No segundo, os processos de reestruturação com uso de Reengenharia e *downsizing*, muitas vezes, trazem uma quebra de confiança que leva anos para ser resolvida. Assim, quando essas situações estão presentes, a Burocracia Automatizada encontra mais dificuldade ainda para obter o comprometimento necessário para as novas atividades e, mesmo, coordenar o trabalho por valores.[108]

Um último problema que pode ser apontado para as Burocracias Automatizadas trata de práticas ligadas à auto-regulação.[109] Apesar de os estudos referentes a esse tema serem, na maioria das vezes, recebidos, ainda, com certo questionamento por parte de muitos, aparentemente eles estão crescendo nos estudos de Administração.[110] E talvez tendam a crescer ainda mais, com o fortalecimento das Burocracias Automatizadas que utilizam a coordenação baseada em valores.[111] Nesse novo formato organizacional, solicita-se que os trabalhadores interiorizem certos princípios para que se garanta a coordenação do trabalho dividido, princípios como aqueles voltados para a manutenção do fluxo de trabalho, preocupação com o cliente, com a inovação e com a qualificação constante, dentre outros. Acontece que esses princípios são, muitas vezes, *empurrados* aos trabalhadores, sem um consentimento ou, mesmo, consciência por parte deles. Pode acontecer que eles os assumam de maneira apenas aparente e como forma de preservar seu emprego ou seu ganha-pão. O comprometimento efetivo pode não vir a acontecer, e podem surgir, até mesmo, comportamentos individuais considerados disfuncionais ou prejudiciais à organização, práticas diante de um sistema que se considera injusto ou, mesmo, uma forma de se buscar certo equilíbrio psíquico. Assim, pode-se imaginar que, se no passado as empresas mantinham setores de assistência social para conservar níveis de satisfação extrínseca no trabalho, o desafio para o futuro poderá ser a manutenção de setores voltados para a saúde psicológica do trabalhador.

9.4.3 Problemas no componente administrativo

Com a Burocracia Automatizada, aparecem, também, modificações nas atividades gerenciais. Não se espera que o gerente seja mais o controlador de atividades (como na coordenação por padronização dos processos de trabalho) ou, mesmo, um tomador de decisões isolado (como na coordenação por supervisão direta), a exemplo do que ocorre nas empresas tradicionais. É necessário que ele incentive a proatividade, a criatividade, a participação e o comprometimento por parte da equipe. Além disso, o novo gerente deve assumir algumas responsabilidades que outrora eram reservadas a setores de assessoria, como, por exemplo, o planejamento e a organização do trabalho ou, mesmo, a gestão de pessoas. Nesse aspecto, as maiores dificuldades que podem se apresentar para a Burocracia Automatizada são de se conseguir que os gerentes assumam suas novas funções e papéis e, ainda, que eles assimilem conhecimentos e habilidades não-específicos.

Com relação às dificuldades em assumir novas funções e papéis, dois importantes elementos devem ser enfatizados. Em primeiro lugar, os vários anos de gerenciamento autocrático na história das organizações podem se tornar empecilhos para a implantação de novos tipos de gestão. Isso só será revertido a partir de grande alteração na cultura das organizações, assim como em toda a sociedade. Segundo, muitos cursos de Administração não estão atualizados conforme as novas realidades organizacionais, enfatizam muito os aspectos técnicos e as velhas formas de gestão e, assim, não geram competências gerenciais para novos ambientes organizacionais. Dificuldades de trabalhar em equipe, de dividir o poder, de trabalhar com consultores internos e de administrar conflitos são algumas das conseqüências dessa falta de preparação.[112]

No que se refere à assimilação de conhecimentos e habilidades não-específicos, para assumir funções outrora de responsabilidade das áreas de assessoria, os gerentes devem não apenas apresentar competências em suas áreas específicas mas demonstrar, também, competências em outras. Novamente, observa-se a resistência diante dessas novas funções e da dificuldade de aquisição dessas qualificações. A especialização ainda é influente, mesmo no nível gerencial. Isso pode, inclusive, estar associado às discussões de Robert Katz, quando ele afirma em trabalho clássico que, entre as habilidades gerenciais, as conceituais ou de conhecimento mais geral são as mais difíceis de serem desenvolvidas.[113]

Existe, ainda, um outro fator de dificuldade com relação aos gerentes que pode aparecer, notadamente após períodos de transição: a desconfiança. A exemplo de problemas apontados para os trabalhadores no núcleo operacional, a Reengenharia e o *downsizing* podem trazer reflexos negativos no corpo gerencial, principalmente com a diminuição dos níveis hierárquicos. Resgatar a confiança dos gerentes após esse processo se apresenta como um desafio dentro da Burocracia Automatizada.

9.4.4 Problemas na cúpula estratégica

Alguns dos problemas que surgem na cúpula estratégica não são tão diferentes daqueles ligados ao componente administrativo, pois estão relacionados, principalmente, à falta de preparação e adequação a novas atividades. Nesse aspecto, podem-se enfatizar as dificuldades de se dividir o poder e de se trabalhar em equipes e conselhos, de se assumir o papel de planejador social, de se trabalhar em rede e, ainda, de administrar em situações de imponderabilidade em que se exigem, muitas vezes, formas não-tradicionais de tomadas de decisões e de soluções de problemas.

No primeiro aspecto, evidencia-se que, por mais que as grandes decisões permaneçam na cúpula, nesse tipo de organização, certo poder deve ser dividido com os níveis hierárquicos inferiores. E isso encontra barreiras junto a executivos apegados ao poder. Eles, simplesmente, resistem em abrir mão dele. Isso apesar dos anos em que se apregoam idéias de participação dos níveis inferiores nas grandes decisões por intermédio da Administração Estratégica.

Ainda com relação à tomada de decisões, mesmo aquelas mais importantes e que permanecem sob responsabilidade da cúpula deverão, cada vez mais, passar por deliberações colegiadas e de conselhos, dentro de práticas ligadas ao conceito de Governança Corporativa. Novamente, verifica-se a dificuldade de executivos nessa forma de tomada de decisões coletiva. A figura do executivo-chefe como um herói solitário tomador de decisões ainda é um dificultador para a Burocracia Automatizada.[114]

Quanto ao fato de os executivos terem que exercer atividades que se relacionam ao de planejador social, mesmo se passando mais de 70 anos das idéias originais de Chester I. Barnard nesse sentido,[115] essa função ainda é desprezada por muitos administradores da cúpula. O papel de símbolo para os subordinados é, ainda, mais difícil de ser admitido, mesmo após mais de 40 anos do trabalho de Henry Mintzberg, que enfatiza esse papel como um dos papéis a serem assumidos por um administrador.[116] Novamente, alerta-se para a falta de preparação para que os administradores exerçam essas novas funções e papéis dentro da organização. A imagem do executivo estrategista, técnico e calculista ainda é a tônica na formação de executivos.

Outras dificuldades que aparecem tratam das novas atribuições do executivo em suas relações dentro de uma estrutura em rede. Para esse caso, há que se constatar que, em um ambiente tradicional, as relações entre empresas são muito assertivas, surgindo, na maioria das vezes, negociações do tipo ganha-perde,[117] ou seja, os executivos ou negociadores voltavam-se para estratégias do tipo *retirar tudo que se pode, não importando as conseqüências para a outra parte*. Na nova situação de estrutura em rede advinda de alianças e parcerias e integração com fornecedores e clientes, não se pode tratar esses elementos como inimigos. Assim sendo, a estratégia de barganha muda. Manter relações mais duradouras e estáveis com outras empresas por meio de contratos relacionais bilaterais pressupõe novas formas de conduzir negociações. Notadamente enfatizam-se aquelas do tipo ganha-ganha, em que se buscam retornos para as partes envolvidas. Mesmo para o caso de empresas-mãe que, em princípio, teriam melhores condições de barganha, preocupações com as pequenas empresas que muitas vezes vivem dela devem ser levadas em consideração.

Finalmente, como último problema ligado à cúpula estratégica, aparecem as dificuldades relacionadas à alteração nos métodos para a tomada de decisões e da resolução de problemas. Para a tomada de decisões, deve-se constatar que, apesar de certo questionamento ao longo da história, os modelos racionais sempre foram os mais defendidos dentro das decisões gerenciais e estratégicas, e, assim, os cursos voltados para a formação de administradores sempre enfatizaram decisões baseadas em fluxos, árvores de decisão, tabelas, gráficos e análise ambiental.[118] Em verdade, esses modelos tiveram razoável validade dentro de organizações tradicionais. Entretanto, dentro de uma Burocracia Automatizada, a tomada de decisões deve levar em consideração, também, outros métodos, como aqueles ligados aos modelos de decisões comportamentais, políticas, incrementais e de tomada de decisões responsável.[119] Fica-se no aguardo de que, com o fortalecimento do novo formato de organização, esses modelos, que há muito são discutidos na literatura organizacional, passem a ser mais enfatizados e mereçam maior importância na formação dos administradores.

Especificamente para a resolução de problemas, nesse novo ambiente organizacional, assumem cada vez maior importância elementos ligados ao imponderável e ao pensamento intuitivo. Nesse aspecto, a intuição se apresenta como um método de pensamento utilizado na tomada de decisões e que baliza várias das grandes decisões organizacionais.[120] No caso da Burocracia Automatizada, a partir dos ambientes extremamente dinâmicos e descontínuos em que se opera, juntamente com as funções sociais e papéis simbólicos, o executivo deve ter capacidade de exercer suas atividades em situações em que decisões baseadas em métodos tradicionais de solução de problemas não são suficientes. Solicita-se, assim, capacidade intuitiva e de raciocínio complexo. Acontece que existem muitas barreiras na discussão desses assuntos. Em certos círculos, esses elementos ligados ao imponderável e à intuição podem soar como uma proposta não-científica e, até, ilógica. Além disso, mesmo aqueles que discutem esses assuntos sabem da dificuldade em desenvolver a competência de pensamento intuitivo. Paulo Motta, fazendo várias considerações sobre tomada de decisão e alertando para a importância da intuição dentro das tomadas de decisões modernas, enfatiza que, para desenvolvê-la, é preciso praticar a lateralidade do pensamento. Questionamento constante, inclusive da própria vida, diversificação na vida pessoal e profissional, variação de interesses, vivência em ambientes diversos, busca de novas informações e convivência com o incomum são algumas das práticas sugeridas pelo autor em seu livro ligado a desenvolvimento gerencial.[121]

Discussões atuais sobre a teoria da complexidade e a teoria do caos parecem ser, também, tentativas de auxiliar os administradores diante dessa nova realidade.[122]

Quadro 9.9 Problemas Relacionados à Burocracia Automatizada

Técnicos, financeiros e mercadológicos	No núcleo operacional	No componente administrativo	Na cúpula estratégica
• Limites e limitações da automação com relação a insumos e produtos. • Possíveis complicações no fornecimento. • Dificuldades na previsão de faturamento. • Maiores exigências na manutenção no nível de vendas. • Altos custos nos investimentos. • Dificuldade de avaliação do retorno nos investimentos.	• Maiores exigências e cobrança e sobrecarga de trabalho. • Patologias ligadas ao estresse e *burnout*. • Falta de confiança, principalmente após processos de reestruturação. • Dificuldade de manutenção de nível adequado de comprometimento. • Surgimento do comportamento oportunista. • Práticas ligadas ao conceito de auto-regulação.	• Dificuldades dos gerentes em assumir novas funções e papéis junto aos trabalhadores e assimilar conhecimentos e habilidades não-específicos.	Dificuldades dos executivos em dividir o poder e trabalhar em equipes e conselhos; assumir o papel de planejador social; trabalhar em rede e administrar em situações de imponderabilidade em que se exigem formas diferentes de tomada de decisões e de resolução de problemas.

9.5 Outras Questões Relacionadas à Burocracia Automatizada

A apresentação de alguns dos possíveis problemas que surgem ou que podem aparecer em uma empresa com estrutura baseada na Burocracia Automatizada feita anteriormente enfatiza questões internas à referida organização. Entretanto, o surgimento dessa nova estrutura faz parte de uma realidade social e econômica maior, e, da mesma forma que a empresa recebe influência do ambiente, ela, também, influencia a realidade e a sociedade em que está inserida. Nesse aspecto, com destaque aparecem as discussões sobre desemprego, novas relações de trabalho e, ainda, alterações em outras relações sociais que ocorrem na sociedade.

9.5.1 O desemprego e a precarização do trabalho

Um dos assuntos socioeconômicos mais discutidos com relação ao aparecimento de empresas cada vez mais automatizadas é o desemprego. Assim, para o caso da Burocracia Automatizada, pode-se argumentar que o seu fortalecimento estaria trazendo o desemprego para a sociedade.[123] Não se pode discordar que, dentro de determinado nível de produção, as empresas que utilizam estruturas baseadas na Burocracia Automatizada operam com muito menos mão-de-obra do que as suas correspondentes Burocracias Mecanizadas. Nesse aspecto, poder-se-ia inferir que o advento desse novo tipo de empresa causaria desemprego, seja no caso de uma empresa tradicional que se transformou em Burocracia Automatizada, seja na criação de novas empresas utilizando-se, pura e simplesmente, essa nova configuração.

Da mesma maneira, com o fortalecimento desse novo formato, aparecem discussões sobre uma outra conseqüência negativa para a sociedade: a precarização do trabalho. Muito se anuncia que o trabalho que permanece nas empresas, principalmente nas terceirizadas, apresenta menores benefícios e menor estabilidade se comparado com o trabalho na situação anterior, ou seja, aparecem diversas perdas e insegurança para a classe trabalhadora.[124] Entretanto, a discussão sobre o desemprego e sobre a precarização é delicada e requer aprofundamento no debate, considerando o assunto dentro de uma análise mais ampla.

Muito se argumenta, por exemplo, que a mecanização que apareceu no início da Revolução Industrial trouxe, para algumas regiões, principalmente no campo, conseqüências terríveis em termos de desemprego. Todavia, não sem conflitos, a sociedade se adaptou à nova realidade. Em determinado sentido, ela aceitou e se adaptou a novas formas de trabalho, com suas conseqüências positivas e negativas. Dessa maneira, pode-se inferir que, com a Burocracia Automatizada, o mesmo acontecerá. A sociedade permitirá, ou não, seu fortalecimento. E ela se adaptará e receberá seus benefícios, assim como seus problemas.

A criação de mecanismos que minimizem as conseqüências indesejáveis, como no caso do desemprego e da precarização, deve, dessa forma, ser analisada não apenas com foco nas empresas. Obviamente, as organizações devem, cada vez mais, enfatizar em suas estratégias a responsabilidade social, porém outros atores sociais também deverão participar do debate e das ações que se seguirem. Em certo sentido, inclusive, algumas organizações tomam algumas medidas para minimizar as conseqüências devastadoras de uma demissão em massa advinda de processos de Reengenharia e *downsizing*, como os planos de demissão incentivada e a recolocação interna ou externa. Algumas vezes elas procuram manter com as terceirizadas acordos para que se minimizem os efeitos da precarização.[125] Entretanto, dentro de uma preocupação social, são medidas tímidas, com alcance muito limitado, pois têm uma preocupação maior em se manter um certo nível de confiança, interna ou externamente, para com a empresa em questão. Dessa maneira, deve-se levar em conta que empresas, governos e demais atores da sociedade organizada devem, em conjunto, propor e implementar ações, visando à minimização de efeitos do desemprego e da precarização.

Alguns autores apresentam algumas alternativas, como o aumento dos empregos nas áreas de serviços e, mesmo, no chamado terceiro setor.[126] A discussão sobre o empreendedorismo, recentemente reacendida, volta-se não apenas para se atender o movimento de terceirização por parte das empresas, mas, também, como uma idéia de geração de emprego na sociedade. Questionam-se essa condição de geração de emprego e, mesmo, sua capacidade de criar demanda, porém, dentro de tecnologias atuais de gestão, ela se apresenta como uma proposta interessante.[127]

O que se procura enfatizar é que não se pode impetrar no surgimento da Burocracia Automatizada uma culpa pelo desemprego ou a precarização. Essa estrutura que se fortalece é um fenômeno social como vários outros. Cabe à sociedade e a seus diversos atores, governos, empresas e empresários, sindicatos e trabalhadores, organizações não-governamentais e grupos diversos agir no sentido de minimizar esses efeitos negativos, inclusive de forma conjunta. Aparentemente, a situação anterior não voltará, e não adianta lembrar com saudosismo um período de trabalho em grandes indústrias para grande parte da população em que surgia grande estabilidade de emprego.[128]

9.5.2 As relações de trabalho

Ao longo deste livro, nas várias caracterizações sobre tipos de estruturas ou de organização, não se dedicou espaço a discussões sobre as relações de trabalho. Nem mesmo no capítulo sobre as alterações ambientais esse tema mereceu considerações. A razão disso não se deve ao fato de se considerá-lo de pouca importância para as organizações, para a administração ou, mesmo, para o estudo de estruturas organizacionais. As causas principais se relacionam à complexidade ligada ao tema e, principalmente, por ele apresentar grande característica situacional.

Para se ter uma idéia, mesmo na realidade caracterizada pelo uso de grandes empresas com estruturas baseadas na Burocracia Mecanizada, as relações de trabalho variaram enormemente de região para região, de país para país e, mesmo, de organização para organização.[129] Puderam-se verificar, por exemplo, relações de trabalho baseadas em negociações entre as partes envolvidas, aparecendo nessas situações a atuação dos sindicatos como representantes dos trabalhadores, sindicatos patronais, centrais sindicais e outras possibilidades. A atuação do poder público como intermediador nessas relações foi, muitas vezes, também, verificada. Isso se deu pela apresentação de leis para regular as relações, e, na maioria das vezes procurava-se garantir direitos mínimos aos trabalhadores, parte geralmente considerada a mais fraca na relação de trabalho.

Dentro de uma nova realidade em que a Burocracia Automatizada está inserida, de forma geral, aparecem discussões sobre alterações nas relações de trabalho. Essas relações surgem, agora, influenciadas por uma realidade baseada em empregos menos estáveis, terceirização, cargos pouco rígidos, flexibilidade de horário e de local de trabalho, desemprego, precarização etc. Os estudos nesse sentido, apesar de não estarem consolidados, apontam algumas direções possíveis.[130] No caso dos sindicatos, discutem-se a diminuição do seu poder de atuação e negociação, as novas estratégias que esses atores sociais estão usando e a descentralização nas negociações, dentre outras. No que se refere à legislação e à atuação do poder público, observam-se alterações buscando, principalmente, a flexibilização. Isso se deve ao fato de as leis trabalhistas, em sua maioria, terem sido feitas dentro de realidades ligadas a estruturas tradicionais, relações mais estáveis, descrições de cargos mais precisas e horários mais rígidos, dentre outras. Obviamente, essas alterações na legislação não surgem sem movimentos contrários, em que se procuram defender benefícios históricos conquistados pelos trabalhadores.

O que fica claro é que, apesar das discussões que se apresentam, de forma geral, da mesma maneira que na realidade anterior ligada às grandes Burocracias Mecanizadas, o tema ligado a relações de trabalho continuará com sua complexidade e variando enormemente, conforme a organização, a região e o país considerado.

Um outro aspecto a ser observado com respeito às relações de trabalho é que elas se apresentam, também, como um elemento situacional ou contingencial para o nascimento de uma Burocracia Automatizada. O aparecimento desse tipo de estrutura, muitas vezes em regiões com pouca tradição industrial (*greenfields*), tem origem em uma estratégia de se fugir de situações em que aparecem grande atuação sindical e, mesmo, legislações que oneram demasiadamente a produção.[131]

164 CAPÍTULO NOVE

9.5.3 A Burocracia Automatizada e as alterações em outras relações que ocorrem na sociedade

As relações que o indivíduo mantém com seu trabalho não podem ser vistas de forma isolada de outras que surgem na sociedade. Os relacionamentos que surgem nas organizações fazem parte de um conjunto maior de vínculos que o indivíduo mantém, e existe uma interferência mútua, com as relações no trabalho influenciando relacionamentos em outras esferas sociais e vice-versa. Assim, a partir de alterações que surgem nas organizações, surgem, também, perspectivas de alterações nos vínculos mantidos entre os indivíduos e outras esferas sociais, como a família e relacionamentos sociais diversos. Obviamente, as alterações no trabalho não são determinantes para o aparecimento de novas situações sociais, mas colaboram, juntamente com outras, para o aparecimento de novos arranjos.

Richard Sennett, em *A corrosão do caráter*,[132] faz longa discussão abordando as alterações sociais advindas das formas flexíveis de produção e seus aspectos de volatilidade e baixa durabilidade nas relações entre os indivíduos e as organizações. A falta de relacionamentos de longo prazo, para ele, poderia levar a dificuldades no fortalecimento de vínculos de lealdade, compromisso e propósito na sociedade. Junto com isso, o autor faz considerações de aspectos como falta de entendimento do trabalho, sensação coletiva de fracasso, além de outros aspectos. O autor demonstra, ainda, grande preocupação com o aparecimento de uma sociedade que, a partir dessas novas formas de trabalho, não privilegia o fortalecimento do caráter, que, segundo ele, surge a partir do outro, da dependência e do conflito.

Com relação a essas posições, duas considerações devem ser feitas e que não contradizem Richard Sennett, mas podem complementá-lo. Primeira, há que se enfatizar que existe um período de transição em que novas formas de trabalho surgem e compartilham o espaço e o tempo com formas anteriores. Assim, os problemas advindos dessas novas formas de trabalho podem ser agravados no caso de indivíduos que viveram ou que foram socializados dentro de formas anteriores de relações sociais, seja no trabalho, seja na sociedade como um todo. Segunda, aspectos individuais devem sempre ser lembrados nessa análise, pois as conseqüências das novas formas de trabalho para as pessoas são diferentes, da mesma maneira que foram no caso das formas tradicionais de trabalho.[133]

De qualquer modo, fica-se na perspectiva de alterações como conseqüência ou como reação às novas formas de relações surgidas com as novas formas de trabalho, seja com o regionalismo, o tribalismo, o comunitarismo ou, ainda, com o nascimento de movimentos sociais diferentes e diversos que preencham a lacuna deixada por relações sociais mais estáveis mantidas entre indivíduos e organizações.[134]

NOTAS

[1] Não como a que aparece no Capítulo 3 deste livro, mas aquela apresentada nos seus livros sobre estrutura (MINTZBERG, Henry. *The structuring of organizations*: a synthesis of the research. Englewood Cliffs, N.J.: Prentice-Hall, 1979, e MINTZBERG, Henry. *Criando organizações eficazes*: estruturas em cinco configurações. São Paulo: Atlas, 1995).

[2] Discutido em várias partes deste livro, principalmente no Capítulo 4 (WOODWARD, Joan. *Organização industrial*: teoria e prática. São Paulo: Atlas, 1977).

[3] A razão de se falar em *seu formato mais completo* deve-se ao fato de que, como é discutido adiante, várias empresas utilizam formatos mis-

tos: parte ligada à Burocracia Automatizada e parte ligada a estruturas tradicionais, notadamente a Burocracia Mecanizada.

[4.]Costuma-se considerar esse tipo de produção um sistema fechado, ou seja, que não requer elementos externos adicionais (no caso, os trabalhadores) para o seu perfeito funcionamento em situações consideradas normais.

[5.]Discutidos no Capítulo 4.

[6.]Apesar de se observar a utilização de automação baseada em TI em vários tipos de empresas, é nas empresas de produção em massa ou em série que aparece a grande substituição de mão-de-obra por sistemas automatizados baseados em TI. Isso é alertado, por exemplo, em CORIAT, Benjamin. *A revolução dos robôs*: o impacto socioeconômico da automação. São Paulo: Busca Vida, 1989. Na seção reservada às condições para a Burocracia Automatizada, também é feita discussão sobre isso.

[7.]WOODWARD, Joan. *Organização industrial*: teoria e prática. São Paulo: Atlas, 1977.

[8.]As referências de indústrias automatizadas com grande substituição de mão-de-obra nas operações são volumosas. Ao longo deste capítulo, várias delas são apresentadas.

[9.]Duas observações importantes. Primeira: vale o alerta para o fato de que a Burocracia Automatizada não tem a mesma estrutura organizacional das empresas de processamento definidas por Joan Woodward. As causas para o nascimento dessa nova organização, sejam tecnológicas, estratégicas e ambientais, são diferentes, e, da mesma forma, as conseqüências também o são. A discussão dos reflexos da TI em empresas de processamento são, inclusive, discutidas no capítulo seguinte. Segunda: como alertado por Benjamin Coriat, muitos ambientes organizacionais não abandonaram muitas das características do trabalho tradicional, não se podendo, assim, considerar que as empresas de produção em série estão, simplesmente, passando para formatos de produção contínua. No apoio a suas ponderações, B. Coriat faz análise de processos produtivos com o uso de robôs, principalmente na indústria automobilística (CORIAT, Benjamin. *A revolução dos robôs*: o impacto socioeconômico da automação. São Paulo: Busca Vida, 1989).

[10.]A discussão sobre a flexibilidade que aparece com o uso de automação baseada na TI é feita no Capítulo 4.

[11.]A discussão da integração que se consegue com sistemas automatizados baseados em TI é feita no Capítulo 4.

[12.]Discutido no Capítulo 4.

[13.]Discutido no Capítulo 4. Pode-se, inclusive, citar o setor automobilístico como grande exemplo de integração fornecedor-cliente. As modernas montadoras de automóveis têm nesse aspecto, atualmente, uma condição *sine qua non* de existência (ver ZAWISLAK, Paulo Antonio e MELO, Aurélia Adriana. A indústria automotiva no Rio Grande do Sul: impactos recentes e alternativas de desenvolvimento. In: NABUCO, Maria Regina; NEVES, Magda de Almeida e CARVALHO NETO, Antonio Moreira. *Indústria automotiva*: a nova geografia do setor produtivo. Rio de Janeiro: DP&A Editora, 2002; MARTIN, Scott B. e VEIGA, João Paulo C. Globalização dos mercados, localização produtiva e relações interfirmas: o caso das montadoras alemãs nos EUA nos anos 1990. In: NABUCO, Maria Regina, NEVES, Magda de Almeida e CARVALHO NETO, Antonio Moreira. *Indústria automotiva*: a nova geografia do setor produtivo. Rio de Janeiro: DP&A Editora, 2002, e LACERDA, Juliana Subtil. Novos padrões de organização da produção e de relacionamento na indústria automotiva: o caso da General Motors em Gravataí. In: *Anais Enanpad*. Atibaia: Anpad, 2003).

[14.]Enfatiza-se que as práticas de grupos semi-autônomos tiveram grande apoio nos trabalhos da abordagem sociotécnica, a partir das pesquisas do Tavistock Institute of Human Relations. Essa abordagem influenciou diversas técnicas, práticas e abordagens que se seguiram, como o movimento de QVT.

[15.]A indústria automobilística apresenta-se, novamente, como um grande exemplo disso. Devido a diversos fatores, essas empresas não automatizam totalmente seus processos produtivos, aparecendo a produção enxuta como referência produtiva (ver CORIAT, Benjamin. *A revolução dos robôs*: o impacto socioeconômico da automação. São Paulo: Busca Vida, 1989; LEAL, Rosangela Maria de Almeida Camarano. *Novas tecnologias no setor automotivo*: o saber relacional em questão. Dissertação (Mestrado em Engenharia da Produção). UFMG, Belo Horizonte, 2001; SANTOS, Cléa Maria Quaresma; MORAES, Lucio Flavio Renault e KILIMNIK, Zélia Miranda. Qualidade de vida no trabalho, estresse ocupacional e sistema *just-in-time*: um estudo de caso no setor automobilístico. *Anais Enanpad*. Foz do Iguaçu: Anpad, 1999).

[16.]Joan Woodward apresentava essas tarefas nas empresas de processamento (ver WOODWARD, Joan. *Organização industrial*: teoria e prática. São Paulo: Atlas, 1977).

[17.]Philippe Zarifian, analisando alterações no trabalho ligadas à automação, considera a importância dos *eventos*, ou situações inesperadas e importantes que surgiriam e que demandariam intervenção humana (ZARIFIAN, Philippe. *Objetivo competência*. São Paulo: Atlas, 2001). Benjamin Coriat aponta novas tarefas em sistemas automatizados ligados a *vigilância-controle-direção* (ver CORIAT, Benjamin. *A revolução dos robôs*: o impacto socioeconômico da automação. São Paulo: Busca Vida, 1989). David Nadler, discutindo novas formas de trabalho, fala de atividades que somem de um lado e aparecem em outro (NADLER, David A. GERSTEIN, Marc S. SHAW, Robert B. *Arquitetura organizacional*. Rio: Campus, 1994). Dois interessantes trabalhos empíricos que apresentam essa atividade são: SOARES, Rozália Del Gáudio e PIMENTA, Solange Maria. O homem e a máquina: de operador a espectador. In: *Anais Enanpad*. Florianópolis: Anpad, 2000, e FERREIRA FILHO, Nelson. *Sistema fechado, atividade aberta*: quando os automatismos não funcionam. 2003. Dissertação (Mestrado em Engenharia da Produção). UFMG, Belo Horizonte.

[18.]Está-se fazendo uma comparação com empresas de processamento tradicionais, e não com modernas empresas de processamento, como as apresentadas no capítulo seguinte.

[19.]Joan Woodward apresenta essas atividades, também, em operações em massa e lotes. H. Mintzberg apresenta o trabalho de manutenção como apoio nas Burocracias Mecanizadas.

[20.]Novamente, pode-se apresentar o trabalho de Benjamin Coriat como referência na descrição de trabalhos de manutenção e nas modificações em relação às indústrias tradicionais (ver CORIAT, Benjamin. *A revolução dos robôs*: o impacto socioeconômico da automação. São Paulo: Busca Vida, 1989). No que se refere à terceirização de atividades de manutenção, seção mais adiante enfatiza esse assunto.

[21.]MINTZBERG, Henry. *Criando organizações eficazes*: estruturas em cinco configurações. São Paulo: Atlas, 1995.

[22.]Deve-se enfatizar que o uso de tecnologia da informação por si só não leva a organização a desenvolver sua capacidade de inovação. Mecanismos organizacionais são necessários para que ocorra a inovação. Ver sobre isso em MOTTA, P. R. *Transformação organizacional*. Rio de Janeiro: Qualitymark, 2000, além de interessante pesquisa realizada em ambiente bancário em que se verifica que o uso de tecnologia da informação levou, para os trabalhadores, percepção de aumento de produtividade, mas não de inovação (PEREIRA, Maria Tereza Flores e BECKER, João Luiz. O impacto da tecnologia de informação [TI] sobre o processo de trabalho individual: estudo em um grande banco brasileiro. In: *Anais Enanpad*. Atibaia: Anpad, 2003). Philippe Zarifian é, também, um autor que alerta para as atividades de inovação reservadas aos trabalhadores (ZARIFIAN, Philippe. *Objetivo competência*. São Paulo: Atlas, 2001). Os grupos voltados para a qualidade são exemplo disso. Grupos voltados para a criatividade e inovação em programas institucionalizados podem ser citados em pesquisas como: SOARES, Rozália Del Gáudio e PIMENTA, Solange Maria. O homem e a máquina: de operador a espectador. In: *Anais Enanpad*. Florianópolis: Anpad, 2000, e LEAL, Rosangela Maria de Almeida Camarano. *Novas tecnologias no setor automotivo*: o saber relacional em questão. Dissertação (Mestrado em Engenharia da Produção). UFMG, Belo Horizonte, 2001.

[23.]Práticas de participação são formas de se trazer menor resistência a mudanças, além de proporcionar maior envolvimento dos trabalhadores, aspectos de longa data já alertados na teoria administrativa, principalmente nas abordagens de comportamento organizacional.

[24.]Discutidas no capítulo sobre automação (Capítulo 4).

[25.]Benjamin Coriat evidencia diferença hierárquica para trabalhadores responsáveis pela programação dos equipamentos (ver CORIAT, Benjamin. *A revolução dos robôs*: o impacto socioeconômico da automação. São Paulo: Busca Vida, 1989).

[26.]Em muitos casos, a separação de trabalho de intervenção e manutenção é tênue e de difícil delimitação. Em visita a uma empresa alimentícia e a uma metalúrgica ligada à fundição, verificaram-se atividades ligadas à manutenção sendo realizadas pela mesma pessoa encarregada de acompanhar e manter o fluxo de trabalho.

[27.]Os movimentos de QVT tinham, inclusive, a preocupação com isso (ver Capítulo 7). Pesquisa realizada em duas empresas automobilísticas, com diferentes níveis de automação, verificou que o uso de trabalhadores com o mesmo nível de escolaridade não foi possível, e a empresa que utilizou menor automação teve que admitir trabalhadores com menor nível de escolaridade (ver CARLEIAL, Liana; GOMES FILHA, Maria Lucia de Figueiredo e NEVES, Lafaiete Santos. A gestão da força de trabalho na indústria automotiva: uma primeira aproximação a partir dos casos da Renault e da Audi-Volks. In: NABUCO, Maria Regina, NEVES, Magda de Almeida e CARVALHO NETO, Antonio Moreira. *Indústria automotiva*: a nova geografia do setor produtivo. Rio de Janeiro: DP&A, 2002). Trabalho de campo realizado pelo autor em empresa ligada ao setor automobilístico que oferecia vários tipos de processos produtivos, desde o taylorista até o uso de robôs, evidenciou esse problema.

[28.]A discussão sobre qualificação necessária em tradicionais empresas de processamento suscita certa polêmica. Joan Woodward, por exemplo, alerta para a necessidade de habilidades conceituais aos trabalhadores nesse ambiente organizacional. Harry Braverman, por outro lado, questiona a qualificação necessária aos trabalhadores das empresas de processamento (ver WOODWARD, Joan. *Organização industrial*: teoria e prática. São Paulo: Atlas, 1977, e BRAVERMAN. Harry. *Trabalho e capital monopolista*. Rio: Guanabara Koogan, 1987).

[29.]Pode-se recorrer, novamente, aos estudos de Benjamin Coriat sobre a necessidade de polivalência no trabalho (CORIAT, Benjamin. *A revolução dos robôs*: os impactos socioeconômico da automação. São Paulo: Busca Vida, 1989).

[30.]ZARIFIAN, Philippe. A gestão da e pela competência In: *Seminário internacional: educação profissional, trabalho e competências*. Rio de Janeiro: CIET, nov. 1996, e ZARIFIAN, Philippe. *Objetivo competência*. São Paulo: Atlas, 2001.

[31.]O trabalho de F. Herzberg é clássico na discussão desse assunto, e vários trabalhos posteriores sobre motivação apontam a importância de elementos intrínsecos na manifestação dos referidos comportamentos (HERZBERG, Frederick. One more time: how to motivate employees? *Harvard Business Review*, v. 46, n. 1, p. 53-62, jan/fev 1968).

[32.]Isso pode ser visto em trabalhos de OUCHI, William. *Teoria Z*: como as empresas podem enfrentar o desafio japonês. São Paulo: Nobel, 1986, e PETERS, Thomas J. e WATERMAN Jr., Robert H. *Vencendo a crise*: como o bom senso empresarial pode superá-la. São Paulo: Harper & Row, 1983. Henry Mintzberg trabalha com o conceito de doutrinação. Ele alerta para a sua importância em alguns tipos de trabalho como aqueles remotos ou em que se exige forte lealdade para com ela. Para a sexta organização, a Missionária, ele propõe a socialização ou a padronização de normas como forma principal de coordenação, sendo a doutrinação o parâmetro delineador principal (ver MINTZBERG, Henry. *Criando organizações eficazes*: estruturas em cinco configurações. São Paulo: Atlas, 1995).

[33.]Interessante trabalho de Solange Maria Pimenta enfatiza que novos processos de gestão incorporam elementos culturais (PIMENTA, Solange Maria. A estratégia da gestão na nova ordem das empresas. In: PIMENTA, Solange Maria (org.). *Recursos humanos, uma dimensão estratégica*. Belo Horizonte: Editora UFMG, 1999).

[34.]Para o caso dos valores específicos, pode-se falar em cultura organizacional, mas para os gerais pode-se contestar a existência de uma cultura organizacional, desde que são valores comuns à sociedade e às várias organizações (ver sobre isso nas críticas ao conceito de cultura no Capitulo 8).

[35.]Os valores ligados à manutenção do fluxo de produção são alertados desde os trabalhos de Joan Woodward para as empresas de processamento (WOODWARD, Joan. *Organização industrial*: teoria e prática. São Paulo: Atlas, 1977). Os valores ligados à satisfação do cliente e da missão da empresa podem ser vistos, por exemplo, em William Ouchi (OUCHI, William. *Teoria Z*: como as empresas podem enfrentar o desafio japonês. São Paulo: Nobel, 1986). Vários autores, atualmente, enfatizam aspectos ligados à doutrinação, ideologia e introjeção usados pelas organizações. Benjamim Coriat é um dos que podem ser apontados (ver CORIAT, Benjamin. *A revolução dos robôs*: os impactos socioeconômicos da automação. São Paulo: Busca Vida, 1989). Stephen Robbins, em seu trabalho sobre comportamento organizacional, discute o conceito de cidadania organizacional, em que o trabalhador considerado *bom cidadão* seria aquele que "*faz declarações positivas sobre o trabalho de seu grupo e da empresa, ajuda os colegas em suas equipes, se oferece voluntariamente para tarefas extraordinárias, evita conflitos desnecessários, mostra cuidado com o patrimônio da empresa*", dentre outros (ROBBINS, Stephen. *Comportamento organizacional*. Rio de Janeiro: LTC, 1999).

[36.]Existe, hoje, uma verdadeira enxurrada de trabalhos voltados para isso. Muitos deles, inclusive, podem ser questionados pelo seu empirismo e ligados ao que se chama de literatura de *auto-ajuda*.

[37.]As referências vêm de Douglas McGregor e Rinsis Likert, além de práticas de DO e grupos semi-autônomos (LIKERT, R. *Novos padrões de administração*. São Paulo: Pioneira, 1979; McGREGOR, Douglas. *O lado humano na empresa*. São Paulo: Martins Fontes, 1999).

[38.]Essa possibilidade de monitoramento a distância foi verificada em uma petroquímica em que os gerentes tinham, em suas residências, acesso ao sistema produtivo da empresa por intermédio de monitoramento remoto.

[39.]Tratamentos corretivos para as relações informais foram discutidos no Capítulo 2.

[40.]Esses papéis poderiam até ser exigidos em organizações tradicionais (ver por exemplo MINTZBERG, Henry. Trabalho do executivo: o folclore e o fato. In: *Coleção Harvard de Administração*. São Paulo: Nova Cultural, 1986), porém, aparentemente, não apresentavam a importância aqui discutida.

[41.]A importância dos gerentes como *"guardiões da ideologia da organização"* é apresentada por Henry Mintzberg. MINTZBERG, Henry. *Criando organizações eficazes*: estruturas em cinco configurações. São Paulo: Atlas, 1995. p. 50.

[42.]Rosabeth Moss Kanter é uma das referências na discussão de novas funções, habilidades e papéis de um gerente intermediário, quando discute seu papel em situações de inovação e empreendedorismo (ver KANTER, Rosabeth Moss. O gerente intermediário como inovador. *Harvard Business Review*, agosto, 2004).

[43.]Quanto à liderança situacional ou contingencial, podem-se citar os modelos de Fiedler, Tannenbaum e Vroom. Além, disso, abordagens neocarismáticas e que enfatizam aspectos valorativos na liderança são referências aqui (ver discussão sobre eles em ROBBINS, Stephen. *Comportamento organizacional*. Rio de Janeiro: LTC, 1999).

[44.]Interessante trabalho em que se analisa a trajetória da função de O&M em diversas empresas num período de mais de dez anos constata que essa área teve diminuição significativa de sua atuação e importância, tendo suas atividades sido diluídas entre outras áreas da organização. Como causas principais o estudo aponta, dentre outras, as alterações nas formas de gestão e o advento da tecnologia da informação (ver CALDAS, Miguel P. O triste destino da área de O&M. *Revista de Administração de Empresas*, São Paulo, v.39, n.2, p. 6-17, abr/jun.1999, e CALDAS, Miguel P. O triste destino da área de O&M II, *Revista de Administração de Empresas*, São Paulo, v.39, n.3, p. 6-16, jul/set. 1999).

[45.]Práticas como a seleção participativa e a avaliação de desempenho 360 graus são exemplos práticos.

[46.]Apesar de a assessoria ser conhecida e discutida desde os trabalhos de Henry Fayol, nas Burocracias Mecanizadas elas assumiam funções e poder enormes, muitas vezes, questionando-se esse termo assessoria (ver MINTZBERG, Henry. *The structuring of organizations*: a synthesis of the research. Englewood Cliffs, N.J.: Prentice-Hall, 1979).

[47.]Discutido no Capítulo 8 Novas Formas de Coordenação, especificamente, na parte de coordenação por contratos e na abordagem de economia de custos de transação. Com a aquisição externa, observa-se a coordenação por contratos, no caso, por intermédio de contratos relacionais bilaterais.

[48.]No Capítulo 7 e, mesmo, no 8, são feitas várias discussões sobre a terceirização e a coordenação por contratos. Neles, inclusive, aparecem os setores/tarefas mais terceirizáveis em uma empresa, constatando-se a grande incidência em atividades ligadas a apoio.

[49.]Algumas dessas modificações foram discutidas no capítulo sobre estratégia (Capítulo 6).

[50.]MINTZBERG, Henry. *Criando organizações eficazes*: estruturas em cinco configurações. São Paulo: Atlas, 1995.

[51.]O crescente interesse em assuntos relacionados à Governança Corporativa podem, também, ser usados para enfatizar a busca da divisão de responsabilidades sobre as grandes decisões nas organizações (ver LODI, João Bosco. *Governança Corporativa*: o governo da empresa e o conselho de administração. Rio de Janeiro: Elsevier, 2000).

[52.]Torna-se interessante relatar que, nas empresas de processamento muito automatizadas, conforme Joan Woodward, já se utilizavam decisões colegiadas na cúpula. O grande poder reservado aos *Chief Executive Officers* – CEOs – ao longo da história vê-se, hoje, bem diminuído. Recente artigo de Peter Drucker apresenta discussão sobre isso: novos papéis dos administradores de cúpula, decisões mais consensuais e, ainda, o questionamento da figura e do poder dos CEOs (DRUCKER, Peter. F. A corporação sobreviverá. *Revista Exame*, 18/05/2003). No capítulo dedicado à discussão de estratégias (Capítulo 6), certo espaço é dedicado à discussão das modificações em termos de decisões da cúpula pela estratégia, principalmente referentes a decisões nos níveis inferiores e decisões de conselhos.

[53.]A exemplo da atuação dos administradores nas empresas de processamento conforme Joan Woodward (WOODWARD, Joan. *Organização industrial*: teoria e prática. São Paulo: Atlas, 1977. p. 153 e 195) e da *figura principal* como um dos papéis do gerente conforme Henry Mintzberg (MINTZBERG, Henry. Trabalho do executivo: o folclore e o fato. In: *Coleção Harvard de Administração*. São Paulo: Nova Cultural, 1986). Texto de Peter Drucker trata também desse assunto (DRUCKER, Peter. F. A corporação sobreviverá. *Revista Exame*, 18/05/2003).

[54.]As lideranças neocarismáticas discutidas, atualmente, vão ao encontro disso (ver ROBBINS, Stephen. *Comportamento organizacional*. Rio de Janeiro: LTC, 1999).

[55.]De acordo com Henry Mintzberg, a Burocracia Mecanizada existe apenas enquanto não dispensar *uma força de trabalho dominada por operários sem habilidades*, mantendo-se, assim, operações não-automatizadas (MINTZBERG, Henry. *The structuring of organizations*: a synthesis of the research. Englewood Cliffs, N.J.: Prentice-Hall, 1979. p. 165).

[56.]Essa discussão pode ser feita, ainda, dentro de conceitos ligados à engenharia de produção como os limites e as limitações da automação (ver FERREIRA FILHO, Nelson. *Sistema fechado, atividade aberta*: quando os automatismos não funcionam. Dissertação, Mestrado em Engenharia da Produção. UFMG, Belo Horizonte).

[57.]Essa limitação foi discutida no Capítulo 4. O Quadro 4.4, inclusive, apresenta a tecnologia de automação baseada em CN como a única que possibilita alta variedade produtiva. Além disso, vale o discutido por Benjamin Coriat, que considera que os trabalhos de *alta usinagem* (ligados a retificação e ajuste, por exemplo) são realizados por máquinas com tecnologia ligada ao controle numérico (CORIAT, Benjamin. *A revolução dos robôs*: os impactos socioeconômicos da automação. São Paulo: Busca Vida, 1989).

[58.]CORIAT, Benjamin. *A revolução dos robôs*: os impactos socioeconômicos da automação. São Paulo: Busca Vida, 1989.

[59.]O próprio Benjamin Coriat constata esse fato. Deve-se considerar que etapas como a funilaria apresentam maiores condições de automação, e etapas como a montagem final apresentam menores condições de automação (ver ZAWISLAK, Paulo Antonio e MELO, Aurélia Adriana. A indústria automotiva no Rio Grande do Sul: impactos recentes e alternativas de desenvolvimento. In: NABUCO, Maria Regina, NEVES; Magda de Almeida e CARVALHO NETO, Antonio Moreira. *Indústria automotiva*: a nova geografia do setor produtivo. Rio de Janeiro: DP&A, 2002, e NEVES, Magda de Almeida; OLIVEIRA, André Mourthé e BRANDÃO, Nágela Aparecida. A complexa montagem de um veículo: a Mercedes-Benz em Juiz de Fora. In: NABUCO, Maria Regina; NEVES, Magda de Almeida e CARVALHO NETO, Antonio Moreira. *Indústria automotiva*: a nova geografia do setor produtivo. Rio de Janeiro: DP&A, 2002).

[60.]Há que se alertar para o fato de que, com o tempo, podem se desenvolver processos de automação para resolver esse problema, o que não invalida as ponderações aqui feitas, ou seja, a necessidade de certa padronização e qualidade de insumos que permita a automação.

[61.]O conceito de negócio usado aqui se refere ao correspondente organizacional da necessidade dos consumidores que a empresa procura atender (LEVITT, Theodore. Miopia em marketing. *Coleção Harvard de Administração*, v. 1. São Paulo: Nova Cultural, 1986).

[62.]Quando não é possível a integração por parte do cliente, muitas vezes a Burocracia Automatizada lança mão de artifícios, como, por exemplo, o uso de vendedores com aparelhos com TI de maneira remota.

[63] Dentre as possibilidades de fornecimento no setor automobilístico, aparecem, inclusive, novas disposições físicas além daquelas baseadas nos distritos industriais. Os condomínios industriais, condomínios modulares (em que algumas empresas utilizam áreas da montadora) e consórcios modulares (em que empresas ocupam os mesmos prédios da montadora) são algumas dessas novas disposições físicas (ver ZAWISLAK, Paulo Antonio e MELO, Aurélia Adriana. A indústria automotiva no Rio Grande do Sul: impactos recentes e alternativas de desenvolvimento. In: NABUCO, Maria Regina, NEVES, Magda de Almeida e CARVALHO NETO, Antonio Moreira. *Indústria automotiva*: a nova geografia do setor produtivo. Rio de Janeiro: DP&A, 2002).

[64] Discutida no Capítulo 7, Novas Possibilidades Organizacionais.

[65] Universidades corporativas podem ser consideradas *"um guarda-chuva estratégico para desenvolvimento e educação de trabalhadores, clientes e fornecedores, buscando otimizar as estratégias organizacionais"*, conforme Jeanne Meister, citado por JUNQUEIRA, Luiz Augusto Costa Curta e VIANNA, Marco Aurélio Ferreira. Capital intelectual, gestão do conhecimento e universidade corporativa. In: BOOG, Gustavo G. *Manual de treinamento e desenvolvimento da ABTD*. São Paulo: Makron Books, 1999.

[66] Considerações sobre isso são feitas no Capítulo 3, dedicado às estruturas de Henry Mintzberg.

[67] A diferenciação para tratar com a complexidade externa foi discutida no Capítulo 2, Tipos de Estrutura, a partir de Paul R. Lawrence e Jay W. Losch (LAWRENCE, Paul R. LORSCH, Jay W. *As empresas e o ambiente*. Petrópolis: Vozes, 1973).

[68] Discutido também no Capítulo 3, dedicado às estruturas de Henry Mintzberg.

[69] Discutido no Capítulo 6.

[70] Discutido no Capítulo 6, dentro das estratégias funcionais.

[71] Frederick Reichheld, autor de *Estratégia da lealdade*, é um dos especialistas na área que defende a fidelização como uma estratégia não apenas junto a clientes, mas, também, junto aos trabalhadores (ver entrevista concedida à *HSM Management* em julho-agosto 2000).

[72] No que se refere à manutenção de um relacionamento mais próximo com o cliente, Regis McKenna é um dos autores mais citados (McKENNA, Regis. *Marketing de relacionamento*: estratégias bem-sucedidas para a era do cliente. Rio de Janeiro: Campus, 1992). O conceito de CRM é, hoje, amplamente discutido na literatura ligada a estratégia e sistemas de informação.

[73] Discutidos no Capítulo 6 sobre Estratégia.

[74] Ver Capítulo 6 sobre Estratégia.

[75] No Capítulo 2 sobre Tipos de Estrutura isso foi discutido.

[76] Apesar de se discutir, muitas vezes, que o uso de TI não é uma questão estratégica da organização, mas um instrumento de viabilização das estratégias, está se considerando esse aspecto um aspecto estratégico, mesmo que funcional (ver Capítulo 6). Quando se vê, por exemplo, o cargo de *Chief Information Officer* – CIO em algumas organizações, verifica-se que esse aspecto assume importância estratégica, e não apenas operacional.

[77] O conceito de *Costumer Relationship Management* – CRM – pode ser, novamente, apresentado como exemplo.

[78] Pesquisa junto a 209 empresas que utilizam sistemas ERP enfatiza suas vantagens, principalmente em termos de melhorias nas relações com fornecedores (ver SACCOL, Amarolina Zanela, PEDRON, Cristinae Dreber, LIBERALI NETO, Guilherme, MACADAR, Marie Anne e CAZEL-LA, Silvio César. Avaliação do impacto dos sistemas ERP sobre variáveis estratégicas de grandes empresas no Brasil. *Revista de Administração Contemporânea*, v. 8, n. 1, p. 9-34, jan/mar, 2004).

[79] Aspecto discutido no Capítulo 5 a partir de Manuel Castells.

[80] Algumas dessas vantagens foram discutidas no Capítulo 8 Novas Formas de Coordenação, na parte que trata de opções por uso do mercado ou da hierarquia, principalmente a partir de Charles Perrow.

[81] Isso foi discutido no Capítulo 6 sobre Estratégia a partir de afirmações de Manuel Castells. Artigo interessante sobre o processo de concentração de empresas de papel e celulose enfatiza a busca de foco e escala nesse movimento (ver PADUAN, Roberta. Grande é bonito. *Revista Exame*, 2001).

[82] Charles Handy apresenta essa situação como a organização trevo: a primeira folha do trevo representaria as pessoas do núcleo principal, a segunda, de empreitados, e a terceira, de trabalhadores flexíveis, temporários e em tempo parcial (HANDY, Charles. *Tempo de mudanças*. São Paulo: Saraiva, 1996).

[83] Outras razões podem ser apontadas para o processo de concentração e terceirização por parte de muitas organizações. Algumas delas, inclusive, questionáveis, pois demonstram, apenas, comportamentos oportunistas por parte das empresas. Pesquisas feitas no Brasil, por exemplo, demonstram que muitas empresas terceirizam atividades pela preocupação maior de redução de custos. Outras, também, conseguem essa redução por intermédio de precarização do trabalho, via redução salarial e de outros benefícios (ver, por exemplo, ARAÚJO, Maria Valéria Pereira. Caminhos e descaminhos da terceirização. In: *Anais Enanpad*. Florianópolis: Anpad, 2000, e BICUDO, Valeria Rosa. Terceirização na Petrobrás: implicações sociais, gerenciais e políticas. In: *Anais Enanpad*. Atibaia: Anpad, 2003).

[84] Os aspectos relacionados à facilidade de fornecimento na atualidade e opções entre produção interna e aquisição externa são discutidos em capítulos sobre ambiente, estratégia e mesmo sobre novas formas de coordenação.

[85] Nessa seção, usa-se principalmente o trabalho de Benjamim Coriat como referência.

[86] Pesquisa de Maria Valeria Pereira de Araújo aponta que empresas não terceirizam por várias questões, entre elas a ausência de fornecedores qualificados e em situações de lealdade (ARAÚJO, Maria Valéria Pereira de. Caminhos e descaminhos da terceirização. In: *Anais... Enanpad* 2000). Pesquisa de Sandro Cabral, discutindo terceirização tardia no Brasil em relação a países centrais, aponta que questões ligadas à ausência de empresas fornecedoras especializadas, operando no mercado local, seria empecilho à terceirização (CABRAL, Sandro. Estratégias de desintegração vertical: um olhar sob a perspectiva de custos de transação. In: *Anais Enanpad*. Atibaia: Anpad, 2003). Além disso, a discussão sobre aquisição ou produção interna feita no Capítulo 8, Novas Formas de Coordenação, especificamente na seção que trata de contratos, debate outros aspectos que restringem a terceirização, como aqueles ligados à abordagem de custos de transação que mencionam a incerteza, a freqüência de transações ou, mesmo, a especificidade dos produtos.

[87] Pesquisas no setor automobilístico no Brasil e nos Estados Unidos mostram avanços nessas relações, aparecendo várias dessas práticas (ver LACERDA, Juliana Subtil. Novos padrões de organização da produção e de relacionamento na indústria automotiva: o caso da General Motors em Gravataí. In: *Anais Enanpad*. Atibaia: Anpad, 2003; GOLDONI, Ângelo Rodrigues e SOUZA, Lucy Aparecida. Evolução do relacionamento de fornecedores de ferramentas de corte no segmento de usinagem da cadeia automotiva brasileira. In: *Anais Enanpad*. Atibaia: Anpad, 2003; MARTIN, Scott B. e VEIGA, João Paulo C. Globalização dos mercados, localização produtiva e relações interfirmas: o caso das montado-

ras alemãs nos EUA nos anos 1990. In: NABUCO, Maria Regina, NEVES, Magda de Almeida e CARVALHO NETO, Antonio Moreira. *Indústria automotiva*: a nova geografia do setor produtivo. Rio de Janeiro: DP&A, 2002).

[88.]Esse autor é considerado um dos pioneiros na discussão sobre mudanças (ver LEWIN, K. *Teoria de campo em ciência social*. São Paulo: Pioneira, 1965).

[89.]Práticas de gestão à vista e grupos de melhoria contínua, entre outros, são abundantes na literatura administrativa nos últimos anos. Podem-se citar algumas pesquisas que demonstram essa prática, como: LEAL, Rosangela Maria de Almeida Camarano. *Novas tecnologias no setor automotivo*: o saber relacional em questão. Dissertação (Mestrado em Engenharia da Produção). UFMG, Belo Horizonte, 2001; NEVES, Magda de Almeida; OLIVEIRA, André Mourthé e BRANDÃO, Nágela Aparecida. A complexa montagem de um veículo: a Mercedes-Benz em Juiz de Fora. In: NABUCO, Maria Regina; NEVES, Magda de Almeida e CARVALHO NETO, Antonio Moreira. *Indústria automotiva*: a nova geografia do setor produtivo. Rio de Janeiro: DP&A, 2002.

[90.]Pesquisa de Rosa Maria Fischer e Andrés Pablo Falconer enfatiza que as atividades de voluntariado voltam-se mais para políticas de recursos humanos do que de *marketing*. Nesse aspecto, elas são importantes no desenvolvimento de habilidades interpessoais, liderança, trabalho em equipe e criação de um clima organizacional positivo (ver FISCHER, Rosa Maria e FALCONER, Andrés Pablo. Voluntariado empresarial: estratégias de empresas no Brasil. *Revista de Administração*, São Paulo v. 36, n. 3, p.15-27, jul/set 2001).

[91.]STREBEL, Paul. Escolhendo o caminho certo. In: Financial Times. *Dominando administração*. São Paulo: Makron Books, 1999.

[92.]Artigo de Henry Mintzberg e Quy Nguyen Huy discute a revolução corporativa como um tipo de mudança que passa por uma fase radical, mas que, depois, necessita de mudanças sistemáticas para consolidar o processo (ver MINTZBERG, Henry e HUY, Quy Nguyen. Reforma, revolução e rejuvenescimeto. *HSM Management* 41, nov-dez 2003). Esse fato de ocorrer a mudança radical e, depois, aparecerem as participativas e incrementais talvez explique resultados de uma pesquisa realizada junto a empresas no Reino Unido sobre novas práticas de produção e organização em que se constatou a importância da Reengenharia como prática voltada para a redução de custos, porém que, como prática, tendia a ter menor difusão no futuro, em contraposição a outras, como a cultura de aprendizagem e Gestão pela Qualidade Total (ver LOIOLA, Elizabeth, TEIXEIRA, João Carlos, NERIS, Jorge Santos e RIOS, Mino Correia. Padrões de adoção de práticas inovadoras de produção e organização no Brasil. In: *Anais Enanpad*. Atibaia: Anpad, 2003).

[93.]Discussões sobre o nível de análise da estrutura podem ser conseguidas em NADLER, David A. GERSTEIN, Marc S. SHAW, Robert B. *Arquitetura organizacional*. Rio de Janeiro: Campus, 1994.

[94.]No Capítulo 7, Novas Possibilidades Organizacionais, dedicou-se espaço para a discussão que aqui é apresentada: conceitos, nível de análise da estrutura, razões para nascimento da organização em rede etc.

[95.]Tipos de contratos e o crescimento do uso dos relacionais bilaterais foram discutidos no Capítulo 8.

[96.]Para limitações, estão se considerando aquelas ocorrências previstas, e para limites, aquelas não-previstas. Conforme FERREIRA FILHO, Nelson. *Sistema fechado, atividade aberta*: quando os automatismos não funcionam. 2003. Dissertação (Mestrado em Engenharia da Produção). UFMG, Belo Horizonte.

[97.]Ver, por exemplo, FERREIRA FILHO, Nelson. *Sistema fechado, atividade aberta*: quando os automatismos não funcionam. 2003. Dissertação (Mestrado em Engenharia da Produção). UFMG, Belo Horizonte.

[98.]Esse retorno é calculado previamente em cima dos custos e do faturamento.

[99.]Obviamente, essas situações variam enormemente, conforme a empresa e, mesmo, de acordo com o indivíduo (ver HACKMAN, J. R., e OLDHAM, G.R. *Work redesign*. Illinois: addison-wesley, 1979).

[100.]Isso, inclusive, foi apresentado no capítulo sobre novas possibilidades organizacionais (Capítulo 7).

[101.]Discutido no Capítulo 7.

[102.]Essas questões ligadas a limitações na autonomia foram verificadas, também, em várias pesquisas como: SOARES, Rozália Del Gáudio e PIMENTA, Solange Maria. O homem e a máquina: de operador a espectador. In: *Anais Enanpad*. Florianópolis: Anpad, 2000; NEVES, Magda de Almeida; OLIVEIRA, André Mourthé e BRANDÃO, Nágela Aparecida. A complexa montagem de um veículo: a Mercedes-Benz em Juiz de Fora. In: NABUCO, Maria Regina; NEVES, Magda de Almeida e CARVALHO NETO, Antonio Moreira. *Indústria automotiva*: a nova geografia do setor produtivo. Rio de Janeiro: DP&A, 2002; LEAL, Rosangela Maria de Almeida Camarano. *Novas tecnologias no setor automotivo*: o saber relacional em questão. 2001. Dissertação (Mestrado em Engenharia da Produção). UFMG, Belo Horizonte. Trabalho de César Souza enfatiza que os sistemas ERP são usados para se conseguir centralização (ver SOUZA, César Alexandre, VASCONCELOS, Eduardo Pinheiro Gondim. Tecnologia da informação e centralização organizacional: um estudo de caso de implementação de sistema ERP. In: *Anais Enanpad*. Atibaia: Anpad, 2003). Pesquisa do presente autor usando modelo de Qualidade de Vida no Trabalho de Hackman e Oldham em uma instituição bancária que havia passado por processo de reestruturação verificou aumento na variedade de atividades, mas manutenção de níveis de autonomia (OLIVEIRA, Nélio. *Mudança organizacional e qualidade de vida no trabalho*: um estudo comparativo-temporal em agências do Banco do Brasil S/A. 2002. Dissertação (Mestrado em Administração). UFMG, Belo Horizonte).

[103.]Vários autores enfatizam a sobrecarga atual no trabalho. São interessantes as ponderações de Benjamin Coriat, quando enfatiza que, mesmo em sistemas automatizados, que demandariam menor atividade humana, o número de intervenções dos trabalhadores no processo é grande (CORIAT, Benjamin. *A revolução dos robôs*: o impacto socioeconômico da automação. São Paulo: Busca Vida, 1989). Trabalho de Rosangela Leal alerta para o fato de o trabalhador ficar com o pensamento no trabalho mesmo quando está no seu descanso em casa (LEAL, Rosangela Maria de Almeida Camarano. *Novas tecnologias no setor automotivo*: o saber relacional em questão. 2001. Dissertação (Mestrado em Engenharia da Produção). UFMG, Belo Horizonte).

[104.]O estresse, algumas vezes, é considerado como tendo um componente positivo. Aqui está-se considerando o mesmo, apenas como um processo que faz com que a mobilização interna ultrapasse as capacidades físicas ou psíquicas do indivíduo. Como *burnout* está se considerando uma síndrome psicológica decorrente do alto estresse crônico no trabalho (ver sobre aspectos positivos do estresse em vários livros de comportamento organizacional, como ROBBINS, Stephen. *Comportamento organizacional*. Rio de Janeiro: LTC, 1999; para *burnout*, TAMAYO, Álvaro. Exaustão emocional no trabalho. *Revista de Administração*, São Paulo v.37, n.2, p. 26-37, abr/jun 2002). Nicole Aubert propõe um outro conceito que avançaria no de estresse: a neurose profissional (ver AUBERT, Nicole. A neurose profissional. In: CHANLAT, Jean-François. *O indivíduo na organização*: dimensões esquecidas. São Paulo: Atlas, 1996. v. II).

[105.]Na verdade, o presente autor nunca fez a referida experiência com o sapo. Todavia, como é tão citada e oferece bom exemplo, está se usando a mesma aqui.

[106.]O modelo de estresse de C. L. Cooper e R. Payne é o que tem mais influência no monitoramento de estresse nas organizações.

[107.]Deve-se enfatizar aqui que está se considerando controle no conceito de Henry Fayol, de verificação do trabalho realizado.

[108.]Existem vários relatos de sentimentos de terror e quebra de confiança nos trabalhadores de empresas que passaram por processos de *downsizing* e Reengenharia.

[109.]As teorias de auto-regulação podem ser diversas, mas todas se apóiam em estratégias individuais diante de situações de trabalho. Paul M. Muchinsky apresenta uma discussão das teorias de auto-regulação em cima dos objetivos dos indivíduos e suas ações para alcançá-los, ou mesmo alterar esses objetivos quando difíceis de serem alcançados (MUCHINSKY, Paul M. *Psicologia Organizacional*. São Paulo: Pioneira Thompson Learning, 2004). Christophe Dejours é uma referência no assunto e se atém a bases teóricas ligadas à psicanálise (DEJOURS, Christophe. Uma nova visão do sofrimento humano nas organizações. In: CHANLAT, Jean-François. O *indivíduo na organização*: dimensões esquecidas. São Paulo: Atlas, 1996. v. I). Pesquisas exemplificam a auto-regulação com comportamentos que vão desde prolongar horários de descanso até a sabotagem a equipamentos e colegas. Essas práticas ligadas à auto-regulação podem aparecer, inclusive, de maneira não-consciente (ver, por exemplo: MELO, Marlene Catarina O. L. *Estratégias do trabalhador informático nas relações de trabalho*. Belo Horizonte: UFMG, 1991, e SPERLING, Luciana Grandi. Expectativas e estratégias de auto-regulação dos gerentes frente a processos de reestruturação e modernização: um estudo em organizações da administração pública indireta. Belo Horizonte: UFMG, 2002).

[110.]Os questionamentos aparecem quanto a temas estudados nessa linha, como os da introjeção, da subjetividade e de estratégias pessoais de regulação de conflitos. Da mesma forma, pelo fato de alguns deles se apoiarem em bases teóricas ligadas à psicanálise e a outras metodologias questionadas dentro da tradição de pesquisas em Administração.

[111.]Maurício Tannus Dias, em interessante trabalho que, apesar de não utilizar o termo auto-regulação e se apoiar na teoria da dissonância cognitiva de L. Festinger, alerta para os problemas de modernos modelos de gestão e os reflexos negativos aos indivíduos e à organização (DIAS, Maurício Tannus. Pedagogia das organizações e saúde do trabalhador nos novos modelos de gestão. In: SAMPAIO, Jader dos Reis (org.). *Qualidade de vida, saúde mental e psicologia social*: estudos contemporâneos II. São Paulo: Casa do Psicólogo, 1999). Algumas pesquisas podem ser citadas como apresentando estratégias individuais, visando à adaptação e à sobrevivência em modernos ambientes de trabalho, e organizações que passaram por reestruturação e que podem ser vistas como disfuncionais para a organização, como, por exemplo: ROCHA, Denilson R. A. *O poder dos indivíduos*: estratégias de sobrevivência e auto-regulação frente à dominação das organizações. Belo Horizonte: UFMG, 2000; MELO, Marlene Catarina O. L. *Estratégias do trabalhador informático nas relações de trabalho*. Belo Horizonte: UFMG, 1991, e SPERLING, Luciana Grandi. Expectativas e estratégicas de auto-regulação dos gerentes frente a processos de reestruturação e modernização: um estudo em organizações da administração pública indireta. Belo Horizonte: UFMG, 2002.

[112.]Tom Peters é um autor que, em suas palestras, apresenta críticas aos cursos de formação em Administração. Henry Mintzberg, recentemente, escreveu um livro tratando do assunto.

[113.]KATZ, Robert. As habilidades do executivo. *Coleção Harvard de Administração*. São Paulo: Nova Cultural, 1986.

[114.]SENGE, Peter; FABIOLA Nobre e TAITO Nobre. Abram mão do poder. *Revista Exame*, 06/08/2003.

[115.]BARNARD, Chester. *As funções do executivo*. São Paulo: Atlas, 1971.

[116.]MINTZBERG, Henry. Trabalho do executivo: o folclore e o fato. In: *Coleção Harvard de Administração*. São Paulo: Nova Cultural, 1986.

[117.]As negociações do tipo ganha-perde e do tipo ganha-ganha podem ser chamadas de distributiva e integrativa, respectivamente. Ver sobre isso, por exemplo, LEWICKI, Roy L., SAUNDERS, David M. e MINTON, John W. *Fundamentos da negociação*. Porto Alegre: Bookman, 2002.

[118.]Isso foi destacado, inclusive, no Capítulo 6 sobre Estratégia.

[119.]Resumo sobre os modelos de tomada de decisões aqui citados pode ser visto em OLIVEIRA, Nélio. Models and styles of decision-making: a research together with "Banco do Brasil" managers regarding the concession of credit to small rural entrepreneurs. In: *Anais Balas*. San Diego: Balas, 2001.

[120.]Conforme S. Robbins, a tomada de decisão intuitiva pode ser considerada aquela em que ocorre um processo inconsciente criado da experiência refinada, não operando, necessariamente, de maneira independente da análise racional (ROBBINS, Stephen. *Comportamento organizacional*. Rio de Janeiro: LTC, 1999).

[121.]MOTTA, P. R. *A ciência e a arte de ser dirigente*. Rio de Janeiro: Record, 1991.

[122.]Atualmente, aparecem vários trabalhos discutindo aplicação de princípios de teoria do caos e da complexidade na Administração (ver, por exemplo, WOOD Jr., Thomaz. Teoria do caos e administração de empresas. In: WOOD, Thomas. (coord). *Mudança organizacional*. São Paulo: Atlas, 2000).

[123.]Um dos clássicos nessa discussão é Jeremy Rifkin, que, em 1995, lançou o livro *O fim dos empregos* (RIFKIN, Jeremy. *O fim dos empregos*: o declínio inevitável dos níveis dos empregos e a redução da força global de trabalho. São Paulo: Makron Books, 1995). Em recente entrevista, esse autor afirma que ele foi muito conservador ao escrever o livro e que as formas de automação estão trazendo um quadro de desemprego maior do que ele imaginava ao escrevê-lo (RIFKIN, Jeremy. Entrevista concedida. *Revista Você SA*, 13/11/2004).

[124.]Vários trabalhos enfatizam a precarização no trabalho moderno, como ALVES, G. *O novo (e precário) mundo do trabalho*: reestruturação produtiva e crise do sindicalismo. São Paulo: Boitempo Editorial, 2000. A precarização do trabalho no caso de terceirizações se refere ao fato de que o emprego que se consegue em empresas terceirizadas muitas vezes apresenta benefícios menores e piores condições de trabalho do que o encontrado nas empresas originais que terceirizaram suas atividades. Várias pesquisas alertam para esse fato, como por exemplo: BICUDO, Valeria Rosa. Terceirização na Petrobrás: implicações sociais, gerenciais e políticas. In: *Anais Enanpad*. Atibaia: Anpad, 2003.

[125.]Interessante artigo discute esse fato ocorrendo em uma grande empresa petroquímica: Petrobrás: mudanças no RH, terceiros ganham status. *Revista Exame*, 10/12/2003.

[126.]RIFKIN, Jeremy. *O fim dos empregos*: o declínio inevitável dos níveis dos empregos e a redução da força global de trabalho. São Paulo: Makron Books, 1995.

[127.]Vale destacar as diversas ações de governos e de várias entidades no incentivo ao empreendedorismo na atualidade.

[128.]CORIAT, Benjamin. *A revolução dos robôs*: os impactos socioeconômicos da automação. São Paulo: Ed. Busca Vida, 1989. p. 141 e 142.

[129.]Esse ambiente em que aparecem as grandes Burocracias Mecanizadas é, muitas vezes, caracterizado pelos estudiosos das relações de trabalho como o do fordismo como modelo de desenvolvimento econômico e social, conforme a teoria de regulação (francesa), em que existiria um círculo virtuoso ligado à geração de emprego e renda e aumento da demanda (ver BOYER, Robert. *A teoria da regulação*: uma análise crítica. São Paulo: Nobel, 1990).

[130.]Três livros podem ser indicados, dois deles editados pelo Instituto de Relações de Trabalho – IRT – da Pontifícia Universidade Católica de Minas Gerais – PUC Minas: CARVALHO NETO, Antonio Moreira. Relações de trabalho e negociação coletiva na virada do milênio. Petrópolis: Vozes, 2001; CARVALHO NETO, Antonio Moreira; CARVALHO, Ricardo Augusto Alves. *Sindicalismo e negociação coletiva nos anos 90*. Belo Horizonte: IRT/PUC Minas, 1998; NABUCO, Maria Regina. *Relações de trabalho contemporâneas*. Belo Horizonte: IRT/PUC Minas, 1998.

[131.]Isso pode ser visto, por exemplo, em CORIAT, Benjamin. *A revolução dos robôs*: os impactos socioeconômicos da automação. São Paulo: Ed. Busca Vida, 1989. p. 129 e 130, e em NABUCO, Maria Regina, NEVES, Magda de Almeida e CARVALHO NETO, Antonio Moreira. *Indústria automotiva*: a nova geografia do setor produtivo. Rio de Janeiro: DP&A, 2002.

[132.]SENNETT, Richard. *A corrosão do caráter*. Rio de Janeiro: Record, 1999.

[133.]A pesquisa de A. N. Turner e P. R. Lawrence mostrando diferenças entre trabalhadores de formação urbana e rural é referência aqui. Os trabalhos de satisfação no trabalho de J. R. Hackman e G. R. Oldham levam em consideração esse fato (ver ROBBINS, Stephen. *Comportamento organizacional*. Rio de Janeiro: LTC, 1999, e HACKMAN, J. R., e OLDHAM, G.R. *Work redesign*. Illinois: Addison-Wesley, 1979).

[134.]Leituras de Alain Touraine, Anthony Giddens, além de Manuel Castells, são, novamente, referência (CASTELLS, Manuel. *Fim de milênio*. São Paulo: Paz e Terra, 2000; CASTELLS, Manuel. *O poder da identidade*. São Paulo: Paz e Terra, 2002; GIDDENS, Anthony. *As conseqüências da modernidade*. São Paulo: Editora Unesp, 1991; TOURAINE, Alain. *Poderemos viver juntos?* Petrópolis: Vozes, 2003).

Variações da Burocracia Automatizada

Ao longo do capítulo anterior, enfatizou-se o uso da Burocracia Automatizada em substituição, principalmente, à Burocracia Mecanizada utilizada pelas grandes indústrias. Acontece que, da mesma forma que essas empresas sofrem pressões advindas de novos ambientes, novas tecnologias de automação e novas estratégias, obrigando-as a alterações estruturais, outros tipos de organizações sofrem, também, essas pressões. O presente capítulo procura, assim, discutir o surgimento de estruturas semelhantes à Burocracia Automatizada em outros tipos de empresa ou, mesmo, o aparecimento de algumas de suas principais peculiaridades nas mesmas.

São examinadas características da Burocracia Automatizada em empresas de serviço, nas tradicionais empresas de processamento, e, a partir das configurações básicas de Henry Mintzberg, são discutidas, também, algumas modificações na Burocracia Profissional, na Estrutura Simples e nas Adhocracias.

10.1 A Burocracia Automatizada em Serviços

Apesar da grande ênfase que sempre se deu aos estudos de organização do trabalho e de estrutura nas indústrias, o aparecimento e o fortalecimento de Burocracias Mecanizadas não se restringiram, apenas, às empresas manufatureiras. Esse formato organizacional se consolidou, também, em algumas empresas ligadas às operações de serviços. Isso aconteceu porque, para elas, apareceram fatores contingenciais semelhantes àqueles apresentados às grandes indústrias tradicionais, tais como grande demanda, serviços padronizados, padronização nas operações, ganhos em escala e escopo, dentre outros. Assim, na busca de congruência interna e externa, algumas empresas de serviço utilizaram essa estrutura típica de grandes indústrias. Setores como o bancário e o postal oferecem exemplos típicos de grandes organizações de serviços com estruturas baseadas na Burocracia Mecanizada.[1]

Acontece que as alterações contingenciais que surgem para as grandes e tradicionais indústrias aparecem, também, para essas grandes empresas de serviço. Apresentam-se maior concorrência, inclusive no âmbito global, maiores exigências por parte dos clientes e o uso de automação baseada em tecnologia da informação, dentre outras. Como conseqüência, tem-se que, nessas empresas, se processam alterações estruturais em busca de uma congruência interna e externa que as direcionam no sentido da implantação de uma estrutura burocrática automatizada, a exemplo das grandes indústrias.

No núcleo operacional dessas empresas de serviço, verifica-se, da mesma maneira que nas indústrias, a possibilidade de automação, com grande substituição de mão-de-obra. Resgatando discussões feitas no Capítulo 4, com a aplicação da tecnologia de informação em serviços, verificam-se três possibilidades: o surgimento de novos equipamentos que potencializam o trabalho, a automação do serviço propriamente dito e a interligação entre as diversas áreas internas e o ambiente. Para a primeira, a automação traz menor alteração na organização do trabalho, e aparecem novos equipamentos usados como ferramentas que potencializam as habilidades do trabalhador. O uso de máquinas cada vez mais sofisticadas que melhoram o seu desempenho aparecem nesse caso com os *Personal Computers* – PC – e seus aplicativos, leitores óticos para controle de entrada e saída de produtos (compra e venda), sistemas de telemarketing, máquinas copiadoras e calculadoras com várias funções, dentre os exemplos que podem ser citados.[2] Para esse tipo de automação, assim, observa-se o seu largo uso em empresas com formatos tradicionais, trazendo pouca alteração na organização do trabalho e nas características estruturais.

Entretanto, nas outras duas possibilidades, automação do serviço propriamente dito e interligação entre as diversas áreas e o ambiente, aparecem alterações substanciais na organização do trabalho e na estrutura organizacional. Surgem, então, grande substituição de mão-de-obra; tarefas ligadas a monitoramento e intervenção, manutenção e melhorias; multifuncionalidade; alterações no perfil dos trabalhadores e maior uso da coordenação por valores.

Na análise das alterações estruturais nessas empresas, é necessário, ainda, fazer outras ponderações. Nesse aspecto, em serviços, além da análise relacionada a volume e variedade, assume importância, também, a análise de outra variável: a interação com o cliente. A partir daí, aparecem dois tipos básicos de trabalho: as atividades-meio e as atividades-fim. No primeiro caso, têm-se tarefas em que aparece menor interação com o cliente, também chamadas de atividades de retaguarda, e, no segundo caso, têm-se tarefas em que surge maior interação com o cliente, também chamadas de atividades de atendimento.

Acontece que existe maior possibilidade de automação nas atividades-meio (retaguarda), mais sujeitas a rotinas e padrões e, ainda, menos afeitas às variações ocasionadas pelo contato como o cliente.[3] Dessa forma, as maiores conseqüências no que se refere às modificações na organização do trabalho e na estrutura aparecem nos departamentos em que são realizadas as atividades-meio. Neles, surgem grande diminuição de mão-de-obra e tarefas ligadas a monitoramento e intervenção.

Quadro 10.1 Automação em Serviços

Tipos	Setores
• Novos equipamentos (instrumental). • Automação com grande substituição de mão-de-obra. • Integração interna e externa.	• Retaguarda ou atividades-meio – maior possibilidade de automação pela existência de serviços rotineiros e pelo menor contato com clientes. • Atendimento ou atividades-fim – menor possibilidade de automação pela existência de poucos serviços rotineiros e pelo maior contato com o cliente.

Todavia, mesmo nas áreas de atividades-fim, podem aparecer, também, modificações, em termos de automação.[4] Como conseqüência, observa-se, no atendimento, certa substituição de mão-de-obra, e verifica-se, inclusive, a perspectiva de as atividades do atendimento englobarem, por meio da integração por sistemas de informação, tarefas antes realizadas pelos departamentos responsáveis pelas atividades-meio.

Tomando-se o setor bancário como exemplo, observa-se a grande possibilidade das alterações apresentadas. Os bancos, tradicionais exemplos de empresas que utilizavam estrutura burocrática mecanizada em serviços, têm passado por várias pressões relacionadas à concorrência global, maiores exigências dos consumidores, além de automação das operações.[5] Como conseqüência, verificam-se modificações na organização do trabalho e na estrutura dessas empresas que as direcionam para se tornarem Burocracias Automatizadas.

Os departamentos ligados a atividades-meio ou retaguarda (sem contato com o cliente), anteriormente responsáveis por tarefas como a contabilização interna das operações, lançamentos de débito ou crédito nas contas dos clientes, análise de cadastros, preparação de contratos, dentre outras, aparecem como aqueles mais sujeitos à automação, com redução drástica no número de trabalhadores e aparecimento de tarefas ligadas a monitoramento e intervenção.[6] Atualmente, os poucos funcionários desses departamentos ficam encarregados da conferência e acertos nos lançamentos de contas diversas, seja de clientes, sejam contas internas de conciliação contábil (atividades de monitoramento e intervenção). Esses lançamentos, anteriormente realizados na retaguarda, são feitos, agora, pelos trabalhadores do atendimento (atividade-fim) ou diretamente pelo cliente (em máquinas de caixa automático ou internet), e as intervenções na retaguarda são realizadas nos casos de erro.

Com a automação, as áreas responsáveis pelas atividades-fim do setor bancário (atendimento a clientes) apresentam certa substituição de mão-de-obra e alterações no trabalho dos funcionários remanescentes. Caixas eletrônicos que podem ser usados diretamente pelos clientes do banco (máquinas de caixa automático), sistemas de débitos automáticos implantados em comércios em geral ou, mesmo, o acesso feito pelo cliente pela internet são exemplos para a substituição de mão-de-obra.[7] Para o caso de alterações nas atividades, verifica-se que, a partir de terminais interligados aos diversos departamentos da empresa e com a disponibilidade de diversas informações, os funcionários do atendimento podem realizar uma variedade maior de tarefas, distanciando a organização do trabalho daquela baseada na especialização. Essas atividades realizadas no atendimento (atividade-fim) pelos funcionários ou feitas diretamente pelo cliente, como já informado, substituem, inclusive, muitas tarefas anteriormente realizadas nos setores de atividade-meio, como no caso de lançamentos de débito e crédito em contas de clientes.

O setor postal oferece, também, exemplos adequados de alteração estrutural característicos de uma Burocracia Automatizada em empresas com operações de serviços. O trabalho de atendimento em uma agência postal, a exemplo do setor bancário, é potencializado por intermédio de sistemas automatizados. A partir de terminais eletrônicos, um atendente tem acesso a informações diversas, pode oferecer uma variedade maior de serviços e consegue, inclusive, realizar tarefas anteriormente reservadas a setores responsáveis pela atividade-meio. Ele pode, por exemplo, iniciar todo o processo de envio de um pacote a partir da implantação de um código de barras nesse pacote e cadastramento do mesmo por intermédio de um terminal. Os vários trâmites, desvios ou transbordos que se processarem até a efetiva entrega ao destinatário serão realizados e, principalmente, controlados automaticamente a partir do código implantado pelo

AUTOMAÇÃO NO SETOR BANCÁRIO

Situação anterior

O funcionário que trabalha com funções de caixa — caixa — de determinada agência bancária atende o cliente, recebendo dele um cheque para saque. Após verificação do saldo da conta em relatório, notifica o cliente sobre a insuficiência de saldo para resgate. Após algumas ponderações por parte do cliente sobre a necessidade do dinheiro, o caixa o direciona para o gerente de atendimento. O referido gerente conversa com o cliente e constata a necessidade e a possibilidade de crédito.

Após a entrega da documentação necessária por parte do cliente para a obtenção do crédito, o gerente de atendimento solicita atividades do setor de retaguarda. Nesse setor serão feitos a análise de cadastro, cálculos diversos, redige-se um contrato em que constem o valor do empréstimo, o vencimento e o valor das prestações, garantias etc.

Após a assinatura do cliente, o valor é creditado em sua conta pelo pessoal da retaguarda. O cliente, então, pode efetuar o saque no caixa. O caixa entrega o valor ao cliente, autentica o cheque e envia-o para o setor de retaguarda, onde é feita a contabilização de débito na conta do cliente.

Situação atual I

O caixa de determinada agência bancária atende o cliente, recebendo dele um cheque para saque. Após verificação do saldo da conta em seu terminal *on-line*, notifica o cliente sobre a insuficiência de saldo para saque, porém informa que existe um crédito pré-aprovado, bastando apenas uma assinatura do cliente em contrato próprio e previamente preparado. O cliente concorda, assina o contrato e saca o valor. Os lançamentos na conta do cliente referentes ao empréstimo e ao saque são feitos, ao mesmo tempo, pelo caixa. Geralmente, esse funcionário dispõe, ainda, de outras informações do cliente por intermédio de seu terminal, podendo, inclusive, vender um seguro, um plano de capitalização ou outro serviço bancário.

Situação atual II

O cliente se dirige a um terminal de caixa automático para saque. Verifica a insuficiência de saldo, mas lhe é informada pela máquina a existência de um empréstimo pré-aprovado, dependendo, apenas, da digitação de sua senha no terminal. Ele executa a operação e saca o dinheiro. As contabilizações são feitas simultaneamente.

(Verificado *in loco* em uma agência bancária)

atendente no sistema. Atividades de acompanhamento de remessas podem, inclusive, ser realizadas pelos clientes em terminais eletrônicos ou pela internet.

Da mesma forma que nos bancos, os departamentos internos do serviço postal ligados a atividades-meio são os que sofrem maiores alterações. Uma das tarefas típicas no que se refere a essas atividades é a de separação de envelopes por regiões de destino para a realização da remessa. Atualmente, observa-se o uso de equipamentos que fazem essa separação, substituindo grande parte da mão-de-obra. Os trabalhadores que permanecem ficam responsáveis por alimentar o equipamento, mas, principalmente, por monitorar e intervir em problemas ligados a ele, como incapacidade do sistema de identificar o destino.

AUTOMAÇÃO NAS ATIVIDADES-MEIO DO SERVIÇO POSTAL

O departamento de triagem de cartas em uma empresa postal oferece um exemplo típico de automação em atividades-meio (retaguarda) em operações de serviço com grande substituição de mão-de-obra e modificação de funções. De maneira geral, esse departamento é responsável por centralizar a recepção de cartas de várias agências de determinada região e direcioná-las para regiões de destino. Até pouco tempo atrás, o que se via nesse departamento era uma enorme quantidade de trabalhadores separando cartas por região de destino. Sentado em frente a um armário com vários escaninhos, um trabalhador lia a informação de destino na correspondência, identificava a região para remessa e colocava-a no escaninho apropriado. Atualmente, o que se observa nesses departamentos é a utilização de grandes equipamentos com condições de leitura e separação das cartas. Os funcionários que permanecem nesses departamentos ficam encarregados de alimentar o equipamento de correspondências, resolver problemas nele e, ainda, direcionar cartas cuja região de remessa o equipamento tenha dificuldades em identificar.

Verificado *in loco* em um centro de triagem postal

Para o caso postal existe, ainda, exemplo apropriado no que se refere a limites da automação, conforme discutido no capítulo anterior. Nesse caso, é visível a dificuldade de alterações no trabalho de carteiro. Apesar de essa atividade apresentar muitas características ligadas a padronização e rotina, dificilmente ela é automatizada, o que demanda, ainda, muita mão-de-obra na sua execução.

Nessas empresas de serviço apresentadas como exemplos, bancos e serviço postal, além de substituição de mão-de-obra e do aparecimento de atividades de monitoramento e intervenção, principalmente nas atividades-meio, podem se destacar, também, outras características típicas de Burocracias Automatizadas, como a flexibilidade produtiva, o aparecimento de multifuncionalidade e as equipes voltadas para a melhoria contínua. Um atendente de um banco ou de uma agência postal, por exemplo, por intermédio de sistemas automatizados, tem condições de oferecer grande variedade de serviços e prestá-los a um cliente determinado sem a necessidade de o mesmo ser direcionado a outro atendente ou outro departamento. Além disso, o uso de grupos de melhoria contínua é verificado nessas empresas, obviamente, após as mudanças radicais que se processam nelas.[8]

Especificamente para a integração em empresas de serviços, observa-se que diversos sistemas de informação possibilitam não apenas uma interligação entre os setores produtivos, mas, também, entre eles e as áreas ligadas a apoio, a exemplo dos sistemas ERP das indústrias. Para a integração externa, vários exemplos já foram apresentados e podem ser enfatizados como o uso de máquinas de caixa automático em agências e quiosques bancários ou, ainda, o uso da internet pelo cliente no acesso a serviços, tanto bancários como postais.

INTEGRAÇÃO EXTERNA NOS CORREIOS

Atualmente, pelos sistemas regulares do correio brasileiro, o cliente pode acompanhar pela internet as diversas fases ligadas à movimentação de suas correspondências ou encomendas enviadas, controlando, inclusive, a chegada ao destinatário.

Verificado *in loco*

A partir do exposto, verifica-se que as grandes empresas de serviços com operações de maior volume e menor variedade estão sujeitas a alterações que as direcionam para uma estrutura baseada na Burocracia Automatizada. Evidentemente, essas alterações são relativas às condições e limites discutidos no capítulo anterior e, ainda, ocorrem de maneira mais contundente nas atividades-meio.[9] Nelas, a exemplo das tarefas mais automatizáveis de indústrias, aparecem as atividades de monitoramento e intervenção. Nas atividades-fim, devido à interação com o cliente, a automação é mais instrumental e modifica pouco a organização do trabalho. Todavia aparecem, também, a multifuncionalidade e o maior uso de habilidades. Pode-se, inclusive, fazer um paralelo entre as atividades-fim das empresas de serviço e as atividades menos automatizadas das indústrias discutidas no capítulo anterior. Nesses dois casos, aparecem menor substituição de mão-de-obra e o uso da chamada produção enxuta.

Além das alterações possíveis no núcleo operacional e de integração interna e externa, aparecem, também, outras modificações discutidas no capítulo anterior, como aquelas relacionadas às assessorias e ao componente administrativo e, ainda, à concentração no negócio principal. No primeiro caso, verificam-se a diminuição no trabalho das assessorias e aumento e diversificação nas atividades do componente administrativo. No segundo, observa-se a tendência a se dedicar às suas atividades essenciais, terceirizando aquelas ligadas a apoio, ou aquelas em que a empresa não demonstre ter capacidade competitiva. Essa concentração aparece, também, devido à maior possibilidade de fornecimento e se apresenta, ainda, como um facilitador para a automação, para a obtenção da integração e para se conseguir inovação e flexibilidade nos serviços.[10]

Finalmente, deve-se enfatizar que nas Burocracias Automatizadas em serviços aparecem os vários problemas ligados à sobrecarga, ao estresse, às dificuldades de se obter comprometimento, às práticas de auto-regulação etc.[11]

10.2 A Burocracia Automatizada e as Alterações nas Burocracias Profissionais

A Burocracia Profissional, caracterizada por Henry Mintzberg, é uma estrutura típica utilizada por organizações como hospitais, universidades, escritórios de consultoria e advocacia, dentre outras. De forma geral, apresentam um corpo de trabalhadores profissionais altamente qualificados que têm suas atividades coordenadas, basicamente, pela padronização de habilidades. Analisando apenas esses dois aspectos, qualificação funcional e coordenação por habilidades, pode-se inferir que, nessas organizações, aparecem poucas possibilidades de surgimento de uma estrutura burocrática automatizada. Isso se deve ao fato de que, para esses trabalhadores, a tecnologia da informação aparece muito mais como um facilitador do trabalho, ou seja, sendo usada como ferramenta que potencializa suas habilidades. É o caso, por exemplo, dos diversos aparelhos que facilitam o diagnóstico e as intervenções médicas ou os sistemas que ajudam os professores na apresentação de trabalhos, no ensino a distância e nas teleconferências. Outros exemplos podem ser oferecidos, inclusive em atividades consideradas secundárias, como, por exemplo, o preenchimento de protocolos por parte dos médicos e dos diários de classe por parte dos professores. Nesses casos, os trabalhos são facilitados por intermédio de *softwares* específicos e acessados em computadores pessoais e terminais diversos.

De qualquer modo, nesses casos, a automação não se apresenta de forma a alterar, substancialmente, o trabalho desses profissionais.[12] Obviamente, mais qualificações são exigidas, podem aparecer redução de tempo e maior precisão na realização das atividades, porém o trabalho, intrinsecamente considerado, continua o mesmo.

Entretanto, esse tipo de organização apresenta, também, uma certa quantidade de atividades relacionadas com o trabalho burocrático e mecanizado. São tarefas, na maioria das vezes, rotineiras e padronizadas e realizadas por trabalhadores que dão apoio aos profissionais qualificados, como no caso das secretarias acadêmicas nas universidades e as secretarias das clínicas em hospitais. Devido a suas características, essas atividades sofrem, agora, automação, diminuição de mão-de-obra, e aparece o trabalho de monitoramento e intervenção. As tarefas tradicionais podem, inclusive, ser realizadas pelos próprios profissionais qualificados, quando da execução de algumas atividades secundárias. Um professor, por exemplo, ao preencher eletronicamente um diário de classe, interfere em atividades anteriormente dedicadas a setores internos, alterando e, até, reduzindo as atividades nas secretarias acadêmicas. Um médico, ao preencher o protocolo eletrônico com diagnósticos e prescrições, da mesma maneira, altera atividades de apoio e, inclusive, provoca redução nessas atividades.

A integração pode ocorrer, também, com outros setores e externamente. Além da integração com as áreas típicas de apoio, como as secretarias, pode aparecer grande integração com serviços financeiros, contábeis, compras etc.; com setores considerados de apoio técnico; com clientes ou usuários e com fornecedores. Alguns exemplos de operações em faculdades podem ser oferecidos. As notas lançadas no diário (eletrônico) de classe pelo professor, por exemplo, podem ser enviadas por correio eletrônico, automaticamente, para o aluno. Informações sobre bibliografia, trabalhos e exercícios são, também, possíveis. Ao lançar no diário uma palestra a ser realizada por um visitante, um professor pode, simultaneamente, avisar os alunos e reservar o auditório e equipamentos especiais para a palestra. O trabalho de apoio em Burocracias Profissionais pode ser reduzido, também, por intermédio dos próprios clientes ou usuários do serviço. No caso da palestra, o aluno pode se inscrever e acessar características do palestrante. Um aluno, ao verificar a possibilidade de matrícula em uma disciplina, pode efetuá-la de forma eletrônica, e, simultaneamente e por sistemas automatizados e integrados, são realizadas várias funções anteriormente dedicadas à secretaria e outras áreas, como a introdução do nome no diário eletrônico do professor, a emissão de boletas de cobrança etc. Assim, as secretarias acadêmicas, outrora responsáveis por intermediar várias dessas atividades, agora apenas monitoram o processo e intervêm quando necessário.

Atividades em um hospital podem, também, ser oferecidas como exemplo. Um médico, ao lançar anotações em um protocolo eletrônico, além de reduzir tarefas das secretarias, pode influenciar os vários setores de apoio técnico de um hospital como enfermaria, setores de exames, farmácia, sala de cirurgia etc. Pode interferir, também, em setores como estoque, compras, faturamento, cobrança etc. Em certos casos, inclusive, ocorre certa disponibilização de informações ao cliente e a seus familiares, no que se refere ao tratamento e estado do paciente ou, ainda, em outros assuntos de seu interesse, como faturamento e cobrança.

AUTOMAÇÃO EM UNIVERSIDADE

Caso I

Após o contato com um palestrante, o professor lança uma palestra no sistema. Ao fazer isso, automaticamente estão sendo reservados um auditório e os equipamentos necessários à palestra, e, ainda, é enviado aviso aos alunos. Estes recebem a informação e se inscrevem na palestra por via eletrônica.

Caso II

Um aluno pode fazer sua matrícula acessando o sistema. Essa matrícula tem impacto no diário eletrônico do professor e, ainda, no setor de finanças, que emite o boleto para pagamento bancário das mensalidades.

Caso III

Os professores da universidade lançam as notas no sistema. Os alunos têm informação delas imediatamente, recebendo-as, inclusive, por serviço telefônico móvel.

Verificado *in loco* em uma universidade

AUTOMAÇÃO EM HOSPITAIS

Quando um paciente é recebido em um hospital, é feita sua ficha no sistema. Após o atendimento, o médico dá entrada com seu diagnóstico. O sistema lhe oferece sugestões de tratamento e ele escolhe os mais adequados para o caso. Ao fazer essa escolha, ele interfere em vários setores do hospital, como farmácia, enfermaria, exames diversos etc. Interfere, também, em setores como finanças, contabilidade etc.

Verificado *in loco* em um hospital

Todas essas situações descritas são possibilidades que estão sendo usadas nessas organizações e que reduzem atividades nos setores de apoio em uma Burocracia Profissional, além de alterá-la no sentido de aparecerem atividades, apenas, de monitoramento e intervenção. Assim, a exemplo das modificações propostas no capítulo anterior, a automação e integração aparecem no núcleo operacional e de apoio nessas Burocracias Profissionais. Obviamente, o impacto disso na organização do trabalho e na estrutura aparece muito mais nos serviços de apoio, com o surgimento, inclusive, de trabalhadores mais qualificados, multifuncionais e coordenados por valores. Para o caso dos profissionais qualificados no núcleo operacional, como médicos, professores, consultores, advogados etc., pequenas alterações surgem em seu trabalho, que continua sendo coordenado, basicamente, pela padronização de habilidades.

Da mesma forma, alterações ligadas à concentração no negócio e terceirização surgem, desde que apareçam novas possibilidades de fornecimento e melhores controles por intermédio da tecnologia da informação. Além da terceirização de atividades nitidamente consideradas de apoio, como limpeza, refeitórios, segurança etc., surge, também, a terceirização de atividades que poderiam ser vistas como típicas, mas não consideradas de competência principal da organização. Em um hospital, a terceirização de atividades de apoio técnico como laboratório, farmácia, radiologia, exames patológicos, fisioterapia, além de outros, são exemplos que podem ser oferecidos.[13]

Quadro 10.2 Automação em uma Burocracia Automatizada

Atividades dos profissionais	Atividades de apoio
• Mais difíceis de serem automatizadas. • Automação se apresenta mais como instrumental, não alterando substancialmente a forma de trabalho.	• Mais fáceis de serem automatizadas. • Com a automação ocorrem grande substituição de mão-de-obra, integração, atividades de monitoramento etc.

Como não poderia deixar de ser, alguns problemas mencionados no capítulo anterior referentes à Burocracia Automatizada estão sujeitos a aparecer nas Burocracias Profissionais que foram automatizadas. Todavia, os problemas mais sérios talvez estejam ligados às características dos profissionais qualificados do núcleo operacional. Conforme Henry Mintzberg, devido a essa qualificação e à coordenação por habilidades, em organizações com esse tipo de estrutura, o poder reservado aos profissionais qualificados é grande, e tudo que possa ser visto como ameaça a esse poder pode ser objeto de resistência por parte deles, incluindo a automação.[14] De acordo, ainda, com o autor, esses profissionais podem ser arredios à tecnologia, pois ela pode trazer racionalização de suas habilidades e divisão do trabalho, retirando-lhes a autonomia e atrapalhando seu relacionamento com os clientes. Essa aversão ao uso da tecnologia, obviamente, não pode ser verdadeira para as atividades realizadas por trabalhadores de setores de apoio, que têm trabalho semelhante à Burocracia Mecanizada.

Dessa forma, na implantação de sistemas automatizados e das novas tarefas ligadas a eles, podem surgir dificuldades devido à resistência desses profissionais qualificados. Em termos práticos, eles podem se recusar a usar os processos eletrônicos, boicotá-los, delegar tarefas para outras pessoas, principalmente trabalhadores de setores de apoio, ou, ainda, subutilizar as possibilidades do sistema.[15] É claro que esses problemas, a exemplo do discutido no capítulo dedicado à Burocracia Automatizada, poderão diminuir com o tempo. Deve-se imaginar que os profissionais que estão se formando e se qualificando, atualmente, têm menor aversão e resistência ao uso da tecnologia em suas atividades. Disciplinas específicas nos cursos de formação desses profissionais podem ajudar no processo e trazer modificação a esse quadro.

10.3 A Burocracia Automatizada e as Pequenas Empresas[16]

Com as tecnologias tradicionais de produção ligadas à mecânica e à eletricidade, o uso da automação nos processos de trabalho sempre se restringiu a grandes empresas. Isso teve, basicamente, duas razões principais: custos e engessamento. No primeiro aspecto, a automação baseada nas tecnologias tradicionais sempre teve um alto custo, tanto em sua implantação como na manutenção. Isso inviabilizava o uso dessa automação por parte de pequenas empresas, que, geralmente, apresentam baixa capacidade de investimentos e dificuldade de obtenção de retorno desses investimentos. No segundo aspecto, deve-se lembrar que a pequena empresa sempre teve, entre suas principais vantagens, a organicidade que oferece condições de rápidas modificações internas para operar em diferentes ambientes ou enfrentar mudanças ambientais.[17] E a automação, pelo menos dentro das tecnologias anteriores, poderia retirar-lhes essas vantagens, engessando a organização do trabalho e a sua estrutura. Assim, a automação de pequenas empresas nunca aconteceu aos moldes da que ocorreu nas grandes.

Com a tecnologia da informação, observa-se, hoje, maior possibilidade de modificação nesse quadro. Primeiro pelo barateamento na aquisição e na manutenção da referida tecnologia e, segundo, pela possibilidade de flexibilidade produtiva que ela oferece. Dessa maneira, pequenas indústrias e empresas de serviço, incluindo os pequenos comércios, se vêem, atualmente, na perspectiva de automatizar várias de suas atividades. E, da mesma maneira, passar por várias alterações como as discutidas ao longo deste e do capítulo anterior, como menor utilização de mão-de-obra, integração interna e externa, maiores exigências de qualificação e comprometimento dos trabalhadores, atendimento personalizado aos clientes etc.

Entretanto, algumas observações a esse respeito devem ser feitas, principalmente no que se refere ao uso de equipamentos automáticos como ferramentas, baixa automação nas atividades produtivas e automação das atividades de apoio. No primeiro caso, muitos dos equipamentos automáticos que utilizam a tecnologia da informação apresentam-se, apenas, como instrumentos ou ferramentas sofisticados a serem usados por operadores. Eles melhoram o desempenho de trabalhadores, mas não alteram substancialmente as atividades a que se sujeitam. O uso de uma balança eletrônica que imprime código, peso e preço do produto, terminais que se apresentam como máquinas registradoras, máquinas de leitura de código de barras, dentre outros, são exemplos de equipamentos utilizados, hoje, por pequenas empresas e que não chegam a alterar substancialmente as atividades. Obviamente, solicita-se uma melhor qualificação do trabalhador no seu uso, porém não alteram a organização do trabalho em sua essência.

No segundo caso, deve-se alertar para o fato de que automatizar o núcleo produtivo de forma a surgir uma integração produtiva se apresenta, ainda, como uma grande dificuldade para pequenas empresas, pelas mesmas razões que impossibilitaram a automação com o uso de tecnologias tradicionais: custos e engessamento. Quanto aos custos, deve-se constatar que, no núcleo operacional, o trabalho apresenta peculiaridades que necessitariam de desenvolvimento, construção e manutenção de sistemas de informação e equipamentos específicos para as atividades da empresa. Os grandes investimentos com isso seriam, novamente, um problema para uma pequena empresa com baixa capacidade de investir e de obter retorno. Quanto ao engessamento, deve-se destacar que mesmo a automação baseada em tecnologia de informação apresenta limites quanto à flexibilidade. O seu uso pode tirar a grande vantagem competitiva de uma pequena empresa: a organicidade. Assim, a automação com alterações substanciais em atividades centrais do núcleo operacional não é muito comum. Por mais que a tecnologia da informação seja de menor custo e apresente maior flexibilidade, a grande substituição de mão-de-obra e grande integração produtiva, características importantes para o nascimento de uma Burocracia Automatizada, não acontece nessas organizações.

Para o terceiro caso, as atividades de apoio, observa-se que, a exemplo do que ocorre nas Burocracias Profissionais, aparece, para as pequenas empresas, grande possibilidade de automação em atividades de suporte às atividades produtivas. Para elas, porém, as razões são diferentes. Acontece que as atividades de apoio da maioria das pequenas empresas, como aquelas ligadas a compras, controle de estoques, faturamento, cobrança etc., apresentam muitas semelhanças. Isso permite a existência, no mercado, de grande quantidade de *softwares* e sistemas disponíveis para realizar tais atividades. Desenvolvidos para uso de forma geral, com certas adaptações, eles podem ser utilizados nas atividades de apoio em grande parte das pequenas empresas. Esse é, justamente, o conjunto de atividades em que mais aparece a automação em pequenas empresas: atividades de apoio, ou seja, no âmbito periférico a suas atividades principais.

Dessa forma, devido à utilização de equipamentos automatizados como ferramentas, baixa possibilidade de automação nas atividades principais e grande possibilidade de automação em atividades de apoio, verifica-se que a organização do trabalho e a estrutura das pequenas empresas não se alteram substancialmente. Organicidade e dinamismo e coordenação baseada em supervisão direta com centralização das decisões na cúpula são, ainda, o que mais se vê nessas empresas. No que se refere à centralização nas decisões, há que se constatar, inclusive, um grande problema de automação nessas empresas: a resistência do proprietário.

Quadro 10.3 Automação em Pequenas Empresas: Possibilidades

Novos equipamentos	Substituição de mão-de-obra nas operações principais	Setores de apoio
• Instrumentos ou ferramentas sofisticadas que melhoram desempenho dos trabalhadores. • Não chega a reduzir tarefas ou modificar atividades dos trabalhadores. • P. ex., balança eletrônica que imprime código, peso e preço do produto, terminais que se apresentam como máquinas registradoras automáticas, máquinas de leitura de código de barras etc.	• Situação difícil de se verificar em uma pequena empresa. • Sistemas muito específicos e, geralmente, caros. • Corre-se o risco de engessamento, retirando as vantagens de organicidade da pequena empresa.	• Mais fácil de aparecer a automação. • Sistemas gerais disponíveis no mercado mais baratos e que podem ser usados com certas adaptações. • P. ex., controle de estoques, faturamento, cobrança, contas a pagar etc.

Nesse aspecto, a estrutura simples, usada pelas pequenas empresas, se apóia integralmente na figura do administrador-proprietário que coordena o trabalho por intermédio da supervisão direta.[18] Apesar de ele poder ser visto como um empreendedor, com comportamento voltado para descobrir oportunidades e processar mudanças, a automação de algumas atividades, mesmo aquelas ligadas a apoio, podem esbarrar em um receio de se perder certo poder e controle sobre elas. Muitas vezes, inclusive, esse proprietário adere à automação apenas por modismo e pressão, seja externa ou interna. Como conseqüência, podem aparecer resistência por parte dele, falta de compromisso e de comprometimento desejado com a instalação, além da impaciência, à espera de resultados imediatos.[19]

Isso pode se tornar ainda mais grave quando existe um histórico de experiências malsucedidas, com a implantação de sistemas em processos mal conduzidos e feitos sem adaptações devidas. Quanto a isso, inclusive, há que se alertar para o fato de que, mesmo existindo *softwares* de uso geral que podem ser usados pela maioria das pequenas empresas, certa adequação é sempre necessária.[20]

Ainda com relação a pequenas empresas, não se pode deixar de fazer algumas observações sobre os reflexos nelas que teve o surgimento das grandes Burocracias Automatizadas e da economia informacional. No primeiro aspecto, há que se destacar que com o movimento de terceirização que aparece com o nascimento da Burocracia Automatizada surgem grandes oportunidades para pequenas empresas realizarem, agora, as atividades que, no passado, eram executadas pelas grandes empresas integradas verticalmente. Atividades de apoio assim como aquelas não consideradas essenciais ou fazendo parte do negócio principal da empresa são passadas, muitas vezes, para pequenas empresas. O renascimento da discussão do empreendedorismo tem, entre outras razões, a grande perspectiva de terceirização que surge com o aparecimento de empresas com estruturas organizacionais baseadas na Burocracia Automatizada. Essas grandes empresas, inclusive como discutido no Capítulo 7 Novas Possibilidades Organizacionais, passam a apoiar e incentivar a formação dessas pequenas empresas fornecedoras. Muito desse apoio é oferecido, até mesmo, a ex-funcionários.[21]

Para o caso da economia informacional, pode-se constatar que, a partir desse fenômeno, surgem, também, grandes oportunidades para pequenas empresas. Devido à sua flexibilidade e dinamismo, elas apresentam melhores condições de operar em várias atividades desse novo setor econômico. Desenvolvimento e manutenção de *softwares* e sistemas e de equipamentos de forma geral aparecem como oportunidade para elas.

Para o caso das pequenas empresas que crescem com o movimento da terceirização, deve-se fazer uma última observação. A necessidade de as grandes empresas se integrarem externamente exige que as pequenas automatizem alguns processos, todavia, como já alertado, em processos periféricos e considerados de apoio, mas não necessariamente nas operações principais do núcleo operacional.

10.4 A Burocracia Automatizada e as Empresas de Processamento

No Capítulo 4, dedicado à tecnologia de automação, certo espaço é reservado à apresentação das empresas de processamento, inclusive em seus aspectos estruturais. Naquela parte do livro, utiliza-se como referência, principalmente, o trabalho de Joan Woodward,[22] em que é feita uma comparação de três tipos básicos de processos de trabalho e estrutura organizacional a partir da tecnologia utilizada pela empresa. Discutem-se, também, as ponderações de Henry Mintzberg, que considerou a estrutura utilizada por essas empresas um tipo especial de Adhocracia em que aparece grande automação.

A partir das diversas possibilidades apontadas no Capítulo 9, A Burocracia Automatizada, fica-se na perspectiva de mudanças ocorrendo, também, nesse ambiente organizacional. Para essas empresas, porém, é importante relembrar que, em sua forma tradicional, já aparecia um núcleo operacional com grande automação e pouco uso de mão-de-obra no processamento propriamente dito. Atividades de monitoramento e intervenção, necessidade de comprometimento com a manutenção do fluxo de produção, papéis sociais dos gestores, além de outros aspectos típicos da Burocracia Automatizada, já eram comuns nessas empresas. Assim, considera-se que as alterações nesse tipo de organização são menores se comparadas com aquelas que ocorreram nas grandes empresas burocráticas mecanizadas. Mesmo assim elas surgem, principalmente, no que se refere ao incremento na automação com os novos sistemas de monitoramento e intervenção, à integração de sistemas interna e externamente e à terceirização de atividades diversas.

No primeiro caso, deve-se destacar que, em sua forma tradicional, os trabalhadores do núcleo operacional das empresas de processamento exercem funções em dois grupos de atividades: monitoramento em cabines especiais e intervenção nas áreas de produção. No primeiro grupo, os trabalhadores são responsáveis por acompanhar as operações por intermédio de enormes painéis elétricos e comunicar aos trabalhadores do segundo grupo sobre a necessidade de intervenção. Nesse segundo grupo, aparecem trabalhadores com funções ligadas ao monitoramento visual dos equipamentos mecânicos e elétricos e intervenções manuais nos mesmos, a partir de suas observações e das informações dos trabalhadores das cabines de monitoramento (do primeiro grupo).

Atualmente, com o uso da tecnologia da informação, as alterações no processamento são pequenas, pois a automação já existia e continua sendo feita com os tradicionais equipamentos que utilizam atuadores mecânicos e elétricos.[23] Todavia, aparecem grandes modificações nos sistemas de monitoramento e intervenção, oferecendo-se maiores condições para os trabalhadores.[24] Em termos práticos, observa-se a substituição dos diversos equipamentos de monitoramento, incluindo os enormes painéis, que são trocados por modernos monitores que oferecem muito mais informações ao trabalhador, e de maneira mais *amigável*. Eles ficam responsáveis, inclusive, por monitorar mais etapas do processo produtivo. Como conseqüência, observa-se diminuição no número de trabalhadores nessas atividades, ou seja, ligados ao primeiro grupo apresentado no parágrafo anterior. Além disso, aparece, também, para esses trabalhadores a possibilidade de realização de intervenções remotas por intermédio de equipamentos disponíveis a eles, dispensando-se algumas tarefas realizadas tradicionalmente pelos trabalhadores do segundo grupo de atividades. Como conseqüência, tem-se, também, diminuição da mão-de-obra nesse segundo grupo.

Deve-se destacar ainda que, em muitas empresas de processamento, mesmo sabendo-se da grande automação que sempre existiu nas operações principais, poderiam aparecer tarefas periféricas com grande utilização de mão-de-obra. Seriam tarefas ligadas, por exemplo, à alimentação de equipamentos, retirada de produtos acabados etc. Para essas atividades, observa-se, agora, a grande possibilidade de automação, aparecendo modificação radical nessas atividades com total substituição de mão-de-obra nas operações.[25]

Para a integração, da mesma forma que discutido no capítulo sobre as Burocracias Automatizadas, as empresas de processamento alcançam grande interligação interna, não só com os processos produtivos propriamente ditos, mas, também, com áreas de apoio. Isso é permitido a partir dos novos sistemas ligados a monitoramento e intervenção. A integração externa completa o quadro, permitindo uma ligação com fornecedores e clientes.

Para o caso das terceirizações, observa-se que essas empresas aproveitam o fenômeno ligado à maior possibilidade de fornecimento e à necessidade de se dedicar ao negócio principal, repassando para outras empresas muitas atividades que elas, anteriormente, mantinham dentro de suas instalações. Algumas dessas atividades são, visivelmente, ligadas a apoio e outras são parte do processo produtivo, mas que a organização considera que não estejam incluídas entre suas competências essenciais.[26]

Quadro 10.4 Principais Alterações nas Empresas de Processamento

Empresas de processamento tradicionais	Novas empresas de processamento
• Atividades de monitoramento e intervenção utilizando tecnologia elétrica e mecânica. • Atividades não ligadas ao negócio principal são mantidas.	• Atividades de monitoramento e intervenção utilizando tecnologia da informação, e, como conseqüência, tem-se a diminuição da mão-de-obra no núcleo operacional. • Integração de atividades diversas interna e externamente por intermédio de TI. • Terceirização de várias atividades não ligadas ao negócio principal ou que não estão entre as competências consideradas essenciais.

Assim, pode-se dizer que as empresas de processamento transformam-se em Burocracias Automatizadas com menor trauma que as antigas Burocracias Mecanizadas, pois a forma de trabalho não se altera substancialmente, havendo mais uma diminuição no número de trabalhadores, intensificação no uso de automação por intermédio de novos sistemas de monitoramento e intervenção e, ainda, terceirização de várias atividades. Da mesma forma, surgem nelas, também, os vários problemas discutidos no capítulo anterior como sobrecarga, estresse, dificuldade de se conseguir comprometimento, dentre outros. Além disso, há que se observar, sempre, os chamados limites da automação e os custos envolvidos no processo de alterações, discutidos no capítulo anterior.

MODIFICAÇÕES EM EMPRESAS DE PROCESSAMENTO

Em determinada refinaria de petróleo, observaram-se as seguintes alterações:

Antes da implantação de sistemas baseados em TI, em cabines de monitoramento, vários trabalhadores observavam grandes painéis. Neles, mostradores elétricos e pequenas lâmpadas davam informações do fluxo de produção. Quando da necessidade de intervenções, na maioria das vezes, esses trabalhadores acionavam outros trabalhadores, por sistema de rádio, perto dos equipamentos de produção.

Atualmente, algumas telas de computador substituem esses painéis e as informações são oferecidas em muito maior número e com muito maior precisão. Aparece, inclusive, grande possibilidade de realização de intervenções por parte dos trabalhadores das cabines de monitoramento.

As informações que são oferecidas a esses trabalhadores podem ser acessadas, também, por gerentes em diversos lugares da empresa. O acompanhamento por parte deles pode, inclusive, ser feito de suas residências via sistemas *on-line*.

Informações conseguidas em entrevistas

10.5 A Burocracia Automatizada e a Adhocracia

Mesmo sabendo-se de suas características de trabalhos por projetos, maior variedade e menor volume de produção, descentralização e baixa formalização, a partir das alterações ambientais, tecnológicas e estratégicas discutidas, para as Adhocracias fica-se, também, na expectativa de alterações estruturais.

Todavia, comparando-se com as modificações nas Burocracias Mecanizadas, pode-se dizer que as mudanças nessa estrutura são pequenas, e o uso da tecnologia, muitas vezes, aparece de maneira mais instrumental e periférica. Em verdade, as maiores alterações produtivas para essas empresas apareceram há mais tempo, com o surgimento da automação baseada no controle numérico – CN, e mesmo assim, em diversos aspectos, essas organizações mantiveram, ainda, estruturas mais orgânicas ou menos mecanizadas.

Atualmente, como modificações nesse ambiente organizacional, observam-se o uso de máquinas universais e de outros equipamentos empregando tecnologia da informação, o uso de sistemas que permitem a integração e o gerenciamento de projetos e, novamente, a terceirização de algumas atividades.

No primeiro caso, aparecem máquinas com controle numérico por computador – CNC. Isso traz mudanças incrementais que não chegam a alterar substancialmente a organização do trabalho e a estrutura que aparecia quando se usavam máquinas com controle numérico tradicional com fita perfurada.[27] O uso de sistemas que operacionalizam o Projeto Auxiliado por Computador – CAD é, também, uma grande possibilidade nessas empresas, porém, da mesma forma que com o uso de máquinas CNC, não aparecem grandes alterações na forma de trabalho. Assim, esses equipamentos baseados em tecnologia da informação utilizados nos processos produtivos nessas empresas aparecem mais como ferramentas que oferecem várias possibilidades ao operador.

No segundo caso, verificam-se sistemas baseados em tecnologia de informação que possibilitam o acompanhamento das atividades e a integração com diversas áreas na empresa, como no controle de custos. Nesse item, com grande destaque, aparecem os sistemas informatizados de gerenciamento de projetos.[28] São sistemas que permitem o planejamento do projeto e suas etapas e um acompanhamento das mesmas. Não chegam a automatizar as operações, como no caso das Burocracias Automatizadas, porém permitem grande possibilidade de acompanhamento a partir do planejado inicialmente. Para a integração externa, verifica-se que, nas Adhocracias, ela é pequena por ser considerada, muitas vezes, desnecessária. Como não existe um grande volume de produção, não compensam o desenvolvimento e a manutenção de sistemas que ofereçam grande ligação com clientes ou fornecedores aos moldes da Burocracia Automatizada.

Finalmente, aparece para as Adhocracias, também, certo movimento de terceirização de atividades causados pelas maiores condições de fornecimento. Entretanto, para

Quadro 10.5 Alterações em Adhocracias

Novos equipamentos	Integração interna	Terceirização
• Máquinas com uso de controle numérico por computador (CNC). • Projeto Auxiliado por Computador (CAD).	• Uso de sistemas de gerenciamento de projetos que permitem o planejamento do projeto e de suas etapas e o seu acompanhamento.	• Transferência para outras empresas apenas dos atividades consideradas de apoio. As diversas atividades ligadas ao processo produtivo não são terceirizadas, pois é necessária a manutenção de competências em diversas áreas.

VARIAÇÕES DA BUROCRACIA AUTOMATIZADA **187**

essas empresas orgânicas, as terceirizações surgem, apenas, em áreas de apoio, e não em áreas produtivas. Por ser operada por projetos, ela deve manter competências diversificadas dentro de sua organização e não se concentrar em uma ou em poucas competências. Para essas empresas, inclusive, aparecem com muita freqüência contratações temporárias, devido a necessidades específicas dos projetos (trabalho *ad hoc*).

Dessa forma, uma grande automação em uma Adhocracia é dificultada, e é impossível sua transformação em uma Burocracia Automatizada, a não ser que ela opte por uma produção com grande volume e baixa variedade, alterando sua estratégia e, mesmo, o seu negócio. Como conseqüência dessas modificações apenas periféricas, verifica-se que, para essas empresas, permanecem, ainda, a grande importância dos setores de projetos e desenvolvimento,[29] grande descentralização, baixa formalização e padronização na produção e uma coordenação baseada, principalmente, no ajustamento mútuo e em habilidades.

NOTAS

[1.]Harry Braverman faz considerações sobre processos tayloristas usados em escritórios (BRAVERMAN. Harry. *Trabalho e capital monopolista*. Rio: Guanabara Koogan, 1987). Henry Mintzberg, na discussão sobre Burocracia Mecanizada, oferece exemplos desse tipo de estrutura em serviços. Trabalho que descreve processos tayloristas em bancos pode ser visto em ZAMBERLAN, F. L. e SALERNO, M. S. Racionalização e automatização: a organização do trabalho nos bancos. In: FLEURY, A. C. C. e VARGAS, N. *Organização do trabalho*. São Paulo: Atlas, 1983.

[2.]Vários exemplos de automação em serviços podem ser vistos em FITZSIMMONS, James A. FITZSIMMONS, Mona J. *Administração de serviços*. Porto Alegre: Bookman, 2000.

[3.]Isso foi discutido no Capítulo 4.

[4.]Como destacado no capítulo dedicado à automação (Capítulo 4), no atendimento, a automação pode aparecer em atividades sem nenhuma interação da tecnologia com o cliente, existindo tanto uma interação passiva quanto uma interação ativa.

[5.]Esses efeitos no setor bancário podem ser vistos em SANTOS, N. W. *Evaluating organizational changes in Banco do Brasil:* a review of a restructuring plan. Londres: University of Westminster – Harrow Business School, 1999. (Dissertação, Mestrado em Administração.) Pesquisa sobre processos de automação em bancos, trazendo aumento da produtividade, melhorias para o cliente, maior controle e inovação (nessa ordem): PEREIRA, Maria Tereza Flores e BECKER, João Luiz. O impacto da tecnologia de informação (TI) sobre o processo de trabalho individual: estudo em um grande banco brasileiro. In: *Anais Enanpad*. Atibaia: Anpad, 2003.

[6.]Trabalho que observa isso em um grande banco brasileiro: OLIVEIRA, Nélio. *Mudança organizacional e qualidade de vida no trabalho*: um estudo comparativo-temporal em agências do Banco do Brasil S/A. 2001. Dissertação (Mestrado em Administração). UFMG, Belo Horizonte.

[7.]Verificado pelo autor em agências bancárias: OLIVEIRA, Nélio. *Mudança organizacional e qualidade de vida no trabalho*: um estudo comparativo-temporal em agências do Banco do Brasil S/A. 2001. Dissertação (Mestrado em Administração). UFMG, Belo Horizonte.

[8.]Esse aspecto foi discutido no capítulo anterior. Em visita a um setor de triagem de correspondências que estava, ainda, em estágio de adequação de novas atividades automatizadas, foi verificada a inexistência

de grupos de melhoria, existindo implantadores/analistas na orientação de novas tarefas. Informações coletadas entre os funcionários dão conta da existência de grupos de melhorias baseados em princípios da qualidade total em período anterior às modificações.

[9.]Atividades ligadas a *call centers* e telemarketing, por exemplo, apresentam, geralmente, operações sem automação com o uso de grande quantidade de mão-de-obra no processo. (Ver sobre isso o artigo O novo chão de fábrica: como as centrais de atendimento estão se transformando nas linhas de montagem do século 21. *Revista Exame*, 20/10/2002.)

[10.]Aspectos discutidos no capítulo anterior.

[11.]Especificamente para o serviço bancário, vários trabalhos podem ser citados com referência às modificações e seus problemas relacionados, como, por exemplo: SALINAS, J. L. e MAÇADA, A. C. G. Mudança radical em organizações complexas: o caso do Banco do Brasil. In: *Anais Enanpad*. Foz do Iguaçu: Anpad, 1998. COSTA, M. S. S. O *preço da modernidade:* ajustes ou desajustes? Mudanças no cotidiano dos funcionários de uma instituição financeira. Brasília: UnB, 1997 (Dissertação, Mestrado em Política Social).

[12.]Jaci Correa Leite e Libânia Rangel de Alvarenga Paes apresentam quatro possibilidades de uso da TI na saúde: *administrativa, social, clínica* e *científica*. No trabalho, discute-se, também, a questão do uso instrumental para o médico (LEITE, Jaci Correa e PAES, Libânia Rangel de Alvarenga. O uso da informática no processo de tomada de decisão médica: um estudo de casos em hospitais de cardiologia na cidade de São Paulo. In: *Anais...* Anpad, 2003).

[13.]Em visita a hospitais que estavam passando por processos de automação, observou-se a realização de terceirização de várias atividades. A terceirização aparecia não apenas nas atividades de serviços gerais, mas, também, em atividades consideradas de apoio técnico, como exames patológicos, fisioterapia, farmácia, dentre outras.

[14.]MINTZBERG, Henry. *Criando organizações eficazes*: estruturas em cinco configurações. São Paulo: Atlas, 1995. MINTZBERG, Henry. *The structuring of organizations*: a synthesis of the research. Englewood Cliffs, N.J.: Prentice-Hall, 1979.

[15.]A resistência dos profissionais foi verificada em entrevistas realizadas junto a funcionários de hospitais e unidades de uma universidade. Jaci

Leite e Libânia Paes, em trabalho junto a cardiologistas em três hospitais, discutem essa questão. Eles apontam que os médicos não são arredios à tecnologia, mas a vêem como positiva na ajuda aos seus procedimentos. Todavia, apresentam certa repulsa quando se trata de tarefas relacionadas a atividades organizacionais/administrativas, como, por exemplo, a inserção de dados (LEITE, Jaci Correa e PAES, Libânia Rangel de Alvarenga. O uso da informática no processo de tomada de decisão médica: um estudo de casos em hospitais de Cardiologia na Cidade de São Paulo. In: *Anais Enanpad*. Atibaia: Anpad, 2003). Em visita a um hospital, verificaram-se tarefas ligadas à inserção de dados de paciente (protocolos) sendo realizadas por funcionários da secretaria, mesmo sabendo-se dos problemas ligados à segurança que cercam essas atividades. Em trabalho em uma universidade, além da delegação de tarefas para setores de secretaria acadêmica, verificou-se, ainda, muita subutilização dos sistemas.

[16] Especificamente para esse item, utilizaram-se dados coletados em entrevistas junto a profissionais ligados à automação de pequenas empresas.

[17] Isso é destacado no Capítulo 3, dedicado à classificação de Henry Mintzberg.

[18] Isso é destacado no Capítulo 3, dedicado à classificação de Henry Mintzberg.

[19] Extraído de entrevistas.

[20] Extraído de entrevistas.

[21] Discutido no Capítulo 7, dedicado a novas possibilidades organizacionais, na seção que trata de empreendedorismo.

[22] WOODWARD, Joan. *Organização industrial*: teoria e prática. São Paulo: Atlas, 1977.

[23] Conceitos de atuadores oferecidos no Capítulo 4 sobre Automação.

[24] Pesquisa em 54 empresas do setor petroquímico aponta que a demanda por automação aparece em maior nível para sistemas como controladores lógico-programáveis e microcomputadores e menor para tecnologias robô e sistema de manipulação remota de substâncias (DIAS, Camila Carneiro e outros. Demandas tecnológicas versus perfil tecnológico: uma análise em empresas do complexo químico, petroquímico, de petróleo e gás natural da economia baiana. In: *Anais Enanpad*. Atibaia: Anpad, 2003).

[25] Em visita a uma empresa de refrigerantes que utiliza operações ligadas a processamento de forma tradicional, observou-se que muitas tarefas que utilizavam mão-de-obra, como alimentação das máquinas e descarga de produtos, foram automatizadas. Eram tarefas ligadas a processos tayloristas e fordistas dentro de uma empresa de processamento e que puderam ser automatizadas.

[26] Em empresas de processamento ligadas à petroquímica, existe grande polêmica com relação a terceirizações de atividades ligadas à produção que podem comprometer a segurança, como, por exemplo, no caso da manutenção (ver BICUDO, Valeria Rosa. Terceirização na Petrobrás: Implicações sociais, gerenciais e políticas. In: *Anais Enanpad*. Atibaia: Anpad, 2003).

[27] Pode ser visto em SLACK, Nigel e outros. *Administração de produção*. São Paulo: Atlas, 1997. Benjamin Coriat fala que para a alta usinagem utilizam-se máquinas-ferramentas baseadas em CN (CORIAT, Benjamin. *A revolução dos robôs*: os impactos socioeconômicos da automação. São Paulo: Ed. Busca Vida, 1989. p. 119).

[28] Os sistemas utilizados para gerenciamento de projetos não foram discutidos no Capítulo 4 sobre Automação. Isso ocorreu para não se trazer confusão ao leitor. Nesse capítulo, enfatizaram-se, apenas, sistemas de automação ligados à Burocracia Automatizada. Mesmo assim, pode-se dizer que esses sistemas de gerenciamento de projetos se relacionam ao conceito de manufatura integrada por computador – CIM, discutido no mesmo capítulo.

[29] Joan Woodward apresenta essa importância em empresas de produção por unidades (WOODWARD, Joan. *Organização industrial*: teoria e prática. São Paulo: Atlas, 1977).

Parte V
PARA FINALIZAR

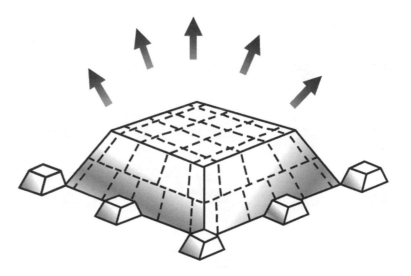

"Estou convencido de que a 'tarefa primordial' das instituições humanas, dentre as quais também o progresso, seja aquela de não apenas preservar os homens de sofrimentos inúteis e da morte precoce, mas também de conservar no homem toda a sua humanidade: a satisfação do trabalho desenvolvido com a inteligência das mãos e da mente, a satisfação de ajudar-se mutuamente e de um relacionamento feliz com os homens e com a natureza, a satisfação do conhecimento da arte."

Andrei Dmitrievitch Sakarov

Considerações Finais

O presente livro não apresenta um capítulo com o título de *Conclusão*. Afinal de contas, os dois capítulos anteriores em que aparecem a caracterização da Burocracia Automatizada e suas variações podem ser considerados a conclusão do presente trabalho, em sentido mais amplo, inclusive, uma possível conclusão para os inúmeros trabalhos realizados nos últimos anos sobre mudanças nas organizações. Obviamente, sob o prisma da abordagem ligada à estrutura organizacional e na visão do presente autor. Assim, não se observa a necessidade de um capítulo específico tratando de conclusões. Todavia, algumas considerações finais devem ser feitas, tendo em vista a necessidade de alguns esclarecimentos.

Da Existência da Burocracia Automatizada

Alguns leitores mais apressados poderão considerar que este livro aponta a Burocracia Automatizada como destino inexorável para as organizações de uma forma geral ou, mesmo, para as Burocracias Mecanizadas. E, a partir disso, duas posições poderão ser adotadas: concordância ou contraposição. No primeiro caso, poderão surgir aqueles que anunciarão e, até mesmo, defenderão a Burocracia Automatizada como o futuro das organizações. No segundo, poderão aparecer aqueles que contestarão este trabalho e a própria Burocracia Automatizada, apoiados na existência de empresas modernas com estruturas diferentes da aqui caracterizada.

Com relação a isso, deve-se alertar para o fato de que o presente livro busca caracterizar uma estrutura que adquiriu espaço no mundo das organizações nos últimos anos, tornando-se uma alternativa às estruturas tradicionais, principalmente para as Burocracias Mecanizadas. Em momento algum se tenta passar a idéia de que ela é o destino de todas as empresas ou, mesmo, de que não existirão empresas com estruturas diferentes no futuro, mesmo para aquelas com grande volume de produção e baixa variedade. Afirma-se, apenas, que várias empresas estão adotando formatos com as características estruturais aqui descritas devido a fatores situacionais que se lhes apresentam. Assim, a caracterização dessa configuração torna-se importante, merecendo ser estudada e discutida nos meios administrativos.

A Burocracia Automatizada como Modelo Estrutural Descritivo

Este trabalho apresenta a Burocracia Automatizada como um modelo descritivo de estrutura. Dessa forma, podem-se fazer duas importantes ponderações. Para a primeira, não se pretende defender o uso de Burocracias Automatizadas, apresentando-as como algo positivo e vantajoso para as empresas e para a sociedade. Como o trabalho é descritivo, procura-se, apenas, retratar uma realidade organizacional.

Para a segunda, como modelo, trata-se de uma representação. Dificilmente serão encontradas empresas que apresentarão estruturas que se encaixem perfeitamente na configuração aqui descrita. As diferentes peculiaridades de cada organização levam ao uso de estruturas próprias. O alerta feito pelos estudiosos estruturalistas das organizações que contestaram a burocracia weberiana pura não pode ser esquecido. Situações internas e externas diferentes levam ao uso de estruturas diferentes. E isso não deve ser visto como exceção ou, mesmo, anomalia, mas como uma regra que pode ser constatada na realidade. O que acontece é que muitas dessas organizações apresentam várias características aqui descritas e, assim, a Burocracia Automatizada torna-se um modelo válido.[1]

A Busca da Congruência no Aparecimento da Burocracia Automatizada

Apesar de se usar o termo *automatizada* como nome para a nova estrutura burocrática, o presente trabalho tenta, ao máximo, se afastar do determinismo tecnológico. Busca fugir, inclusive, de qualquer forma de determinismo. Os vários fatores discutidos como a estratégia, a tecnologia, o ambiente, as novas possibilidades organizacionais e as novas formas de coordenação apresentam-se, em conjunto, como fatores que levam à formação dessa estrutura. A perspectiva adotada neste livro e que balizou os estudos de Henry Mintzberg é aquela que trata da busca da congruência. Ou seja, uma organização ou uma estrutura surge na busca de congruência interna e externa. Assim, qualquer determinismo deve ser afastado ao se considerar o presente trabalho.

A Burocracia Automatizada como Complemento à Classificação de Henry Mintzberg

A caracterização feita neste livro se apóia em vários trabalhos, mas tem como base principal a classificação de cinco estruturas ou configurações apresentada por Henry Mintzberg. Aparece como uma proposta de complemento a essa classificação. Nesse aspecto, deve-se ressaltar que esse autor apresenta sua proposta de um sexto formato: a Missionária. Entretanto, a sua caracterização não foi feita, e nem se demonstrou, pelo menos por enquanto, a sua existência em grande monta no universo das organizações. Assim, com este livro, está-se propondo a Burocracia Automatizada como um sexto formato, como complemento à classificação de Mintzberg.

Ainda com relação a isso, deve-se sempre enfatizar que a Burocracia Automatizada não substitui pura e simplesmente modelos anteriores. Até que se prove o contrário, no mundo das organizações, poderão ser vistas as seis configurações e, inclusive, as variações propostas aqui e no próprio trabalho de Henry Mintzberg.

Do Sétimo Formato

Ao final de seu trabalho sobre estrutura, Henry Mintzberg propôs um outro formato (a estrutura Missionária) além daqueles cinco que ele tão bem caracterizou. Apesar do risco a que se sujeitou, deve-se enfatizar a importância de sua proposta. Se não se pôde verificar o fortalecimento daquele sexto formato na prática organizacional, pelo menos muitas discussões e trabalhos que se seguiram tiveram grande influência da mesma, inclusive este.

Assim, seguindo a mesma linha daquele autor, mas sendo menos audacioso, pode-se propor, aqui, um sétimo formato. Na verdade, esse formato foi mencionado várias vezes neste trabalho, inclusive, com sua forma principal de coordenação. Trata-se da Organização ou Estrutura em Rede que apresenta uma forma de coordenação principal baseada em contratos. Em certos aspectos, inclusive, esse sétimo formato se relaciona com a Burocracia Automatizada de maneira semelhante ao que aparece no relacionamento entre a Burocracia Divisionada e a Burocracia Mecanizada, ambas caracterizadas por Henry Mintzberg. Essas estruturas convivem em harmonia e se apóiam, podendo-se distingui-las, apenas, em relação ao nível de análise.[2]

A razão de se afirmar que a proposta é menos audaciosa deve-se ao fato de que essa estrutura já encontra respaldo em vários trabalhos. Podem-se citar, por exemplo, os estudos de Manuel Castells[3] e a proposta de organização federal de Charles Handy.[4] Fica-se na expectativa de que trabalhos futuros tratem de verificar seu fortalecimento na prática, melhor caracterizá-la e apontar suas diversas vantagens e desvantagens administrativas, econômicas e sociais.

Das Limitações deste Estudo e da Necessidade de Trabalhos Posteriores

Qualquer modelo se apresenta como uma tentativa de se mostrar uma realidade e, mesmo, uma simplificação dessa realidade. Isso é verdadeiro para o modelo aqui proposto, assim como para os modelos anteriores, como aqueles apresentados por Henry Mintzberg e, mesmo, o da burocracia de Max Weber.[5]

Entretanto, no presente caso, devem ser feitas duas considerações ligadas a limitações do estudo. Para a primeira, enfatiza-se que as alterações organizacionais que conduzem a modelos automatizados são, ainda, muito recentes, apresentando várias possibilidades. Para a segunda, constata-se, também, a escassa existência de estudos sobre ela em comparação com os estudos feitos, por exemplo, para as Burocracias Mecanizadas. Dessa forma, deve-se fazer, aqui, o mesmo alerta de Henry Mintzberg quando caracterizou a Adhocracia. Naquele momento, o autor expôs que, por ser uma estrutura recente, complexa, e por haver poucos estudos sobre ela, seu modelo poderia não retratar de forma adequada as características da estrutura que ele pretendia descrever. Esse alerta deve ser feito aqui, devido a esses mesmos fatores: estrutura recente e complexa e escassez de estudos. Fica-se, pelo menos, com o presente trabalho, uma referência para trabalhos futuros, confirmando ou contestando suas afirmações na realidade das organizações.

O Futuro Adhocrático que Não Veio

Desde que apareceram mudanças mais enfáticas nos fatores que influenciam as estruturas organizacionais, autores se posicionaram diante delas. Muitos defenderam que se estava partindo para formatos mais orgânicos e adhocráticos mais afastados do modelo burocrático de organização. Muitos, inclusive, arriscaram-se defendendo a volta de formas artesanais de produção. Algumas dessas posições, talvez, podem ter sido influenciadas pelo fenômeno apontado por Joan Woodward como a similaridade dos extremos em que empresas com produção por unidades e empresas com produção automatizadas e por processamento apresentam características estruturais semelhantes.[6]

As mudanças estruturais, realmente, apareceram, mas não se pode afirmar um afastamento de formas burocráticas de estrutura. O surgimento das Burocracias Automatizadas pode se apresentar como alternativa para a organização do trabalho ligado ao taylorismo, ao fayolismo e, mesmo, ao fordismo. Entretanto, da mesma maneira que nessas formas de organização do trabalho, ela se apóia, ainda, em bases estruturais semelhantes àquelas caracterizadas por Max Weber para a burocracia, principalmente se considerarmos as funções da estrutura apresentadas no Capítulo 2: técnica, relacional, de poder e valorativa.

As rotinas e os procedimentos de trabalho, as normas, os regulamentos e as comunicações formais ainda persistem. Naturalmente que muitos deles estão embutidos em um sistema automatizado. Todavia, os trabalhadores continuam sujeitos a eles e suas possibilidades de decisões autônomas continuam limitadas. Poder-se-ia questionar a característica da impessoalidade nessas organizações, já que não aparecem cargos bem-definidos, materialização maior da impessoalidade nas burocracias tradicionais. Entretanto, se o empregado é coordenado por valores e princípios adotados pela organização, pode-se questionar se, nessa empresa, assumem importância as características pessoais. A própria transitoriedade nas relações, inclusive nos trabalhos em equipe, é demonstração dessa impessoalidade.[7] No que se refere à legitimidade, grande base para a aceitação das relações em uma burocracia, pode-se dizer que nas Burocracias Automatizadas ela ainda se apóia no mérito e na competência. Obviamente, essa competência é diferente daquela enfatizada pelas empresas tradicionais, mas continuará sendo exigida como a base da legitimidade.

Por fim, deve-se enfatizar que com as Burocracias Automatizadas busca-se, também, a previsibilidade. Naturalmente que alterações aparecem, porém de forma incremental e constante, para que, ao final, se continue na mesma, ou seja, na manutenção de um ininterrupto fluxo de produção, fluxo importante como meio para conseguir certos objetivos ou metas determinadas. Nesse aspecto, ela segue o princípio da racionalidade, e de forma mais contundente que nas empresas tradicionais, pois a alcança pelas duas formas propostas pelo próprio Max Weber: quando se volta para o atingimento de objetivos ou metas determinadas e quando é orientada por valores.[8]

Da Burocracia Automatizada em Seus Aspectos Positivos e Negativos

Novamente, enfatiza-se que o presente trabalho é descritivo e não se propõe a defender ou atacar a estrutura baseada na Burocracia Automatizada. Nessa preocupação, deve-se lembrar que os formatos organizacionais tradicionais trouxeram grandes vantagens para a sociedade e, também, diversos problemas. Ninguém contesta, hoje, as desvantagens que as grandes Burocracias Mecanizadas trouxeram para os trabalhadores, principalmente no que se costuma chamar de alienação no trabalho. Todavia, não se discutem, também, suas vantagens em termos de desenvolvimento econômico e social. Vários elogios foram feitos ao taylorismo e ao fordismo, por trazerem a abundância produtiva e o grande emprego. O próprio mundo comunista se rendeu a essas formas de produção. Nesse aspecto, inclusive, fatores situacionais e ligados à sociedade como um todo foram, muitas vezes, mais relevantes para o aparecimento das vantagens e das desvantagens das formas de produção e das estruturas adotadas pelas organizações.[9] O mesmo pode ser dito para a Burocracia Automatizada. Ela, com certeza, trará para a sociedade vários problemas e, da mesma forma, vários benefícios. Isso ocorrerá, principalmente, a partir do posicionamento da sociedade perante ela.

No presente trabalho, procura-se, dessa maneira, dentro do possível, eximir-se de posturas de defesa ou ataques às novas formas de organização do trabalho e de estruturas. Dentro de uma preocupação administrativa apenas, busca-se apontar suas vantagens, desvantagens e possíveis problemas advindos, principalmente, em termos organizacionais. Enfatizam-se, aqui, a preocupação do presente trabalho em colaborar com a Administração e com a sociedade, mas também, o reconhecimento de seus limites na apresentação de soluções para os problemas que são aqui apontados e os que ainda o serão.

NOTAS

[1] Além desse alerta feito por estudiosos estruturalistas, é importante considerar as críticas que podem ser feitas à Escola das Configurações e que aparecem em recente livro de Henry Mintzberg (MINTZBERG, Henry, AHLSTRAND, Bruce, LAMPEL, Joseph. *Safári de estratégia*: um roteiro pela selva do planejamento estratégico. Porto Alegre: Bookman, 2000). A apresentação de uma Burocracia Automatizada pode ser considerada como influenciada pela referida escola e, assim, sujeita às críticas feitas a ela. Da mesma forma, sujeita às defesas apresentadas por Henry Mintzberg no referido livro.

[2] Esse aspecto foi discutido, inclusive, no Capítulo 7, na seção relacionada a organizações em rede.

[3] CASTELLS. Manuel. *A sociedade em rede*. São Paulo: Paz e Terra, 2001.

[4] HANDY, Charles. *Tempo de mudanças*. São Paulo: Saraiva, 1996.

[5] Esse alerta é feito por Henry Mintzberg como uma das defesas à Escola das Configurações diante de várias críticas. Ver MINTZBERG, Henry, AHLSTRAND, Bruce, LAMPEL, Joseph. *Safári de estratégia*: um roteiro pela selva do planejamento estratégico. Porto Alegre: Bookman, 2000.

[6] WOODWARD, Joan. *Organização industrial*: teoria e prática. São Paulo: Atlas, 1977.

[7] Aspecto discutido no Capítulo 9, a partir de Richard Sennett e seu livro *A corrosão do caráter*.

[8] WEBER, Max. *Economia e sociedade*. Brasília: Editora da Universidade de Brasília, 1999. volumes I e II.

[9] Não se pode deixar de salientar aqui o caso brasileiro. Aponta-se, muitas vezes, que as medidas sociais compensatórias que apareceram em outros países não apareceram aqui (ver, por exemplo, GARCIA, Fernando Coutinho. A crise asiática e os desafios da *concertazione* social no Brasil. In: PIMENTA, Solange Maria (org.). *Recursos humanos, uma dimensão estratégica*. Belo Horizonte: UFMG, 1999).

Bibliografia

ACKOFF, Russell L. *Planejamento empresarial*. Rio de Janeiro: LTC Editora, 1976.

ACUÑA, E. e FERNANDES, F. Análise de mudanças organizacionais: utilidades para políticas sociais. *Revista de Administração Pública*. Rio de Janeiro, v. 29, n.2. p. 80-109, abr./jun. 1995.

AKTOUF, Omar. O simbolismo e a cultura de empresa: dos abusos conceituais às lições empíricas. In: CHANLAT, Jean-François. *O indivíduo na organização*: dimensões esquecidas. São Paulo: Atlas, 1996.

ALVES, G. *O novo (e precário) mundo do trabalho*: reestruturação produtiva e crise do sindicalismo. São Paulo: Boitempo Editorial, 2000.

ANDREWS, Kenneth R. A responsabilidade dos diretores pela estratégia corporativa. In: MONTGOMERY, Cynthia A. e PORTER, Michael E. *Estratégia*: a busca da vantagem competitiva. Rio de Janeiro: Campus, 1998.

ANSOFF, H. Igor. *Administração estratégica*. São Paulo: Atlas, 1990.

ANSOFF, H. Igor. *Estratégia empresarial*. São Paulo: McGraw-Hill do Brasil, 1977.

ANSOFF, H. Igor; DECLERCK, Roger P., HAYES, Robert L. *Do planejamento estratégico à administração estratégica*. São Paulo: Atlas, 1981.

ANSOFF, H. Igor; McDONNELL, Edward J. *Implantando a administração estratégica*. São Paulo: Atlas, 1993.

ARAÚJO, Maria Valéria Pereira. Caminhos e descaminhos da terceirização. *Anais Enanpad*. Florianópolis: Anpad, 2000.

ASHKENAS, Ron. A roupa nova da organização. In: THE PETER DRUCKER FOUNDATION. *A organização do futuro*: como preparar hoje as empresas de amanhã. São Paulo: Futura, 1997.

AUBERT, Nicole. A neurose profissional. In: CHANLAT, Jean-François. *O indivíduo na organização*: dimensões esquecidas. São Paulo: Atlas, 1996. v. II.

BARNARD, Chester. *As funções do executivo*. São Paulo: Atlas, 1971.

BARTLETT, Christopher A. e GHOSTAL, Sumantra. Use suas subsidiárias para o alcance global. In: MONTGOMERY, Cynthia A. e PORTER, Michael E. *Estratégia*: a busca da vantagem competitiva. Rio de Janeiro: Campus, 1998

BASTIDE, Roger (coord.). *Usos e sentidos do termo estrutura*: nas ciências humanas e sociais. São Paulo: Editora Herder, 1971.

BASTOS, Antonio Virgílio Bittencourt. Os vínculos indivíduo-organização: uma revisão da pesquisa sobre comprometimento organizacional. *Anais Enanpad*. Canela: Anpad, 1992.

BATEMAN, Thomas S., SNELL, Scott A. *Administração*: construindo vantagem competitiva. São Paulo: Atlas, 1998.

BAUMOL, W. J.; PANZER, J. e WILLIG, R. *Contestable markets*. New York: Harcourt Brace Jovanovich, 1982.

BELL, Daniel. *O advento da sociedade pós-industrial*: uma tentativa de previsão social. São Paulo: Cultrix, 1977.

BENNIS, Warren. *Desenvolvimento organizacional*. São Paulo: Edgard Blucher, 1972.

BEYNON, Huw. *Trabalhando para Ford*: trabalhadores e sindicalistas na indústria automobilística. São Paulo: Paz e Terra, 1995.

BIAZZI Jr., Fabio. O trabalho e as organizações na perspectiva sócio-técnica: a conveniência e a viabilidade da implementação do enfoque sócio-técnico nas empresas. *Revista de Administração de Empresas*. São Paulo, v. 34, n.1. p. 30-37, jan./fev. 1994.

BICUDO,Valeria Rosa. Terceirização na Petrobras: implicações sociais, gerenciais e políticas. In: *Anais Enanpad*. Atibaia: Anpad, 2003.

BJUR, W. e CARAVANTES, G. R. *Reengenharia ou readministração*: do útil e do fútil nos processos de mudança. Porto Alegre: Age, 1995.

BLANCHARD, K. CARLOS, John P. e RANDOLPH, Alan. *Empowerment*. Rio de Janeiro: Objetiva, 1996.

BLAU, Peter M. A dinâmica da burocracia. In: ETZIONI, A. *Organizações complexas*: estudo das organizações em face dos problemas sociais. São Paulo: Atlas, 1973.

BLAU, Peter M. e SCOTT, W. Richard. *Organizações formais*. São Paulo: Atlas, 1970.

BLEEKE, Joel e ERNEST, David. Colaborando para competir. In: MINTZBERG, Henry e QUINN, James Brian. *O processo da estratégia*. Porto Alegre: Bookman, 2001.

BLOCK, Peter. *Stewardship*: regência. Rio de Janeiro: Record, 1995.

BOOG, Gustavo G. *Manual de treinamento e desenvolvimento da ABTD*. São Paulo: Makron Books, 1999.

BOWDITCH, J. L., BUONO, A. F. *Elementos de comportamento organizacional*. São Paulo: Pioneira, 1992.

BOWERSOX, Donald J. Os benefícios estratégicos das alianças logísticas. In: MONTGOMERY, Cynthia A. e PORTER, Michael E. *Estratégia*: a busca da vantagem competitiva. Rio de Janeiro: Campus, 1998.

BOYER, Robert. *A teoria da regulação*: uma análise crítica. São Paulo: Nobel, 1990.

BRAVERMAN. Harry. *Trabalho e capital monopolista*. Rio: Editora Guanabara Koogan S/A, 1987.

BURNS, Tom e STALKER, George Macpherson. *The management of innovation*. London: Tavistock Pub, 1966.

CABRAL, Sandro. Estratégias de desintegração vertical: um olhar sob a perspectiva de custos de transação. In: *Anais Enanpad*. Atibaia: Anpad, 2003.

CALDAS, Miguel P. O triste destino da área de O&M – I. *Revista de Administração de Empresas*. Abr/jun.1999. São Paulo, v.39, n.2, p. 6-17.

_____. O triste destino da área de O&M – II. *Revista de Administração de Empresas*. Jul/set.1999. São Paulo, v.39, n.3, p. 6-16.

CARLEIAL, Liana; GOMES FILHA, Maria Lucia de Figueiredo e NEVES, Lafaiete Santos. A gestão da força de trabalho na indústria automotiva: uma primeira aproximação a partir dos casos da Renault e da Audi-Volks. In: NABUCO, Maria Regina, NEVES, Magda de Almeida e CARVALHO NETO, Antonio Moreira. *Indústria automotiva*: a nova geografia do setor produtivo. Rio de Janeiro: DP&A Editora, 2002.

CARVALHO NETO, Antonio Moreira. *Relações de trabalho e negociação coletiva na virada do milênio*. Petrópolis: Editora Vozes, 2001.

CARVALHO NETO, Antonio Moreira; CARVALHO, Ricardo Augusto Alves. Sindicalismo e negociação coletiva nos anos 90. Belo Horizonte: Instituto de Relações de Trabalho da PUC Minas, 1998.

CASTELLS, Antoni. Los limites del estado del bienestar tradicional. In: *Crisis económica y estado del bienestar*. Madri: Instituto de Estudios Fiscales, 1989.

CASTELLS, Manuel. *Fim de milênio*. São Paulo: Paz e Terra, 2000.

_____. *A sociedade em rede*. São Paulo: Paz e Terra, 2001.

_____. *O poder da identidade*. São Paulo: Paz e Terra, 2002.

CERTO, Samuel C. *Administração moderna*. São Paulo: Prentice-Hall, 2003.

CHANDLER Jr., Alfred D. *Strategy and structure*: chapters in the history of the industrial enterprise. Cambridge: MIT Press, 1962.

_____. *The Visible Hand:* The Managerial Revolution in Americam Business. Cambridge: 1977.

_____. *Scale and scope:* the dynamics of industrial capitalism. Cambridge: Bleiknap, Harvard University, 1994.

_____. Desenvolvimento, diversidade e descentralização. In: McCRAW, Thomas K. *Alfred Chandler*: ensaios para uma teoria histórica da grande empresa. Rio de Janeiro: Editora FGV, 1998.

_____. A lógica duradoura do sucesso industrial. In: MONTGOMERY, Cynthia A. e PORTER, Michael E. *Estratégia*: a busca da vantagem competitiva. Rio de Janeiro: Campus, 1998.

CHANLAT, Jean-François. Modos de gestão, saúde e segurança no trabalho. In: DAVEL, Eduardo e VASCONCELOS, João (org.) *Recursos Humanos e subjetividade*. Petrópolis: Vozes, 1997.

──────────. *O indivíduo na organização*: dimensões esquecidas. São Paulo: Atlas, 1996. v. I e II.

CHIAVENATO, I. *Teoria geral da administração*. São Paulo: Makron Books, 1998.

CLEGG, S. (org.) *Handbook de estudos organizacionais*. São Paulo: Atlas, 1999.

CODO, Wanderley. Qualidade, participação e saúde mental: muitos impasses e algumas saídas para o trabalho no final do século. In: DAVEL, Eduardo e VASCONCELOS, João (org.) *Recursos Humanos e subjetividade*. Petrópolis: Vozes, 1995.

COLANGELO FILHO, Lucio. *Implantação de sistemas ERP*: um enfoque de longo prazo. São Paulo: Atlas, 2001.

CORIAT, Benjamin. *El taller y el cronómetro*: ensayo sobre el taylorismo, el fordismo y producción en massa. Madrid: Siglo Veintiuno Ed., 1993.

──────────. *A revolução dos robôs*: os impactos socioeconômicos da automação. São Paulo: Ed. Busca Vida, 1989.

COSTA, Luis Sergio S. e CAULLIRAUX, Heitor M. (org.). *Manufatura integrada por computador*: sistemas integrados de produção, estratégia, organização, tecnologia e recursos humanos. Rio de Janeiro: Campus, 1995.

COSTA, M. S. S. O *preço da modernidade: ajustes ou desajustes?* Mudanças no cotidiano dos funcionários de uma instituição financeira. 1997. Dissertação (Mestrado em Política Social). UnB, Brasília.

CREINER, Stuart. *Grandes pensadores da Administração*: as idéias que revolucionaram o mundo dos negócios. São Paulo: Futura, 2000.

DALE, Ernest e URWICK, Lyndall. *Organização e assessoria*. São Paulo: Atlas, 1971.

DAVEL, Eduardo e VASCONCELOS, João (org.) *Recursos Humanos e subjetividade*. Petrópolis: Vozes, 1997.

DAVIS, Frank Stephe. *Terceirização e multifuncionalidade*: idéias práticas para a melhoria da produção e competitividade da empresa. São Paulo: Editora STS, 1992.

DAVIS, Mark M.; AQUILANO, Nicholas J.; CHASE, Richard B. *Fundamentos da Administração da Produção*. Porto Alegre: Bookman, 2001.

DEJOURS, Christophe. Uma nova visão do sofrimento humano nas organizações. In: CHANLAT, Jean-François. *O indivíduo na organização*: dimensões esquecidas. São Paulo: Atlas, 1996. v. I.

DEMING, W. E. *Qualidade*: a revolução da administração. Rio de Janeiro: Marques-Saraiva, 1990.

DIAS, Mauricio Tannus. Pedagogia das organizações e saúde do trabalhador nos novos modelos de gestão. In: SAMPAIO, Jader dos Reis (org) *Qualidade de vida, saúde mental e psicologia social*: estudos contemporâneos II. São Paulo: Casa do Psicólogo, 1999.

DIAS, Camila Carneiro e outros. Demandas tecnológicas versus perfil tecnológico: uma análise em empresas do complexo químico, petroquímico, de petróleo e gás natural da economia baiana. In: *Anais Enanpad*. Atibaia: Anpad, 2003.

DONALDSON, Lex. Teoria da contingência estrutural. In: CLEGG, S. (Org.) *Handbook de estudos organizacionais*. São Paulo: Atlas, 1999.

DRUCKER, Peter F. *Prática da administração de empresas*. São Paulo: Pioneira, 1981.

──────────. *Uma era de descontinuidade*. Rio de Janeiro: Zahar Editores. 1974.

──────────. *Sociedade pós-capitalista*. São Paulo: Pioneira, 1994.

──────────. Management and the world's work. *Harvard Business Review*, v. 66, n. 5, Sep-Oct, 1988, p. 65-76.

──────────. Novos padrões para as organizações de hoje. *Coleção Harvard de Administração*. São Paulo: Nova Cultural, 1986.

──────────. A corporação sobreviverá. *Revista Exame*, 18/05/2003.

DUCCI, M. A. El enfoque de competencia laboral en la perspectiva internacional. In: *Formación basada en competencia laboral: situación actual y perspectivas*. pp 15-26, 1996.

DUQUES, Ric e GASKE, Paul. A grande organização do futuro. In: THE PETER DRUCKER FOUNDATION. *A organização do futuro*: como preparar hoje as empresas de amanhã. São Paulo: Futura, 1997.

DURKHEIM, Emile. *A divisão do trabalho social*. Brasília: Martins Fontes, 1977.

ETZIONI, Amitai. *Organizações modernas*. São Paulo: Pioneira, 1972.

_____. *Organizações complexas*: estudo das organizações em face dos problemas sociais. São Paulo: Atlas, 1973.

_____. *Análise comparativa de organizações modernas*: sobre o poder, o engajamento e seus correlatos. Rio de Janeiro: Zahar, 1974.

FAYOL, Henry. *Administração industrial e geral*. São Paulo: Atlas, 1984.

FERNANDES, E. *Qualidade de vida no trabalho*: como medir para melhorar. Salvador: Casa da Qualidade, 1996.

FERREIRA, Aurélio Buarque de Holanda. *Dicionário Aurélio da língua portuguesa*. Rio: Nova Fronteira, 1995.

FERREIRA FILHO, Nelson. *Sistema fechado, atividade aberta*: quando os automatismos não funcionam. 2003. Dissertação (Mestrado em Engenharia da Produção). UFMG, Belo Horizonte.

FISCHER, Rosa Maria e FALCONER, Andrés Pablo. Voluntariado empresarial: estratégias de empresas no Brasil. *Revista de Administração*, São Paulo v.36, n.3, p.15-27, jul/set 2001.

FITZSIMMONS, James A. FITZSIMMONS, Mona J. *Administração de serviços*. Porto Alegre: Bookman, 2000.

FLEURY, Afonso e FLEURY, Maria Tereza Leme. *Aprendizagem e inovação organizacional*: as experiências de Japão, Coréia e Brasil. São Paulo: Atlas, 1997.

FLEURY, Afonso e VARGAS, N. *Organização do trabalho*. São Paulo: Atlas, 1983.

FLEURY, Maria Tereza Leme. *Cultura e poder nas organizações*. São Paulo: Atlas, 1989.

FREEMAN Edward. *Strategic management*: a stakeholder approach. London: Pitman Publishing, 1984.

FURTADO, Celso. *Capitalismo global*. São Paulo: Paz e Terra, 1999.

GALBRAITH, John Kenneth. *O novo estado industrial*. São Paulo: Nova Cultural, 1988.

GARCIA, Fernando Coutinho. A crise asiática e os desafios da *concertazione* social no Brasil. In: PIMENTA, Solange Maria (Org). *Recursos humanos, uma dimensão estratégica*. Belo Horizonte: UFMG, 1999.

GERSTEIN, Marc. S. Das burocracias mecânicas às organizações em rede: uma viagem arquitetônica. In: NADLER, D. A. *Arquitetura organizacional*: a chave para a mudança empresarial. Rio de Janeiro: Campus, 1994.

GHEMAWAT, Pankaj. Vantagem sustentável. In: MONTGOMERY, Cynthia A. e PORTER, Michael E. *Estratégia*: a busca da vantagem competitiva. Rio de Janeiro: Campus, 1998.

GIDDENS, Anthony. *As conseqüências da modernidade*. São Paulo: Editora Unesp, 1991.

GOLDE, Roger A. Planejamento prático para pequenas empresas. *Coleção Harvard de Administração*. São Paulo: Nova Cultural, 1986.

GOLDONI, Ângelo Rodrigues e SOUZA, Lucy Aparecida. Evolução do relacionamento de fornecedores de ferramentas de corte no segmento de usinagem da cadeia automotiva brasileira. In: *Anais Enapad*. Atibaia: Anpad, 2003.

GOOLD, Michael e CAMPBELL, Andrew. As melhores maneiras de formular estratégias. In: MONTGOMERY, Cynthia A. e PORTER, Michael E. *Estratégia*: a busca da vantagem competitiva. Rio de Janeiro: Campus, 1998.

GORZ, Andre. *Crítica da divisão do trabalho*. São Paulo: Martins Fontes, 1980.

GOULDNER, Alvin W. Patos metafísico e a teoria da burocracia. In ETZIONI, A. *Organizações complexas*. São Paulo: Atlas, 1973.

_____. *Patterns of industrial Bureaucracy*. New York: Free, 1964.

GRAHAM, Pauline. *Mary Parker Follett, profeta do gerenciamento*: uma celebração dos escritos dos anos 20. Rio de Janeiro: Qualitymark , 1997.

GUEST, Robert H. Quality of work life: learning from Tarrytown. *Harvard Business Review*. Jul-Aug, 1979, p. 76-87.

GUIMARÃES, Liliane de Oliveira. Empreendedorismo no currículo dos cursos de graduação e pós-graduação em Administração: análise da organização didático-pedagógica destas disciplinas em escolas de negócios norte-americanas. In: *Anais Enanpad*. Salvador: Anpad, 2002.

HACKMAN, J. R. e OLDHAM, G.R. *Work redesign*. Illinois: Addison-Wesley, 1979.

HAKANA, Martin E. HAWKINS, Bill. Organizando para a vitória contínua. In: THE PETER DRUCKER FOUNDATION. *A organização do futuro*: como preparar hoje as empresas de amanhã. São Paulo: Futura, 1997.

HALL, Richard H. *Organizações, estruturas e processo*. Rio: Prentice-Hall, 1984.

HAMMER, Michael. A essência da nova organização. In: THE PETER DRUCKER FOUNDATION. *A organização do futuro*: como preparar hoje as empresas de amanhã. São Paulo: Futura, 1997.

———————————. *Além da reengenharia*: como organizações orientadas para processos estão mudando nosso trabalho e nossas vidas. Rio de Janeiro: Campus, 1997.

HAMMER, Michael e CHAMPY, James. *Reengenharia*: revolucionando a empresa. Rio de Janeiro: Campus, 1993.

HANAKA, Martin E. e HAWKINS, Bill. Organizando para a vitória contínua. In: THE PETER DRUCKER FOUNDATION. *A organização do futuro*: como preparar hoje as empresas de amanhã. São Paulo: Futura, 1997.

HANDY, Charles. *Tempo de mudanças*. São Paulo: Saraiva, 1996.

HELOANI, Roberto. *Organização do trabalho e administração*: uma visão multidisciplinar. São Paulo: Editora Cortez, 1994.

HERZBERG, Frederick. One more time: how to motivate employees? *Harvard Business Review,* Boston: v. 46, nº 1, p. 53-62, Jan/Feb 1968.

HILL, C. W. L., HWANG, P. e KIM, W. C. An eclectic theory of the choice of international entry mode. *Strategic Management Journal* 11, p. 117-128, 1990.

HOLLANDA, E. L. & MORAES, W. F. A. Perfil organizacional de grandes empresas privadas brasileiras: uma imposição do mercado? In: *Anais Enanpad*. Porto Alegre: Anpad, 1996.

HUSE, E.; CUMMINGS, T. *Organization development and change*. Minnesota: West Publishing, 1985.

JUNQUEIRA, Luiz Augusto Costa Curta e VIANNA, Marco Aurélio Ferreira. Capital intelectual, gestão do conhecimento e universidade corporativa. In: BOOG, Gustavo G. *Manual de treinamento e desenvolvimento da ABTD*. São Paulo: Makron Books, 1999.

KANTER, Rosabeth Moss. O gerente intermediário como inovador. *Harvard Business Review*, Aug 2004. p. 86-96.

KATZ, Daniel, KAHN, Robert L. *Psicologia social das organizações*. São Paulo: Atlas, 1976.

KATZ, Robert. As habilidades do executivo. *Coleção Harvard de Administração*. São Paulo: Nova Cultural, 1986.

KILLING, Peter. E se o rival for um parceiro? *HSM Management*. nov/dez 2002. p. 133-136.

KOTLER, Philip. Competitividade e caráter cívico. In: THE PETER DRUCKER FOUNDATION. *A organização do futuro*: como preparar hoje as empresas de amanhã. São Paulo: Futura, 1997.

KOTLER, Philip e ARMSTRONG, Gary. *Princípios de marketing*. Rio de Janeiro: LTC, 1999.

LACERDA, Juliana Subtil. Novos padrões de organização da produção e de relacionamento na indústria automotiva: o caso da General Motors em Gravataí. In: *Anais Enanpad*. Atibaia: Anpad, 2003.

LARAIA, Roque de Barros. *Cultura*: um conceito antropológico. Rio de Janeiro: Jorge Zahar, 2002.

LAUDON, Kenneth C. e LAUDON, Jane P. *Sistemas de Informação*. Rio de Janeiro: LTC, 1998.

LAWRENCE, Paul R. LORSCH, Jay W. *As empresas e o ambiente*. Petrópolis: Editora Vozes, 1973.

LEAL, Rosangela Maria de Almeida Camarano. *Novas tecnologias no setor automotivo*: o saber relacional em questão. 2001. Dissertação (Mestrado em Engenharia da Produção). UFMG, Belo Horizonte.

LEITE, Jaci Correa e PAES, Libânia Rangel de Alvarenga. O uso da informática no processo de tomada de decisão médica: um estudo de casos em hospitais de Cardiologia na Cidade de São Paulo. In: *Anais Enanpad*. Atibaia: Anpad, 2003.

LEVINSON, H. Administração pelos objetivos de quem? *Coleção Harvard de Administração*. Nova Cultural, 1986.

LEVITT, Theodore. A globalização dos mercados. In: MONTGOMERY, Cynthia A. e PORTER, Michael E. *Estratégia*: a busca da vantagem competitiva. Rio de Janeiro: Campus, 1998.

———————————. Miopia em marketing. *Coleção Harvard de Administração*. São Paulo: Nova Cultural, 1986.

LEWICKI, Roy L., SAUNDERS, David M. e MINTON, John W. *Fundamentos da negociação*. Porto Alegre: Bookman, 2002.

LEWIN, K. *Teoria de campo em ciência social*. São Paulo: Pioneira, 1965.

LIKERT, R. *Novos padrões de Administração*. São Paulo: Pioneira, 1979.

LIMA, Maria Elizabeth Antunes. *Os equívocos da excelência*: as novas formas de sedução na empresa. Petrópolis: Vozes, 1996.

LODI, João Bosco. *Governança Corporativa*: o governo da empresa e o conselho de administração. Rio de Janeiro: Elsevier, 2000.

LOIOLA, Elizabeth, TEIXEIRA, João Carlos, NERIS, Jorge Santos e RIOS, Mino Correia. Padrões de adoção de práticas inovadoras de produção e organização no Brasil. In: *Anais Enanpad*. Atibaia: Anpad, 2003.

MAJONE, Giandomenico. Do estado positivo ao estado regulador: causas e conseqüências de mudanças no modo de governança. *Journal of Public Policy*, v. 17, part 2 May-Aug 1997, p. 139-167.

MARCH, James g. e SIMON, Herbert. *Teoria das organizações*. Rio de Janeiro: Fundação Getulio Vargas, 1972.

MARTIN, Scott B. e VEIGA, João Paulo C. Globalização dos mercados, localização produtiva e relações interfirmas: o caso das montadoras alemãs nos EUA nos anos 1990. In: NABUCO, Maria Regina, NEVES, Magda de Almeida e CARVALHO NETO, Antonio Moreira. *Indústria automotiva*: a nova geografia do setor produtivo. Rio de Janeiro: DP&A Editora, 2002.

MARX, Karl. *O capital*: crítica da economia política. São Paulo: Nova Cultural, 1988.

——————. *A ideologia alemã*. São Paulo: Grijalbo, 1977.

MAYO, Elton. *Problemas de un civilización industrial*. Buenos Aires: Galatea-Nueva Vision, 1959.

McCRAW, Thomas K. *Alfred Chandler*: ensaios para uma teoria histórica da grande empresa. Rio de Janeiro: Editora FGV, 1998.

McFARLAN, f. Warren. A tecnologia da informação muda a sua maneira de competir. In: MONTGOMERY, Cynthia A. e PORTER, Michael E. *Estratégia*: a busca da vantagem competitiva. Rio de Janeiro: Campus, 1998.

McGREGOR, Douglas. *O lado humano na empresa*. São Paulo: Martins Fontes, 1999.

McKENNA, Regis. *Marketing de relacionamento*: estratégias bem-sucedidas para a era do cliente. Rio de Janeiro: Campus, 1992.

MELO, Marlene Catarina O. L. *Estratégias do trabalhador informático nas relações de trabalho*. Belo Horizonte: UFMG, 1991 (relatório final de pesquisa).

MERTON, Robert K. *Sociologia*: teoria e estrutura. São Paulo: Mestre Jou, 1970.

MERTON, Robert. Estrutura burocrática e personalidade. In: ETZIONI, A. *Organizações complexas*: estudo das organizações em face dos problemas sociais. São Paulo: Atlas, 1973.

MINTZBERG, Henry. *The structuring of organizations*: a synthesis of the research. Englewood Cliffs, N.J.: Prentice-Hall, 1979.

——————. The organization as political arena. *Journal of Management Studies*. v. 22, pp.133-153, 1985.

——————. Trabalho do executivo: o folclore e o fato. In: *Coleção Harvard de Administração*. São Paulo: Nova Cultural, 1986.

——————. *Criando organizações eficazes*: estruturas em cinco configurações. São Paulo: Atlas, 1995.

MINTZBERG, Henry e QUINN, James Brian. *O processo da estratégia*. Porto Alegre: Bookman, 2001.

MINTZBERG, Henry; AHLSTRAND, Bruce e LAMPEL, Joseph. *Safári de estratégia*: um roteiro pela selva do planejamento estratégico. Porto Alegre: Bookman, 2000.

MINZTBERG, Henry e HUY, Quy Nguyen. Reforma, revolução e rejuvenescimento. *HSM Management* n. 41, pp. 64-72, nov-dez 2003.

MONTGOMERY, Cynthia A. e PORTER, Michael E. *Estratégia*: a busca da vantagem competitiva. Rio de Janeiro: Campus, 1998.

MORGAN, Gareth. *Imagens da organização*. São Paulo: Atlas, 1996.

MOTTA, P. R. *A ciência e a arte de ser dirigente*. Rio: Record, 1991.

——————. *Transformação organizacional*. Rio de Janeiro: Qualitymark, 2000.

MOUZELIS, Nicos P. *Organización y burocracía*: un análisis de las teorías modernas sobre organizaciones sociales. Barcelona: Península, 1975.

MUCHINSKY, Paul M. *Psicologia Organizacional*. São Paulo: Pioneira Thompson Learning, 2004.

NABUCO, Maria Regina. *Relações de trabalho contemporâneas*. Belo Horizonte: Instituto de Relações de Trabalho da PUC Minas, 1998.

NABUCO, Maria Regina, NEVES, Magda de Almeida e CARVALHO NETO, Antonio Moreira. *Indústria automotiva*: a nova geografia do setor produtivo. Rio de Janeiro: DP&A Editora, 2002.

NADLER, D. A. e LAWLER, E. E. Quality of work life: perspectives and directions. *Organizational Dynamics*. V. 11, nº 7, p. 20-30, 1983.

NADLER, David A.; GERSTEIN, Marc S.; SHAW, Robert B. *Arquitetura organizacional*. Rio: Campus, 1994.

NAISBITT, John. *O paradoxo global*. Rio de Janeiro: Campus, 1994.

NEVES, Magda de Almeida; OLIVEIRA, André Mourthé e BRANDÃO, Nágela Aparecida. A complexa montagem de um veículo: a Mercedes-Benz em Juiz de Fora. In: NABUCO, Maria Regina, NEVES, Magda de Almeida e CARVALHO NETO, Antonio Moreira. *Indústria automotiva*: a nova geografia do setor produtivo. Rio de Janeiro: DP&A Editora, 2002.

NORRIS, Grant; HURLEY, James R.; HARTLEY, Kenneth M.; DUNLEAVY, John R.; BALLS, John D. *E-businesss e ERP*: transformando as organizações. Rio de Janeiro: Qualitymark, 2001.

O'BRIEN, James A. *Sistemas de informação e as decisões gerenciais na era da internet*. São Paulo: Saraiva, 2001.

OHMAE, Kenichi. Voltando à estratégia. In: MONTGOMERY, Cynthia A. e PORTER, Michael E. *Estratégia*: a busca da vantagem competitiva. Rio de Janeiro: Campus, 1998

——————————. Gerenciando em um mundo sem fronteiras. In: MONTGOMERY, Cynthia A. e PORTER, Michael E. *Estratégia*: a busca da vantagem competitiva. Rio de Janeiro: Campus, 1998.

OLIVEIRA, Marco A. *Terceirização*: estruturas e processos em xeque nas empresas. São Paulo: Nobel, 1994.

OLIVEIRA, Nélio. Clima organizacional: discussões metodológicas da implantação de uma pesquisa no Banco do Brasil. In: *Anais Enanpad*. Foz do Iguaçu: Anpad, 1999.

——————————. Models and styles of decision-making: a research together with "Banco do Brasil" managers regarding the concession of credit to small rural entrepreneurs. In: *Anais Balas*. San Diego: Balas, 2001.

——————————. *Mudança organizacional e qualidade de vida no trabalho*: um estudo comparativo-temporal em agências do Banco do Brasil S/A. 2002. Dissertação (Mestrado em Administração). UFMG, Belo Horizonte.

OSBORNE, D. e GAEBLER, T. *Reinventando o governo*: como o espírito empreendedor está transformando o setor público. Brasília: M. H. Comunicação, 1977.

OUCHI, William. *Teoria Z*: como as empresas podem enfrentar o desafio japonês. São Paulo: Nobel, 1986.

PADUAN, Roberta. Grande é bonito. *Revista Exame*, 29/06/2003.

PAGNONCELLI, Derniz. *Terceirização e parcerização*: estratégias para o sucesso empresarial. Rio de Janeiro: D. Pagnoncelli, 1993.

PARSONS, Talcott. Sugestões para um tratado sociológico da teoria da organização In: ETZIONI, A. *Organizações complexas*: estudo das organizações em face dos problemas sociais. São Paulo: Atlas, 1973.

PARSTON, Greg. Produzindo resultados sociais. In: THE PETER DRUCKER FOUNDATION. *A organização do futuro*: como preparar hoje as empresas de amanhã. São Paulo: Futura, 1997.

PEREIRA, Maria Tereza Flores e BECKER, João Luiz. O impacto da tecnologia de informação (TI) sobre o processo de trabalho individual: estudo em um grande banco brasileiro. In: *Anais Enanpad*. Atibaia: Anpad, 2003.

PERROW, Charles. *Análise organizacional*. São Paulo: Atlas, 1972.

——————————. *Sociología de las organizaciones*. España: McGraw-Hill, 1991.

PETERS, Thomas J. e WATERMAN Jr., Robert H. *Vencendo a crise*: como o bom senso empresarial pode superá-la. São Paulo: Editora Harper & Row, 1983.

PIMENTA, Solange Maria (org). *Recursos humanos, uma dimensão estratégica*. Belo Horizonte: UFMG, 1999.

PIMENTA, Solange Maria. A estratégia da gestão na nova ordem das empresas. In: PIMENTA, Solange Maria (Org). *Recursos humanos, uma dimensão estratégica*. Belo Horizonte: UFMG, 1999

PORTER, Michael E. *Estratégia competitiva*: técnicas para análise de indústrias e da concorrência. Rio de Janeiro: Campus, 1986.

PRAHALAD, C. K. e HAMEL, Gary. A competência essencial da corporação. In: MONTGOMERY, Cynthia A. e PORTER, Michael E. *Estratégia*: a busca da vantagem competitiva. Rio de Janeiro: Campus, 1998

QUINN, James Brian e HILMER, Frederick G. Essência competitiva e terceirização estratégica. In: MINTZBERG, Henry e QUINN, James Brian. *O processo da estratégia*. Porto Alegre: Bookman, 200.

REICHHELD, Frederick. Entrevista concedida. *HSM Management*. Julho-agosto, 2000.

RIES, Al e TROUT, Jack. *Marketing de guerra*. São Paulo: McGraw-Hill, 1986.

RIFKIN, Jeremy. *O fim dos empregos*: o declínio inevitável dos níveis dos empregos e a redução da força global de trabalho. São Paulo: Makron Books, 1995.

_____. Entrevista concedida. *Revista Você SA*, 13/11/2004.

ROBBINS, Stephen. *Comportamento organizacional*. Rio de Janeiro: LTC, 1999.

ROCHA, Denilson R. A. *O poder dos indivíduos*: estratégias de sobrevivência e auto-regulação frente à dominação das organizações. 2000. Dissertação (Mestrado em Administração) UFMG, Belo Horizonte.

RODRIGUES, Suzana Braga. Processo decisório em universidade: teoria III. *Revista de Administração Pública*. v. 19, n. 4, out/dez, 1985. p. 60-74.

SACCOL, Amarolina Zanela, PEDRON, Cristiane Dreber, LIBERALI NETO, Guilherme, MACADAR, Marie Anne e CAZELLA, Silvio César. Avaliação do impacto dos sistemas ERP sobre variáveis estratégicas de grandes empresas no Brasil. *Revista de Administração Contemporânea*. V. 8, n. 1, jan/mar, 2004: 09-34.

SALINAS, J. L. e MAÇADA, A. C. G. Mudança radical em organizações complexas: o caso do Banco do Brasil. In: *Anais Enanpad*. Foz do Iguaçu: Anpad, 1998.

SAMPAIO, Jader dos Reis (org.). *Qualidade de vida, saúde mental e psicologia social*: estudos contemporâneos II. São Paulo: Casa do Psicólogo, 1999.

SANTOS, Cléa Maria Quaresma; MORAES, Lucio Flavio Renault e KILIMNIK, Zélia Miranda. Qualidade de vida no trabalho, estresse ocupacional e sistema just-in-time: um estudo de caso no setor automobilístico. *Anais Enanpad*. Foz do Iguaçu: Anpad, 1999.

SANTOS, N. W. *Evaluating organizational changes in Banco do Brasil*: a review of a restructuring plan. Londres: University of Westminster – Harrow Business School, 1999. (Dissertação, Mestrado em Administração.)

SCHEER, AUGUST-WILHELM. *CIM*: evoluindo para a fábrica do futuro. Rio de Janeiro: Qualitymark, 1993.

SCHEIN, E. *Psicologia organizacional*. Rio de Janeiro: Prentice-Hall, 1982.

_____. *Organizational culture and leadership*. San Francisco: Jossey-Bass Pub, 1992.

SCHUMPETER, Joseph A. *A teoria do desenvolvimento econômico*. São Paulo: Nova Cultural, 1988.

SELZNICK, Philip. *TVA and the grass roots*: a study in the sociology of formal organization. New York: Harper & Row Pub, 1966.

_____. Fundamentos da teoria da organização. In: ETZIONI, A. *Organizações complexas*: estudo das organizações em face dos problemas sociais. São Paulo: Atlas, 1973.

SENGE, Peter M. *A quinta disciplina*: a arte e a prática da organização que aprende. São Paulo: Editora BestSeller, 1998.

SENGE, Peter; FABIOLA Nobre e TAITO Nobre. Abram mão do poder. *Revista Exame,* 06/08/2003.

SENNETT, Richard. *A corrosão do caráter*. Rio de Janeiro: Record, 1999.

SIMA, Arnaldo Ferreira. Tecnologias CIM: equipamentos utilizados no controle de sistemas produtivos. In: COSTA, Luis Sergio S. e CAULLIRAUX, Heitor M. (org.). *Manufatura integrada por computador*: sistemas integrados de produção, estratégia, organização, tecnologia e recursos humanos. Rio de Janeiro: Campus, 1995.

SIMON, Herbert. *Comportamento administrativo*: estudo dos processos decisórios nas organizações administrativas. Rio de Janeiro: FGV, 1979.

SIQUEIRA, Moema Miranda. Cultura e organizações públicas. *Revista do Serviço Público*. Ano 47. Volume 120. Número 2. Maio-agosto 1996.

SLACK, Nigel e outros. *Administração de produção*. São Paulo: Atlas, 1997.

SMITH, Adam. *A riqueza das nações*. São Paulo: Nova Cultural, 1988.

SPECTOR, B. *Como criar e administrar empresas horizontais*. Rio: Campus, 1998.

SOARES, Rozália Del Gáudio e PIMENTA, Solange Maria. O homem e a máquina: de operador a espectador. In: *Anais Enanpad*. Florianópolis: Anpad, 2000.

SOUZA, César Alexandre, VASCONCELOS, Eduardo Pinheiro Gondim. Tecnologia da Informação e centralização organizacional: um estudo de caso de implementação de sistema ERP. *Anais Enanpad*. Atibaia: Anpad, 2003.

SOUZA, Edela Lanzer Pereira. *Clima e cultura organizacionais*: como se manifestam e como se manejam. Porto Alegre: Edgar Blucher, 1978.

SPERLING, Luciana Grandi. *Expectativas e estratégicas de auto-regulação dos gerentes frente a processos de reestruturação e modernização*: um estudo em organizações da administração pública indireta. 2002. Dissertação (Mestrado em Administração) UFMG, Belo Horizonte.

STALK Jr., George. Tempo: a próxima fonte de vantagem competitiva. In: MONTGOMERY, Cynthia A. e PORTER, Michael E. *Estratégia*: a busca da vantagem competitiva. Rio de Janeiro: Campus, 1998.

STEINBERG, Herbert e HLLQVIST, Bengt. *A dimensão humana da Governança Corporativa*: pessoas criam as melhores e piores práticas. São Paulo: Editora Gente, 2003.

STEVENSON, William J. *Administração das operações de produção*. Rio de Janeiro: LTC, 2001.

STONER, James A. F. e FREEMAN, R. Edward. *Administração*. Rio de Janeiro: Prentice-Hall, 1995.

STREBEL, Paul. Escolhendo o caminho certo. FINANCIAL TIMES. *Dominando administração*. São Paulo: Makron, 1999.

TAMAYO, Álvaro. Exaustão emocional no trabalho. *Revista de Administração*, São Paulo v.37, n.2, p. 26-37, abr/jun 2002.

TAVARES, Mauro C. *Planejamento estratégico*: a opção entre sucesso e fracasso empresarial. São Paulo: Harbra Business, 1991 .

———————. *Gestão estratégica*. São Paulo: Atlas, 2000.

TAYLOR, Frederick. W. *Princípios de administração científica*. São Paulo: Atlas, 1984.

THE PETER DRUCKER FOUNDATION. *A organização do futuro*: como preparar hoje as empresas de amanhã. São Paulo: Futura, 1997.

THOMPSON, James D. *Dinâmica organizacional*. São Paulo: McGraw-Hill, 1976.

TOFFLER, Alvin. *O choque do futuro*. Rio: Editora Artenova S/A, 1972.

———————. *A terceira onda*. Rio de Janeiro: Record, 1980.

TOMASKO, Robert M. *Downsizing*: reformulando e redimensionando sua empresa para o futuro. São Paulo: Makron Books, 1992.

TOURAINE, Alain. *Poderemos viver juntos?* Petrópolis: Editora Vozes, 2003.

ULRICH, Dave. *Os campeões de recursos humanos*. São Paulo: Futura, 1998.

URWICK, Lyndall. *Elements of administration*. London: Pitman Pub, 1974.

VASCONCELOS, E. *Estruturas das organizações*. São Paulo: Pioneira, 1986.

VIET, Jean. *Métodos estruturalistas nas ciências sociais*. Rio de Janeiro: Edições Tempo, 1967.

WALTON, R. E. Quality of working life. What is it? *Sloan Management Review*. V. 15, nº 1, p. 11-21, 1973.

WEBER, Max. *Ensaios de Sociologia*. Rio de Janeiro: LTC, 1982.

———————. *Economia e sociedade*. Brasília: Editora da Universidade de Brasília, 1999.

———————. *A ética protestante e o espírito capitalista*. São Paulo: Editora Martin Claret, 2002.

WETHER Jr., William B., DAVIS, Keith. *Administração de recursos humanos*. São Paulo: McGraw-Hill, 1983.

WILLIAMSON, Oliver. *The economic institution of capitalism*: firms, markets, relational contracting. New York: Free, 1985.

———————. *Transaction-cost economics*: the governance of contractual relations. In: WILLIAMSON, Oliver e MASTEN, Scott E. *Transaction cost economics*. London, Edward Elgar Publishing Limited, 1995 volumes I e II.

WILLIAMSON, Oliver e MASTEN, Scott E. *Transaction cost economics*. London, Edward Elgar Publishing Limited, 1995 volumes I e II.

WOMACK, J. *A máquina que mudou o mundo*. Rio de Janeiro: Campus, 1992.

WOOD Jr., Thomaz. Fordismo, toyotismo e volvismo: os caminhos da indústria em busca do tempo perdido. In: WOOD, Thomaz. (coord). *Mudança organizacional*. São Paulo: Atlas, 2000.

_____. Teoria do caos e administração de empresas. In: WOOD, Thomaz (coord.). *Mudança organizacional*. São Paulo: Atlas, 2000.

WOOD Jr., Thomaz (coord.). *Mudança organizacional*. São Paulo: Atlas, 2000.

WOOD Jr., Thomaz e CALDAS, Miguel P. Inovações gerenciais em ambientes turbulentos. In: WOOD, T. (coord.). *Mudança organizacional*. São Paulo: Atlas, 2000.

WOODWARD, Joan. *Organização industrial*: teoria e prática. São Paulo: Editora Atlas, 1977.

WRAPP, H. Edward. Bons gerentes não tomam decisões políticas. *Coleção Harvard de Administração*. v. 28. São Paulo: Nova Cultural, 1986.

ZAMBERLAN, F. L. e SALERNO, M. S. Racionalização e automatização: a organização do trabalho nos bancos. In: FLEURY, A. C. C. e VARGAS, N. *Organização do trabalho*. São Paulo: Atlas, 1983.

ZARIFIAN, Philippe. A gestão da e pela competência. *Seminário internacional: educação profissional, trabalho e competências*. Rio de Janeiro: Ciet, nov 1996.

_____. *Objetivo competência*. São Paulo: Atlas, 2001.

ZAWISLAK, Paulo Antonio e MELO, Aurélia Adriana. A indústria automotiva no Rio Grande do Sul: impactos recentes e alternativas de desenvolvimento. In: NABUCO, Maria Regina, NEVES, Magda de Almeida e CARVALHO NETO, Antonio Moreira. *Indústria automotiva*: a nova geografia do setor produtivo. Rio de Janeiro: DP&A Editora, 2002.

Índice

A

Abordagem
    contingencial, 17
    estruturalista, 15
Adhocracia, 28, 43, 88, 185
Administração
    de recursos humanos, 95
    estratégica, 88
    japonesa, 107
    por objetivos, 85
Advocacia, 177
Ajustamento mútuo, 23
Alianças, 77, 153
Alterações produtivas, 132
Ambiente, 17, 54, 143
Ansoff, H. Igor, 73, 86
Armstrong, Gary, 64, 74
Arquitetura organizacional, 3
Ascetismo, 14
Assessorias, 25, 177
    de apoio, 26, 138
Atendimento, 49, 173
    personalizado, 74, 181
Atividade-fim, 49, 173
Atividade-meio, 49, 173
Atuadores, 45
Autogestão, 117
Automação, 33
    em operações de serviços, 47
    limites da, 176, 185
    nas operações de manufatura, 46
Auto-regulação, 157, 177

B

Bancos, 174
Barnard, Chester I., 15, 108, 114, 159
Barth, Peter, 97
Bateman, Thomas, 93
Bennis, Warren, 107
Beynon, Huw, 36, 37
Bowdicht, J., 105
Brasil, 142
Braveman, Henry, 43
Buono, A. F., 105
Burnout, 157
Burns, Tom, 17, 24
Burocracia, 12
    Automatizada, 125

Divisional, 27
    fayolista, 13
    Mecanizada, 24
    Profissional, 25, 177
    taylorista, 13

C

Capacidade intuitiva, 160
Capital humano, 78
Cargos, 10
    alargamento de, 87
    enriquecimento de, 87
    rodízio de, 42
Carisma, 12
Castells, Manuel, 54, 58, 77, 147, 193
Células, 136
Champy, James, 78, 91
Chandler, Alfred D., 18, 71, 72
Círculos de controle de qualidade, 117
Civismo, 75
Cliente, 73
Co-gestão, 117
Comércio eletrônico, 47
Comitês de empresa, 117
Competência(s), 74, 75, 97, 134, 151
    essenciais, 75, 184
Competição, 74
Complexidade, 56, 64
Componente administrativo, 136, 177
    problemas no, 158
Comportamento oportunista, 157
Comprometimento, 157, 177, 181, 185
Computer integrated enterprise - CIE, 47
Concentração, 177, 179
Concorrência, 63
    global, 76
Conflitos, 114
Congruência, 22, 192
Conselhos
    de diretores, 79
    de executivos, 79
Consultoria, 177
Consumo, 64
Contestabilidade, 63, 74
Contratos, 110, 149, 193
    clássicos, 113
    coordenação por, 114
    neoclássicos, 113
    relacionais

    bilaterais, 113
    unificados, 113
    tipos de, 113
Controle numérico, 38
    baseado em computador, 44
    por computador, 186
Coordenação, 7, 22, 103
    de supervisão direta, 182
    formas de, 22, 103
    política, 115
    por ajustamento mútuo, 187
    por contratos, 149
    por padronização de habilidades, 177
    por valores, 128, 135, 179
Core business, 92
Coriat, Benjamin, 142
Corrosão do caráter, A, 164
Costumer Relationship Management - CRM, 145
Crainer, Stuart, 94, 97
Cultura
    críticas à, 108
    forte, 109
    gerenciamento da, 107
    nas organizações, 103
Cúpula estratégica, 140
    problemas, 159
Custos, 180
    da implantação, 155
    de transação, 71, 111, 145
Cyert, Richard, 114

D

Déficit público, 60
Desemprego, 161
Desenho organizacional, 3
Desenvolvimento Organizacional - DO, 87, 107, 129, 132, 150
Diferenciação, 6
Dinamismo, 64
Direitos humanos, 62
Diversidade global, 61
Divisão do trabalho, 6, 10
Divisões, 27
DO - Desenvolvimento Organizacional, 132
Donaldson, Lex, 4, 17
Doutrinação, 106
Downsizing, 90, 97, 140, 152
Drucker, Peter F., 58, 64, 85

ÍNDICE **207**

E

e-business, 47, 127
Ecologia, 61
e-commerce, 127
Economia(s), 71
 de custos de transação, 111
 de escala, 71, 111
 de escopo, 71, 111
 de serviços, 58
 global, 58
 informacional, 59, 147
 informal, 182
Eficiência, 6, 10
Empowerment, 97, 137, 140
Empreendedora(s), 182
 competências, 95
 estratégia, 72
Empreendedorismo, 94, 183
Empresa(s)
 cidadã, 151
 de processamento, 39, 183
 de produção contínua, 40
 em rede, 114, 193
 horizontalização, 97
 mãe, 93
 máquina, 125
 pequenas, 24, 180
 uso da, 111
Enterprise commerce management - ECM, 47
Enterprise resources planning - ERP,
 47, 127, 176
Envolvimento, 132
Equipe, 86
Especialização, 10
Estado de bem-estar social, 59
Estandardização, 71
Estratégia(s), 18, 69, 72, 144
 empreendedora, 72
 funcionais, 76, 145
 gerais, 73, 145
 internacionais, 76
 tradicionais, 71
Estresse, 157, 177, 185
Estrutura(s)
 elementos da, 6
 em rede, 193
 matriciais, 28, 88
 mecanística, 17
 mecanizadas, 186
 orgânica, 17, 186
 organizacional, 3, 4
 funções da, 4
 simples, 24
 tipos de, 10
Ética, 62, 75, 104
 protestante, 14, 104
Etzione, Amitai, 105
Executivo-chefe, 79, 159
Extended enterprise resources planning -
 eERP, 47
Extraprise resources planning - ERPII, 47

F

Fatores contingenciais, 22
Faturamento, 155
Fayol, Henry, 11, 70
Fayolismo, 11, 194
Fidelização, 145
Flexibilidade, 77, 181

produtiva, 51, 57, 77, 146, 176
Follett. Mary P., 15
Ford, Henry, 36, 71
Fordismo, 71, 194
Formalização, 185
Formato organizacional, 3
Fornecedores, 63
Fornecimento, 155
Freeman, R. Edward, 4
Função
 de poder, 5, 13
 relacional, 5, 13
 técnica, 5, 13
 valorativa, 5, 13
Fusões, 77

G

Galbraith, John K., 70
Gerências
 competências, 158
 habilidades, 159
Gerentes, 136, 158
Gerstein, Marc S., 5, 93
Gestão
 das competências, 96, 151
 de saúde, 151
 estratégica, 88
 de pessoas, 138, 151
 pela Qualidade Total - GQT, 89, 107,
 132, 136, 150
Globalização, 58
Governança Corporativa, 159
Greenfields, 163
Grupos
 semi-autônomos, 87, 136
 tarefa, 87

H

Hall, Richard H., 4, 5, 115
Hammer, Michael, 73, 78, 91
Handy, Charles, 193
Hawthorne, pesquisa de, 104
Hilmer, Frederick G., 76
Hospitais, 177

I

Ideologia, 104, 109
Incorporações, 77
Individualismo, 61
Informalidade, 14
Inovação, 75
Insatisfação, 156
Instabilidade, 56, 65
Integração, 6, 63, 178, 181, 184, 186
 com clientes, 78
 com distribuidores, 78
 com fornecedores, 78
 de sistemas, 44, 51, 127
 externa, 153
 formas de, 22
 horizontal, 72
 vertical, 72
Interesses, 114
Interligação, 173
Intervenção, 130, 173, 178, 183
Investimentos, retorno, 180

J

Jones, Daniel, 90
Just-in-time, 78, 90, 143, 146

K

Kaizen, 89, 151
Kanban, 90
Katz, Robert, 159
Kotler, Philip, 64, 74, 75

L

Laudon, Kenneth e Jane, 47
Lawrence, Paul R., 6, 17
Lewin, Kurt, 107, 151
Liderança
 contingencial, 137
 situacional, 137
Lindblom, Charles, 114
Linha de montagem fordista, 35
Lorsch, Jay W., 6, 17

M

Macroambiente, 55, 57
Manufacturing resources planning - MRPII,
 47
Manufatura
 Assistida por Computador (CAM -
 Computer-aided manufactuting),
 46, 126
 Integrada por Computador (CIM -
 Computer-integrated manufacturing),
 46, 126
 operações de, 35
Manutenção, 131, 173
Mão-de-obra, substituição de, 173, 181
Máquinas, 33
 fixas, 35
 universais, 34, 186
Máquinas-ferramentas, 34
March, James, 114
Marketing de massa, 74
Marx, Karl, 104
Materials requirements planning - MRP, 47
Matriz, 88
Médicos, 177
Melhorias, 173
 diversas, 131
Mercado, uso do, 111
Mérito, 12
Microambiente, 55, 63
Mintzberg, Henry, 22, 25
Monitoramento, 130, 173, 178, 183
Montgomery, Cynthia A., 70, 73
Morgan, Gareth, 115
Motta, Paulo, 117, 160
Mudanças, 89, 150, 152, 180
 culturais, 106
 radicais, 152
Multifuncionalidade, 130, 134, 136,
 173, 176, 179

N

Nadler, David A., 5
Naisbitt, John, 61

208 ÍNDICE

Não-integração, 76
Negociações ganha-ganha, 160
Negociador, 117
Negócio(s)
   áreas estratégicas de, 86
   plano de, 95
   principal, 76, 92
   unidades estratégicas de, 86
Núcleo operacional, 125, 156, 173
   problemas humanos no, 156

O

Oportunismo, 111
Organização(ões)
   confiança entre, 112
   de aprendizagem, 93, 150
   em rede, 92, 114, 153, 193
   federal, 193
   funcional, 11
   informal, 14, 104
   missionária, 110, 192
   não-governamentais (ONGs), 59
   normativas, 105
   paralelas, 86
   políticas, 115
Ouchi, William, 107

P

Padronização, 71
   de habilidades, 22
   de resultados, 22
   dos processos de trabalho, 22
Papel simbólico, 140
Paradoxo global, 61, 62
Parcerias, 77, 153
   eletrônicas, 47, 127
Perrow, Charles, 18, 112, 116
Personalização
   padronizada, 74
   produtiva, 64
Peters, Tom, 107
Pettigrew, Andrew, 114
Planejador social, 140
Planejamento participativo, 117
Poder, 114, 180, 182
   relações de, 112
Política, 114
Porter, Michael, 70, 73
Pós-industrial, sociedade, 59
Possibilidades estruturais, 89
Precarização do trabalho, 161
Processamento, empresas de, 39
Produção, 107
   enxuta, 90, 127, 129, 136
   fordista, 35, 71
   grandes lotes, 18
   linha de, 35
   massa, 18
   por processamento, 18, 193
   por unidades, 18, 193
   relações de, 104
   unidades, 18

Professores, 177
Projeto(s)
   auxiliado por computador (CAD -
     Computer-aided design), 46, 186
   gerenciamento de, 186
   trabalhos por, 185
Protocolo eletrônico, 178

Q

Qualidade de Vida no Trabalho - QVT,
   87, 129
Qualificação, 181
Quinn, James, 76

R

Racionalidade, 12
   limitada, 111
Recursos
   humanos, 78
     administração estratégica de, 95
     gestão estratégica de, 146
   naturais, 61
Reengenharia, 78, 91, 132, 152
Regionalismo, 61
Relações de trabalho, 163
Resolução de problemas, 160
Responsabilidade
   ambiental, 75
   social, 62, 75, 151
Retaguarda, 49, 173
Robbins, Stephen, 87, 105
Roos, Daniel, 90

S

Scheer, August, 46
Schein, Edgar, 106
Secretarias
   acadêmicas, 178
   em hospitais, 178
Segmentação, 74
Selznick, Philip, 108
Semelhança de extremos, 40
Sennett, Richard, 164
Serviços, 172
Setor postal, 174
Shaw, Robert B., 5
Similaridade dos extremos, 43, 193
Simon, Herbert, 114
Sistema(s)
   de informação, 47
   fixos, 34
   flexíveis, 34
   flexíveis de manufatura - SFM, 46, 126
   fordista, 36
Slack, Nigel, 38, 46, 49
Sobrecarga, 185
Staff, 11
Stalker, George M., 17, 24
Stevenson, William, 46
Stoner, James A. F., 4
Strebel, Paul, 153

Supervisão
   direta, 22
   funcional, 11
Sustentabilidade, 74

T

Taylor, Frederick W., 10
Taylorismo, 11, 194
Tecnocracia, 138
Tecnoestrutura, 25
Tecnologia(s), 18, 89
   administrativas, 89
   da informação, 44, 57, 78
   de processo, 57
   de produto, 57
   limitações de, 154
Tempos e movimentos, 11
Tendências estratégicas, 73
Teoria Z, 107
Terceirização, 76, 92, 153, 179, 182
Terceiro setor, 58
Thompson, James, 18
Toffler, Alvin, 28
Tomada de decisões, 160
Toyotismo, 90
Trabalhador(es)
   perfil dos, 60, 134, 173
   substituição do, 50
Trabalho
   alienação no, 194
   em equipe, 23
   organização do, 173, 180
   por projetos, 23
Tradição, 12
Tribalismo, 61

U

Unidade de comando, 11
Universidades, 177

V

Valores
   coordenação por, 110, 173
   nas organizações, 103
Variedade, 35, 177, 185
Vendas, 155
Volume, 35, 177, 185

W

Waterman, Robert, 107
Weber, Max, 12, 24, 104, 193
Williamson, Oliver, 111
Womack, James, 90
Woodward, Joan, 18, 24, 40, 125, 183, 193

Z

Zarifian, Philippe, 97, 134

Serviços de impressão e acabamento
executados, a partir de arquivos digitais fornecidos,
nas oficinas gráficas da EDITORA SANTUÁRIO
Fone: (0XX12) 3104-2000 - Fax (0XX12) 3104-2016
http://www.redemptor.com.br - Aparecida-SP